"十四五"职业教育国家规划教材

企业财务会计

（第11版）

主编 肖 燕 程运木

中国财经出版传媒集团
中国财政经济出版社

图书在版编目（CIP）数据

企业财务会计 / 肖燕，程运木主编．-- 11 版．--
北京：中国财政经济出版社，2023. 7（2024.9重印）
“十四五”职业教育国家规划教材
ISBN 978 - 7 - 5223 - 1027 - 5

Ⅰ. ①企… Ⅱ. ①肖… ②程… Ⅲ. ①企业管理－财务会计－中等专业学校－教材 Ⅳ. ①F275. 2

中国版本图书馆 CIP 数据核字（2021）第 256229 号

责任编辑：张　军　　　　　责任校对：张　凡
封面设计：育林华夏

本书微网站

扫描微网站二维码

获取教学配套资源和内容更新

不断添加中

企业财务会计（第 11 版）
QIYE CAIWU KUAIJI（DI 11 BAN）

中国财政经济出版社 出版
URL：http：//www. cfeph. cn
E - mail：cfeph @ cfeph. cn

社址：北京市海淀区阜成路甲 28 号　邮政编码：100142
营销中心电话：010 - 88191537
北京鑫海金澳胶印有限公司印刷　各地新华书店经销
成品尺寸：185mm × 260mm　16 开　20.5 印张　485 000 字
2023 年 7 月第 11 版　2024 年 9 月北京第 3 次印刷
定价：53. 00 元
ISBN 978 - 7 - 5223 - 1027 - 5
（图书出现印装问题，本社负责调换）
本社质量投诉电话：010 - 88190744
打击盗版举报热线：010 - 88191661　QQ：2242791300

编写 说明

本书是“十四五”职业教育国家规划教材，作为全国中等职业学校财经类教材使用。

为了适应职业教育改革，全面推进素质教育，满足各类中等职业教育专业教学的需要，根据《财政部2021—2025年学历教材新编修订计划》的总体要求、教育部发布的《中等职业学校专业教学标准（试行）》（会计）和《企业会计准则》及其应用指南等财会法规制度，在总结会计实践和教学经验的基础上，我们修订了《企业财务会计（第11版）》教材。

本书的编写坚持以党的二十大精神为指引，以新的会计理论、会计法规制度为依据，充分吸收《企业会计准则》及其应用指南、“营改增”以来的财税法规内容，并结合一般企业常用会计业务，考虑中等职业教育的实际状况和基本要求，以强化专业基础知识、培养学生实践能力为重点，比较完整地阐述企业财务会计的基本理论、基本方法和基本技能，重实务，重操作，突出职业教育的特色。在内容安排上，从必需、够用出发，选择适用，考虑弹性，以更好适应教学的实际需要；在编写体例上，力求主辅分明、结构新颖，有利于教学互动和培养学生的学习兴趣。

为了便于教师组织教学和帮助学生巩固知识，增强动手能力，我们根据本教材的内容编写了配套的《企业财务会计（第11版）实训与练习》。用书学校任课老师若需要实训与练习的答案，请以电子邮件形式向中国财政经济出版社索取，Email：caijingjiaocai@163. com。本教材还为任课老师制作了电子教案及电子课件，如有需要，请登录如下网址下载：jiaocai. cfeph. cn 或 http：//cjjc. cfeph. cn。

本书由贵州财经职业学院肖燕和杭州市财政局程运木担任主编，负责拟定修订提纲，并对全书进行修改总纂。参加本书本次修订的人员有：杭州市财政局程运木（项目一、项目五、项目七、项目八）；贵州财经职业学院肖燕（项目二、项目十一）；广西玉林财经学校阎卫（项目三、项目六）；大理州财贸学校杨秀平（项目四）；杭州科技职业技术学院叶小丹（项目九、项目十）；贵州财经职业学院刘珊珊（项目十二）。

本书的编写参考并吸收了有关法规制度、教材和书籍的相关内容，并由财政部教材编审委员会安排了专家进行审稿，谨此说明并向有关同志表示衷心的感谢！

由于财会法规制度仍在修订完善之中，会计职业教育值得探讨解决的问题还很多，同时限于编者的水平和经验，书中难免存在不足之处，恳请读者批评指正。

编　者

2023年6月

目　录

项目一
企业财务会计认知

学习目标：

1. 知识目标：

□ 了解会计的分类和企业财务会计的目标；

□ 理解企业财务会计的特点；

□ 理解企业账务会计的核算过程和工作内容；

□ 掌握企业财务会计的信息质量要求；

□ 掌握企业财务会计规范的层次及其主要内容。

2. 能力目标：

□ 能够按照企业财务会计工作规范和流程正确认识企业发生的各种经济业务；

□ 能够运用会计法律法规规避风险。

3. 素养目标：

□ 培养遵纪守法、诚实守信、谦虚谨慎、廉洁自律、积极进取的职业素养；

□ 学习工匠精神，树立正确的社会主义核心价值观。

达信家具厂自创办以来产品质量可靠，营销措施得力，销售量在当地算是老大，让同行羡慕。但是，总经理郑平感觉赚钱有限，到了年终看着辛苦一年所获得的微薄收益，郑总十分无奈，这样的结果是难以向信任自己的出资人和员工们交代的。于是郑总在各环节查找企业生意不差但不赚钱的原因，生产、质量、市场、渠道、售后服务……都没有什么问题。会计小宋的到来打断了郑总的沉思，有备而来的小宋让郑总从会计报表、账簿资料、分析说明中发现了公司问题的所在。

从报表资料看，公司营业收入额不低，产品毛利率也比较高，与同行没有什么差别，但是净利润却很低，进一步分析会计账表就可以看出：（1）公司销售情况虽好，但赊销量大，货款回收很不及时，无法收回的应收款（坏账）多；（2）采购费用开销大；（3）广告宣传等促销费用过高；（4）管理费用支出也大大高于同类公司水平，等等。这些方面的原因把公司净利润拖下来了。

原因找到了，对策就有了。郑总会同公司管理层出招：采取严格的赊销条件，将货款到账情况列入营销员的考核内容；精简部门与人员；优化采购流程，控制采购费用；合理选择营销方式，减少促销费用支出。来年不久，公司的净利润逐步得到了提升。

之后的一天，郑总见到小宋，高兴地说："小伙子干得不错，公司会给你和会计人员加发奖金的！"从此，会计小宋也能参加公司的工作例会，"小会计"逐渐成为受人尊重的管理人员了。

公司的会计为什么会有如此重要的作用？账簿、报表、分析说明等信息是怎样形成的呢？这正是本课程所要学习的内容。

会计是一个信息系统，同时又是一种经济管理活动。应用于企业的专业会计，就是企业财务会计。企业财务会计能够完整反映企业各项交易或事项的会计处理过程，它运用的是会计理论，体现的是财会法规制度，产生的是财务会计报告，承前启后，体系完整。为此，我们先从总体上来认识其内容和要求是十分必要的，如图 1－1 所示。

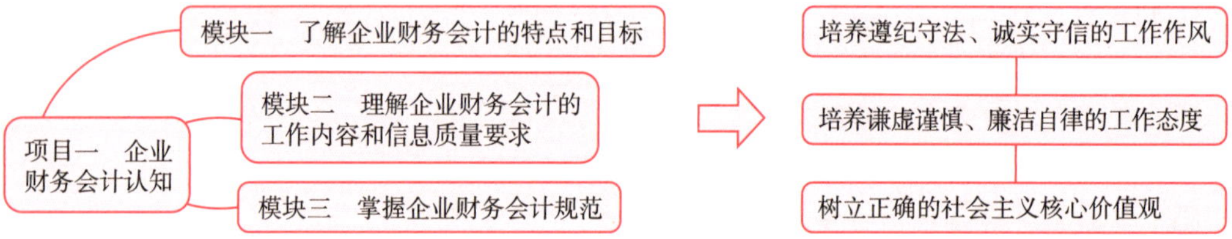

图 1－1　企业财务会计认知

模块一　了解企业财务会计的特点和目标

一、会计分类

会计是一种应用广泛的管理活动，企业单位经济业务活动都需要会计为之服务。根据具体的应用范围和服务对象，会计可以分为不同的类别。

（一）企业会计与非营利组织会计

企业与非营利组织的根本区别在于是否以营利为目的。企业是以营利为目的的经济组织。投资人将资本投入企业，就是为了在保持投入资本不受损失的前提下获得利润。非营利组织也称非企业组织，业务运营的目的在于提供某种公共或准公共服务，如政府机关、学校、医院、科研机构、社会团体等。

与组织分类相适应，为其服务的会计也就可以分为企业会计和非营利组织会计。非营利组织会计包括政府会计、民间非营利组织会计等。

（二）企业会计的分类

企业会计按其服务对象、工作内容等方面的不同，可以进一步分为财务会计和管理会计。

财务会计是以确认、计量、记录、报告交易或事项对企业财务状况与经营成果的影响为中心内容，并主要向外部提供财会信息的一种专业会计。尽管各个行业的业务活动有所不同，但总体上是有共性的，会计核算的要求也是一致的，所以不分行业、运用于各类企业的财务会计，就称为企业财务会计。

管理会计是以资金的预测、规划和控制为中心，向企业内部提供经营决策等管理活动所需信息的会计。管理会计的重点是对企业未来的生产经营活动进行事先规划，以便对未来生产经营活动进行控制，属于“经营型会计”。

相关链接：

美国会计学者奎因坦斯于1922年在《管理的会计：财务管理入门》一书中第一次提及“管理的会计”术语。后经西方会计学者近30年的研究、归纳和总结，于1952年在英国伦敦举行的会计师国际代表大会上正式命名。我国于20世纪70年代末从西方引进了“管理会计”这一概念。

我国改革开放以来，管理会计在企业的运用从起步走向提升。财政部于2014年10月印发《关于全面推进管理会计体系建设的指导意见》，并于2016年6月印发了与其配套的《管理会计基本指引》，为在新形势下深入推进会计强国战略、全面推进管理会计体系建设提出指导意见。

企业财务会计是基础会计的专业化，集中反映企业经济业务事项的会计核算与处理，在会计学科体系中处于核心地位。会计学科体系的基本构成本书作如下概括，如图1－2所示。

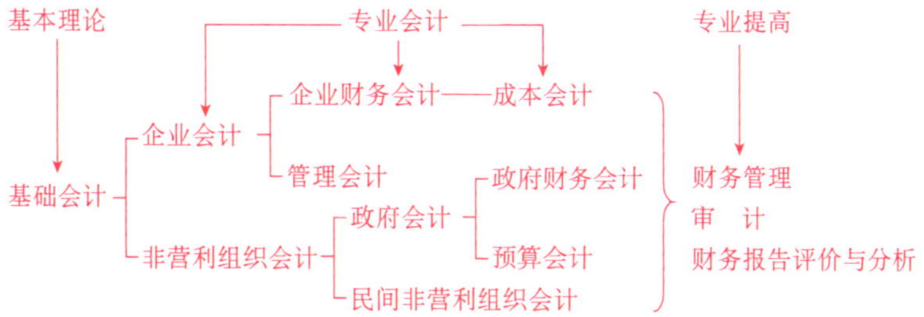

图1－2　会计学科体系的基本构成

二、企业财务会计的目标

企业财务会计的目标可以概括为向企业会计信息使用者提供有用信息。它主要涉及三个方面：**一是向谁提供信息；二是为何提供信息；三是提供何种信息**（见图1－3）。

- 企业财务会计的目标
  - 向谁提供信息——企业会计信息使用者
    - 投资者（股东）
    - 内部管理者
    - 政府有关部门
    - 债权人（贷款银行）
    - 企业职工、社会公众等
  - 为何提供信息——服务于会计信息使用者的意图
    - 投资决策
    - 改进和加强内部管理
    - 相关决策、宏观管理和调控
    - 就业选择、证券投资选择等
  - 提供何种信息——能帮助会计信息使用者做出选择
    - 企业财务状况
    - 经营成果
    - 现金流量

图 1－3　企业财务会计目标的具体内容

提示：

① 企业财务会计目标是受一定的历史条件制约和限制的；

② 企业财务会计目标是随着社会经济环境的变化而变化发展的；

③ 不同类型的专业会计其目标及其侧重点是有所区别的。

三、企业财务会计的特点

企业财务会计是以《中华人民共和国会计法》《企业会计准则》为主要依据，确认、计量、记录企业资产、负债、所有者权益的增减变动，记录营业收入的取得，成本费用的发生和归集，以及损益的形成与分配，定期以财务报告形式报告企业财务状况、经营成果等情况的一种经济管理活动。与管理会计相比，企业财务会计主要有以下特点：

1. 主要对外提供会计信息。企业财务会计直接的服务对象是企业外部的有关各方，当然也会为企业内部管理服务，但其落脚点在于向外部提供会计信息。

2. 遵循“凭证——账簿——报表”这一传统会计模式。这是企业财务会计提供信息的基础和保证，可见，企业财务会计是以提供历史信息为主的。

3. 提供规范统一的会计信息。企业财务会计要按照《中华人民共和国会计法》《企业会计准则》的规定与要求组织和提供信息，其提供的信息是规范统一的。

4. 报告形式是固定、定期的。企业财务会计以统一会计报表为主要形式，按照会计期间定期提供会计信息。

综上所述，**企业财务会计是运用会计的基本理论和方法，对企业的交易或者事项进行核算与监督，并将企业的财务状况、经营成果等会计信息报告给相关信息使用者的经济管理活动。**

提示：

企业财务会计的属性：是一项经济管理活动。

企业财务会计的手段：运用会计的基本理论和方法，如会计假设、会计信息质量要求等会计理论，复式记账、填制和审核凭证、登记账簿、编制会计报表等会计核算方法等。

企业财务会计的对象：企业的交易或者事项，具体表现为资产、负债、所有者权益、收入、费用和利润六大会计要素。

企业财务会计的基本职能：会计核算和会计监督。

企业财务会计的目标：向会计信息使用者提供有用的会计信息。

企业财务会计提供的主要会计信息：企业财务状况、经营成果和现金流量等。

课堂讨论：

请分析说明基础会计与企业财务会计，企业财务会计与管理会计的联系与区别。

模块二　理解企业财务会计的工作内容和信息质量要求

一、企业财务会计的工作内容

企业财务会计是以货币为主要计量单位，连续、系统和完整地反映企业已发生的交易或事项，为信息使用者提供会计信息。其工作过程，是对会计要素进行确认、计量、记录和报告的过程，具体包括以下几个方面：

（一）企业财务会计确认

企业财务会计确认，是指将交易或事项是否作为财务会计要素加以记录和列入财务会计报表的过程。企业发生的交易或事项，并不是都能登记入账的；能登记入账的，也不是可以随意记成什么，或随便什么时候记的，而是要事先进行识别、判断和归纳，这就是确认。所以，企业财务会计的确认主要解决某项交易或事项“**是什么，是否应当在财务会计上反映**”的问题。企业会计确认是有标准的，确认一个会计项目应当依据以下四项基本标准进行：

1. 符合某一会计要素的定义；
2. 具有可计量性；
3. 具有相关性；
4. 具有可靠性。

想一想：

“企业发生的所有交易或者事项，都需要确认入账”这样的说法正确吗，为什么？

企业有哪些交易或者事项是不必确认入账的？比如，员工的学历提高、专业技术职务的晋升等需要确认入账吗？

满足了上述四个基本标准，还要进一步考虑成本效益原则和重要性原则，即考虑确认该项目所花费的成本是否低于其信息所带来的效益，这些信息是否对使用者更为重要等因素。

综合考虑各因素后，再决定能否在财务会计上确认该项目。

课堂讨论：

确认属于会计行为中的识别、判断和选择，只有正确确认，才能正确记录和报告，才能产生对信息使用者有用的会计信息。实际工作中对每一项目的确认需要根据体现上述确认四项标准的企业会计准则等规定进行。同时，会计行为中的识别、判断和选择能够体现会计工作水平。

（二）企业财务会计计量

企业财务会计计量，是用货币或其他量度单位计量各项交易或事项和结果的过程。企业财务会计的确认，是明确某一项目属于什么会计要素的问题，而计量则是进一步明确该项目的数额是多少，即主要解决某项交易或事项在会计上“**反映多少**”的问题，体现会计信息的定量化特点。企业财务会计计量结果构成了确认、记录和报告的内容，所以，计量问题是财务会计的核心问题。

企业财务会计计量包括计量单位和计量属性两个方面的内容。计量单位是指计量尺度的量度单位。我国会计法规中规定的“会计以人民币为记账本位币”，说明企业财务会计计量单位的选择，即企业财务会计的计量单位是相对稳定的名义货币单位。计量属性是指要予以计量的某一会计要素的品质或方面。计量属性包括历史成本、重置成本、可变现净值、现值、公允价值等。为了保证会计信息质量，企业一般应当采用历史成本进行计量。如果采用其他计量属性，则应当保证所确定的会计要素的金额能够取得并能够可靠计量。

1.1 会计的计量方法

课堂讨论：

公司购入汽车一辆，支付价款 15 万元（不含增值税）；一年后同样款式汽车的市场价格为 16 万元（不含增值税）；而公司如果将上述汽车出售（购入一年后）可得货款 14 万元。请问该汽车的历史成本是多少？一年后该固定资产的账面记录需要调整吗？

（三）企业财务会计记录

企业财务会计记录是指采用专门的方法在会计凭证、账簿、报告体系中登记经济业务事项的过程。它主要是解决某项交易或事项在会计上“如何登记”的问题。企业财务会计记录包括记账方法、记录文字、账证和报告格式及要求等内容。《企业会计准则——基本准则》第十一条规定：企业应当采用借贷记账法记账。《中华人民共和国会计法》第二十二条规定：会计记录的文字应当使用中文。在民族自治地方，会计记录可以同时使用当地通用的一种民族文字。

实际工作中，财务会计确认、财务会计计量、财务会计记录是紧密结合、同步进行的。

（四）企业财务会计报告

企业财务会计报告就是编制企业财务会计报告，对外输出会计信息的过程。这一过程包括财务会计报告的编制依据、**编制要求**、提供对象、提供期限、签章和审核程序等。企业财务会计报告应当依据会计账簿记录和有关资料进行编制，其编制要求、提供对象、提供期限应当符合法定要求，签章和审核程序必须规范有效。

企业财务会计的工作内容、过程及其相互联系，如图1－4所示。

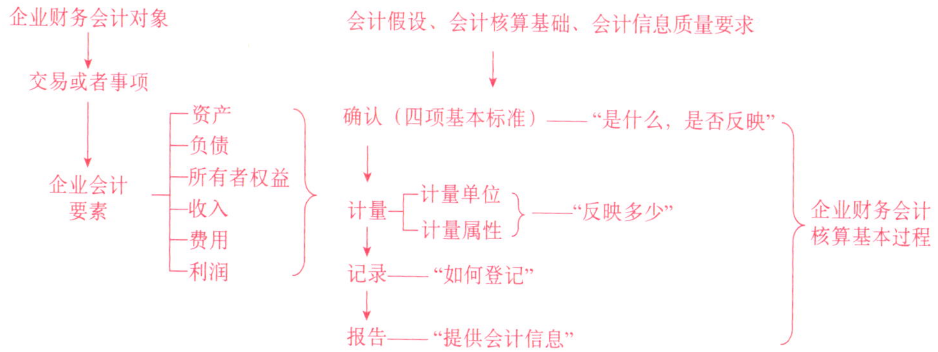

图1－4 企业财务会计的工作内容、过程及其相互联系

二、企业财务会计信息质量要求

企业财务会计的目标是要提供满足会计信息使用者需要的会计信息。为了保证会计信息具备规定的质量特征，企业财务会计要以会计主体、持续经营、会计分期和货币计量为基本假设，以权责发生制为核算基础进行确认、计量和报告，并遵循八项财务会计信息质量要求，见表1－1。

表1－1　企业财务会计信息质量要求

序号	信息质量要求	具体内容
第一	可靠性	企业应当以实际发生的交易或者事项为依据进行会计确认、计量和报告，保证会计信息真实可靠、内容完整。
第二	相关性	企业提供的会计信息应当与财务会计报告使用者的经济决策需要相关，有助于财务会计报告使用者对企业过去、现在或者未来的情况作出评价、预测和决策。
第三	可理解性	企业提供的会计信息应当清晰明了，便于信息使用者理解和使用。
第四	可比性	企业提供的会计信息应当具有可比性。同一企业不同时期发生的相同或者相似的交易或者事项，应当采用一致的会计政策，不得随意变更；不同企业发生的相同或者相似的交易或事项，应当采用规定的会计政策，确保会计信息口径一致、相互可比。
第五	实质重于形式	企业应当按照交易或者事项的经济实质进行会计确认、计量和报告，不应仅以交易或者事项的法律形式为依据。
第六	重要性	企业提供的会计信息应当反映与企业财务状况、经营成果和现金流量等有关的所有重要交易或者事项。重要性包含着“重要应该从细，次要可以从简”的含义。

续表

序号	信息质量要求	具体内容
第七	谨慎性	企业对交易或者事项进行会计确认、计量和报告应当保持应有的谨慎，不应高估资产或者收益，低估负债或者费用。
第八	及时性	企业对于已经发生的交易或者事项，应当及时进行会计确认计量和报告，不得提前或者延后。

模块三　掌握企业财务会计规范

企业财务会计规范既是约束企业财务会计行为的标准，也是对财务会计工作进行评价的依据。国家通过制定和实施财务会计法规制度来规范、制约企业的财务会计行为，保证财务会计信息的质量。现阶段我国的财务会计规范主要包括《中华人民共和国会计法》（以下简称《会计法》）、《企业会计准则》和其他会计规章等，并已形成了以《会计法》为核心，以《企业会计准则》及其应用指南为基本内容，专业性财会法规为补充的财会法律规范体系。

一、会计法

1.2　会计法的发展历程

《会计法》是调整我国经济生活中会计关系的法律总规范。《会计法》是规范会计行为的基本法律，它为保证会计资料的真实、完整设定了行为规则，是其他会计规范制定的基本依据。《会计法》在我国的会计规范体系中处于最高层次，是指导会计工作的根本大法。凡在我国境内的企业、行政事业单位和其他组织都必须依照《会计法》的规定办理会计事务。

相关链接：

《会计法》于1985年1月由全国人民代表大会常务委员会通过，并于同年5月1日起施行；1993年12月进行了修改；1999年10月按程序对《会计法》进行了修订，修订后的《会计法》包括总则，会计核算，公司、企业会计核算的特别规定，会计监督、会计机构和会计人员、法律责任和附则共七章五十二条。修订后的《会计法》于2000年7月1日起施行。2017年11月4日全国人民代表大会常务委员会通过《关于修改〈中华人民共和国会计法〉的决定》，相关内容从2017年11月5日起施行。近年来，财政部在牵头征求意见，拟对《会计法》进行新一轮的修改或修订。

二、企业会计准则

企业会计准则是关于企业会计核算工作的基本规范，是企业处理会计实务，进行会计确认、计量和报告的标准和要求。企业会计准则的制定和完善，与会计理论与实践的丰富和发展密切相关，同时又受社会、政治和经济环境等多方面因素的影响和制约。我国的企业会计准则是在总结多年来企业会计改革经验并借鉴国际通行惯例的基础上建立起来的。企业会计准则体系包括基本会计准则、具体会计准则和会计准则应用指南三个层次。这一企业会计准则体系与我国社会主义市场经济发展进程相适应，又与国际财务报告准则相趋同，涵盖各类企业各类经济业务，可以独立实施。

（一）基本会计准则

基本会计准则是企业处理会计事务、进行会计核算、编制财务会计报告的准绳和标准。它主要就会计核算的一般要求和会计核算的主要方面做出原则性规定，并为制定具体会计准则和应用指南提供依据。我国自1993年7月1日起实施第一个会计基本准则；2006年2月发布新的《企业会计准则——基本准则》，于2007年1月1日起施行。此后对相关内容进行了修改。这一基本会计准则共有十一章五十条，内容包括：（1）总则；（2）会计信息质量要求；（3）会计要素的定义和确认；（4）会计计量；（5）财务会计报告；（6）附则。

基本会计准则在整个会计准则体系中起统驭作用，是设立在中华人民共和国境内的所有企业（包括公司，下同）都必须共同遵守的会计基本规范。

（二）具体会计准则和《小企业会计准则》

具体会计准则和《小企业会计准则》是根据基本会计准则的要求，对企业各会计要素和具体的交易或者事项的会计处理方法和程序做出的具体规定。它主要规范企业各类交易或者事项的会计处理，为企业会计实务问题提供具体而统一的处理和应用方法。

1997年我国发布实施了第一个具体会计准则，随后陆续发布实施了一系列的具体会计准则。2006年2月，财政部重新修订和完善了《企业会计准则》体系及其内容，发布了38项具体会计准则，从2007年1月1日起在上市公司实施，鼓励其他企业实施。近年来，根据形势的变化，财政部陆续修订了多项具体会计准则，目前具体会计准则共有42项，在内容上与国际财务报告准则是趋同的。

为适应小企业经营规模小、不承担社会公众责任的特点，财政部于2011年10月发布了《小企业会计准则》。《小企业会计准则》对小企业的会计核算予以适当简化，减少职业判断的内容和要求，并尽可能使企业会计处理与税法规定一致起来。这一会计准则从2013年1月1日起，在符合条件的小企业实施。

具体会计准则和《小企业会计准则》是《企业会计准则——基本准则》框架下的两个子系统，分别适用于大中型企业（上市公司）和小企业。其关系如图1－5所示。

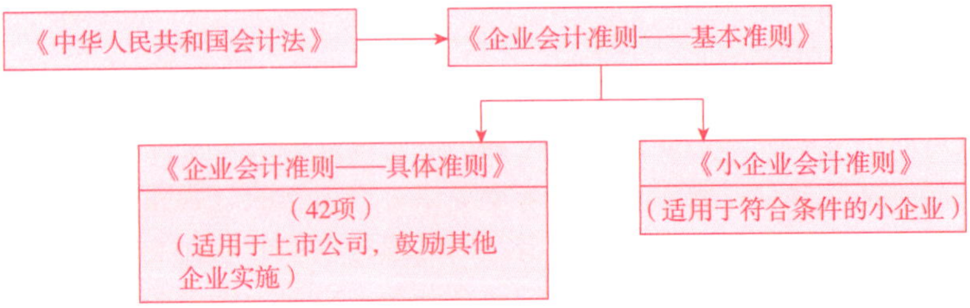

图 1－5　具体会计准则和《小企业会计准则》的关系

（三）企业会计准则应用指南

企业会计准则应用指南主要包括具体准则解释和会计科目、主要账务处理等。它为企业执行会计准则、处理会计事务提供了操作性的规范和指导。

为适应不同类型企业会计工作的需要，财政部还发布实施了《企业会计制度》《村集体经济组织会计制度》等会计制度。

《企业会计制度》于 2000 年发布，自 2001 年 1 月 1 日起在部分企业施行，从 2005 年 1 月 1 日起，在各类企业全面实施（执行《企业会计准则——具体准则》和《小企业会计准则》的企业除外）。

《村集体经济组织会计制度》于 2004 年发布，从 2005 年 1 月 1 日起在村集体经济组织施行。

提示：

（1）《企业会计准则——基本准则》的施行范围是在我国境内的所有企业；42 项具体会计准则的施行范围是上市公司，鼓励其他企业施行，以后逐步全面施行；《小企业会计准则》的施行范围是符合条件的小企业（注意：不是所有小企业）。

（2）我国目前企业财会法规方面，仍然可以说是“准则”和“制度”并存。

（3）《企业会计制度》适用范围：上市公司、小企业、村集体经济组织、金融企业等以外的大中型企业（逐步退出）。

三、专业性财会法规

我国财会法规中还包括一些专业性财会法规，如《企业财务通则》《会计基础工作规范》《会计档案管理办法》《会计专业技术人员继续教育规定》《企业产品成本核算制度》《现金管理暂行条例》《企业内部控制基本规范》《小企业内部控制规范（试行）》等。

企业财务会计工作，还应遵循公司法、税收法规、证券法、票据法、专利法、商标法、民法典等相关法律规范的规定。

还需说明的是，企业应当按照适用的《企业会计准则——具体准则》或《企业会计准则》，结合企业实际情况，设置和使用会计科目。根据现实情况，为了有利于适应各类会计考试，本教材按照新发布（修订）的《企业会计准则——具体准则》及其应用指南设置和运用会计科目。企业常用的会计科目如表 1－2 所示。

表 1－2　　企业常用会计科目表

顺序号	编号	会计科目名称	顺序号	编号	会计科目名称
		一、资产类	30	1504	其他权益工具投资
1	1001	库存现金	31	1511	长期股权投资
2	1002	银行存款	32	1512	长期股权投资减值准备
3	1012	其他货币资金	33	1521	投资性房地产
4	1101	交易性金融资产	34	1531	长期应收款
5	1121	应收票据	35	1601	固定资产
6	1122	应收账款	36	1602	累计折旧
7	1123	预付账款	37	1603	固定资产减值准备
8	1124	合同资产	38	1604	在建工程
9	1125	合同资产减值准备	39	1605	工程物资
10	1131	应收股利	40	1606	固定资产清理
11	1132	应收利息	41	1641	使用权资产
12	1221	其他应收款	42	1642	使用权资产累计折旧
13	1231	坏账准备	43	1643	使用权资产减值准备
14	1401	材料采购	44	1701	无形资产
15	1402	在途物资	45	1702	累计摊销
16	1404	材料成本差异	46	1703	无形资产减值准备
17	1405	库存商品	47	1801	长期待摊费用
18	1406	发出商品	48	1811	递延所得税资产
19	1407	商品进销差价	49	1901	待处理财产损溢
20	1408	委托加工物资			二、负债类
21	1411	周转材料	50	2001	短期借款
22	1421	消耗性生物资产	51	2101	交易性金融负债
23	1471	存货跌价准备	52	2201	应付票据
24	1481	持有待售资产	53	2202	应付账款
25	1482	持有待售资产减值准备	54	2203	预收账款
26	1491	应收退货成本	55	2204	合同负债
27	1501	债权投资	56	2211	应付职工薪酬
28	1502	债权投资减值准备	57	2221	应交税费
29	1503	其他债权投资	58	2231	应付股利

续表

顺序号	编号	会计科目名称	顺序号	编号	会计科目名称
59	2232	应付利息	81	5402	工程结算
60	2241	其他应付款	82	5501	合同履约成本
61	2245	持有待售负债	83	5502	合同履约成本减值准备
62	2401	递延收益	84	5503	合同取得成本
63	2501	长期借款	85	5504	合同取得成本减值准备
64	2502	应付债券	六、损益类		
65	2503	租赁负债	86	6001	主营业务收入
66	2701	长期应付款	87	6051	其他业务收入
67	2702	未确认融资费用	88	6101	公允价值变动损益
68	2711	专项应付款	89	6111	投资收益
69	2901	递延所得税负债	90	6115	资产处置收益
四、所有者权益类			91	6117	其他收益
70	4001	实收资本（股本）	92	6301	营业外收入
71	4002	资本公积	93	6401	主营业务成本
72	4003	其他综合收益	94	6402	其他业务成本
73	4101	盈余公积	95	6403	税金及附加
74	4103	本年利润	96	6601	销售费用
75	4104	利润分配	97	6601	管理费用
五、成本类			98	6603	财务费用
76	5001	生产成本	99	6701	资产减值损失
77	5101	制造费用	100	6702	信用减值损失
78	5201	劳务成本	101	6711	营业外支出
79	5301	研发支出	102	6801	所得税费用
80	5401	工程施工	103	6901	以前年度损益调整

注：企业会计准则及其应用指南所列的第三类会计科目系共同类科目（编号首位数为3），如“衍生工具”“套期工具”等科目，因不常用，此处略。

四、企业内部会计制度

企业内部会计制度是各个企业根据国家统一财会法规的规定，结合企业实际情况和内部管理的需要而制定的企业内部会计工作规范。企业内部会计制度应当符合《会计法》《企业会计准则》和国家统一财会制度的要求，体现本企业类型、生产经营的特点和业务管理的要求。

企业内部会计制度一般包括：（1）内部会计管理体系；（2）会计人员岗位责任制度；（3）账务处理程序制度；（4）内部牵制制度；（5）稽核制度；（6）原始记录管理、定额管理、计量验收、财产清查等制度；（7）财务收支审批制度；（8）成本费用核算制度；（9）财务会计分析制度等内容。为保证财务会计工作规范有效，每个企业均应制定适合本企业实际情况的内部财务会计制度。

1.3 企业内部会计管理体系

企业财务会计法规体系的主要层次及其相应关系如图1－6所示。

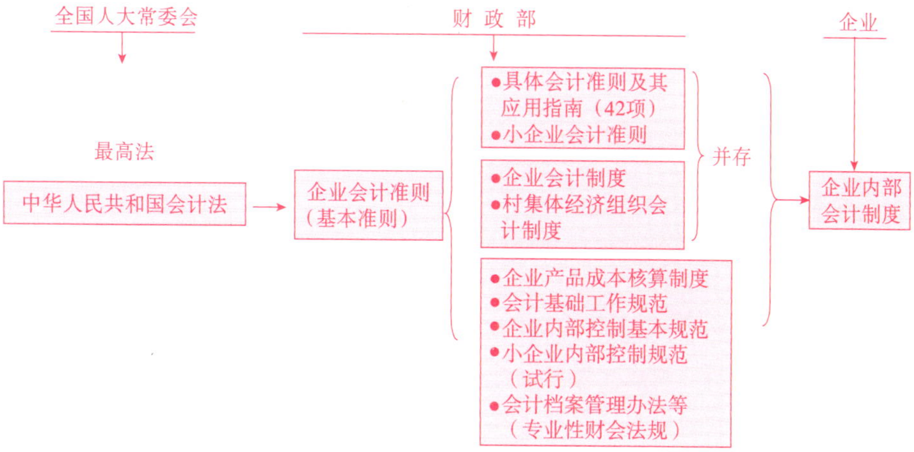

图1－6 企业财会法规基本体系

项目小结

本项目是对企业财务会计的综述，重点内容是企业财务会计的特点、目标、工作内容、信息质量要求和财务会计的法规体系等。学习过程中应该注意联系"基础会计"课程和现行的财会法规制度。理解企业财务会计在会计学科体系中的地位、熟悉常用的会计科目是学好本课程的起点。

确认会计项目应符合的四项基本标准

《小企业会计准则》的有关链接

项目二
货币资金的核算

学习目标：

1. 知识目标：

- □ 了解货币资金的概念及其内部控制的一般要求；
- □ 了解企业外币交易的基本内容和主要账务处理；
- □ 掌握库存现金的管理规定及核算账户；
- □ 掌握银行存款的管理规定及核算账户、未达账项及调节方法；
- □ 掌握其他货币资金的内容及核算账户；
- □ 掌握库存现金和银行存款清查核对的方法及其账务处理。

2. 能力目标：

- □ 能熟练地进行库存现金的核算、库存现金日记账的登记；
- □ 能熟练地进行银行存款的核算、银行存款日记账的登记；
- □ 能熟练地进行其他货币资金的核算。

3. 素养目标：

- □ 培养爱国敬业精神，增强制度自信和文化自信；
- □ 培养法治意识，做到遵纪守法，廉洁自律；
- □ 培养诚信为本、操守为重、坚持准则、不做假账的会计人员基本素养；
- □ 培养严谨细致的工匠精神，具备出纳岗位人员的基本素养；
- □ 培养沟通协作意识、大数据思维意识，具备会计职业判断能力。

一个吝啬的富翁有三个朋友，一个是协助他欺骗别人的律师，一个是帮他理财的会计师，一个是给他心理安慰的牧师。

富翁临死时，把他的三个朋友都叫来，他说：“我富裕了一辈子，不能忍受进坟墓时一贫如洗，我给你们每人一个信封，里面各装着10 000美元，你们要答应我，在我死后将这些信封放到我的棺材里。”三个人都答应了。不久，富翁死了，三个人都放了一个信封到棺材里。

不久以后，三个人聚在一起，牧师说：“你们要知道，我想把钱留给教会中的穷人，钱放在坟墓里会烂掉，所以我把钱都留下了，没放到棺材里。”律师说：“富翁经常要我免费提供法律咨询，所以我留了一半，只放了5 000美元到棺材里。”最后，会计师说话了：“我简直不敢相信你们会这样做，我简直不敢相信你们这么不道德，要知道，我的信封里装的是一张金额为10 000美元的支票。”

在会计师的眼里，钞票是钱，支票也是钱，钞票和支票没什么区别。其实，会计师一点没错，对企业而言，钞票和支票都与货币资金有关，那么到底什么是货币资金呢？企业的货币资金是怎样管理和使用的呢？这就是本项目要介绍的内容（见图2－1）。

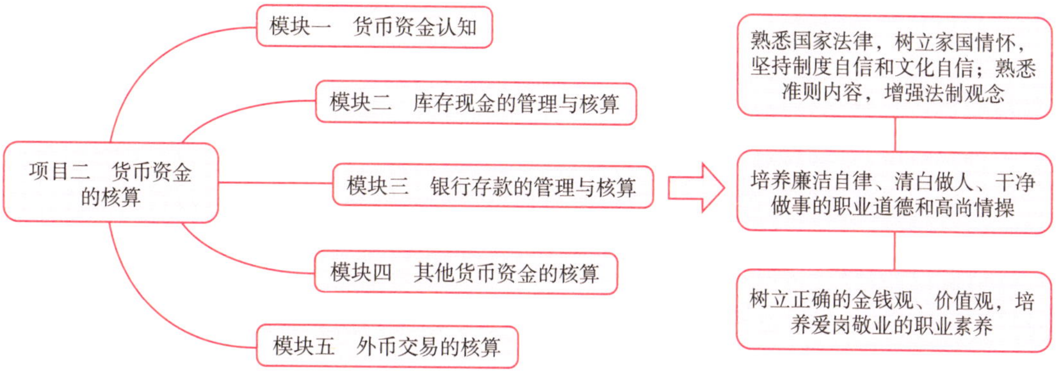

图2－1 货币资金的核算

模块一 货币资金认知

一、货币资金的概念和内容

货币资金是企业生产经营过程中处于货币形态的资产。货币资金是流动性最强的流动资产，亦称为“现金资产”。货币资金包括三部分：库存现金＋银行存款＋其他货币资金。其具体内容如图2－2所示。

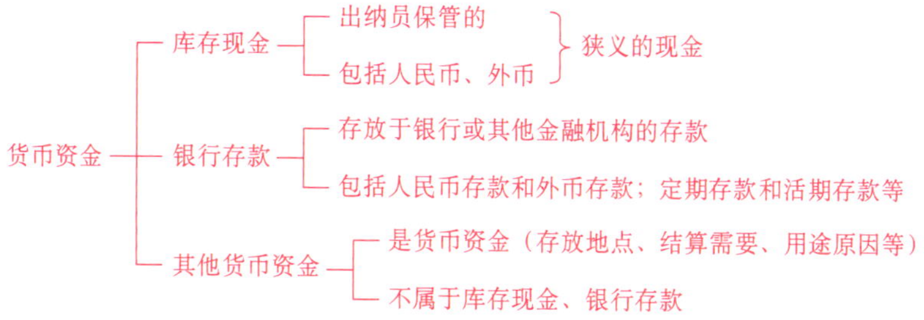

图2－2 货币资金的内容

需要注意的是，现金有狭义和广义之分。狭义的现金是指存放于企业财会部门，由出纳员经管的人民币和外币，即库存现金。广义的现金除了库存现金外，还包括可以随时支用的银行存款、其他货币资金以及现金等价物。本项目所述的库存现金为狭义的现金。

二、货币资金的内部控制

货币资金是企业的血液，如果没有它，企业就会“贫血”，就没有支付能力，就无法把握市场机会，失去竞争力。因此，加强对货币资金的管理和控制，对于确保资产的安全完整，防止货币资金被滥用、侵吞以及提高货币资金的使用效果都具有重要意义。企业应根据有关法规制度，建立符合管理要求和适合企业自身特点的货币资金内部控制制度。

2.1 货币资金内部控制案例启示

相关链接：

2001 年 6 月，财政部发布了指导企业内部控制的两个基本文件：《内部会计控制规范——基本规范（试行）》和《内部会计控制规范——货币资金（试行）》。这是企业内部货币资金管理的法律依据，标志着货币资金监管制度初步建立。

2008 年 6 月，财政部等五部委联合发布了《企业内部控制基本规范》（2009. 7. 1 实施），并于 2010 年 4 月发布系列企业内部控制配套指引。这是企业内部控制制度的正式实施与完善。《企业内部控制基本规范》在上市公司、大中型企业实施。2017 年 6 月，财政部制定发布了《小企业内部控制规范（试行）》，此规范从 2018 年 1 月 1 日起在小企业施行。

（一）货币资金内部控制的一般要求

1. 严格岗位分工，明确工作职责。货币资金业务的授权、付款、收款、记录等各个环节的工作，要由不同的人员完成，形成严密的内部牵制制度。一般应根据不相容职务分离的要求，明确职责分工：（1）货币资金的保管（出纳）和货币资金账目（总分类账）的记录应由不同人员完成，即所谓“管钱不管账，管账不管钱”；（2）经办销售业务的人员不得同时办理货币资金收款业务；（3）货币资金支出的授权、经办和账目的记录应由不同的人员来完成。办理货币资金的业务人员应当定期进行岗位轮换。

2. 规范票据及有关印章的管理。企业应明确与货币资金业务相关的票据（如支票等）的购买、保管、领用、背书转让、注销等细节的职责权限和程序，并进行专项登记；财务专用章应由专人保管，个人名章应由本人或其授权人保管，严禁一人保管支付款项所需的全部印章、网银 U 盾。

3. 加强对货币资金收支的控制和监督。企业必须按国家规定在银行或其他金融机构开户，自觉接受开户银行的监督，严格执行有关的货币资金管理法规和支付结算制度。

4. 建立健全内部稽核、审批制度。企业应建立健全内部稽核制度，对货币资金收支进行严格的审核监督，实行经常性检查和突击性抽查。企业货币资金收付必须严格履行稽核、审批制度，对于重要货币支付业务应当实行集体决定和审批，并建立责任追究制度。

（二）货币资金内部控制的内容和方法

1. 货币资金收入的控制。货币资金收入控制的目的是保证全部货币资金收入无一遗漏地入账，其基本要点有：

（1）全部货币资金收入必须当天入账，并及时送存银行。

（2）一切货币资金收入都应开具收款凭据，并加盖“转账收讫”或“现金收讫”戳记。

（3）要控制收款收据和发票的数量和编号。领用时要登记数量和起讫号，并由领用人签收，已领用尚未使用的空白发票、收据要定期查对；已使用的收据和发票要清点、登记、封存和保管，并按规定程序审批后销毁。

（4）签发货币资金收款收据与收款应由不同人员经办，以有效地防止舞弊行为和差错的发生。

（5）开出的收据应与已入账的收据联按编号逐张核对金额，确保所有收款全部入账。

2. 货币资金支出的控制。企业货币资金支付办理程序应包括申请、审批、复核和办理四个环节。货币资金支出控制的目的是保证企业货币资金支付都要按程序办理，并做到审批规范、手续齐全、凭证完整有效。其基本要点有：

（1）要遵守国家有关支付结算制度和现金管理的规定。

（2）付款的授权、支票的签发、款项的支付（或网银结算）和记账要由不同人员经办，实行职责分工，相互制约。

（3）企业款项的支付确认至少应由两人签字或盖章，相互牵制、相互监督。

（4）任何款项的支付都必须有原始凭证为依据，由经办人员签字证明，由各级主管人员按权限审批，确认后，出纳人员据以办理付款。

（5）付讫的凭证，要加盖“转账付讫”或“现金付讫”戳记，防止重复付款，并及时登记相关货币资金日记账。

模块二　库存现金的管理与核算

俗话说：“手中有钱，日子不难。”企业的库存现金可以随时用来支付各种费用，是所有商品的一般等价物，使用起来非常方便。但是，如果保险柜放了大量现金，被盗或发生人力难以抗拒的灾难，则会给企业带来损失；而且，企业之间有大量的现金流通，会对经济秩序、税收管控带来不利影响。基于现金这种流动性强的特点，国家制定了现金管理制度，以保证现金的合理流转和安全完整。

一、库存现金的管理

（一）库存现金的收付范围

1. 库存现金的收入范围。根据《现金管理暂行条例》的规定，企业可以在下列范围内收取现金：（1）剩余差旅费和归还备用金等个人交款；（2）收取不能转账的单位或个人的销售收入；（3）不足转账起点的小额收入等。

2. 库存现金的支付范围。根据《现金管理暂行条例》的规定，企业可以在下列范围内使用现金：（1）职工工资、各种工资性津贴；（2）个人劳动报酬；（3）根据国家规定颁发给个人的科学技术、文化艺术、体育等各种奖金；（4）各种劳保、福利费用以及国家规定的对个人的其他支出；（5）向个人收购农副产品和其他物资支付的款项；（6）出差人员随身携带的差旅费；（7）结算起点（现金支付限额 1 000 元人民币）以下的零星支出；（8）中国人民银行确定需要支付现金的其他支出。

课堂讨论：

为什么要规定库存现金的收付范围？公司购买材料需付 5 万元价款，能使用现金支付吗？职工李明获单位特殊贡献奖 2 万元，可以用库存现金支付吗？公司购买办公用品需付款 950 元，可以用库存现金支付吗？以上不能用库存现金支付的，该怎么办？

（二）库存现金的限额

库存现金的限额是指为了保证企业日常零星开支的需要，允许企业留存现金的最高数额。这一限额一般由开户银行根据企业 3 ~ 5 天的日常零星开支的需要核定，边远地区和交通不便地区可以多于 5 天，但最多不得超过 15 天的日常零星开支。限额一经核定，企业必须严格遵守。库存现金不足限额应及时补足，超过限额的应当于当日终了前存入银行；需要增加或减少库存现金限额的，企业应向开户银行提出申请，由开户银行核定。

提示：

（1）库存现金限额是由开户银行核定的，不是由中国人民银行、财政部门等核定的，也不是由企业自行确定的；

（2）库存现金限额是出纳员保留现金的最大限额。有关现金管理的具体内容请参考 1988 年国务院发布的《中华人民共和国现金管理暂行条例》。

（三）现金日常收支的管理

1. 不得“坐支”现金。**所谓“坐支”现金，是指企业从现金收入中直接支付现金的行为。**按照《现金管理暂行条例》的规定，企业支付现金可以从库存现金限额中支付，也可以从开户银行的基本账户中提取，但不得擅自坐支现金，如有特殊情况需坐支现金，应事先报经开户银行审查批准。

2. 企业借出现金必须执行严格的授权批准程序，严禁擅自挪用、借出现金。

3. 不能编造和谎报用途套取现金，企业从开户银行提取现金时，应如实写明提取现金的用途，由本单位财会部门负责人签字盖章，经开户银行审批后予以支付。

4. 不准用借条、白条等不符合财会制度的凭证顶替库存现金，即不得“白条抵库”。

5. 不准向他人出租、出借银行账户，代替他人存入或支取现金。

6. 不准将单位收入的现金作为个人储蓄存入银行，不得私设“小金库”和账外现金。

7. 库存现金要定期或不定期地由内部审计人员核查。

二、库存现金核算的业务流程

库存现金核算的基本业务流程如图 2－3 所示。

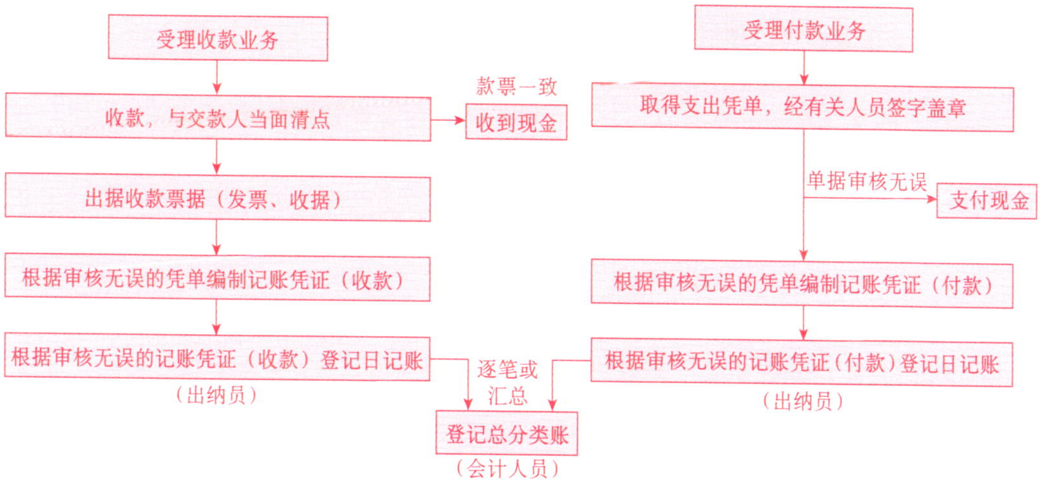

图 2－3　库存现金核算业务流程

三、库存现金收付业务的核算

企业库存现金的收付核算，首先由出纳人员取得或填制原始凭证，由会计人员对原始凭证进行审核，并根据审核无误的原始凭证填制收、付款凭证。出纳人员办理现金收付款项时，必须进行复核，当面清点，收款后应在凭证上加盖“现金收讫”戳记，付款后在凭证上加盖“现金付讫”戳记。

（一）库存现金的总分类核算

企业库存现金的收支和结存情况，应设置“库存现金”账户进行核算。该账户借方登记现金的增加数，贷方登记现金的减少数，期末余额在借方，反映企业持有的库存现金。该账户应设置“库存现金日记账”进行序时核算。

【例 2－1】 3 月 5 日，万友公司发生有关现金收付业务如下：

- 出售产品 5 件，价款 500 元，增值税 65 元，收到现款 565 元。其账务处理为：

借：库存现金	565	
贷：主营业务收入		500
应交税费——应交增值税（销项税额）		65

- 公司技术员李强因公外出，预借差旅费 2 000 元，以现金支付。其账务处理为：

借：其他应收款——备用金（李强）	2 000	
贷：库存现金		2 000

- 五星公司归还租用包装物押金 600 元。其账务处理为：

借：库存现金	600	
贷：其他应收款——包装物押金（五星公司）		600

库存现金总分类账应由出纳以外的会计人员登记。不同会计核算形式下，登记库存现金总账的方法也不同：可以根据收、付款凭证直接登记；也可以根据科目汇总表、汇总记账凭证等定期登记。

（二）库存现金收付的序时核算

为了及时、连续、系统地反映库存现金收支和结存情况，企业应设置“库存现金日记账”进行序时核算。有外币现金的企业，应按不同币种分别设置“库存现金日记账”进行序时核算。

“库存现金日记账”必须采用订本账，可以选择“三栏式”或“多栏式”账页。该账簿由出纳人员根据审核无误的收、付款凭证及所附的原始凭证，按照现金收付业务发生的先后顺序逐日逐笔登记。每日终了，应结出库存现金结余数，并与库存现金实有数核对，做到日清月结，保证账款相符。如果发现账款不符，应及时查明原因进行处理。月份终了，出纳登记的“库存现金日记账”余额应与会计人员登记的“库存现金总分类账”余额核对相符。

四、库存现金的清查

为了加强对库存现金的管理，保证库存现金的安全，防止丢失、被盗、侵占、挪用和记账错误，必须对库存现金进行清查。

库存现金清查包括：（1）出纳人员每日的清点核对；（2）清查小组（包括审计、中介机构）定期、不定期的清查。

2.2 挪用资金罪典型案例

（一）库存现金清查的方法

库存现金清查的方法主要是实地盘点法，即以库存现金实有数与库存现金日记账的账面余额进行核对，包括对库存现金收支情况的检查核对。清查小组清查时，出纳人员必须在场。

（二）库存现金清查的内容

库存现金清查的主要内容有：（1）检查库存现金账款是否相符；（2）检查是否超限额留存现金；（3）现金收付范围规定的执行情况；（4）现金管理要求的遵守情况，是否有挪用现金、是否有“白条”抵库、公款私存等情况。

库存现金清查的结果，应编制“库存现金盘点报告表”，注明现金溢余或短缺的金额，并由出纳人员、盘点人员签名盖章；对于超限额留存的现金要及时送存银行；如果发现库存现金存在擅自坐支、挪用现金、白条抵库等不规范情况的，应及时纠正。对情节严重、并数额较大的，应以书面形式报告领导请求作出处理。

（三）库存现金清查结果的账务处理

库存现金清查发现溢余或短缺的，应先将溢余或短缺款转入“待处理财产损溢——待处理流动资产损溢”账户，待查明原因后及时进行处理。如为现金短缺，属于少收或多付，应由有关单位、人员偿付的，以及应由责任人赔偿的部分，记入“其他应收款”账户；无法查明原因的现金短缺报经批准后记入“管理费用”账户。如为现金溢余，属于多收或少付，应退还给有关人员或单位的，记入“其他应付款”账户；无法查明原因的现金溢余，报经批准后记入“营业外收入”账户。

【例2-2】 万友公司6月末进行库存现金的清查，发现短缺280元。根据“库存现金盘点报告表”，做如下账务处理：

借：待处理财产损溢——待处理流动资产损溢（现金短款） 280
　　贷：库存现金 280

经查实，现金短缺其中180元属出纳王朋的工作失误造成，应由其赔偿，赔款尚未收到；另外100元无法查明原因，经批准列为管理费用，公司的账务处理为：

借：其他应收款——应收赔偿款（王朋） 180
　　管理费用 100
　　贷：待处理财产损溢——待处理流动资产损溢（现金短款） 280

【例2-3】 万友公司9月末进行库存现金的清查，发现溢余350元。根据“库存现金盘点报告表”，做如下账务处理：

借：库存现金 350
　　贷：待处理财产损溢——待处理流动资产损溢（现金溢余） 350

经查实，现金溢余350元中有300元为多收A公司的货款，应予以退还；其余50元无法查明原因，经批准列为营业外收入。公司的账务处理为：

借：待处理财产损溢——待处理流动资产损溢（现金溢余） 350
　　贷：其他应付款——其他应付暂收款（A公司） 300
　　　　营业外收入 50

提示：

（1）在记账凭证账务处理程序下，“库存现金”总分类账仍是必须开设的。这是库存现金控制、核对的需要。

（2）执行《小企业会计准则》的企业，清查发现的无法查明原因的库存现金溢余，审批后列为营业外收入；无法查明原因的库存现金短款，审批后列为营业外支出。

模块三　银行存款的管理与核算

既然对现金使用的范围作了规定，那么不能通过现金收付的款项怎么办呢？很简单，可以通过银行办理转账结算。也就是说，企业应在银行开设结算账户，并存入足够的资金，发生不属于现金收付范围的款项收付时，可通过开户银行进行办理。

一、银行存款的管理

（一）银行结算账户的开设

银行结算账户是存款人在经办银行开立的办理资金收付结算的人民币活期存款账户。企业应按中国人民银行发布的《人民币银行结算账户管理办法》的规定开设、使用银行结算账户。企业是以单位名义开立银行结算账户的。企业的银行结算账户按照用途可分为基本存款账户、一般存款账户、临时存款账户、专用存款账户四类，其名称、使用范围和开立要求等见表2－1。

2.3 如何开立单位银行账户

表2－1　企业的银行结算账户

名称	账户内容	使用范围	数量及有效期	开立要求
基本存款账户	存款人办理日常转账结算和现金收付的账户。是存款人的主办账户	办理日常经营活动资金收付及工资、奖金和现金的支取	• 只能开立一个 • 无期限限制	①向所在地商业银行的分支机构申请开立 ②提供营业执照（“三证合一”）、法定代表人和经办人身份证、法定代表人授权书（或法定代表人亲自到场办理） ③预留印鉴章：单位公章、财务专用章、法定代表人私章
一般存款账户	存款人借款或其他结算需要在基本存款账户开户银行以外的银行营业机构开立的账户	办理借款转存、借款归还和其他结算的资金收付。可以办理现金缴存，但不能支取现金	• 无数量限制 • 无期限限制	①向商业银行的分支机构申请，实行备案制 ②提供其开立基本存款账户的开户信息 ③借款需要的，出具借款合同；其他需要出具有关证明
临时存款账户	存款人因临时需要并在规定期限内使用而开立的账户	办理临时机构以及存款人临时经营活动的资金收付。可以办理转账结算，也可以按规定办理现金收付	• 依账户性质有限制（“一地一个”“一项一个”） • 最长不超过两年	①向商业银行的分支机构申请，实行核准制 ②提供异地临时经营、设立临时机构等证明文件 ③临时机构需要外地开户的，还应提供基本存款账户的开户信息
专用存款账户	存款人按规定，对其特定用途资金进行专项管理和使用而开立的账户	粮、棉、油收购资金，社保资金，党、团费等账户，可按规定办理现金收付。基建资金、政策性开发资金等的现金支取需人民银行批准收入汇缴账户，只收不付；业务支出类账户只付不收	• 同一证明，只能开立一个 • 无期限限制	①向商业银行的分支机构申请，预算单位核准制，其他为备案制 ②提供基本存款账户的开户信息 ③提供相关批文或证明资料

（二）银行支付结算的基本原则和办理要求

支付结算的基本原则，是单位、个人和银行在办理支付结算过程中应遵循的基本规定。根据《支付结算办法》的规定，支付结算应当遵循的基本原则是：

1. 恪守信用，履约付款。支付结算当事人必须依照双方的约定享有权利和承担义务，尤其是对付款当事人而言，应强调诚实守信，按照约定的金额和日期履行付款义务。

2. 谁的钱进谁的账，由谁支配。银行在办理支付结算过程中，应当尊重存款人的资金支配自主权，根据委托人的意志，做到是谁的钱就进谁的账，不介入当事人之间的交易纠纷，确实保障当事人存款的正常支付。

3. 银行不垫款。银行是结算活动的中介机构，责任在于办理资金在结算当事人之间的转移手续，不为结算当事人中的任何一方垫付资金。这一原则旨在划清银行资金与结算当事人存款资金的界限，防止透支和盲目扩大信贷资金。

办理支付结算的基本要求主要有以下几个方面：（1）办理支付结算应当按照规定开立、使用银行账户；（2）单位、个人和银行办理支付结算必须使用按中国人民银行统一规定印制的票据和结算凭证；（3）票据和结算凭证上的签章和其他记载事项应当真实，不得伪造、变造；（4）填写票据和结算凭证应当规范，做到要素齐全、数字正确、字迹清晰、防止涂改。

二、银行支付结算方式

由于收付单位所在地不同，交易性质不同，银行结算方式也不同。按现行支付结算办法的规定，银行结算方式主要包括支票、银行汇票、银行本票、商业汇票、汇兑、委托收款、托收承付、银行卡等。各种结算方式按结算双方所在地区不同，可以分为同城结算和异地结算。同城结算是指收付款双方在同一城市（同一票据交换区，下同）的结算；异地结算是指收付款双方不在同一城市（含县、县级市）的结算。

（一）银行汇票结算方式

去外地购货，供货单位要见“钱”才发货，带大量的现金既不方便也不安全，怎么办？可选择银行汇票方式结算货款。

1. 银行汇票的概念。**银行汇票是出票银行签发的，由其在见票时按照实际结算金额无条件支付给收款人或持票人的票据。**银行汇票结算是指申请人将款项交存银行（或账户有存款），由银行签发汇票给申请人，申请人持汇票办理转账结算或支取现金的一种结算方式。银行汇票由银行签发，具有“票随人到、用款及时、付款有保证、使用灵活”等特点。银行汇票式样如图 2－4 所示。

2. 银行汇票结算的基本规定。银行汇票结算的规定主要有：

（1）单位和个人的各种款项结算，均可使用银行汇票。

（2）银行汇票可以用于转账，填明“现金”字样的可以支取现金。

（3）银行汇票的提示付款期限自出票日起 1 个月（按次月对日计算）。

（4）银行汇票可以背书转让，填明“现金”字样的银行汇票和未填写实际结算金额或实际结算金额超出出票金额的银行汇票不得背书转让。

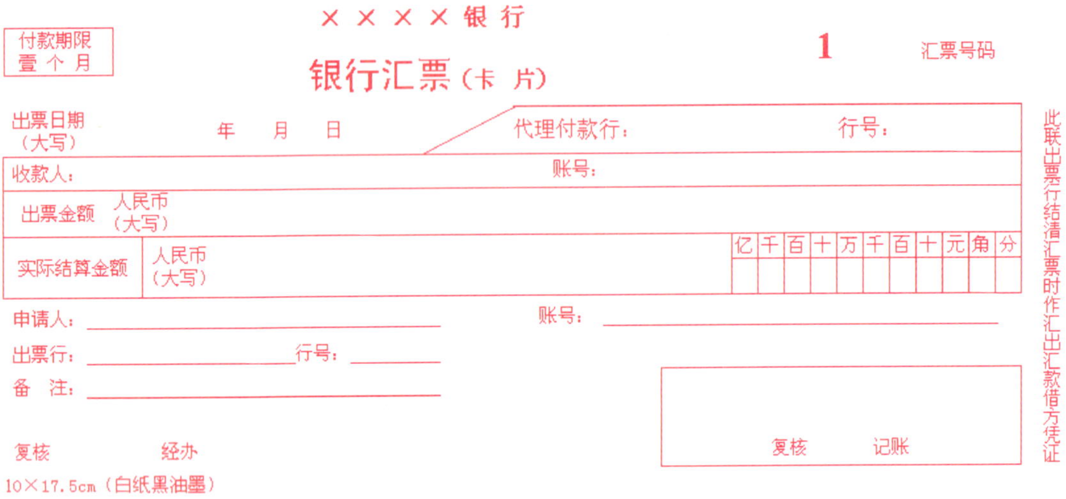
××××银行

付款期限 壹个月

银行汇票（卡片）　1　汇票号码

出票日期（大写）　年　月　日　代理付款行：　行号：

收款人：　账号：

出票金额　人民币（大写）

实际结算金额	人民币（大写）	亿	千	百	十	万	千	百	十	元	角	分

申请人：　账号：

出票行：　行号：

备　注：

复核　经办　复核　记账

10×17.5cm（白纸黑油墨）

此联出票行结清汇票时作汇出汇款借方凭证

图 2－4　银行汇票式样

（5）银行汇票可以分次支取，也可以在收款人和用途不变的情况下转汇；银行汇票逾期或其他原因要求退款的，可以办理退汇。

（6）银行汇票丧失：已填明“现金”字样和代理付款人的银行汇票，失票人可以挂失止付；未填明“现金”字样和代理付款人的银行汇票丧失，不得挂失止付，但失票人可以凭人民法院出具的其享有票据权利的证明，向出票银行请求付款或退款。

3. 银行汇票结算的流程。银行汇票结算方式的流程为：

（1）申请办理银行汇票时，申请人（亦即付款人）应向开户银行填写“银行汇票申请书”，填明相关事项并签章，签章为其预留银行的签章。

（2）开户银行受理银行汇票申请书，收妥款项后签发银行汇票。

（3）申请人持票购物等，将银行签发的汇票和解讫通知书交给汇票上记明的收款人办理货款或债务结算。

（4）收款人填写进账单，办理进账。收款人持有“现金”字样的银行汇票，需到指定银行提取现金。当汇票金额超过实际结算金额时，余额由银行退给申请人或汇款人账户。

银行汇票结算方式的结算程序如图 2－5 所示。

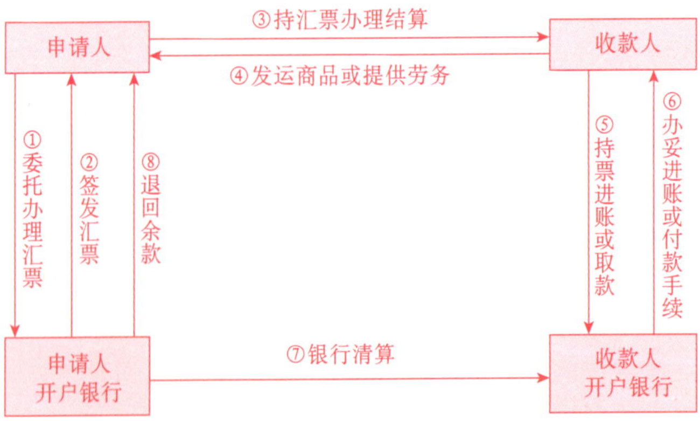

图 2－5　银行汇票结算程序

银行汇票结算方式的账务处理，是通过“其他货币资金”账户进行的，具体内容见本项目模块四。

（二）银行本票结算方式

1. 银行本票的概念。**银行本票是银行签发的，承诺自己在见票时无条件支付确定的金额给收款人或持票人的票据。**银行本票结算是指申请人将款项交存银行（或账户有存款），由银行签发银行本票给申请人，凭以办理转账结算或支取现金的一种结算方式。银行本票由银行签发，具有“票随人到、见票付款、支付功能强、信誉度高”等特点。银行本票式样如图 2－6 所示。

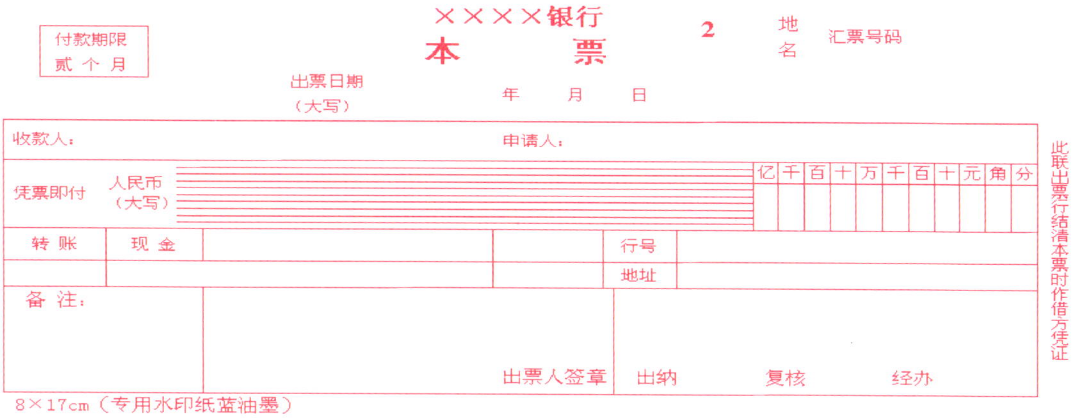
付款期限 贰 个 月

××××银行
本 票　　2　　地名　　汇票号码

出票日期（大写）　　年　月　日

收款人：			申请人：		
凭票即付	人民币（大写）				亿 千 百 十 万 千 百 十 元 角 分
转 账	现 金			行号	
				地址	
备 注：		出票人签章	出纳	复核	经办

此联出票行结清本票时作借方凭证

8×17cm（专用水印纸蓝油墨）

图 2－6　银行本票式样

2. 银行本票结算的基本规定。银行本票结算的规定主要有：

（1）单位和个人在同一票据交换区域需要支付各种款项，均可使用银行本票。

（2）银行本票可以用于转账，注明“现金”字样的银行本票可以用于支取现金。

（3）银行本票的提示付款期限自出票日起最长不得超过 2 个月。超过提示付款期限不获付款的，在票据权利时效内向出票银行作出说明，并提供单位证明，可持银行本票向银行请求付款。

（4）银行本票收款人可以将银行本票背书转让给被背书人。

（5）申请人因银行本票超过提示付款期限或其他原因要求退款时，应将银行本票提交到出票银行并出具证明，出票银行将款项转入原申请人账户（或退款）。

（6）银行本票丧失：填明“现金”字样的银行本票丧失，失票人可以挂失止付；未填明“现金”字样的银行本票丧失，不得挂失止付，但失票人可以凭人民法院出具的其享有票据权利的证明，向出票银行请求付款或退款。

3. 银行本票结算的流程。银行本票结算方式的流程为：

（1）申请银行本票时，申请人应向开户银行提交“银行本票申请书”，填明相关事项并签章。签章为其预留银行的签章。

（2）开户银行受理银行本票申请书，收妥款项后签发银行本票。

（3）申请人取得银行本票，持票向填明的收款单位办理购货和债务结算。

(4) 收款人在收到银行本票后，在银行本票背面加盖预留银行印鉴，同时填写进账单办理转账等。

银行本票结算方式的结算程序与银行汇票程序基本一致。

银行本票结算方式的账务处理，也是通过"其他货币资金"账户进行的，具体内容见本项目模块四。

提示：

银行汇票结算方式与银行本票结算方式的主要区别有：

①银行汇票的提示付款期限为1个月，而银行本票为2个月；

②银行汇票同城异地均可使用，而银行本票仅限同城（同一票据交换区）使用；

③二者信用等级不一样，银行汇票属于汇款办理凭证；银行本票系银行内部款项划转凭证，信用度高于银行汇票。

（三）商业汇票结算方式

公司想购货，存款账户中的钱不够，想延期付款，怎么办？可选用商业汇票办理结算。

1. 商业汇票的概念。**商业汇票是出票人签发的，委托付款人在指定日期无条件支付确定的金额给收款人或持票人的票据。**商业汇票结算是指利用商业汇票来办理款项结算的一种银行结算方式。商业汇票结算方式，可以利用延期付款，促进商品交易，对买卖双方都是有利的。

2. 商业汇票结算的基本规定。商业汇票结算的规定主要有：

(1) 商业汇票在同城异地均可使用，在银行开立存款账户的法人及其他组织之间，必须具有真实的交易关系或债权债务关系，才能使用商业汇票。

(2) 商业汇票的签发人可以是付款人或收款人；必须经承兑，承兑人可以是付款人或银行，前者为商业承兑汇票，后者为银行承兑汇票。

(3) 商业汇票的付款期限，最长不得超过6个月；提示付款期限，自汇票到期日起10日。

(4) 商业汇票可以背书转让；持票人可持未到期的商业汇票向银行申请贴现。

(5) 已承兑的商业汇票丧失，可以由失票人通知付款人或者代理付款人挂失止付。

3. 商业汇票结算的流程。商业汇票有商业承兑汇票和银行承兑汇票两类。其结算的流程是有所不同的：

(1) 商业承兑汇票结算的办理流程。①签发和承兑。商业承兑汇票可以由付款人签发并承兑，也可以由收款人签发后交由付款人承兑。承兑应在汇票正面记载"承兑"字样和承兑日期并签章；拒绝承兑的必须出具拒绝承兑的证明。②收款人收款。收款人或被背书人将要到期的商业承兑汇票送交开户银行办理收款手续。③到期兑付。付款人收到开户银行的付款通知，应在当日通知银行付款；3日内未通知银行付款的，视同付款人承诺付款，银行应于付款人接到通知的次日起第4日上午开始营业时，将票款划给持票人。若付款人存款账户不足支付的，银行填制付款人未付票款通知书，连同商业承兑汇票邮寄持票人开户银行转交持票人。商业承兑汇票的式样如图2-7所示，结算流程如图2-8所示。

(2) 银行承兑汇票结算的办理流程。银行承兑汇票结算流程与商业承兑汇票结算流程基本相似：①签发和银行承兑；②收款人收款；③到期兑付。主要区别有：第一，银行承兑汇票应由承兑申请人（付款人）持汇票和购销合同向其开户银行申请承兑，银行审核同意

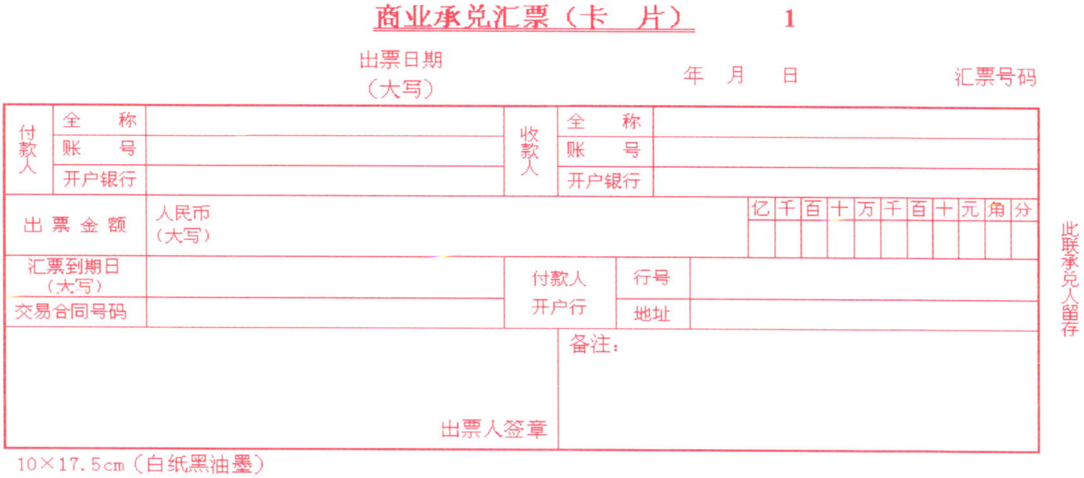
商业承兑汇票（卡 片） 1

出票日期（大写） 年 月 日 汇票号码

付款人	全称		收款人	全称	
	账号			账号	
	开户银行			开户银行	
出票金额	人民币（大写）				亿 千 百 十 万 千 百 十 元 角 分
汇票到期日（大写）			付款人开户行	行号	
交易合同号码				地址	
出票人签章			备注：		

此联承兑人留存

10×17.5cm（白纸黑油墨）

图 2－7 商业承兑汇票式样

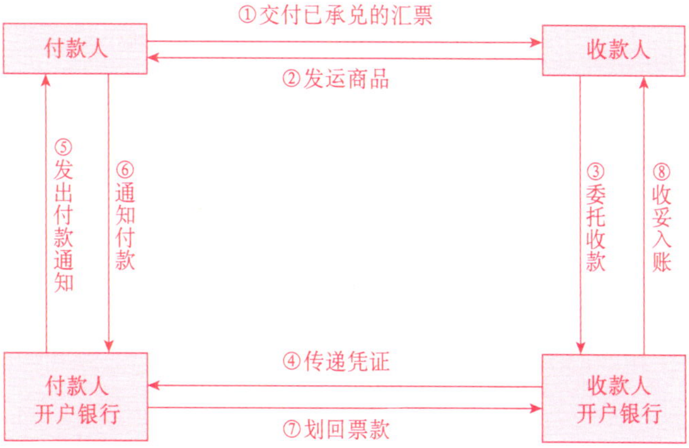

图 2－8 商业承兑汇票结算流程

后签订承兑协议，并按票面金额的万分之五收取手续费。第二，银行承兑汇票的出票人（付款人）应于汇票到期日前将票款足额交存其开户银行，承兑银行在汇票到期日或到期日后的见票当日支付票款。若出票人（付款人）在汇票到期日未能足额存款时，承兑银行应向汇票持票人**无条件付款，承兑银行将出票人（付款人）尚未支付的汇票款视为逾期贷款，并按每天万分之五计收利息**。银行承兑汇票的结算流程如图 2－9 所示。

企业销货等取得的商业汇票，应通过“应收票据”账户进行核算，具体内容见项目三模块二；企业购货等承兑的商业汇票，应通过“应付票据”账户进行核算，具体内容见项目八模块二。

（四）支票结算方式

库存现金限额不足，要到开户银行提取现金，该怎么办？答案是：开支票。

1. 支票的概念。**支票是出票人签发的，委托办理支票存款业务的银行在见票时无条件支付确定的金额给收款人或持票人的票据**。支票实际上是付款人开出的付款通知。单位和个人各种款项支票结算方式具有应用广泛、灵活方便的特点。转账支票的式样如图 2－10 所示。

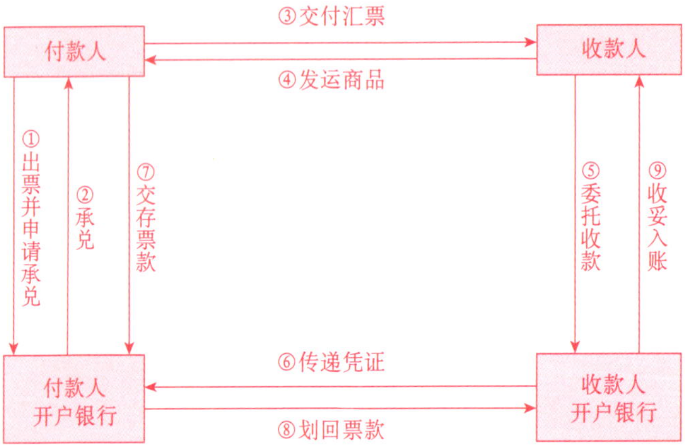

图 2－9　银行承兑汇票结算流程

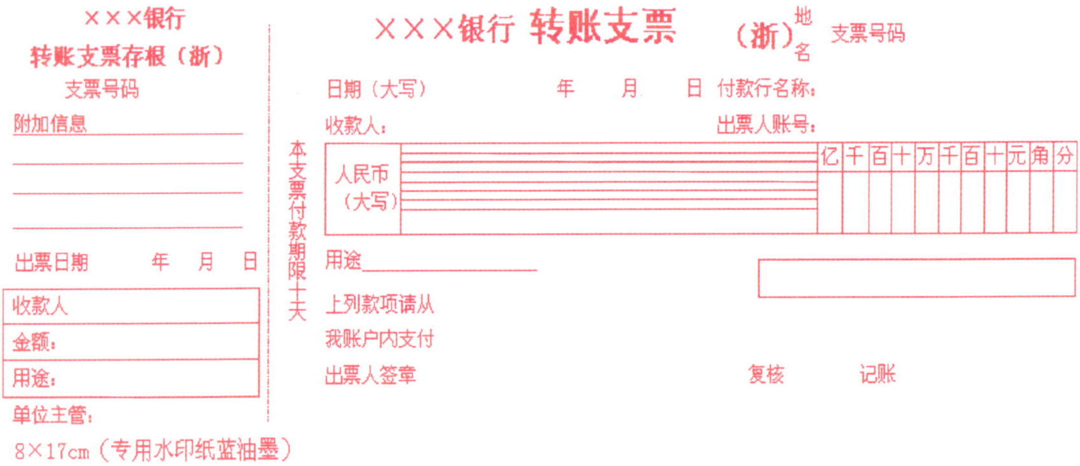

图 2－10　转账支票式样

2. 支票结算的基本规定。支票结算的规定主要有：

（1）支票有三种：支票上印有“现金”字样的为现金支票，只能用于提取现金；支票上印有“转账”字样的为转账支票，只能用于转账；支票上未印有“现金”或“转账”字样的为普通支票，可以用于转账，也可以用于提取现金。在普通支票左上角划两条平行线的，为划线支票，划线支票只能用于转账，不得支取现金。

（2）出票人签发支票，应用碳素墨水或墨汁正确填写各项目（日期需大写）。金额、出票或签发日期、收款人名称不得更改，更改的票据无效；更改的结算凭证，银行不予受理。支票的金额、收款人名称，可以由出票人授权补记。

（3）签发支票的金额不得超过付款时在付款人处实有的存款金额。禁止签发空头支票，不得签发支付密码错误的支票，不得签发与其预留银行签章不符的支票。

（4）转账支票可以背书转让，支取现金的支票不得背书转让。

（5）支票的提示付款期限，自出票日起 10 天。超过提示付款期限的，持票人开户银行不予受理，付款人不予付款。

（6）支票丧失，可以由失票人通知付款人或者代理付款人挂失止付。

3. 支票结算的流程。现金支票和转账支票的结算流程是不同的：

（1）现金支票的结算流程。现金支票的结算流程是：①签发现金支票（加盖预留银行印鉴）交给收款人（或经办人）；②收款人（或经办人）持票向开户银行办理取款手续；③开户银行审核后付款。

（2）转账支票的结算流程。①签发转账支票（加盖预留银行印鉴）交给收款人；②收款人审核，连同进账单交其开户银行办理入账；③银行间款项划拨；④收款人开户银行下收款通知（进账单回单）。转账支票的一般结算流程如图 2－11 所示。

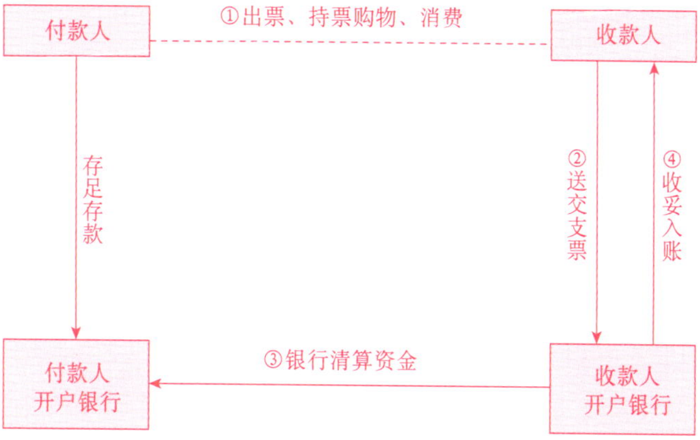

图 2－11　转账支票的一般结算流程

转账支票也可以由签发人交其开户银行办理结算：①签发转账支票（加盖预留银行印鉴）连同进账单交其开户银行办理转账；②银行间款项划拨；③收款人开户银行下收款通知。

付款人签发支票，根据支票存根和有关凭证，借记有关账户，贷记“银行存款”账户。收款人将支票送交开户银行办理收款，根据进账单回单和有关凭证，借记“银行存款”账户，贷记有关账户。

（五）汇兑结算方式

企业购货或接受劳务，怎么把钱付给外地的供货人呢？汇兑结算是一种方式。

1. 汇兑的概念。汇兑是汇款人委托银行将其款项支付给收款人的结算方式。汇兑结算是一种传统的结算方式，使用灵活简便。

2. 汇兑结算基本规定。汇兑分为信汇、电汇两种；异地的单位和个人各种款项的结算，均可采用汇兑结算方式；收款人为个人，需要到汇入银行领取汇款的，在汇兑凭证上注明“留行待取”字样即可办理；汇款凭证上加盖“转汇”戳记，可以办理转汇；可以以收款人名义在汇入银行开立临时存款账户进行分次支付。

3. 汇兑结算的流程。汇兑结算方式的流程可分别付款人（汇款人）和收款人进行说明：

（1）付款人（汇款人）的流程是：①填单，委托开户银行办理汇款；②开户银行受理汇兑；③通知收款人收款。

（2）收款人的流程是：①审核汇款凭证；②收取款项，办理入账或转汇等。

付款人以汇兑方式汇出款项的账务处理有两种情况：一是汇往异地开立采购专户的，形成“其他货币资金——外埠存款”账户（具体见本项目模块四）；二是当即用于支付款项的，应借记有关账户，贷记“银行存款”账户。

（六）委托收款结算方式

企业销售了商品，提供了劳务，可能没有当即收到钱，不要紧，可以委托银行代为收取。

1. 委托收款的概念。**委托收款是收款人委托银行向付款人收取款项的结算方式。**这是一种收款人主动委托其开户银行办理款项收取的方式。收款人主动、适用面广是其主要特点。托收凭证式样如图 2－12 所示。

托收凭证（受理回单）　　1

委托日期　　年　　月　　日

业务类型	委托收款（□邮划、□电划）		托收承付（□邮划、□电划）		
付款人	全称		收款人	全称	
	账号			账号	
	地址			开户银行	
金额	人民币（大写）			亿 千 百 十 万 千 百 十 元 角 分	
款项内容		托收凭证名称		附寄单证张数	
商品发运情况			合同名称号码		
备注： 复核　　记账		款项收妥日期 年　月　日		收款人开户银行签章 年　月　日	

此联作为收款人开户行给收款人的受理回单

10×17.5cm（白纸黑油墨）

图 2－12　托收凭证式样

2. 委托收款结算的基本规定。委托收款结算方式的规定主要有：

（1）委托收款适用于单位和个人凭已承兑商业汇票、债券、存单等付款人债务证明办理款项的结算。

（2）同城异地均可以使用，收取公用事业费限于同城，并应签订合同。

（3）委托收款结算款项的划回方式，分邮寄和电报划回两种。

3. 委托收款结算的流程。委托收款结算方式的一般流程和相关要求为：

（1）托收。收款人委托银行收款时，应完整规范地签发委托收款凭证，并向银行提交有关债务证明资料。托收成立的标志是办妥托收手续。

（2）承付。付款人收到开户银行交来的债务证明，应签收并于接到付款通知当日书面通知银行付款。若付款人在银行发出通知的次日起 3 日内未通知银行付款的，视作同意付款，银行在发出通知的次日起第 4 日，将款项划给收款人。

（3）拒绝付款。付款人审查有关债务证明后，对收取的款项需要拒绝付款的，应在付款人接到通知的次日起 3 日内提出拒付理由，并将拒绝证明、债务证明和有关凭证送交开户银行，通过委托银行转交收款人。

（4）延期付款。银行在办理划款时，付款人存款账户不足支付的，付款人开户银行通过委托银行向收款人办理转退手续，将债务证明、未付款项通知书转交收款人。委托收款方式的结算流程如图 2－13 所示。

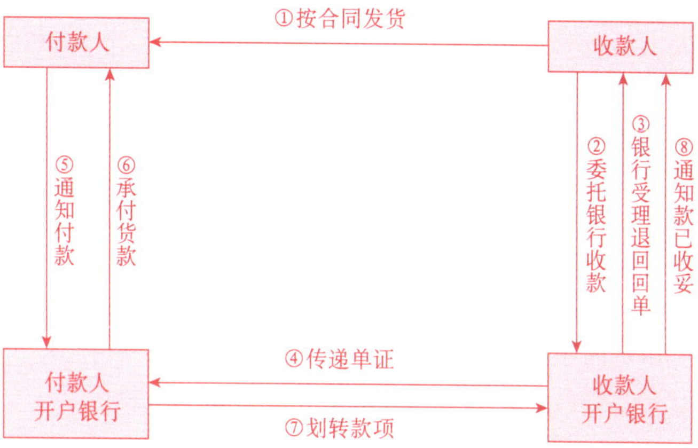

图 2－13　委托收款结算流程

付款人承付货款时，借记有关账户，贷记“银行存款”账户。收款人办妥托收手续时，借记“应收账款”账户，贷记有关账户；收到银行的入账通知时，借记“银行存款”账户，贷记“应收账款”账户。

（七）托收承付结算方式

1. 托收承付的概念。**托收承付是根据购销合同由收款人发货后委托银行向异地付款人收取款项，由付款人向银行承认付款的结算方式。**托收承付结算方式严谨规范，银行有一定监督权，能较好地保证购销双方的权益，所以其适用范围是有限制的。托收承付使用凭证与委托收款凭证是合用的，凭证式样见图 2－12。

2. 托收承付结算的基本规定。托收承付结算方式的规定主要有：

（1）使用托收承付结算方式的收款单位和付款单位，必须是国有企业、供销合作社以及经营管理较好并经开户银行审查同意的城乡集体所有制工业企业。

（2）托收承付结算每笔的金额起点为 10 000 元。托收承付结算款项的划回方法，分邮寄和电报划回两种。

（3）办理托收承付结算的款项，必须是商品交易以及因商品交易而产生的劳务供应的款项，并且收付双方应签有规范的购销合同。

3. 托收承付的结算流程。托收承付结算方式的一般流程为：

（1）托收。收款人按照购销合同发货后，应将托收凭证并附发送证件或其他符合托收承付结算的有关凭证和交易单证送交银行办理托收。企业办妥托收手续则为托收成立。

（2）承付。付款人收到开户银行交来的托收凭证及其附件后，应在承付期内审查核对，并安排资金进行承付。承付货款分为验单付款和验货付款两种方式：

- **验单付款**。验单付款期为 3 天，从付款人开户银行发出承付通知的次日算起（承付期内遇法定休假日顺延）。付款人在承付期内，未向银行表示拒绝付款，银行即视作承付，并代付款人划款给收款人。

- **验货付款**。验货付款的承付期为10天，从运输部门向付款人发出到货通知的次日算起，付款人收到提货通知后，应立即向银行交验货提货通知。

（3）拒绝付款。付款人在承付期内有不符合条件的情况时，可向银行提出全部或部分拒绝付款。付款人提出拒付时，必须填写“拒绝付款理由书”并签章，注明拒付理由。付款人开户银行审查拒付理由后，同意部分或全部拒绝付款的，在拒付理由书上签注意见，并将拒绝付款理由书连同拒付证明和拒付商品清单，邮寄收款人开户银行转交收款人。

（4）延期付款。付款人在承付期满日，如无足够资金支付，其不足部分，按逾期付款处理，付款人开户银行应将此情况通过收款人开户银行转告收款人。付款人开户银行对付款人逾期支付的款项，应按逾付款金额和逾期天数，每天计万分之五的赔偿金（转交收款人）。对逾期付款，付款人一旦有款，由其开户银行按规定的扣款顺序执行扣款（扣款期限为3个月，期满无法扣足的则予以转退）。

托收承付结算方式的账务处理与委托收款结算方式基本一致。

提示：

托收承付与委托收款差别不大，二者使用凭证、结算程序、账务处理基本一致。但托收承付在适用范围、收款内容上比委托收款要窄，在银行监督上比委托收款要强。

（八）信用卡结算方式

到商场购物、消费，带现金太麻烦，怎么办？不用愁，信用卡能显身手。

1. 信用卡的概念。**信用卡是商业银行向个人和单位发行的，凭以向特约单位购物、消费和向银行存取现金，且有消费信用的特制载体卡片**。信用卡结算具有结算快速、使用简便、资金安全的特点。

2. 信用卡的基本规定。信用卡结算的规定主要有：

（1）信用卡按使用对象分为单位卡和个人卡；按信誉等级分为金卡、银卡、普通卡等。

（2）凡开立基本存款账户的单位可申请单位卡。单位卡可申领若干张，持卡人资格由申领单位法定代表人或其委托代理人书面指定和注销。发卡银行可根据申请人的资信程度，要求其提供担保。

（3）单位卡账户的资金一律从基本存款账户转入，不得交存现金，不得将销售收入的款项存入，也不能支取现金。

（4）单位卡不得用于10万元以上的商品交易、劳务供应款项的结算。

（5）信用卡可以在限额内透支。信用卡遗失，应及时通过发卡银行挂失。

3. 信用卡结算的流程。信用卡结算的流程为：

（1）单位申领信用卡，应经领导研究决定，按规定填制申请表，连同有关资料一并送交发卡银行。

（2）发卡银行审核，根据申请人的资信程度，要求其交存一定金额的备用金或提供担保。符合条件的，银行为申领人开立信用卡存款账户，并发给信用卡。

（3）根据需要，持卡人可持信用卡在特约单位购物、消费，并按规定取得相关凭证。

（4）单位、持卡人不需要继续使用信用卡的，可持信用卡到发卡银行办理销户。销户时，单位卡账户余额转入其基本存款账户，不得提取现金。

企业信用卡存款属于其他货币资金，其转存、支付结算的账务处理见本项目模块四。

相关链接：

关于银行卡和信用卡

银行卡是指经批准由商业银行向社会发行的具有消费信用、转账结算、存取现金等功能的信用支付工具。银行卡按是否给予授信额度分为信用卡和借记卡。所以，信用卡是银行卡的一种。

借记卡：先存款，后使用，不能透支。例如，在卡上存入2 000元，才能消费2 000元。

单位银行卡需注意：①资金一律从“基本存款账户”转账存入；②不得用于10万元以上的商品交易和劳务供应款项的结算；③不得支取和交存现金，不得将销货收入的款项存入卡内；④销户资金余额转入其“基本存款账户”。

企业银行支付结算还有网银结算，关于网银结算可扫本章后的二维码。

三、银行存款核算的业务流程

银行存款核算的基本业务流程如图2－14所示。

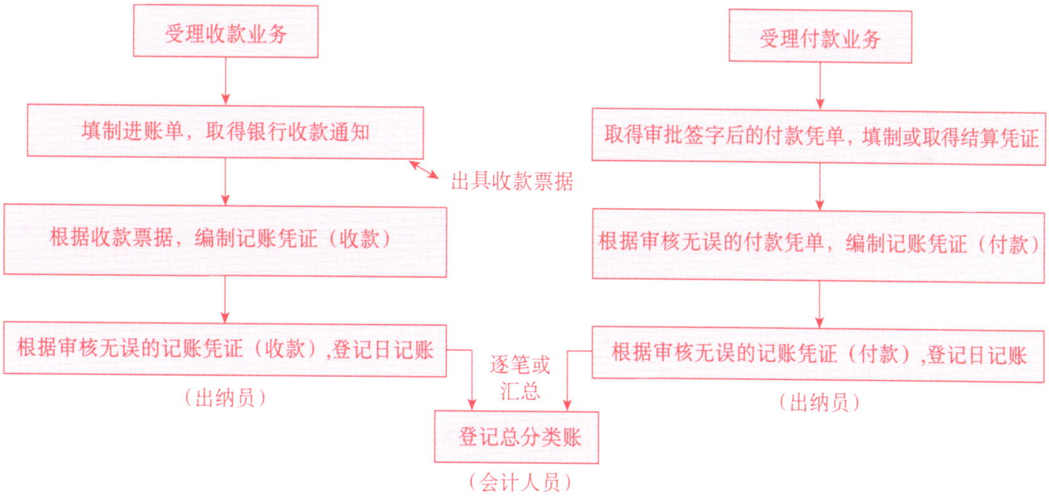

图2－14 银行存款核算的业务流程

四、银行存款收支业务的核算

（一）银行存款的总分类核算

企业银行存款的收支及其结存情况，应设置“银行存款”账户进行核算。该账户借方登记银行存款的增加数，贷方登记银行存款的减少数，期末借方余额，反映银行存款的结余数。此外，应设置“银行存款日记账”进行序时核算。

【例2－4】 万友公司收回A公司以转账支票偿还前欠的货款8 000元，根据进账单的回单作账务处理如下：

借：银行存款　　8 000

　　贷：应收账款——A 公司　　8 000

【例 2－5】 万友公司前欠和丰公司货款 50 000 元，现以信汇方式付款，根据信汇回单作账务处理如下：

借：应付账款——和丰公司　　50 000

　　贷：银行存款　　50 000

银行存款总分类账也是由会计人员登记的，其格式和登记方法与库存现金总分类账基本相同，这里不再赘述。

（二）银行存款的序时核算

为了及时、详细地反映银行存款的收支和结存情况，企业应按开户银行、存款种类、币种等设置“银行存款日记账”进行银行存款的序时核算。

银行存款日记账必须采用订本账，可选择三栏式或多栏式账页。银行存款日记账由出纳人员根据审核无误的收、付款凭证及所附的原始凭证，按经济业务发生的先后顺序逐日逐笔登记。每日终了，应结出银行存款的结余数。月份终了，出纳登记的银行存款日记账余额应与会计人员登记的银行存款总分类账余额核对相符。银行存款日记账的记录及余额还应在月末（或定期）与开户银行的对账单核对。

五、银行存款的清查

（一）清查的内容和方法

为了及时、准确地掌握银行存款实际金额，防止差错和控制支出，企业应定期进行对账。银行存款日记账的核对主要包括三个环节：一是银行存款日记账与银行存款收、付款凭证要互相核对，做到**账证相符**；二是银行存款日记账与银行存款总分类账要互相核对，做到**账账相符**；三是银行存款日记账与开户银行开出的对账单要互相核对，做到**账款相符**，并能准确地掌握企业可运用的银行存款实有数。将银行存款日记账和对账单进行逐笔核对时，如果双方余额不一致，要及时查找原因。属记账差错的，应立即更正；由于未达账项引起的，应进行调节。

（二）未达账项的概念及种类

未达账项，是指企业与开户银行之间由于凭证传递上的时间差，一方已登记入账，而另一方尚未入账的账项。它主要有以下四种情况：

1. 企业已经收款入账，而银行尚未收款入账；
2. 企业已经付款入账，而银行尚未付款入账；
3. 银行已经收款入账，而企业尚未收款入账；
4. 银行已经付款入账，而企业尚未付款入账。

（三）银行存款余额调节表的编制

为了消除未达账项对企业和银行双方存款余额的影响，企业应编制“银行存款余额调节表”进行调节。调节的基本方法是将“未达账项”看作“已达账项”，即在双方余额的基础上，加上应收入的“未达账项”，减去应付的未达账项，结出余额。如调节后双方余额相等，一般说明记账没有差错。

【例 2－6】 6 月 30 日，万友公司银行存款日记账余额为 43 000 元，银行转来的对账单余额为 72 000 元，经逐笔核对，发现以下未达账项：（1）企业送存转账支票 50 000 元，已登记银行存款增加，但银行尚未记账；（2）企业开出转账支票 46 000 元，但持票人尚未到银行办理转账手续，故银行尚未记账；（3）企业委托银行代收某公司货款 38 000 元，银行已收妥并登记入账，但企业尚未收到收款通知，尚未记账；（4）银行代企业支付电费 5 000 元，银行已登记企业存款减少，但企业未收到银行付款通知，尚未记账。根据上述资料，编制“银行存款余额调节表”，如表 2－2 所示。

表 2－2 银行存款余额调节表

6 月 30 日 单位：元

项　目	金　额	项　目	金　额
企业银行存款日记账余额	43 000	银行对账单余额	72 000
加：银行已收，企业未收	38 000	加：企业已收，银行未收	50 000
减：银行已付，企业未付	5 000	减：企业已付，银行未付	46 000
调节后的余额	76 000	调节后的余额	76 000

需注意的是，编制“银行存款余额调节表”主要是为了核对账目和确定企业存款实有数，并不能作为记账的依据，“未达款项”无须进行账务处理，待有关结算凭证到达后再据以编制记账凭证和登记入账。

提示：

（1）“银行存款对账单”和“银行存款余额调节表”都不是原始凭证，但它们都是重要的会计资料。

（2）反映企业银行存款实有数的是银行存款余额调节表中的“调节后的余额”。

另外，对于企业存于银行或其他金融机构的款项已经部分不能收回或全部不能收回的，应当查明原因进行处理，有确凿证据表明无法收回的，应当根据管理权限报经批准后，借记“营业外支出”账户，贷记“银行存款”账户。

模块四　其他货币资金的核算

一、其他货币资金的内容

企业的经营资金中，有些货币资金的存款地点和用途与库存现金和银行存款不同，我们把这些**除库存现金和银行存款以外的货币资金称为其他货币资金**。其他货币资金主要包括的内容如图 2－15 所示。

其他货币资金
- 银行汇票存款——为取得银行汇票存入银行的款项
- 银行本票存款——为取得银行本票存入银行的款项
- 信用卡存款——为取得银行信用卡存入银行的款项
- 信用证保证金存款——为开具信用证存入银行的款项
（以上：结算方式形成）
- 外埠存款——到外地临时采购开立的采购专户
- 存出投资款——已存入证券公司但尚未进行投资的款项
（以上：存放外地、用途有限定）

图 2－15　其他货币资金的内容

二、其他货币资金的账务处理

企业的其他货币资金，应设置“其他货币资金”账户进行核算。该账户借方登记其他货币资金的增加数，贷方登记其他货币资金的减少数，期末余额在借方，表示企业持有的其他货币资金。该账户应按照银行汇票或本票、信用卡的发放银行、信用证的收款单位、外埠存款的开户银行，分别“银行汇票”“银行本票”“信用卡”等其他货币资金的种类进行明细核算。

提示：

库存现金、银行存款收付业务编制的记账凭证是收、付款凭证，需采用日记账进行序时核算。

其他货币资金虽然也是一种货币资金，但其核算与库存现金和银行存款还是有区别：编制的记账凭证是转账凭证，不列为收、付款业务；要求设置明细账进行明细核算，不必进行序时核算。

（一）银行汇票存款和银行本票存款

企业申请签发的银行汇票和银行本票，应从存款户中予以划转，借记“其他货币资金”账户，贷记“银行存款”账户。企业使用银行汇票或银行本票办理款项结算时，应根据票据结账联和有关账单，借记有关账户，贷记“其他货币资金”账户。

【例 2－7】 万友公司从银行结算户划款 58 000 元申请签发银行汇票，用于采购材料。发生的有关业务及账务处理为：

- 申请取得银行汇票时：

借：其他货币资金——银行汇票	58 000	
贷：银行存款		58 000

- 企业持银行汇票购入材料，价款为 50 000 元，增值税税额为 6 500 元，材料已验收入库，记：

借：原材料	50 000	
应交税费——应交增值税（进项税额）	6 500	
贷：其他货币资金——银行汇票		56 500

（二）外埠存款

企业到外地采购物资，如果供应单位分散，采购次数零星，时间较长，可将资金汇往采购地银行开立采购专户进行结算。采购完毕，外地银行应将多余存款退回企业开户银行。

【例2-8】 万友公司需在武汉采购材料，购货单位和采购量具有不确定性，将30万元汇到工行武汉三江支行开立临时采购专户。发生的有关业务及账务处理为：

- 汇出款项开立采购专户时：

借：其他货币资金——工行武汉三江支行（外埠存款）　300 000
　　贷：银行存款　300 000

- 收到从武汉钢铁公司购入钢材的增值税专用发票，发票所列货款为20万元，增值税为26 000元，材料已验收入库。记：

借：原材料　200 000
　　应交税费——应交增值税（进项税额）　26 000
　　贷：其他货币资金——工行武汉三江支行（外埠存款）　226 000

- 收到退回的余额74 000元，记：

借：银行存款　（300 000－226 000）74 000
　　贷：其他货币资金——工行武汉三江支行（外埠存款）　74 000

（三）信用卡存款

企业按规定填制信用卡申请表，并从基本存款户划款取得信用卡及使用结算，应通过“其他货币资金——××银行（信用卡）”账户进行核算。

【例2-9】 万友公司填制“信用卡申请书”，向中国银行大华支行申请开立信用卡，并划款2万元。发生的有关业务及账务处理为：

- 向银行申请，划款取得信用卡时：

借：其他货币资金——中国银行大华支行（信用卡）　20 000
　　贷：银行存款　20 000

- 用信用卡支付业务招待费1 500元（取得普通发票）时：

借：管理费用　1 500
　　贷：其他货币资金——中国银行大华支行（信用卡）　1 500

（四）存出投资款

企业从存款户划款至证券公司准备用于投资时，借记“其他货币资金——存出投资款”账户，贷记“银行存款”账户。企业用存入证券公司专款购买股票、债券等进行投资时，借记“交易性金融资产”等账户，贷记“其他货币资金——存出投资款”账户。

【例2-10】 万友公司划款10万元存入君安证券公司，准备用于投资。发生的有关业务及账务处理为：

- 从基本存款户划款至证券公司时：

借：其他货币资金——君安证券公司（存出投资款）　100 000
　　贷：银行存款　100 000

• 公司用存于君安证券公司的款项购入“深天地”股票一批，准备随时用于出售，实际支付金额8万元，记：

借：交易性金融资产——股票投资（深天地） 80 000

　贷：其他货币资金——存出投资款 80 000

模块五　外币交易的核算

一、外币交易概述

随着对外开放的加强，市场的国际化，企业在经营中也会有一些外币收支业务。在我国境内设立的企业，其会计核算应以人民币为记账本位币。业务收支以人民币以外的货币为主的企业，可以选定其中一种外币作为记账本位币。记账本位币一旦确定，对发生的外币业务除按原币记账外，还应同时按规定汇率将非记账本位币折算为记账本位币记账。

外币交易是指企业以记账本位币以外的其他货币进行款项收付、往来结算的经济业务、事项，如企业购买和销售以外币计价的商品或劳务、企业借入外币资金、企业承担或清偿以外币计价的债务等。

提示：

（1）外币不能理解为外国货币，而是指人民币以外的货币，港币、澳门元、台币可以说是外币，但不能称为外国货币。

（2）会计中所指外币是指记账本位币以外的货币，而不仅指外国货币。

（3）企业外币业务包括外币交易和外币财务报表折算，在此主要介绍外币交易。

（一）汇率及其种类

汇率又称汇价，是指用一种货币单位表示另一种货币单位的价格，它是两种货币之间的比价。

1. 汇率标价方法。汇率标价方法主要有两种：

（1）直接标价法，是指按一定单位（如100元）的外国货币为标准折算成若干单位的本国货币的标价方式。我国汇率采用直接标价法，比如，100美元＝685元人民币，100欧元＝724元人民币。

（2）间接标价法，是指按一定单位（如100元）的本国货币为标准折算成若干单位的外国货币的标价方式。比如，100元人民币＝11.65元英镑，100元人民币＝14.39美元。

2. 汇率的种类。汇率一般可以分为以下几种：

（1）买入价，是指银行向客户买入外汇时所采用的汇率。企业卖出外汇，即银行买入外汇，就要按买入价结算。

（2）卖出价，是指银行向客户出售外汇时所采用的汇率。企业买入外汇，即银行卖出外汇，就要按卖出价结算。

（3）市场汇率，是指中国人民银行以前一日银行外汇市场交易价格为基础，参照国际金融市场重要货币的变动情况，所公布的人民币对其他主权货币的汇率。

（二）外币交易会计处理的一般规定

1. 记账汇率。**记账汇率是企业发生外币交易时记账所采用的汇率。**企业发生外币交易时，应当将相关的外币金额，采用记账汇率将外币金额折算为记账本位币金额记账。记账汇率可以从即期汇率和即期汇率近似的汇率两者中选择确定。即期汇率，通常是指中国人民银行公布的当日人民币外汇牌价的中间价；即期汇率近似的汇率，是指按照系统合理的方法确定的与交易发生日即期汇率近似的汇率，通常采用当期平均汇率或加权平均汇率等。企业记账汇率一经确定，不得随意变动。

2. 外币货币性项目和外币非货币性项目。外币货币性项目，是指企业持有的货币资金和将以固定或可确定的金额收取的资产或者偿付的负债。货币性资产包括库存现金、银行存款、应收账款、其他应收款、长期应收款等；货币性负债包括短期借款、应付账款、其他应付款、长期借款、应付债券、长期应付款等。

非货币性项目，是指货币性项目以外的项目，包括存货、长期股权投资、固定资产、无形资产等。

提示：

外币货币性项目（外币账户），需在期末按汇率进行调整，差额列为汇兑损益。

外币非货币性项目，在交易日按记账汇率折算入账，入账后不再因汇率变动而改变其原记账本位币金额。比如，进口一项设备支付价款 10 万美元，记入“固定资产”账户折合人民币为 68 万元，入账后无论汇率怎么变，入账金额 68 万元不再变动。

3. 外币账户的期末调整。会计期末各种外币账户（货币性项目）的外币金额，应当按照期末即期汇率折合为记账本位币。按期末即期汇率折合为记账本位币金额与原账面记账本位币金额之间的差额，作为汇兑损益。

4. 汇兑损益的处理。**汇兑损益是企业在进行外币交易业务处理时，由于采用不同的汇率折算为记账本位币而产生的差额。**一般有两种情况：一是外汇兑换中所采用的外汇买入价、卖出价与记账汇率不同而产生的；二是外币货币性项目因汇率变动而引起的。企业的汇兑损益应根据不同的情况进行处理：

（1）与购建固定资产（或相关资产）有关的外币专门借款的汇兑损益，符合资本化条件的，计入所购建固定资产（或相关资产）的成本。

（2）除上述情况外，汇兑损益均计入当期财务费用。

二、外币交易的账务处理

企业在核算外币交易时，应当按外币货币性项目设置外币账户，包括外币现金、外币银行存款以及外币结算的债权和债务账户。外币账户应当与非外币的各种相同账户分别设置，分别核算。

外币账户应当在记账本位币所设立总分类账户下，按不同币种设立明细账户。外币账户可采用三栏式和双币种记载，即登记外币金额、汇率和记账本位币金额，其格式见表 2－3。

表 2-3　　应收账款明细账——沃尔公司（美元户）

日期		凭证号	摘　要	借方			贷方			余额		
月	日			原币	汇率	本位币	原币	汇率	本位币	原币	汇率	本位币
4	1	略	月初余额							50 000	6.85	342 500
4	5	转字 28 号	销货款未收	20 000	6.82	136 400				70 000		478 900
4	10	银收 8 号	收到应收货款				40 000	6.84	273 600	30 000		205 300

（一）外币兑换业务

外币兑换业务是指企业从银行等金融机构购入外币或向银行等金融机构卖出外币。

1. 购入外币。企业购入外币时，要按银行卖出价折算应向银行支付的记账本位币，同时按记账汇率（即期汇率或即期汇率近似的汇率，下同）将买入外币折算为记账本位币，二者的差额作为汇兑损益计入财务费用。

【例 2-11】 万友公司以人民币为记账本位币，外币业务采用交易发生的即期汇率折算。6 月 10 日，公司用人民币购入 1 万美元，当日银行的美元卖出价为 1:6.85，当日市场汇率（中间价，下同）为 1:6.82，款项存入美元户。账务处理为：

借：银行存款——美元户（10 000 美元）　　　　（10 000 × 6.82）68 200
　　财务费用　　　　　　　　　　　　　　　　　　　　　　　　300
　　贷：银行存款——人民币户　　　　　　　　（6.85 × 10 000）68 500

2. 售出外币。企业卖出外币时，要按银行买入价折算实际收到的记账本位币，同时按照记账汇率将卖出外币折算为记账本位币，二者差额作为汇兑损益计入财务费用。

【例 2-12】 6 月 15 日，万友公司将 5 万美元兑换为人民币，当日的美元买入价为 1:6.78，当日市场汇率为 1:6.83。账务处理为：

借：银行存款——人民币户　　　　　　　　　　（50 000 × 6.78）339 000
　　财务费用　　　　　　　　　　　　　　　　　　　　　　　2 500
　　贷：银行存款——美元户（50 000 美元）　　（50 000 × 6.83）341 500

（二）外币购销业务

企业从国外或境外购进材料或引进设备，向境外销售商品时，按照记账汇率和外币金额折算为记账本位币，作为购进货物、销售收入和外币账户的入账价值。

【例 2-13】 6 月 18 日，万友公司从国外购入工业原料一批，价款为 1 万美元，当日市场汇率为 1:6.82，材料价款暂未支付。以人民币支付国内运杂费 3 800 元（取得普通发票），进口增值税 8 866 元（取得海关完税凭证）。材料已入库，账务处理为：

借：原材料　　　　　　　　　　　　　　　　（6.82 × 10 000 + 3 800）72 000
　　应交税费——应交增值税（进项税额）　　（10 000 × 6.82 × 13%）8 866
　　贷：应付账款——美元户（10 000 美元）　　（10 000 × 6.82）68 200
　　　　银行存款——人民币户　　　　　　　　　　　　　　　12 666

【例 2－14】 万友公司 6 月 23 日出口商品一批，价值 2 万美元，当日的市场汇率为 1:6.85，货款尚未收到。公司的账务处理为：

借：应收账款——美元户（20 000 美元） （20 000×6.85）137 000

　　贷：主营业务收入 137 000

提示：

企业商品出口增值税税率为零，所以此项业务不存在增值税的“销项税额”。

（三）外币借款业务

企业借入外币时，应当按照借入外币时的记账汇率折合为记账本位币入账，同时按借入外币的金额登记相关的外币账户。

【例 2－15】 6 月 25 日，万友公司向中国银行借入短期外币借款 10 万美元，款项暂存银行，当日市场汇率为 1:6.84。账务处理为：

借：银行存款——美元户（100 000 美元） （100 000×6.84）684 000

　　贷：短期借款——美元户（100 000 美元） 684 000

【例 2－16】 6 月 27 日，万友公司以存款偿还应付货款 10 万美元，当日市场汇率为 1:6.82。其账务处理为：

借：应付账款——美元户（100 000 美元） （100 000×6.82）682 000

　　贷：银行存款——美元户（100 000 美元） 682 000

（四）外币账户的期末调整

会计期末，企业各种外币账户的余额，应当按照期末市场汇率（即期汇率）折合为记账本位币，并将其与账面记账本位币金额的差额作为汇兑损益记入有关账户。

【例 2－17】 承【例 2－11】至【例 2－16】，以万友公司“银行存款——美元户”为例，计算调整外币账户的期末余额。6 月 30 日市场汇率为 1:6.81，公司 6 月 1 日至 6 月 30 日银行存款（美元户）日记账有关记录及“月末调整”见表 2－4。

表 2－4 银行存款日记账（美元户）

日期		凭证号	摘要	收入			支出			结余		
月	日			原币	汇率	本位币	原币	汇率	本位币	原币	汇率	本位币
6	1		月初余额							100 000	6.84	684 000
6	10	银收 45 号	购汇	10 000	6.82	68 200				110 000		752 200
6	15	银付 28 号	售汇				50 000	6.83	341 500	60 000		410 700
6	25	银收 96 号	取得外币借款	100 000	6.84	684 000				160 000		1 094 700
6	27	银付 191 号	偿还应付货款				100 000	6.82	682 000	60 000		412 700
6	30	转字 220 号	月末调整						4 100	60 000	6.81	408 600
6	30		本月合计	110 000		752 200	150 000		1 027 600	60 000	6.81	408 600

“银行存款——美元户”月末调整的账务处理为：

借：财务费用 4 100

　　贷：银行存款——美元户 4 100

课堂讨论：

根据【例 2－17】的资料，如果 6 月 30 日市场汇率为 1:6.90，则“银行存款——美元户”月末调整的账务处理是怎样的？

提示：

（1）企业收到投资者以外币投入的资本，应当采用交易发生日即期汇率折算，不得采用合同约定汇率和交易当期平均汇率折算。这样，外币投入资本与相应的货币性项目的记账本位币金额之间不会产生外币折算差额。

（2）执行《小企业会计准则》的企业，外币交易产生的汇兑损失列为财务费用，但汇兑收益是列为营业外收入的。

项目小结

本项目主要知识点如表 2－5 所示。

表 2－5　　本项目主要知识点

项　目	主要内容
一项控制	货币资金控制：一般要求、收入控制、支出控制
两项管理	库存现金管理：收付范围、限额、日常管理 银行存款管理：4 类账户的开设，办理结算的基本原则和要求
三大货币资金	库存现金、银行存款、其他货币资金（6 项）
四项核算	库存现金：总分类、序时、清查 银行存款：总分类、序时、清查（银行存款余额调节表） 其他货币资金：形成、使用、余额转回 外币交易：汇率、汇兑损益、期末调整
八项银行支付结算方式	具体内容及对比见表 2－6

表 2－6　　银行支付方式一览表

<table>
<tr><th colspan="2">结算方式</th><th>类型</th><th>用途</th><th>区域</th><th>期限</th><th>提示付款期</th><th>出票人</th><th>是否可提现</th><th>是否可背书转让</th></tr>
<tr><td rowspan="7">票据</td><td>银行汇票</td><td></td><td>各种款项</td><td>同城异地均可</td><td>1 个月</td><td>出票日起 1 个月内</td><td>开户银行</td><td>注明现金字样的可提现</td><td>可以（注明现金字样的不可）</td></tr>
<tr><td>银行本票</td><td></td><td>各种款项</td><td>同一票据交换区（同城）</td><td>2 个月</td><td>出票日起 2 个月内</td><td>开户银行</td><td>注明现金字样的可提现</td><td>可以（记载“不得转让”的不可以，下同）</td></tr>
<tr><td rowspan="2">商业汇票</td><td>银行承兑汇票</td><td rowspan="2">具有真实交易关系或债权债务</td><td rowspan="2">同城异地均可</td><td rowspan="2">最长 6 个月</td><td rowspan="2">到期日起 10 日</td><td rowspan="2">付款人或收款人</td><td rowspan="2"></td><td rowspan="2">可以</td></tr>
<tr><td>商业承兑汇票</td></tr>
<tr><td rowspan="3">支票</td><td>现金支票</td><td rowspan="3">各种款项</td><td rowspan="3">同城异地均可（全国）</td><td rowspan="3"></td><td rowspan="3">出票日起 10 日</td><td rowspan="3">存款人</td><td>提现</td><td rowspan="3">可以</td></tr>
<tr><td>转账支票</td><td>转账</td></tr>
<tr><td>普通支票</td><td>提现、转账均可</td></tr>
</table>

续表

结算方式	类型	用途	区域	期限	提示付款期	出票人	是否可提现	是否可背书转让
汇兑	电汇	各种款项	异地			付款人主动	留行待取可提现	
	信汇							
委托收款		各种款项	同城异地均可		承付期 3 天	收款人委托		
托收承付		具有经济合同的商品交易及其劳务供应（一般起点 1 万元）	异地		验单付款 3 天	收款人委托		
					验货付款 10 天			
信用卡（单位）		10 万元以下的款项	同城异地均可				不得用于提现	

企业如何选择银行结算方式

货币资金内部控制案例

企业网银结算

项目三
应收及预付款项的核算

学习目标：

1. 知识目标：

□ 了解应收账款的内容和业务流程；

□ 理解应收票据的确认及基本账务处理；

□ 理解预付账款、其他应收款的核算内容及账务处理；

□ 掌握应收账款的确认、计量及账务处理；

□ 掌握坏账损失、坏账准备的含义，坏账准备的计提方法及账务处理。

2. 能力目标：

□ 债权的确认、计量及账务处理。

3. 素养目标：

□ 结合会计实践中广泛存在的信用危机，唤起职业责任、塑造会计精神、弘扬诚信友善的社会主义核心价值观。

和达机械厂已开业9年，最近连续几年业务增长一直很快。老板李总说，企业一共有3 000多种物料，能生产40多种产品，稳定客户也达到50多家，上年销售额达到6 500万元，但全年利润率下滑了2%，本年度销售额增长没有问题，但利润滑坡将会更严重。

让李总为难的是公司的销售及货款回收问题。尽管销售人员的业绩不错，但却越来越难以搞清什么时候收哪笔款；客户每笔钱不一定一次付清，有些小客户这笔钱付清了，其实还欠着以往的货款；有些客户钱款已付，但企业却没有给客户发货，因此销售部门经常和其他部门发生矛盾，现在企业的存货超过1 800万元，但不知为何有些客户的货仍不能及时发出去，客户退换货物的情况也越来越多……

不难看出，公司出现这些情况与销售及货款回收管理有密切关系。一个公司销售状况很关键，但货款的及时结算收回及应收款项的管理与控制同样很重要。每一个企业都要清楚地掌握：公司各个客户的应收款是多少，欠款时间有多长，什么时间应该回款，主要客户的信用情况如何，等等。这些信息，从会计核算角度看，就是应收款项的核算。

做生意要完全做到款到发货几乎不可能，赊账是难免的，这就形成了应收款；应收款又有可能出现难以收回的情况，这就产生了“坏账”。应收款、坏账是怎么形成的？我们应如何进行核算呢？通过本项目的学习，这些问题将会逐一得到解答。应收及预付款项的核算内容如图 3－1 所示。

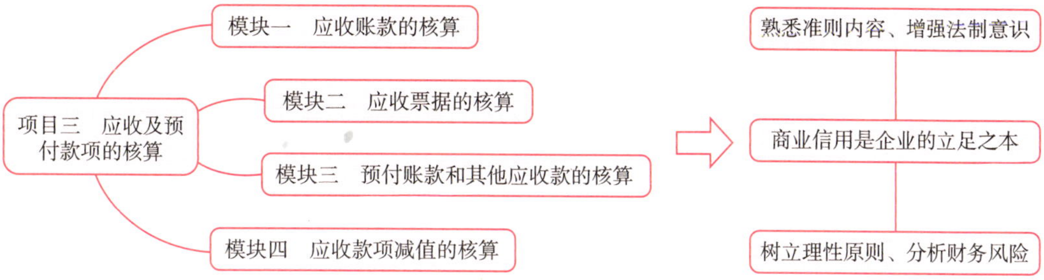

图 3－1 应收及预付款项的核算

模块一 应收账款的核算

一、应收账款的内容

应收账款是指企业因销售商品、提供劳务等经营活动，应向购货单位或接受劳务单位收取的款项。应收账款主要包括：企业出售商品（包括产品、材料）应收的价款；提供劳务（包括服务）应收的价款；代购买单位垫付的包装费、运杂费等。

应收账款主要是企业因采用赊销政策，导致商品已经销售或劳务已经提供而形成的暂未收取的款项。它是交易双方在相互信任条件下凭发票、账单建立的一种信用关系。

企业在非购销经营活动中产生的应收款项，不能列为应收账款，如图 3－2 所示。

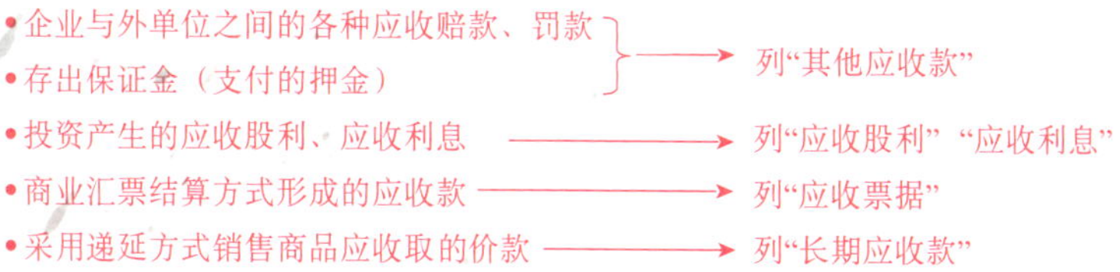

图 3－2 不列为应收账款的应收款项

二、应收账款的业务流程

应收账款的业务流程如图 3－3 所示。

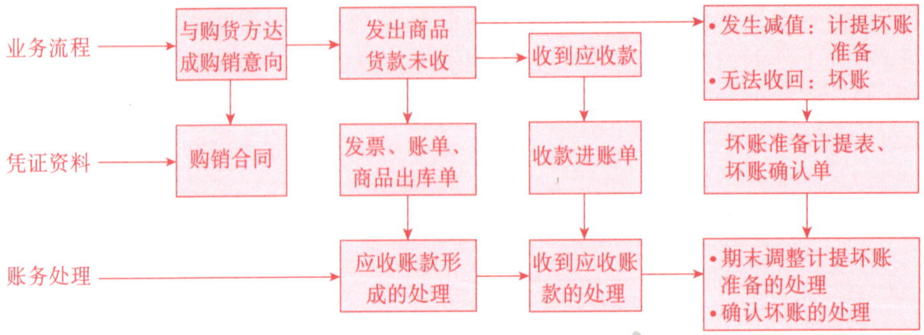

图 3－3　应收账款业务流程

三、应收账款的确认与初始计量

（一）应收账款的确认

应收账款通常是由企业赊销活动引起的，因此，应收账款的确认应与收入的确认相一致，即以收入确认日作为应收账款的入账时间。

（二）应收账款的初始计量

应收账款的初始计量，是指应收账款形成时入账金额的确定。通常情况下，应收账款应按其实际发生的金额计价入账，主要包括：①销售商品、提供劳务等应收取的价款；②增值税额；③代购货单位垫付的运杂费、包装费等款项。

企业销售商品有时会存在销售折扣，这样应收账款的计量，需要考虑销售折扣的影响。销售折扣包括商业折扣和现金折扣，销售商品发生的销售折扣应按照可变对价的管理要求进行处理。

1. 商业折扣。**商业折扣是指企业在商品交易时，根据市场供需情况，或针对不同的顾客，在商品标价上给予的扣除**。商业折扣是销售中的价款扣除，所以，企业应收账款应按扣除商业折扣以后的实际成交金额计量。

提示：

商业折扣是企业常用的促销手段，通常用百分比来表示，如5%、10%等。例如，企业约定，购买10件以上的商品可给予客户5%的折扣，或客户每购买10件送1件。这是企业为了促销或尽快出售商品，而采取降低价格的销售方式。商业折扣一般是在交易发生时即已确定，它是确定实际交易金额的扣减因素，所以，商业折扣对应收账款的计量没有实质上的影响。

课堂讨论：

某公司为了促销产品，以九折的方式销售产品一批，产品标价为10 000元，增值税率13%，价税款尚未收到。请问此项业务应确认的应收账款为多少元？

2. 现金折扣。**现金折扣是指债权人为鼓励债务人在规定的期限内尽早付款，而向债务人提供的债务扣除**。现金折扣发生在赊销交易中，企业确认销售收入和应收账款时还不能确定现金折扣的实际金额，所以，合同约定现金折扣条件的销售业务，应根据合同约定按照最可能发生的金额，确定其有权获取的对价金额确认销售收入和应收账款。实际收到款项时将产生的差异调整计列为销售收入。

提示：

现金折扣企业为了鼓励客户在一定时期内早日付款，通常与债务人达成协议，债务人在不同期限内付款可享受不同比例的折扣。现金折扣一般用符号“折扣/付款期限”表示。例如，“5/10，2/20，N/30”表示：信用付款期为 30 天，买方在 10 天内付款可按售价给予 5% 的折扣；10 天以后在 20 天内付款可按售价给予 2% 的折扣；在 20 天以后 30 天内付款，则不给折扣。思考一下：上述如果在 30 天后才付款，则如何？（违约）

四、应收账款的账务处理

企业应设置“应收账款”账户，对发生的应收账款进行核算。该账户的结构如图 3－3 所示。“应收账款”账户属于双重性质账户。该账户可按债务人进行明细核算。

借方　　　　“应收账款”账户（双重性账户）	贷方
发生的应收账款	①收回收应收账款 ②结转、核销的应收账款
期末余额：反映尚未收回的应收账款（资产）	或期末余额：预收的账款（负债）

图 3－4　“应收账款”账户的结构

（一）应收账款的形成

企业发生应收账款时，按应收金额，借记“应收账款”账户；按确认的销售收入，贷记“主营业务收入”等账户，按应计的增值税额，贷记“应交税费——应交增值税（销项税额）”账户，按代购货单位垫付的包装费、运杂费等，贷记“银行存款”等账户。

【例 3－1】 10 月 4 日，万友公司向光明公司销售 A 产品 2 000 件，产品标价为 150 元/件，增值税税率 13%；由于是批量销售，万友公司给予光明公司 10% 的商业折扣，并在合同中约定现金折扣的付款条件（货款部分）为 5/10，2/20，n/30；当日 A 产品全部发出，光明公司取得控制权；基于对光明公司的了解，预计其 20 天内付款的概率为 90%，20 天后付款的概率为 10%。另外，万友公司以银行存款代垫运杂费 2 000 元。现金折扣按照最可能发生的比例 2% 计算确定，增值税销项税额不考虑现金折扣的影响，公司的账务处理为：

增值税销项税额：(2 000 × 150) × (1 － 10%) × 13% = 35 100 （元）

确认的应收账款：(2 000 × 150) × (1 － 10%) × (1 － 2%) + 35 100 + 2 000 = 301 700 （元）

借：应收账款——光明公司　　301 700

　　贷：主营业务收入——A 产品　　264 600

　　　　应交税费——应交增值税（销项税额）　　35 100

　　　　银行存款　　2 000

（二）应收账款的收回

企业收回应收账款时，借记“银行存款”等账户，贷记“应收账款”账户。

【例 3－2】 承［例 3－1］资料。光明公司于 10 月 22 日支付款项，已超出 10 天，但未超出20天的优惠付款期，可享受2%的现金折扣，价税款如数收到。账务处理为：

借：银行存款　　301 700

　　贷：应收账款——光明公司　　301 700

3.1　应收账款管理不当导致不良后果的案例

• 如果，光明公司于10月30日支付款项，已超出约定的优惠付款期20天，不能享受现金折扣，需补计2%的销售收入5 400元，价税款共计307 100元收存银行。账务处理为：

借：银行存款　　307 100

　　贷：应收账款——光明公司　　301 700

　　　　主营业务收入——A产品　　5 400

• 如果，光明公司于10月13日支付款项，因未超出10天的优惠付款期，可享受5%的现金折扣，需计减3%的销售收入8 100元，价税款共计293 600元收存银行。账务处理为：

借：银行存款　　293 600

　　主营业务收入——A产品　　8 100

　　贷：应收账款——光明公司　　301 700

课堂讨论：

①商品折扣和现金折扣对应收账款的确认与计量有直接影响吗？

②“应收账款”账户的期末余额一定在借方吗？（注：不一定）

③应收账款是流动资产，超过一年未能收回，要转为非流动资产吗？

（三）应收账款转为应收票据

企业应收账款经协商改用商业汇票结算，在收到已承兑的商业汇票时，按票面价值，借记“应收票据”账户，贷记“应收账款”账户。

【例3-3】 承【例3-1】资料，假定11月6日，万友公司收到一张光明公司已承兑的商业承兑汇票，面值为226 500元，用以抵付此项应收款。账务处理为：

借：应收票据——光明公司　　226 500

　　贷：应收账款——光明公司　　226 500

模块二　应收票据的核算

应收票据是指企业销售商品、提供劳务等而收到的商业汇票。商业汇票按承兑人不同，分为银行承兑汇票和商业承兑汇票两种；商业汇票按照是否带息，分为带息商业汇票和不带息商业汇票两种。不带息商业汇票到期时，承兑人只按票面金额向收款人或被背书人支付款项；

带息商业汇票到期时，承兑人需按照票面金额加上应计利息向收款人或被背书人支付票款。

一、应收票据的确认和初始计量

应收票据应于收到开出、承兑的商业汇票时予以确认。企业收到开出、承兑的商业汇票无论是否带息，均按票据的票面价值计价入账。带息票据按票面价值和规定利率确定的利息收入，应在收到时计入当期损益，列为财务费用。

提示：

（1）企业收到开出、承兑的商业汇票，是应收票据，一般是由销货或提供劳务引起的；企业购货开出、承兑的商业汇票，则为应付票据。

（2）应收票据仅限于商业汇票，不包括银行汇票、银行本票、支票、信用证等票据。

二、应收票据的账务处理

企业收到应收票据，应设置“应收票据”账户进行核算。该账户借方登记收到开出、承兑商业汇票的票面金额，贷方登记到期收回、转让、贴现等而转出商业汇票的票面金额；期末余额在借方，表示企业持有的商业汇票的票面金额。该账户可按开出、承兑商业汇票的单位进行明细核算。

企业应当设置“应收票据备查簿”，逐笔登记商业汇票的种类，号数，出票日期，票面金额，交易合同号，付款人、承兑人、背书人的姓名或单位名称，到期日，背书转让日，贴现日期，贴现率，贴现净额以及收款日期和收回金额、退票情况等资料。应收票据到期结清票款或退票后，应当在备查簿中予以注销。

（一）取得应收票据

企业因销售商品、提供劳务等而收到已承兑的商业汇票，按应收票据的面值，借记“应收票据”账户；按确认的营业收入，贷记“主营业务收入”等账户，按应计的增值税税额，贷记“应交税费——应交增值税（销项税额）”账户。

【例3-4】 2月7日，万友公司向W公司销售A产品一批，发票上注明的产品价款为200 000元，增值税26 000元，并收到W公司开出为期3个月面值为226 000元的不带息商业承兑汇票一张。账务处理为：

借：应收票据——W公司	226 000	
贷：主营业务收入——A产品		200 000
应交税费——应交增值税（销项税额）		26 000

企业收到的如为带息应收票据，取得的账务处理与不带息应收票据一致，但带息票据的利息，应在收到时列为当期损益，记入“财务费用”账户。票据利息的计算公式为：

应收票据利息 = 应收票据票面金额 × 票面年利率 ÷ 12 × 计息月数

或 = 应收票据票面金额 × 票面年利率 ÷ 360 × 计息天数

提示：

（1）利率有年利率、月利率、日利率三种表示方式，计算时必须与期限相对应。

（2）带息应收票据为什么不进行应计利息的处理？主要原因是：①应收票据期限在6个月以内；②谨慎性核算要求。

【例3-5】 3月1日，万友公司销售一批B产品给H公司，货已发出，发票上注明的商品价款为100 000元，增值税为13 000元。当日收到H公司签发并承兑的商业承兑汇票一张，期限为6个月，票面利率为5%。公司的账务处理为：

借：应收票据——H公司　　113 000
　贷：主营业务收入——B产品　　100 000
　　应交税费——应交增值税（销项税额）　　13 000

（二）应收票据的背书转让

背书转让是指持票人以转让票据权利为目的的背书行为。票据法规定，持票人将票据权利转让给他人，应当背书并交付票据。所以，当持票人为了转让票据权利，而在票据背面或者粘单上记载有关事项并签章，就是在进行背书转让。

企业将持有的应收票据背书转让取得所需资产时，按取得物资的入账价值，借记“原材料”“库存商品”等账户，按专用发票上注明的增值税税额，借记“应交税费——应交增值税（进项税额）”账户；按票据的票面价值，贷记“应收票据”账户，按实际收到或支付的金额，借记或贷记“银行存款”等账户。

【例3-6】 3月7日，万友公司向某企业购入原材料一批，对方开出的增值税专用发票上注明的材料价款为220 000元，增值税28 600元。万友公司以从W公司取得，2月7日（即【例3-4】的资料）出票，为期3个月，面值为226 000元的不带息商业承兑汇票抵付材料款。差额22 600元以银行存款支付，材料已验收入库。公司的账务处理为：

借：原材料——原料及主要材料　　220 000
　应交税费——应交增值税（进项税额）　　28 600
　贷：应收票据——W公司　　226 000
　　银行存款　　22 600

（三）应收票据的贴现

企业持有的应收票据在到期前，如果出现资金短缺，可以持未到期的商业汇票向其开户银行申请贴现，以便获得所需货币资金。**贴现是指商业汇票的持票人在汇票到期日前，为了取得资金，贴付一定利息将票据权利转让给银行的票据行为。**贴现的实质是企业以票据为抵押向银行融通资金的一种方式。票据贴现得款的计算公式为：

贴现得款＝票据面值（到期价值）－贴现利息

$$\text{贴现利息}=\frac{\text{票据面值}}{\text{（到期价值）}}\times\frac{\text{贴现利率}}{\text{（月利率、日利率）}}\times\frac{\text{贴现期}}{\text{（月、天）}}$$

企业持应收票据向银行申请贴现，按实际收到的金额（扣除贴现利息的净额），借记“银行存款”账户；按贴现利息部分，借记“财务费用”账户；按应收票据的票面金额，贷记“应收票据”（不附追索权的）或“短期借款”（附追索权的）账户。

相关链接：

追索权，是指持票人在汇票到期未获付款，向其前手请求偿还票据金额以及相关损失的票据权利，是法律上为补充付款请求权而设定的第二次请求权。

在票据贴现业务中，汇票到期时，银行作为持票人向出票人的付款行发起委托收款以获得汇票票面约定的金额，这时行使的是付款请求权，但如果银行未获收款，可以行使追索权，向汇票的前手（包括贴现企业以及前面一系列转让方等票据债务人）进行追讨，即第二次请求权。在银行与贴现企业签订贴现申请协议时，会考虑是否附有追索条款。

不附追索权贴现票据到期时，承兑人无论是否支付，都与贴现企业无关；而附追索权贴现票据到期时，承兑人无力付款，贴现银行则向贴现企业等退票追款。

【例3－7】 承【例3－4】的资料，假设同年4月7日，万友公司将持有的W公司票据向银行申请贴现，贴现协议明确银行不附追索权，贴现年利率为6.2%，取得贴现款存入银行。公司的账务处理为：

到期日为5月7日，贴现期为1个月（30天），贴现利息＝226 000×6.2%÷12×1＝1 167.67（元）

贴现得款＝226 000－1 167.67＝224 832.33（元）

借：银行存款	224 832.33	
财务费用	1 167.67	
贷：应收票据——W公司		226 000

（四）应收票据的到期

1. 应收票据到期收到票款。应收票据到期收到票款的，按实际收到的金额，借记“银行存款”账户；按应收票据的票面金额，贷记“应收票据”账户。若系带息票据，按其差额即票据利息，贷记“财务费用”账户。

【例3－8】 承【例3－5】资料，公司于3月1日收到的票面金额为113 000元，年利率为5%，期限为6个月的商业承兑汇票，现票据到期收到的票款和利息转入存款账户。公司的账务处理为：

应收票据的到期利息＝113 000×5%÷12×6＝2 825（元）

借：银行存款	115 825	
贷：应收票据——H公司		113 000
财务费用		2 825

2. 票据到期付款人无力付款。此时应分两种情况进行处理：（1）系银行承兑汇票，由承兑银行支付票款，这对收款企业是没有直接影响的；（2）系商业承兑汇票，企业收到银行退回的票据、单证等，按应收票据的票面金额，借记“应收账款”账户，贷记“应收票据”账户。

【例3－9】 万友公司于9月1日收到诚信公司签发并承兑的为期2个月的不带息商业汇票，票面金额15 000元，现11月1日票据到期，付款人诚信公司无力付款。公司的账务处理为：

借：应收账款——诚信公司	15 000	
贷：应收票据——诚信公司		15 000

3. 已贴现的商业汇票到期，付款人无力付款的。此时应区别两种情况进行处理：（1）系

银行承兑汇票的，由承兑银行支付票款，对贴现企业（收款人）是没有直接影响的；（2）系商业承兑汇票，且银行附有追索权的，贴现银行要向贴现企业退票扣款。贴现企业收到银行退回的票据等资料时，按应付金额，借记“短期借款”账户，贷记“银行存款”账户；同时，借记“应收账款”账户，贷记“应收票据”账户。如果贴现企业的存款账户余额不足，银行作逾期贷款处理（“短期借款”不减少），借记“应收账款”账户，贷记“应收票据”账户。（3）不附追索权贴现票据到期，承兑人无论是否支付，都与贴现企业无关，则不必进行账务处理。

【例 3-10】 万友公司 4 月 10 日收到天一公司签发、承兑的为期 5 个月面值为 60 000 元的商业票据，5 月 10 日向开户银行申请贴现，贴现得款 58 000 元，银行有追索权。现票据到期，天一公司因财务困难无力支付票款，贴现银行向万友公司追款（退票扣款），划付款 60 000 元。公司的账务处理为：

借：短期借款　　60 000
　　贷：银行存款　　60 000
同时：借：应收账款——天一公司　　60 000
　　　　贷：应收票据——天一公司　　60 000

如果万友公司存款账户无款可扣，则账务处理为：

借：应收账款——天一公司　　60 000
　　贷：应收票据——天一公司　　60 000

课堂讨论：

①根据【例 3-10】，假定万友公司此项贴现协议明确银行无追索权，待票据到期天一公司无力付款时，则万友公司该怎样处理？

②【例 3-10】中，贴现银行向万友公司退票扣款为什么是 60 000 元而不是 58 000元？

③【例 3-10】中，贴现银行向万友公司退票扣款，万友公司存款账户无款可扣，其账务处理为什么仅做第二步？

④应收票据贴现，贴现得款一定小于票据面值吗？

模块三　预付账款和其他应收款的核算

一、预付账款

（一）预付账款的内容

预付账款是企业按照合同规定，预先支付给供应单位的款项。预付账款属于企业的一项短期性债权，主要包括：（1）企业预付的购货款；（2）购货、接受劳务预付的定金（或订金）；（3）在建工程预付的工程款等。

预付账款不包括预付性费用支出。如预付一年以内的报刊订阅费、预付一年以内的租赁费等，应直接列为当期的成本费用；超过一年的预付性费用支出，应列为长期待摊费用等进行处理。

（二）预付账款的账务处理

企业预付的款项，一般应设置“预付账款”账户进行核算。该账户的结构如图 3－5 所示。“预付账款”账户属于双重性质账户，该账户可按供应单位进行明细核算。

借方　　“预付账款”账户（双重性账户）	贷方
①预付的款项 ②收货后补付的款项	①结算购货款、工程款等 ②对方退回余款
期末余额：预付的款项（资产）	期末余额：尚未补付的款项（负债）

图 3－5　“预付账款”账户的结构

提示：

预付账款和应收账款虽都属于企业的短期债权，但两者产生的原因不同。应收账款是企业应收的销货款，即由销货引起的，应向购货方收取的款项；预付账款是企业预先支付的购货款等，即由购货或接受劳务供应引起的，是预先付给供货方的款项。因此，两者应分别核算。

企业因购货等而预付的款项，借记“预付账款”账户，贷记“银行存款”账户；收到所购的原材料或商品等货物时，按应支付的金额，借记“原材料”“应交税费”等账户，贷记“预付账款”账户；补付价款时，借记“预付账款”账户，贷记“银行存款”账户；退回多付的货款时，借记“银行存款”账户，贷记“预付账款”账户。

【例 3－11】 2 月 15 日，万友公司按合同预付给大众公司购货款 20 000 元；3 月 20 日，收到大众公司发来的原材料，材料已验收入库，专用发票列明材料价款为 30 000 元，增值税税额 3 900 元；3 月 25 日以存款补付上述差额款。公司的账务处理为：

- 2 月 15 日，以存款预付购货款时：

借：预付账款——大众公司　　20 000
　　贷：银行存款　　20 000

- 3 月 20 日，收到所购材料时：

借：原材料　　30 000
　　应交税费——应交增值税（进项税额）　　3 900
　　贷：预付账款——大众公司　　33 900

- 3 月 25 日，补付余款时：

借：预付账款——大众公司　　13 900
　　贷：银行存款　　13 900

企业进行在建工程预付的工程价款，借记“预付账款”账户，贷记“银行存款”等账户；按工程进度结算工程价款时，借记“在建工程”账户，贷记“预付账款”“银行存款”等账户。

预付款项不多的企业，可以不设“预付账款”账户，而将预付的款项并入“应付账款”账户进行核算。

课堂讨论：

(1) 预付款项不多的企业，为什么是并入“应付账款”账户进行核算，而不是“应收账款”账户？

(2) 假定【例 3-11】中，万友公司 3 月 20 日收到所购材料后，因缺乏货币资金，差价款无力及时补付，则“预付账款”账户的余额在哪方？反映的是什么？

(3) 如果万友公司的预付账款是并入“应付账款”账户核算的，则【例 3-11】的账务处理是怎样的？

二、其他应收款

（一）其他应收款的内容

其他应收款是指除应收票据、应收账款、预付账款、应收利息、应收股利、长期应收款等以外的其他各种应收及暂付款项。主要包括：(1) 应收赔偿款、罚款；(2) 应收租金；(3) 存出保证金；(4) 应收垫付款；(5) 备用金；(6) 其他应收及暂付款。

（二）其他应收款的账务处理

企业的其他应收款，应设置“其他应收款”账户进行核算。该账户借方登记其他应收款项的发生数额，贷方登记收回或转销的其他应收款项。期末借方余额，表示企业尚未收回的其他应收款项。该账户可按对方单位（或个人）进行明细分类核算。

1. 一般其他应收款的账务处理。企业发生其他应收款时，应借记“其他应收款”账户，贷记有关账户；收回或转销其他应收款时，应借记有关账户，贷记“其他应收款”账户。

【例 3-12】 万友公司向甲单位购买物品，借用包装物一批，以银行存款支付包装物押金 2 600 元。账务处理为：

借：其他应收款——存出保证金（甲单位）　　2 600
　　贷：银行存款　　2 600

公司如期退还包装物，收回押金存入银行时：

借：银行存款　　2 600
　　贷：其他应收款——存出保证金（甲单位）　　2 600

【例 3-13】 万友公司因自然灾害造成一批库存材料毁损，新华保险公司已确认赔偿款 25 000 元。公司的账务处理为：

借：其他应收款——应收赔偿款、罚款（新华保险公司）　　25 000
　　贷：待处理财产损溢——待处理流动资产损溢　　25 000

2. 备用金的账务处理。**备用金是企业拨付给内部用款单位或职工个人作为零星开支的备用款项。**企业内部使用的备用金，应通过“其他应收款——备用金”账户进行核算，也可单独设置“备用金”账户进行核算。企业备用金有两种报结制度，其账务处理是不同的：

(1) 定额备用金制度。定额备用金制度是指根据用款单位的实际需要，由财会部门会同用款单位核定备用金定额并拨付款项，同时规定其用途和报销期限，待用款单位实际支用后，凭有效单据向财会部门报销，财会部门根据报销数额，以现金补足备用金定额的制度。该用款单位撤销或不再采用定额备用金制度，则全额收回拨付的备用金。这种方法有利于企业对备用金的使用进行控制，并可减少财会部门日常的核算工作，一般适用于有经常性开支的内部用款单位。

【例 3－14】 万友公司行政科实行定额备用金制度，财会部门根据核定的备用金定额 3 000 元，开出现金支票拨付。账务处理为：

借：其他应收款——备用金（行政科）　　3 000
　　贷：银行存款　　3 000

【例 3－15】 行政科向财会部门报销日常办公用品购置费、业务招待费等 2 560 元（取得普通发票）。经审核有关单据，同意报销，并以现金补足定额。账务处理为：

借：管理费用　　2 560
　　贷：库存现金　　2 560

（2）非定额备用金制度。也称借款报账制，是指用款单位或个人需要使用备用金时，按需要逐次借用和报销的制度。这种制度方便灵活，并可以减少和控制单位内部和个人备用金资金的占用。但采用这一制度会增加财会部门备用金日常核算的工作量。

【例 3－16】 公司采购员李林 4 月 1 日因出差借支差旅费 2 000 元，以现金支票付给；4 月 26 日，李林出差回来报销差旅费 2 680 元（其中专用发票所列的住宿费 800 元，增值税 48 元；机票款 1 090 元，其中应计增值税进项税为 90 元），差额 680 元以现金付给。公司的账务处理为：

- 4 月 1 日，预借差旅费时：

借：其他应收款——备用金（李林）　　2 000
　　贷：银行存款　　2 000

- 4 月 26 日，出差回来报销差旅费时：

借：管理费用　　2 542
　　应交税费——应交增值税（进项税额）　　138
　　贷：其他应收款——备用金（李林）　　2 000
　　　　库存现金　　680

相关链接：

根据相关规定，从 2019 年 4 月 1 日起，一般纳税人企业购进国内旅客运输服务允许从销项税额中抵扣进项税额（不受增值税专用发票限制），其计算方法为：

火车票（注明旅客信息的铁路车票）	票面金额 ÷（1 +9%）×9%
飞机票（注明旅客身份信息的航空电子客票行程单）	（票价 + 燃油附加费）÷（1 +9%）×9%
客票（注明旅客身份信息的公路、水路等其他客票）	票面金额 ÷（1 +3%）×3%
增值税电子普通发票	发票上注明的税额

模块四　应收款项减值的核算

企业各项应收款项因债务人的原因等，会出现无法收回的可能，甚至完全无法收回，这就是减值和坏账的问题。

应收款项减值有两种核算方法：

直接转销法。**直接转销法是指日常核算中不考虑应收款项发生坏账的可能，在应收款项实际发生坏账时，将其作为坏账损失计入当期损益的方法。**执行《小企业会计准则》的企业是采用直接转销法的。

备抵法。**备抵法是采用一定方法按期估计坏账损失，形成坏账准备，当实际发生坏账时，冲减坏账准备和转销相应的应收款项的方法。**执行《企业会计准则——具体准则》的企业，应采用备抵法。这里介绍备抵法下应收款项减值和坏账准备的会计处理。

一、应收款项减值的确认

企业应遵循会计核算的信息质量要求，在资产负债表日对应收款项的账面价值进行检查，分析各项应收款项的特征、金额大小、信用期限、债务人的信誉和生产经营情况等因素，对应收款项进行评价，如果发生减值的，应当确认其减值损失，计提坏账准备。

（一）应收款项发生减值的判断条件

判断应收款项发生减值的客观证据，主要有以下几个方面：

1. 债务人发生严重财务困难；
2. 债务人违反合同条款，如发生违约或逾期等；
3. 债权人出于经济或法律等方面因素的考虑，对发生财务困难的债务人作出让步；
4. 债务人很可能倒闭或进行其他财务重组；
5. 债务人支付能力逐步恶化，或债务人所在国家或地区失业率提高、担保物在其所在地区的价格明显下降、所处行业不景气等；
6. 其他表明应收款项发生减值的客观证据。

（二）计提坏账准备的范围

企业各项应收款项包括应收账款、应收票据、预付账款、其他应收款、长期应收款等，确认发生减值的，均应按规定计提坏账准备。

（三）计提坏账准备的方法

企业计提坏账准备的方法主要有个别认定法和应收款项余额百分比法等。

1. 个别认定法。**个别认定法是指对应收款项明细账上的客户逐一进行分析，据以估计可能的坏账损失，确定本期期末坏账准备的应有余额及应计提的坏账准备的方法。**

企业对于单项金额重大的应收款项，应当单独进行减值测试。有客观证据表明该应收款项发生减值的，应当根据其未来现金流量现值低于其账面价值的差额，确认减值损失，计提坏账准备。

2. 应收款项余额百分比法。**应收款项余额百分比法是根据会计期末应收款项的余额与估计的坏账率，估算当期发生的减值损失，计提坏账准备的方法。**

对于单项金额非重大的应收款项可以单独进行减值测试，也可以与经单独测试后未减值的应收款项一起按类似信用风险特征划分为若干组合，再按这些组合在资产负债表日余额的一定比例计算确定减值损失，计提坏账准备。

二、坏账的确认

应收款项产生不能收回的可能性，是其发生减值，那么如果是出现确实不能收回的情况，又是什么呢？那就是坏账。**坏账是指企业确实无法收回或收回可能性很小的应收款项。**企业由于发生坏账而产生的损失称为**坏账损失。**

应收款项有确凿证据表明确实无法收回或收回可能性很小的，应确认为坏账。企业确认坏账的判断条件主要有：

1. 债务人死亡或破产，其破产财产或遗产清偿后，仍然无法收回的；

2. 因债务单位撤销、资不抵债或现金流量严重不足，确实无法收回的；

3. 因发生严重自然灾害导致债务单位停产而在短期内无法偿付债务，确实不能收回的；

4. 债务人逾期未履行其偿债义务超过 3 年，并有足够的证据表明无法收回或收回的可能性很小的等。

企业确认坏账，应按管理权限和程序进行报批，报经批准后才能予以转销。备抵法下，企业确认的坏账，是列入“坏账准备”账户的。

三、应收账款减值（坏账准备）的账务处理

企业计提的坏账准备，应设置“坏账准备”账户进行核算。该账户的结构如图 3－6 所示。“坏账准备”账户性质是资产类账户，但它是应收款项的备抵账户，所以期末余额是在贷方的。该账户可按应收款项的类别进行明细核算。

借方 “坏账准备”账户	贷方
①确认坏账 ②转回多计提的坏账准备	①计提的坏账准备 ②已核销坏账又收回
	期末余额：已计提但尚未转销的坏账准备

图 3－6 “坏账准备”账户的结构

资产负债表日应收款项发生减值的，按应减记的金额，借记“信用减值损失”账户，贷记“坏账准备”账户。本期应计提的坏账准备大于其账面余额的，应按其差额计提；应计提的坏账准备小于其账面余额的差额做相反的账务处理。

确实无法收回的应收款项，按管理权限报经批准后作为坏账的，借记“坏账准备”账户，贷记“应收账款”“其他应收款”等账户。

已确认并转销的应收款项以后又收回的，应按实际收到的金额，借记“应收账款”“其他应收款”等账户，贷记“坏账准备”账户；同时，借记“银行存款”账户，贷记“应收账款”“其他应收款”等账户。也可以按照实际收回的金额，借记“银行存款”账户，贷记“坏账准备”账户。

企业计提坏账准备和坏账核销等是一个动态的过程，所以是按会计年度进行调整计提的。调整计提坏账准备的计算公式是：

当期应计提的坏账准备 = 当期按应收款项计算应计提坏账准备金额 − “坏账准备”账户的贷方余额 + 借方金额

【例 3－17】 假设 20×7 年以前万友公司因应收账款未发生过减值，而未计提过相应的坏账准备。20×7 年 12 月 31 日，万友公司的应收账款余额为 80 万元，提取坏账准备的比例为 5%；20×8 年 5 月，万友公司确认发生坏账 3 万元，年末应收账款余额为 90 万元；20×9 年 7 月，上年已核销的坏账收回 1 万元，年末应收账款余额为 59 万元。公司的有关账务处理为：

- 20×7 年年末，提取坏账准备时：

按应收款项余额应计提的坏账准备 = 800 000 × 5% = 40 000（元）

借：信用减值损失——计提的坏账准备　　40 000
　　贷：坏账准备——应收账款　　40 000

- 20×8 年 5 月，确认坏账 3 万元时：

借：坏账准备——应收账款　　30 000
　　贷：应收账款　　30 000

- 20×8 年年末，调整计提坏账准备时：

按应收款项余额计算应计提的坏账准备 = 900 000 × 5% = 45 000（元）

本期末应调整计提的坏账准备 = 45 000 −（40 000 − 30 000）= 35 000（元）

借：信用减值损失——计提的坏账准备　　35 000
　　贷：坏账准备——应收账款　　35 000

- 20×9 年 7 月，收回已核销的坏账 1 万元，款项已转存银行时：

借：应收账款　　10 000
　　贷：坏账准备——应收账款　　10 000

同时：

借：银行存款　　10 000
　　贷：应收账款　　10 000

- 20×9 年年末，调整计提坏账准备时：

按应收款项余额应计提的坏账准备 = 590 000 × 5% = 29 500（元）

本期末应提取的坏账准备 = 29 500 −（45 000 + 10 000）
　　　　　　　　　　　= −25 500（元）（负数应冲减）

借：坏账准备——应收账款　　25 500
　　贷：信用减值损失——计提的坏账准备　　25 500

【例 3－18】 万友公司本年初“其他应收款”账户借方余额为 20 万元，坏账准备的计提比例为 3%，本年 5 月 7 日经批准确认其他应收款发生坏账 2 万元，本年 10 月 8 日收回已核销的坏账 19 000 元。本年末“其他应收款”账户借方余额为 10 万元。公司本年度有关的账务处理为：

- 5 月 7 日，确认坏账 2 万元时：

借：坏账准备——其他应收款　　20 000

　　贷：其他应收款　　20 000

- 10 月 8 日，收回已核销坏账 19 000 元，款项转存银行时：

借：银行存款　　19 000

　　贷：坏账准备——其他应收款　　19 000

- 本年末，应调整计提的坏账准备：

"坏账准备"账户年初贷方余额 = 200 000 × 3% = 6 000（元）

年末计提坏账准备前，"坏账准备"账户余额为贷方余额：5 000（6 000 - 20 000 + 19 000）元

年末应调整计提坏账准备 = 100 000 × 3% - 5 000 = -2 000（元）

借：坏账准备——其他应收款　　2 000

　　贷：信用减值损失——计提的坏账准备　　2 000

课堂讨论：

（1）应收款项减值和坏账有哪些区别？

（2）会计期末坏账准备的调整计提主要需考虑哪些因素？是下列其中之一，还是全部：①应收款项期末余额；②已计提的坏账准备；③本期已确认的坏账；④期末已确认为坏账的应收款项本期收回的情况；⑤企业自行确定的坏账准备率。

项目小结

本项目着重介绍企业应收及预付的款项形成、收回、减值计提和坏账核销的账务处理，其主要知识点见表 3-1，有关账户之间的关联如图 3-7 所示。

表 3-1

主要项目	形成	初始计量	主要内容	运用账户
应收账款	商品销售、提供劳务	实际发生金额	货款、增值税、代垫款项等（考虑商业折扣和现金折扣）	"应收账款"账户（双重性）
应收票据	商业汇票	票面金额	收到商业承兑汇票和银行承兑汇票	"应收票据"账户（借方余额）
预付账款	按合同预先支付	预付金额	预付购货款、支付订金（定金）、预付工程款等	"预付账款"账户（双重性）
其他应收款	其他各种应收及暂付款	实际发生金额	备用金、应收租金、存出保证金、应收赔偿款（罚款）等	"其他应收款"账户（借方余额）
计提坏账准备 核销坏账	应收款项减值 确实无法收回		应收款项减值的确认条件 坏账的确认条件	"坏账准备"账户（备抵账户）（期末贷方余额）

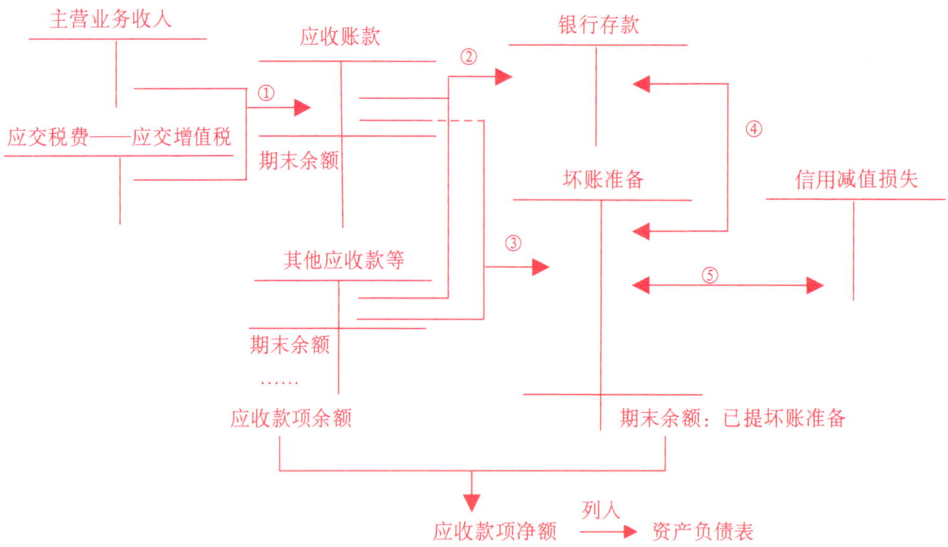

图 3－7　应收款项有关账户的对应关系

注：①应收款项形成；②应收款项收回；③核销坏账；④已核销的坏账又收回；⑤计提坏账准备。

应收票据需注意的内容

小企业应收及预付款的核算

项目四
存货的核算

学习目标：

1. 知识目标

□ 了解存货的分类、核算要求以及存货的期末计价；

□ 一般掌握周转材料、委托加工物资的核算内容和账务处理；

□ 掌握原材料按实际成本核算和按计划成本核算的账务处理；

□ 掌握库存商品的核算内容和账务处理。

2. 能力目标

□ 会确定存货的初始成本、能计算发出存货成本和期末结存存货成本并进行相关账务处理。

3. 素养目标

□ 培养学生严谨细致的大国工匠精神，强烈的民族自豪感和诚信、守法、客观、公正的职业素养，具备继续学习、可持续发展的能力。

如果你要投资办一个工厂，要生产出产品，除了厂房和机器设备等劳动资料外，还要有原材料。如果你要投资办超市，有了经营场所外，也要储备销售的商品。工业企业生产产品储备的原材料和商品流通企业准备销售的商品就是我们通常所说的存货。然而实际工作中，存货的确认与核算并不那么简单。

星都机电设备公司主要生产各种型号的电动机。为争取市场份额，本月有50台新型电动机寄放在大华商场委托代销，每台成本6 000元；有10台新型小型电动机放在展览馆展示；本月为订货者来料加工制造完成8台特殊型号的专用电动机，订货方来料总成本3万元，加工成本每台4 000元，订货方已付款但尚未提货；为扩大生产规模，公司扩建第二车间购进各种钢材、水泥等建筑材料共计25万元；公司将在第三车间的半成品一批，成本为9万元，转仓库准备用于出售。

在星都机电设备公司存货核算岗位实习的小陈将上述五项均列为存货，但会计主管在核查时说，上述五项均列为存货有不妥之处。

本项目讲述存货的构成内容，存货的确认与计量，存货的收发、清查以及存货期末计量的会计处理。如图 4－1 所示。

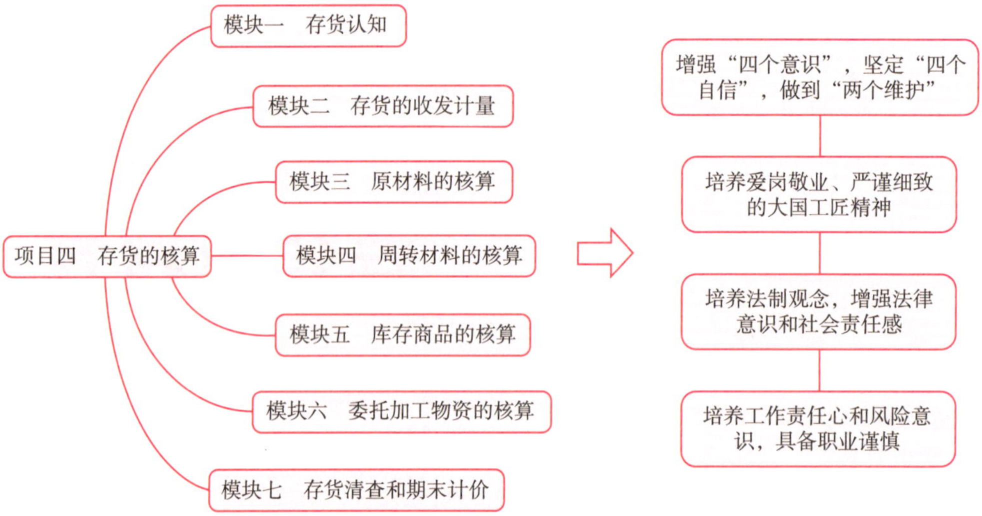

图 4－1　存货的核算

模块一　存货认知

一、存货的概念及确认

（一）存货的概念

存货，是指企业在日常活动中持有以备出售的产成品或商品、处在生产过程的在产品、在生产过程或提供劳务过程中耗用的材料或物料等。存货主要包括库存的、加工中的、在途的各类材料、商品、在产品、半成品、产成品、包装物、低值易耗品、委托加工物资等。企业为销售而持有的，或在将来收获为农产品的消耗性生物资产也应列为存货。

存货属于企业的流动资产。与其他资产相比，存货具有以下特点：

1. 存货具有实物形态。存货属于有实物形态的资产。
2. 存货具有较强的流动性。存货经常处于不断销售、耗用、购买或重置中。
3. 存货具有发生潜在损失的可能性。存货有可能变为积压物资或降价销售。
4. 持有存货的目的在于准备在正常经营过程中予以出售或耗用。

（二）存货的确认

确认一项货物是否属于企业的存货，首先，要符合存货的定义；其次，要满足存货确认的两个条件：

第一，该存货包含的经济利益很可能流入企业。拥有所有权是其重要标志。

第二，该存货的成本能够可靠计量。

一般情况下，只要在盘存日期内其所有权归属于企业，则不论其存放地点，都属于企业存货，包括：

1. 存放在本企业仓库的存货，加工中的在产品、半成品；

2. 存放在本企业门市部和陈列、展览馆（室）的存货；

3. 已发运但尚未办妥托收手续的存货，以及商品已经交付购货方，但其所有权没有转移给对方的存货；

4. 购入后不需经过本企业仓库，直接发给购货单位或加工单位的存货；

5. 委托其他单位加工或代销的存货；

6. 消耗性生物资产，是指企业（农、林、牧、渔业）生长中的大田作物、蔬菜、用材林以及存栏待售的牲畜等；

7. 已购入但尚未完成入库手续的在途存货，合同履约成本（部分），等等。

下列各项不属于存货：企业已经销售的存货，因其所有权已经移交给购买方，不论其是否已经发运（提货），均不属于本企业存货；受托加工来料、租入的周转材料，也不属于本企业存货，应列为代管物资；专项用于固定资产建设的工程物资，也不列为存货；生产性生物资产不属于存货；合同资产、持有待售的固定资产，也不属于存货。

课堂讨论：

下列哪些内容属于企业的存货：①为建造厂房等各项工程而储备的各种材料、物资；②汽车制造厂生产的汽车；③一般企业管理用的汽车；④已经运出企业用于委托代销的商品和用于展览的商品；⑤代制品、代修品；⑥生产车间的半成品；⑦存放在仓库的生产工具。

二、存货分类

（一）按其经济用途的分类

1. 以备出售的存货。制造企业的库存产成品、商品流通企业的库存商品等。

2. 生产过程中的存货。制造企业的在产品和自制半成品等。

3. 以备消耗的存货。企业为生产耗用而储存的原材料、燃料、周转材料等。

（二）按其存放地点的分类

1. 库存存货。包括验收入库的各种材料、商品以及已验收入库的自制半成品和产成品等。

2. 在途存货。包括已经购入尚在运输途中或尚未验收入库的在途物资，已经发出但未完成销售手续的发出商品。

3. 加工中的存货。是指企业自行生产加工以及委托外单位加工中的各种存货。

4. 委托代销存货。是指存放在受托单位，委托其代为销售的存货。

（三）按其来源的分类

存货按其来源可以分为外购存货、自制存货、委托外单位加工存货、投资转入存货、接受捐赠存货等。

三、存货盘存制度

1. 永续盘存制，**是指通过设置详细的存货明细账，逐笔或逐日记录存货收入、发出的数量、金额，以随时结出结余存货的数量、金额的一种存货盘存制度。**采用这一盘存制度，应对存货分品种、规格等设置明细账，逐笔或逐日记录存货收入、发出的数量和金额，并结出期末结余的数量和金额。其计算公式为：

期末结存数 = 期初结存数 + 本期收入数 − 本期发出数

由于永续盘存制手续比较严密，有利于存货的管理和控制，存货一般应采用这一制度。

2. 实地盘存制，也称定期盘存法，**是指会计期末通过对存货进行实地盘点，以确定期末存货的数量，并分别乘以各项存货的单价，计算出期末存货的总金额，然后倒轧出本期已耗用或已销售存货成本的一种方法。**其计算公式为：

本期发出数 = 期初结存数 + 本期收入数 − 期末实存数

由于实地盘存制是采用“以存计耗”或“以存计销”倒挤发出成本，可能使非正常的存货损失、短缺等全部挤入耗用或销售成本中，容易掩盖存货管理中存在的问题。因此，这一方法适用于那些自然损耗较大、数量不稳定的鲜活商品及单位价值低、进出频繁的存货。

四、存货核算的基本要求

第一，做好存货收发与结存的数量核算，保护企业财产物资的安全与完整，防止丢失和毁损。

第二，正确核算外购存货和确定自制存货的成本，反映购货资金的使用情况，促进购货成本的降低和购货资金的节约。

第三，合理采用存货计价方法，正确计算发出存货成本和期末存货价值，为正确计量收益、如实反映企业资产价值和经营成果提供必要条件。

模块二　存货的收发计量

一、存货的初始计量

存货的初始计量是指取得存货入账价值的确定。企业取得存货时，应当按照其成本入账。存货成本，是指存货取得过程中发生的全部实际支出。存货成本有采购成本、加工成本、其他成本三种类型。存货取得的途径不同，其成本的类型和构成内容也有所不同。

（一）外购存货

外购存货的成本是其采购成本，构成内容包括：

1. 购买价款，是指购入存货发票、账单所列的价款，不包括按规定可以抵扣的增值税。

2. 采购费用，包括运杂费、运输途中的合理损耗和其他可以归属于存货采购成本的费用等。具体是：

（1）运杂费，是指存货购买后运达企业过程中发生的各项费用，包括运输费、包装费、装卸费、途中保险费等，但不包括运杂费增值税专用发票所列的增值税。

（2）运输途中的合理损耗，是指存货在运输过程中，因商品性质、自然条件等原因发生的自然或不可避免的损耗。这类损耗并不影响购货总成本，只是增加入库存货的单位成本。

（3）其他可以归属于存货采购成本的费用，包括存货采购过程中发生的仓储费、入库前的挑选整理费用等。

提示：

（1）入库前的挑选整理费用，是指存货运达企业入库前，根据工艺加工的需要进行相应的挑选整理过程中发生的费用，包括挑选整理中发生的工、费支出和必要的损耗，并扣除回收的下脚废料价值。

（2）企业采购人员差旅费、存货入库后的挑选整理费用、存货验收入库后的仓储费和入库后发生的短缺损耗均不能列入存货成本。

（3）商品流通企业购入商品的进货费用，如运输费、装卸费、保险费等，原则上也是计入商品采购成本，但具体处理方法有三种情况，详见本项目模块五的相关内容。

3. 相关税费，是指购入存货按规定支付的相关税费，如增值税、消费税、资源税和关税等。其是否构成存货成本，要视具体情况而定：

（1）价内税。价内税是价格组成部分的税金，如消费税、资源税等。企业购入存货支付的价内税应当构成存货成本。

（2）价外税。价外税是价格之外的税金，主要是增值税。企业购入存货支付的增值税应区别情况处理：

第一，小规模纳税人企业，其采购货物支付的增值税，无论是否在发票账单上单独列明，也无论是否取得增值税专用发票，一律计入所购货物的成本。

第二，一般纳税人企业，其采购货物支付的增值税，专用发票或完税凭证中注明的，不计入所购货物的成本，作为“进项税额”等待抵扣；用于简易计税项目、免征增值税项目、集体福利或者个人消费以及未能取得增值税专用发票的，其支付的增值税则计入购入货物的成本。

第三，一般纳税人企业收购农产品，不能取得增值税专用发票，经批准可将其收购价格的一定比例列为增值税的“进项税额”（用于加工生产增值税税率为13%，货物为10%，其他9%），应以扣除这部分“进项税额”后的价款作为购入货物的成本。

（3）关税。进口货物缴纳的关税，应计入进口货物的成本。

一般企业外购存货的成本构成如图4－2所示。

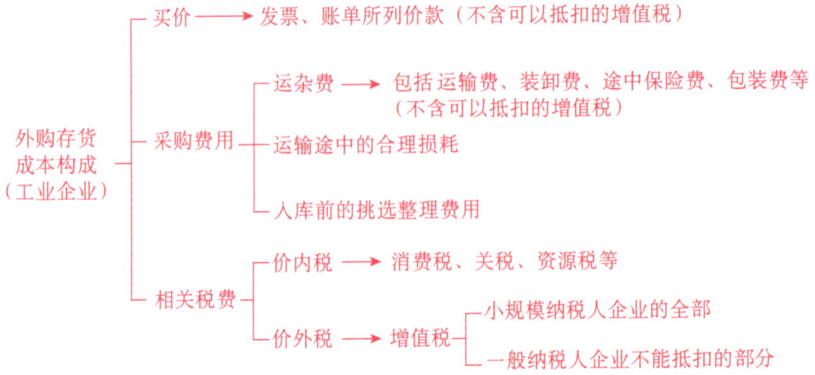

图 4－2　外购存货成本构成

课堂讨论：

某企业（一般纳税人）购进原材料一批，增值税专用发票所列的买价是 100 000 元，增值税 13 000 元；增值税专用发票所列的运输费是 3 000 元，增值税 270 元；运输途中自然损耗 10 千克，按买价计为 200 元；入库前发生普通发票所列的整理费用 500 元。采购此项材料发生采购人员差旅费 1 500 元（不含可以抵扣的增值税）。请问该批存货的入账成本为多少？若上述企业为小规模纳税人，则该批原材料成本为多少？

（二）自制存货

企业自制存货主要是产成品、自制半成品和在产品，还包括自制原材料、包装物和低值易耗品。自制存货成本是其制造过程中发生的加工成本，包括在制造过程中发生的直接材料、直接人工和制造费用。

提示：

经过相当长时间的购建或者生产活动才能达到可使用或可销售的存货，其符合资本化条件的借款费用，计入存货成本。但不包括直接计入当期损益的管理费用、财务费用等。

（三）委托加工存货

委托外单位加工完成的存货，应以实际耗用的原材料或者半成品的成本，加上加工费、往返运输费、装卸费、保险费及按规定应计入成本的税费等，作为存货成本，但不包括按规定可以抵扣的增值税。

（四）投资者投入存货

投资者投入的存货，应按照投资合同或协议约定的价值作为成本（不含按规定可以抵扣的增值税），但合同或协议约定价值不公允的除外。

（五）接受捐赠存货

企业接受捐赠的存货，按以下规定确定其成本：

1. 捐赠方提供了有关凭据（如发票、报关单、有关协议）的，按凭据上标明的金额加上应支付的相关税费（不含按规定可以抵扣的增值税），作为其成本。

2. 捐赠方没有提供有关凭据的，应参照同类或类似存货的市场价格估计的金额，加上应支付的相关税费，作为其成本。

二、发出存货成本的确定

发出存货成本确定是指对发出存货和每次发出后的存货成本的计算确定。由于企业存货品种繁多，收发频繁，相同存货的单位成本会因为取得方式、采购时间、采购地点的不同而不同。这样，在每次发出存货时，就会产生按哪项单位成本计算确定成本的问题，即用什么方法在发出存货与结存存货之间进行成本分配。存货发出成本的确定方法主要有以下几种：

（一）个别计价法

个别计价法，又称具体辨认法，**是指对库存和发出的每一特定货物或每一批特定货物的个别成本加以认定的一种方法。**这是假设存货的成本流转与实物流转相一致的方法。采用这一方法，一般需具备两个条件：一是存货项目必须是可以辨别认定的；二是必须要有详细的记录，包括每一存货的品种规格、入账时间、单位成本、存放地点等情况。

【例 4－1】 万友公司 8 月份存货 A 材料的收、发、存数据资料如表 4－1 所示。

表 4－1　　A 材料收、发、存资料表

日期	摘要	收入		发出		结存数量（件）
		数量（件）	单位成本（件）	数量（件）	单位成本（件）	
8 月 1 日	结存					600（单价 10 元）
8 月 8 日	购入	400	11			1 000
8 月 15 日	发出			800		200
8 月 20 日	购入	600	12			800
8 月 28 日	发出			400		400
8 月 31 日	购入	400	15			800

经具体认定，若 8 月 15 日发出的 A 材料中，属于期初结存的有 500 件，属于 8 月 8 日购入的有 300 件，8 月 28 日发出的 A 材料中，属于期初结存的有 100 件，属于 8 月 20 日购入的有 300 件。8 月份 A 材料的发出实际成本和期末结存成本可计算如下：

$$本期A材料发出实际成本 = 500 \times 10 + 300 \times 11 + 100 \times 10 + 300 \times 12$$
$$= 12\ 900（元）$$

$$期末A材料结存成本 = 100 \times 11 + 300 \times 12 + 400 \times 15 = 10\ 700（元）$$

【方法评价】 这种方法能准确计算发出存货和期末存货的成本。但需分批认定和记录存货的批次及各批的单价和数量，工作量较大；另外，可能出现企业随意选用较高或较低价格的存货以调整当期利润的现象。此方法适用于容易识别、存货品种数量不多、单位成本较高的存货，如房产、船舶、珠宝等贵重物品。企业不能替代使用的存货、为特定项目专门购入或制造的存货以及提供劳务也可以采用这种方法确定发出存货的成本。

（二）加权平均法

加权平均法分为月末一次加权平均法和移动加权平均法两种。

1. 月末一次加权平均法。**月末一次加权平均法是指以月初存货数量加上本月全部收入存货数量作为权数，去除月初存货成本加上本月全部收入存货成本，计算出存货加权平均单位成本，从而计算确定本月发出存货成本和期末存货成本的一种方法。**计算公式如下：

$$加权平均单位成本=\frac{期初结存存货成本+本月收入存货成本}{期初结存存货数量+本月收入存货数量}$$

$$本月发出存货成本=本月发出存货数量\times加权平均单位成本$$

$$期末结存存货成本=期末结存存货数量\times加权平均单位成本$$

如果计算出的加权平均单价不是整数，就要将小数点后两位以下的数字四舍五入，为了保持账面数字之间的平衡关系，也便于核对账目，可以采用倒挤成本法计算发出存货的成本，即：

$$期末结存存货成本=期末结存存货数量\times加权平均单位成本$$

$$本月发出存货成本=期初结存存货成本+本月收入存货成本-期末结存存货成本$$

【例4－2】 仍以【例4－1】资料为例，采用月末一次加权平均法计算A材料本期发出成本和期末结存成本。见表4－2。

表4－2　　**存货明细账**（月末一次加权平均法）　　金额单位：元

类别：原材料　　名称及规格：A材料　　计量单位：件

××年		摘要	收入			发出			结存		
月	日		数量	单价	金额	数量	单价	金额	数量	单价	金额
8	1	结存							600	10	6 000
8	8	购入	400	11	4 400				1 000		
8	15	发出				800			200		
8	20	购入	600	12	7 200				800		
8	28	发出				400			400		
8	31	购入	400	15	6 000				800	11.80	9 440
8	31	本月合计	1 400		17 600	1 200	11.80	14 160	800	11.80	9 440

表4－2中有关资料的计算如下：

$$加权平均单位成本=\frac{6\ 000+17\ 600}{600+1\ 400}=11.80（元）$$

$$本月发出材料成本=1\ 200\times11.80=14\ 160（元）$$

$$月末结存材料成本=800\times11.80=9\ 440（元）$$

$$或=6\ 000+17\ 600-14\ 160=9\ 440（元）$$

【方法评价】 采用月末一次加权平均法能简化核算工作，而且在市场价格变动情况下其单位成本是平均化的，对存货成本的分摊较为折中。但是，这种方法只有到期末才能计算出加权平均单价，从而确定存货发出和结存成本的计价工作集中在月末，影响核算的及时性；同时，平时无法从账簿上反映发出和结存存货的单价和金额，不利于对存货加强日常管理。

2. 移动加权平均法。**移动加权平均法是指每次收到存货以后，根据库存存货的数量和总成本，计算出新的加权平均单位成本，并据以对发出存货进行计价的一种方法。**移动加权平均法与月末一次加权平均法的计算原理基本相同，只是要求在每次收入存货时重新计算加权平均单位成本。具体计算公式如下：

$$移动平均单位成本=\frac{以前结存存货实际成本+本批收入存货实际成本}{以前结存存货数量+本批收入存货数量}$$

$$发出存货成本=本次发出存货数量\times 移动平均单位成本$$

$$期末存货成本=期末结存存货数量\times 移动平均单位成本$$

【例 4－3】 仍以【例 4－1】资料为例，采用移动加权平均法计算 A 材料的发出成本和结存成本。见表 4－3。

表 4－3 **存货明细账**（移动加权平均法） 金额单位：元

类别：原材料 名称及规格：A 材料 计量单位：件

××年		摘要	收入			发出			结存		
月	日		数量	单价	金额	数量	单价	金额	数量	单价	金额
8	1	结存							600	10	6 000
8	8	购入	400	11	4 400				1 000	10.40	10 400
8	15	发出				800	10.40	8 320	200	10.40	2 080
8	20	购入	600	12	7 200				800	11.60	9 280
8	28	发出				400	11.60	4 640	400	11.60	4 640
8	31	购入	400	15	6 000				800	13.30	10 640
8	31	本月合计	1 400		17 600	1 200		12 960	800	13.30	10 640

表 4－3 中有关资料的计算如下：

第一批购货后的平均单位成本 $=\frac{6\ 000+4\ 400}{600+400}=10.40$（元）（第二批、第三批计算略）

本月发出材料成本 $=800\times10.40+400\times11.60=8\ 320+4\ 640=12\ 960$（元）

月末结存材料成本 $=800\times13.30=10\ 640$（元）

或 $=6\ 000+17\ 600-12\ 960=10\ 640$（元）

【方法评价】 采用移动加权平均法，存货明细账的记录是及时完整的，便于存货的日常管理；存货核算工作分散在平时进行，能减轻月末的工作量；而且计算的平均单位成本及发出和结存存货的成本较客观。但是，由于每次收入存货都要重新计算一次加权平均单位成本，计算工作量较大。该方法主要适用于进货次数不多的存货。

（三）先进先出法

先进先出法是假定“先入库的存货先发出”，并以这种假定的成本流转程序为前提，对发出存货和期末存货进行计价的一种方法。采用这种方法，收入存货时，逐笔登记收入存货的数量、单价和金额；发出存货时，按照先收入（单位成本）的存货先转出的方法逐笔计算确定发出和结存存货的成本。

【例 4-4】 仍以【例 4-1】资料为例，采用先进先出法计算 A 材料发出成本和结存成本。见表 4-4。

表 4-4 存货明细账（先进先出法） 金额单位：元

类别：原材料 名称及规格：A 材料 计量单位：件

××年		摘要	收入			发出			结存		
月	日		数量	单价	金额	数量	单价	金额	数量	单价	金额
8	1	结存							600	10	6 000
8	8	购入	400	11	4 400				600 400	10 11	6 000 4 400
8	15	发出				600 200	10 11	6 000 2 200	200	11	2 200
8	20	购入	600	12	7 200				200 600	11 12	2 200 7 200
8	28	发出				200 200	11 12	2 200 2 400	400	12	4 800
8	31	购入	400	15	6 000				400 400	12 15	4 800 6 000
8	31	本月合计	1 400		17 600	1 200		12 800	400 400	12 15	10 800

表 4-4 中有关资料的计算如下：

本月发出材料成本 =（600×10+200×11）+（200×11+200×12）=12 800（元）

月末结存材料成本 =6 000+17 600-12 800=10 800（元）

【方法评价】 采用先进先出法，能随时结转存货发出成本，期末存货成本比较接近现行的市场价值。但是，在存货收发业务频繁和单价经常变动的情况下，存货计价的工作量较大。另外，当物价上涨时，用早期较低的成本与现行收入相配比，会高估企业当期利润；反之，则低估当期利润。这种方法适用于收发业务不频繁、计价比较稳定的存货。

发出存货成本的确定无论选用哪一种计价方法，只要选用的计价方法所计算出来的结果可以使成本与其相关联的收入实现较好配比，这种方法就是可行的。按照企业会计准则的规定，存货计价方法一经确定，不得随意变更。确需变更的，应对变更的内容和理由、变更的累积影响数以及累积影响数不能合理确定的理由等，在财务报表附注中予以说明。

提示：

根据《企业会计准则第 1 号——存货》，企业应当采用先进先出法、加权平均法、个别计价法等方法确定发出存货的实际成本。

模块三　原材料的核算

一、原材料的内容

原材料是指企业在生产过程中经加工改变其形态或性质并构成产品主要实体的各种材料和物料。按其经济内容，原材料包括：

1. 原料及主要材料，是指直接用于产品制造，经过加工后构成产品主要实体的各种原料和材料。

2. 辅助材料，是指不构成产品的主要实体，但直接用于产品生产有助于产品形成的各种材料。

3. 外购半成品（外购件），是指从外部购入需要本企业进一步加工或装配的已完成一定生产步骤的中间产品。如果外购半成品数量不大时，也可列作原料及主要材料。

4. 修理用备件（备品备件），是指为修理本企业的机器设备等从外部购入的专用零部件。

5. 包装材料，是指包装产品用的，除包装物以外的各种材料，如纸、绳、铁丝等。

6. 燃料，是指在工艺技术过程中用于燃烧取得热能的各种材料，包括各种固体、液体和气体燃料，如煤炭、汽油、天然气等。

材料的日常核算分为按实际成本计价和按计划成本计价两种方法，企业可以根据自身生产经营特点及管理要求确定日常核算的计价方法。

提示：

注意区别存货、材料、原材料的不同。存货概念最大，三者是从属关系，具体如图 4－3 所示：

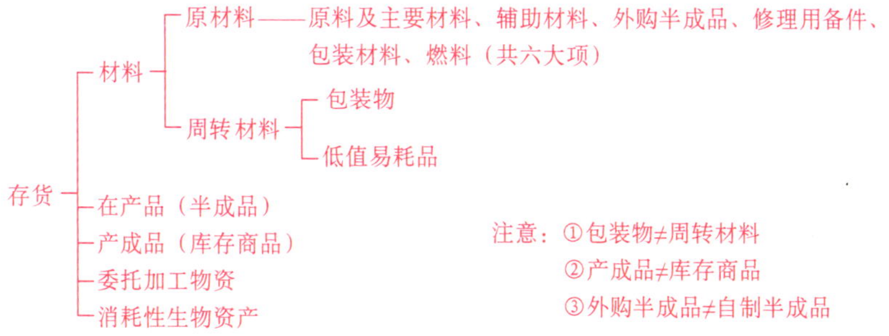

图 4－3　存货、材料、原材料之间的关系

二、原材料的业务流程（见图4－4）

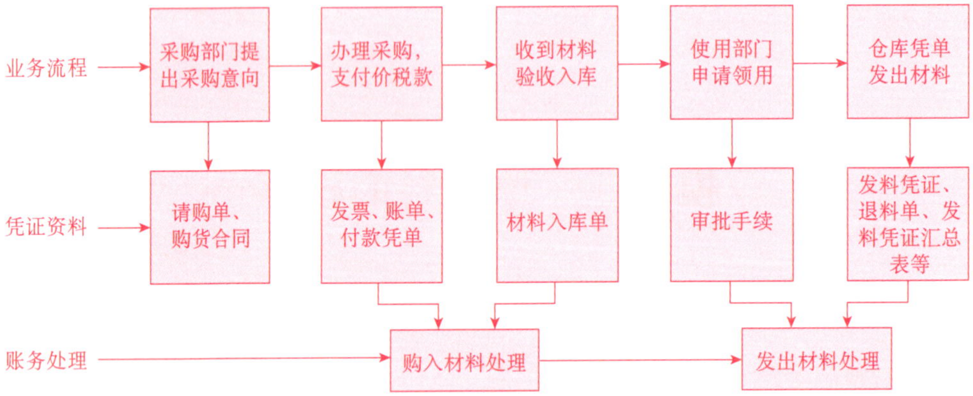

图4－4　原材料基本业务流程

三、原材料按实际成本计价

原材料按实际成本计价的核算特点是：材料从收发凭证到明细分类账和总分类账全部按实际成本进行计价。

（一）账户设置

1. “原材料”账户。该账户用于核算企业库存的各种材料的实际成本，其结构如图4－5所示。该账户可按材料的保管地点（仓库）、材料的类别、品种和规格等进行明细核算。

2. “在途物资”账户。该账户用于核算企业采用实际成本（或进价）进行材料、商品等物资的日常核算、货款已付尚未验收入库的在途物资的采购成本，其结构如图4－5所示。该账户可按供应单位和物资品种进行明细核算。

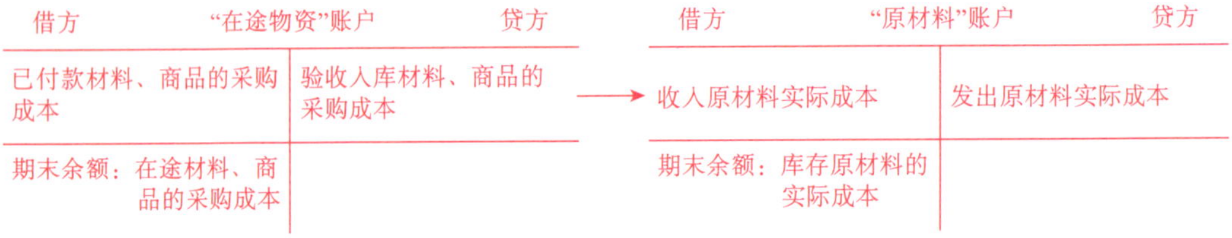

图4－5　“原材料”“在途物资”账户的结构

（二）材料收入的账务处理

1. 外购材料。外购材料由于结算方式和采购地点的不同，材料入库和货款的支付在时间上不一定完全同步，其账务处理也有所不同。

（1）货款付清，同时收料。企业应根据发票账单和收料单等确定的材料实际成本，借记“原材料”账户；根据取得的增值税专用发票上注明的税额，借记“应交税费——应交增值税（进项税额）”账户；根据实际付款金额贷记“银行存款”“其他货币资金”等账户，或根据已开出、承兑商业汇票的票面价值，贷记“应付票据”账户。

【例4－5】 万友公司从科兴公司购入A材料一批，专用发票所列的货款为20 000元，增值税税额2 600元。发票账单已收到，材料已验收入库，价税款用银行汇票支付。账务处理为：

借：原材料——原料及主要材料（A材料） 20 000
　　应交税费——应交增值税（进项税额） 2 600
　　贷：其他货币资金——银行汇票或本票（银行汇票） 22 600

（2）付款在先，收料在后。企业购入材料，先收到发票账单，并据以付款或开出承兑商业汇票，但材料尚未收到或尚未验收入库的，应将这部分材料作为在途物资处理，待收到材料并验收入库后，再由在途物资转为库存材料。

【例4－6】 万友公司从南京大华公司购入B材料一批，专用发票所列的货款为100 000元，增值税13 000元；专用发票所列运输费5 000元，增值税450元；普通发票所列保险费900元，全部款项均已以银行存款支付，材料尚未收到。账务处理为：

借：在途物资——南京大华公司 （100 000＋5 000＋900） 105 900
　　应交税费——应交增值税（进项税额） （13 000＋450） 13 450
　　贷：银行存款 119 350

上述材料验收入库时的账务处理为：

借：原材料——原料及主要材料（B材料） 105 900
　　贷：在途物资——南京大华公司 105 900

（3）收料在先，付款在后。这类业务，具体应分两种情况处理：

①材料验收入库，因发票账单未到，而暂未付款的。由于一般在较短时间内发票账单就可能达到，为了简化核算手续，月份内发生的，可以暂不进行总分类核算，将收到的材料登记明细分类账，待收到发票账单时，再进行总分类核算。月末，对于那些结算凭证和发票账单尚未到达的入库材料，可以按材料的合同价格或计划成本计价，暂估入账，借记“原材料”账户，贷记“应付账款——暂估应付账款”账户，下月初，用红字作同样的记账凭证，予以冲回，以便下月付款或开出、承兑商业汇票时，按正常程序处理。

【例4－7】 万友公司向华美公司购入C材料一批，合同价款169 500元（其中增值税19 500元），本月27日材料收到并验收入库，但发票账单尚未到达，货款无法支付。至月末仍未收到发票账单。账务处理为：

- 本月27日材料验收入库时，只进行材料的明细核算（填制入库单、登记明细账）。
- 本月末，按材料合同价款15万元暂估入账：

借：原材料——原料及主要材料（C材料） 150 000
　　贷：应付账款——暂估应付账款 150 000

- 下月初，用红字冲销上月末的暂估入账记录：

借：原材料——原料及主要材料（C材料） [150 000]
　　贷：应付账款——暂估应付账款（C材料） [150 000]

- 下月10日，收到华美公司转来的专用发票等，所列货款155 000元，增值税20 150元。价税款以银行存款支付，则记：

借：原材料——原料及主要材料（C材料） 155 000

应交税费——应交增值税（进项税额）　　20 150

贷：银行存款　　175 150

课堂讨论：

【例 4－7】业务事项，下月初为什么要红字冲销？如果不进行红字冲销，对会计核算有什么影响？

②材料已验收入库，发票账单也已到达，款项未支付。这种情况一般是由于企业货币资金不足而暂未付款，其表明企业因购入材料已占用了供应单位的资金，形成了应付账款，企业应在收到材料和发票账单时进行账务处理。

【例 4－8】 假设【例 4－5】中购入 A 材料的业务，材料已验收入库，发票等结算凭证也已收到，但企业存款不足，暂时无法付款。账务处理为：

借：原材料——原料及主要材料（A 材料）　　20 000

应交税费——应交增值税（进项税额）　　2 600

贷：应付账款——科兴公司　　22 600

（4）采用预付货款的方式采购材料。企业采用预付货款方式购入材料业务，应通过“预付账款”或“应付账款”账户进行核算。

（5）购料短缺与损耗的处理。企业外购材料业务，对于采购材料在途中发生的短缺和毁损，应根据造成短缺和毁损的原因，分别情况进行处理：

①定额内合理的途中损耗，计入材料采购成本。

②能确定由供应单位、运输单位、保险公司或其他过失人负责赔偿的，应向有关单位或责任人索赔，从“在途物资”账户转入“应付账款”或“其他应收款”账户。

③凡尚待查明原因或需要报经批准才能转销处理的损失，应将其损失从“在途物资”账户转入“待处理财产损溢”账户，查明原因后再分别情况进行处理：属于应由供货单位、运输单位、保险公司或其他过失人负责赔偿的，将其损失从“待处理财产损溢”账户转入“应付账款”或“其他应收款”账户；属于自然灾害造成的损失，应按扣除残料价值和保险公司赔偿后的净损失，从“待处理财产损溢”账户转入“营业外支出——非常损失”账户；属于无法收回的其他损失，报经批准后，将其从“待处理财产损溢”账户转入“管理费用”账户。

提示：

购料短缺与损耗的不同处理：

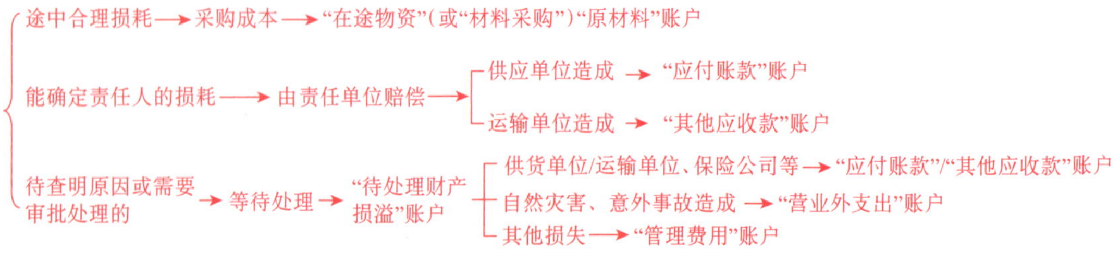

【例 4－9】 万友公司上月末向光明公司购入 A 材料 1 000 吨，每吨 30 元，增值税税率

13%，款已付，材料未收到。现收到材料经验收发现短缺 50 吨，其余收妥入库。

- 若查明上述短缺系供应单位责任。收料时公司的账务处理为：

借：原材料——原料及主要材料（A 材料） 28 500
　　应付账款——光明公司 [30×50×(1+13%)]1 695
　　贷：在途物资——光明公司 30 000
　　　　应交税费——应交增值税（进项税额转出） 195

如收到光明公司补发材料经验收入库，公司的账务处理为：

借：原材料——原料及主要材料（A 材料） 1 500
　　应交税费——应交增值税（进项税额） 195
　　贷：应付账款——光明公司 1 695

- 若短缺 50 吨系意外事故造成。收料时公司的账务处理为：

借：原材料——原料及主要材料（A 材料） 28 500
　　待处理财产损溢——待处理流动资产损溢 1 695
　　贷：在途物资——光明公司 30 000
　　　　应交税费——应交增值税（进项税额转出） 195

如经确认应收保险赔款 1 000 元，其余经批准予以转销，账务处理为：

借：其他应收款——应收赔偿款、罚款 1 000
　　营业外支出——非常损失 695
　　贷：待处理财产损溢——待处理流动资产损溢 1 695

课堂讨论：

根据【例 4－9】资料，假定万友公司向光明公司购入 A 材料 1 000 吨，验收发现的短缺 50 吨是运输途中的合理损耗。应如何进行账务处理？

（6）购进免税农产品。企业购进免税农产品，应按购入农产品的收购价款和规定的扣除率计算进项税额。购入材料的入账成本是收购价款减去可以抵扣的增值税额的金额。

【例 4－10】 万友公司购进免税农产品一批，收购价款 50 000 元，材料验收入库，价款以银行存款支付，增值税扣税比例为 9%。公司的账务处理为：

借：原材料——原料及主要材料 45 500
　　应交税费——应交增值税（进项税额） （50 000×9%） 4 500
　　贷：银行存款 50 000

（7）小规模纳税人购入材料。小规模纳税人购入材料（货物）支付的货款、增值税税额和采购费用等均应直接计入有关材料（货物）的成本。

【例 4－11】 某企业系小规模纳税人，本月购入 H 材料一批，货款 10 000 元，增值税税额1 300 元，支付运杂费 600 元。材料已验收入库，价税款以银行存款支付。该企业账务处理为：

借：原材料——原料及主要材料（H 材料）　　11 900

　　贷：银行存款　　11 900

2. 自制材料和废料入库。企业生产车间自制材料，应设置“生产成本——基本生产成本（辅助生产成本）”账户核算其发生的料、工、费支出，自制完成的材料验收入库时，应填制“材料入库单”，并按其实际生产成本，借记“原材料”账户，贷记“生产成本”账户。

企业回收的交库废料应填制“材料交库单”，办理入库手续。若是生产中回收的下脚废料，应借记“原材料”账户，贷记“生产成本”账户；若是低值易耗品报废交回的残料，应借记“原材料”账户，贷记“制造费用”或“管理费用”等账户；对于固定资产报废清理回收的残料，应借记“原材料”账户，贷记“固定资产清理”账户。

企业收入材料还有委托加工收回、投资者投入、接受捐赠等方式，其账务处理将在以后有关内容中介绍。

企业收入材料的总分类核算，可根据不同情况确定总分类账的登记方法。对于材料收入业务较少的企业，收入核算的工作量不大，可以根据收料凭证逐日编制记账凭证，并据以登记总分类账；对于收料业务较多的企业，则可以根据收料凭证，整理汇总，定期（或月终一次）编制“收料凭证汇总表”，并据以编制记账凭证，登记总分类账，进行总分类核算。“收料凭证汇总表”一般格式见表 4－5。

表 4－5　收料凭证汇总表　单位：元

应借账户 / 应贷账户		原材料							应交税费	总计
		原料及主要材料	辅助材料	外购半成品	修理用备件	包装材料	燃料	合计		
在途物资	1—10 日 11—20 日 21—31 日 小计									
生产成本										
应付账款 ……										
合 计										

（三）材料发出的账务处理

企业发出材料均应办理必要的手续和填制发料凭证，并据以进行发出材料的核算。由于发料业务繁多，发料凭证数量大，为了简化核算工作，平时一般只根据发料凭证登记材料明细分类账，不直接根据发料凭证填制记账凭证，而是在月末根据当月的发料凭证，按领用部门和用途进行归类汇总，编制“发料凭证汇总表”，据以进行材料发出的总分类核算，格式见表 4－6。

表 4 - 6　　　　发料凭证汇总表

× ×年 10 月　　　　单位：元

类别 / 用途	原料及主要材料	辅助材料	燃料	外购半成品	合计
生产产品领用	300 000	50 000		116 000	466 000
辅助生产车间领用	41 000	2 000			43 000
车间一般性消耗		1 000	5 000		6 000
厂部管理部门领用		2 000	1 000		3 000
设备安装工程领用		5 000			5 000
对外销售	3 000				3 000
合计	344 000	60 000	6 000	116 000	526 000

发出材料成本应根据不同用途借记有关账户，贷记“原材料”账户。主要有：生产产品领用的应记入“生产成本——基本生产成本”账户；用于辅助生产领用的应记入“生产成本——辅助生产成本”账户；车间管理及一般消耗领用的应记入“制造费用”账户；厂部管理部门领用的应记入“管理费用”账户；专设销售机构领用的应记入“销售费用”账户；对外销售的应记入“其他业务成本”账户；用于职工集体福利的记入“应付职工薪酬”账户；专项工程领用的应记入“在建工程”账户等。

一般纳税人企业购入材料用于职工生活福利的、用于非应税项目的，应按使用材料的进货成本和规定税率，计算转出增值税的进项税额，借记“应付职工薪酬”等账户，贷记“应交税费—— 应交增值税（进项税额转出）”账户。

【例 4 - 12】 万友公司 10 月份根据发料凭证，汇总编制“发料凭证汇总表”见表4 - 6，据以进行本月材料发出的总分类核算。

根据发料凭证汇总表，做如下账务处理：

借：生产成本——基本生产成本　　466 000
　　　　　　——辅助生产成本　　43 000
　　制造费用　　6 000
　　管理费用　　3 000
　　在建工程　　5 000
　　其他业务成本　　3 000
　　贷：原材料——原料及主要材料　　344 000
　　　　　　——辅助材料　　60 000
　　　　　　——燃料　　6 000
　　　　　　——外购半成品　　116 000

（四）材料的明细分类核算

材料的明细分类核算包括数量核算和金额核算两部分。材料收发、库存的数量核算，由仓库保管人员负责，金额核算由财会人员负责。根据这一要求，材料的明细分类核算通常有以下两种形式：

1. “**两套账**”形式。也称为“账卡分设”，**即企业的仓库和财会部门各自设置一套材料账簿进行材料的明细分类核算**。仓库设置“材料卡片”核算各种材料收发结存的数量，材料卡片的一般格式见表4-7。材料卡片根据品种规格设置，并按材料类别和编号顺序排列，或按类别装订成活页账，以便保管。财会部门设置材料明细账，核算各种材料收发结存的数量和金额。财会部门设置的材料明细账，应采用数量金额式明细账，按材料品种、规格设置，采用收、发、存三栏，分别记录“数量”“单价”和“金额”三项内容，其收入栏根据收料凭证序时逐笔登记；发出栏中的数量可根据发料凭证序时逐笔登记，但单价和金额应根据发出材料计价方法来加以确定并进行登记。材料明细账格式见表4-2和表4-3。

表4-7　　材料卡片

材料账户：原材料　　材料编号：118　　最高储备量：

材料类别：原料及主要材料　　卡片编号：　　最低储备量：

材料名称：A材料　　存放地点：　　计量单位：

××年		凭证		收入数量	发出数量	结存数量	稽核	
月	日	名称	编号				日期	签章
8	1	略	略			600		
8	8			400		1 000		
8	15				800	200	15	×××
8	20			600		800		
8	28				400	400		
8	31			400		800	31	×××
8	31			1 400	1 200	800	31	×××

这种方式下，仓库和财会部门能够相互制约、相互核对，有利于材料管理工作，但核算工作量较大，而且存在重复记账的情况。

2. “**一套账**”形式，也称“账卡合一”，**即将仓库设置的材料卡片与财会部门设置的材料明细分类账合并为一套数量金额式的“材料明细账”进行材料明细核算**。这套账平时放在仓库，由仓库管理员根据收发凭证序时逐笔登记收、发数量并逐日结出结存数；财会部门的材料会计定期到仓库稽核、收单，并在材料收发凭证上标价以及在材料明细账上登记金额。

这种方式可以减少材料明细账的开设，避免仓库和财会部门的重复记账，但仓库和财会部门相互制约、相互核对的作用失去了，不利于材料管理和控制工作。

四、原材料按计划成本计价

原材料按计划成本核算的特点是：所有材料收发凭证按预先确定的计划成本计价，总账及明细分类账按计划成本登记；材料的实际成本与计划成本的差异，通过“材料成本差异”账户核算。月份终了，通过分配材料成本差异，将发出材料的计划成本调整为实际成本。

（一）账户设置

1. “原材料”账户。该账户与按实际成本计价的核算内容相同。但按计划成本计价核算，其借方、贷方及余额均为计划成本。

2. “材料采购”账户。该账户核算企业采用计划成本进行材料日常核算而购入材料的采购成本，其账户结构如图4－6所示。该账户应按供应单位和材料品种进行明细核算。

3. “材料成本差异”账户。该账户核算企业采用计划成本进行材料日常核算的材料实际成本与计划成本的差异。它是材料类账户的调整户，其账户结构如图4－6所示。该账户可以分别“原材料”“周转材料”等，按照类别或品种进行明细核算。

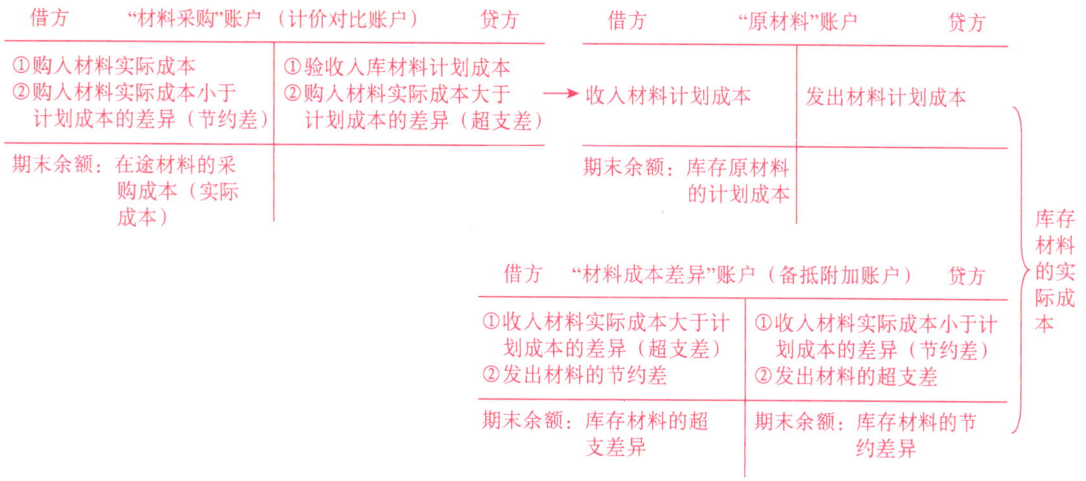

图4－6 “材料采购”“材料成本差异”等账户的结构

（二）材料收入的账务处理

如同按实际成本计价的账务处理一样，企业收入的材料要根据不同的来源，采用的结算方式、付款及收料等不同情况进行账务处理。其核算内容包括三个方面：一是反映材料采购成本的发生；二是按计划成本反映验收入库的材料；三是结转验收入库材料的成本差异。

1. 外购材料。在计划成本计价核算情况下，外购材料业务是运用“材料采购”账户进行核算的，具体分为以下几种类型：

（1）货款付清，同时收料。企业购入材料支付价税款时，先借记“材料采购”“应交税费——应交增值税（进项税额）”账户，贷记“银行存款”等账户；然后根据验收入库材料的计划成本，借记“原材料”等账户，贷记“材料采购”账户，同时结转验收入库材料实际成本与计划成本的差异。如为实际成本大于计划成本的超支差异，借记“材料成本差异”账户，贷记“材料采购”账户；如为实际成本小于计划成本的节约差异，则做相反的账务处理。

课堂讨论：

在这种情况下为什么不直接借记“原材料”账户而必须通过“材料采购”账户？

【例4－13】 万友公司从康佳公司购入甲材料一批，专用发票所列的货款为100 000元，增值税13 000元，计划成本为110 000元，材料验收入库，价税款以银行存款支付。公司的账务处理为：

- 购入材料，支付价税款时：

借：材料采购——原材料　　100 000
　　应交税费——应交增值税（进项税额）　　13 000
　　贷：银行存款　　113 000

材料验收入库时：

借：原材料——原料及主要材料（甲材料）　　110 000
　　贷：材料采购——原材料　　110 000

- 结转入库材料成本差异：（实际成本 100 000 元，计划成本为 110 000 元，节约差异）

借：材料采购——原材料　　10 000
　　贷：材料成本差异——原材料　　10 000

（2）付款在先，收料在后。这种情况下，企业购入材料支付价税款，应借记“材料采购”“应交税费——应交增值税（进项税额）”，贷记“银行存款”等账户。待以后材料验收入库时，再作按计划成本验收入库及结转材料成本差异的账务处理。若到月末材料仍未收到，则“材料采购”账户有借方余额，表现为在途材料的实际成本。

【例 4 – 14】 万友公司采用汇兑结算方式购入乙材料一批，货款 16 000 元，增值税 2 080 元，发票账单已收到，计划成本 17 000 元，材料尚未入库。账务处理为：

借：材料采购——原材料　　16 000
　　应交税费——应交增值税（进项税额）　　2 080
　　贷：银行存款　　18 080

待以后材料验收入库时，再作按计划成本验收入库及结转材料成本差异处理。若到月末材料仍未收到，则“材料采购”账户有借方余额，表现为在途材料成本。

（3）收料在先，付款在后。这类业务包括两种情况：

①发票账单已经到达，企业无力支付价款。这种情况下企业购料业务已发生，尚未支付的价款形成企业的负债。

【例 4 – 15】 假设【例 4 – 13】中的材料采购业务，企业因存款不足，尚未付款，则账务处理为：

借：材料采购——原材料　　100 000
　　应交税费——应交增值税（进项税额）　　13 000
　　贷：应付账款——康佳公司　　113 000

结转验收入库材料计划成本 110 000 元和材料成本差异 10 000 元的账务处理同【例 4 – 13】。

②发票账单尚未到达，因而尚未支付价款。对于发票账单未收到的，平时暂不进行总账处理，至月末仍未收到发票账单的，按计划成本暂估入账，下月初用红字冲回，其账务处理与按实际成本计价的基本相同。下月付款或开出、承兑商业汇票后，按正常程序通过“材料采购”账户核算。

【例 4 – 16】 万友公司采用委托收款结算方式从 A 公司购入丙材料一批，材料已验收入库，月末发票账单尚未到达，计划价格为 83 000 元。账务处理为：

- 月末按计划成本暂估入账时：

借：原材料——原料及主要材料（丙材料）　　83 000
　　贷：应付账款——A 公司　　83 000

- 下月初用红字冲销：

借：原材料——原料及主要材料（丙材料） 83 000

贷：应付账款——A 公司 83 000

上述购入丙材料于次月收到发票账单时，按正常程序进行账务处理。

课堂讨论：

①【例 4－16】与【例 4－7】的账务处理完全一致吗？
②这里的暂估入账为什么不考虑材料成本差异？

想一想：

为什么暂估时没有“应交税费——应交增值税”（进项税额）？

（4）材料短缺和毁损的处理。材料验收入库时发现的短缺与损耗，其账务处理与按实际成本计价的大致相同。对于运输途中的合理损耗，应计入材料的实际成本；对于应由供应单位、外部运输机构或有关责任人负责赔偿的材料短缺与损耗，应按照材料的实际成本及负担的增值税，借记“应付账款”“其他应收款”等账户，贷记“材料采购”“应交税费——应交增值税”等账户；尚待查明原因和需要报经批准才能转销的损失，先记入“待处理财产损溢”账户，查明原因后再做处理。

上述外购材料计划成本和成本差异的结转也可放在月终进行。月份终了，财会部门根据仓库转来的收料凭证，将其中已经付款的，或已开出承兑商业汇票的部分，按计划成本和实际成本分别汇总，按汇总的计划成本借记有关材料账户，贷记“材料采购”账户；同时将实际成本大于计划成本的差异，借记“材料成本差异”账户，贷记“材料采购”账户；实际成本小于计划成本的差异，做相反的账务处理。

2. 自制材料和废料入库。企业收到自制材料和废料，应按计划成本借记“原材料”账户，按其实际成本贷记“生产成本”账户，同时结转材料成本差异，借记或贷记“材料成本差异”账户。

（三）材料发出的账务处理

为了简化日常核算工作，企业可于月终编制“发料凭证汇总表”，据以进行发出材料的总分类核算。在按计划成本计价的方式下，原材料发出的总分类核算包括以下两方面内容：

1. 结转发出材料的计划成本。这是根据“材料发出汇总表”中材料的计划成本，按发出材料的用途进行分配。

2. 结转本月发出材料应分配的成本差异额。发出材料的成本差异额，是根据发出材料的计划成本和材料成本差异率计算确定的，分配的去向与材料计划成本的去向一致。结转发出材料成本差异额时，如为节约差异，应借记“材料成本差异”账户；如为超支差异，应贷记“材料成本差异”账户。

【例 4－17】 万友公司各部门本月领用甲材料如下：基本生产车间制造产品领用 50 000 元，辅助生产车间领用 20 000 元，车间管理部门领用 10 000 元，企业管理部门领用 5 000 元，材料成本差异率为－1%。账务处理为：

借：生产成本——基本生产成本　　50 000
　　　　　　——辅助生产成本　　20 000
　　制造费用　　10 000
　　管理费用　　5 000
　　贷：原材料——原料及主要材料（甲材料）　　85 000
借：材料成本差异——原材料　　850
　　贷：生产成本——基本生产成本　　500
　　　　　　　　——辅助生产成本　　200
　　　　制造费用　　100
　　　　管理费用　　50
（注：上述成本费用的贷方记录，应用红字记入相应多栏式明细账的相关项目）

（四）材料的明细分类核算

采用计划成本计价核算材料，应对库存材料、材料采购、材料成本差异分别进行明细分类核算。

1. 库存材料的明细分类核算。在按计划成本计价情况下，库存材料的明细核算与按实际成本计价的明细核算基本相同，由仓库管理人员和财会部门的材料核算员配合进行。所不同的是“账卡合一”的明细账和材料二级分类核算都是按计划成本计价反映的。同时，在明细账的登记上也有一定的差别，由于计划价格是一个单一的价格，所以，该账户平时只需登记材料收发的数量，至于其金额只需在期末结账时计算登记。其格式如表 4－8 所示。

表 4－8　　材料明细账

材料类别：原材料　　存放地点：　　材料编号：
材料名称：甲材料　　最高储备量：　　最低储备量：
计划单价：3 元/千克

××年		凭证编号	摘要	收入数量	发出数量	结存	
月	日					数量	金额
10	1	略				1 000	3 000
	5		购入	6 000		7 000	
	10		领用		4 000	3 000	
	20		购入	5 000		8 000	
	25		领用		1 000	7 000	
10	31		合 计	11 000	5 000	7 000	21 000

2. 材料采购的明细分类核算。材料采购明细核算，是通过材料采购明细账来进行的。材料采购明细账提供外购材料的实际成本与计划成本的详细资料。一般情况下，材料采购明细账可按材料的大类，如原材料、低值易耗品等设置，若材料储备量较大且材料费用在产品成本中所占的比重较大，也可按材料类别或品种设置。材料采购明细账的一般格式见表 4－9。

表 4－9　　材料采购明细账

明细账户：原材料　　××年 8 月　　单位：元

××年		记账凭证号数	发票账单	供应单位或采购人员姓名	摘要	借方（实际成本）				××年		记账凭证号数	收料凭证号数	摘要	贷方			
月	日					买价	运杂费	其他	合计	月	日				计划成本	成本差异	其他	合计
8	5			四明钢铁厂	A 钢材	25 100			25 100	×	5			入库	25 000	100		25 100
	8	（略）	（略）	利丰钢铁厂	B 钢材	46 000	1 400		47 400	×	15	（略）	（略）	入库	50 000	－2 600		47 400
	20			纬星钢铁厂	A 钢材	3 000	100		3 100									
8	31				本月发生额	74 100	1 500		75 600					本月发生额	75 000	－2 500		72 500
					月末余额（在途材料）	3 000	100		3 100									

材料采购明细账采用横线登记法进行登记，即同一批外购材料的付款和收料业务在同一行中登记。登记的依据是审核后的发票账单和收料单等有关凭证。月终，将已在借方栏和贷方栏登记的材料成本差异结转到“材料成本差异”账户。对于只有借方金额而无贷方金额的，即已付款尚未验收入库的在途材料，应逐笔转入下月材料采购明细账内，以便进行账务处理。

3. 材料成本差异的明细分类核算。为了计算各种材料的成本差异率，反映各种材料实际发生的成本差异，将发出材料的计划成本调整为实际成本，应进行材料成本差异的明细分类核算。材料成本差异明细核算是通过“材料成本差异”账户进行的。材料成本差异明细账与材料采购明细账的设置应一致，一般也是按材料大类设置。材料成本差异明细账的一般格式见表 4－10。

表 4－10　　材料成本差异明细账

明细账户：原材料　　××年 8 月　　单位：元

××年		凭证号数	摘要	收入			发出			结余		
月	日			计划成本	借方差额（超支）	贷方差额（节约）	差异率（%）	计划成本	成本差异	计划成本	借方差额（超支）	贷方差额（节约）
8	1		期初余额							25 000	500	
	31		购入	75 000		2 500				100 000		2 000
	31		领用				－2	60 000	－1 200	40 000		800
			本月合计	75 000		2 500	－2	60 000	－1 200	40 000		800

材料成本差异明细账中本月收入和发出材料的计划成本，应分别根据收料凭证汇总表和发料凭证汇总表填列；本月收入和本月发出材料的成本差异，应分别根据有关凭证登记，实际成本大于计划成本的差额为超支，记在“借方差额”栏内，实际成本小于计划成本的差额为节约，记在“贷方差额”栏内。

发出材料的成本差异，应根据发出材料计划成本乘以材料成本差异率计算。**材料成本差异率是指材料成本差异与计划成本之间的比率**。超支差异用“+”表示，节约差异用“-”表示。具体的计算公式为：

$$\text{材料成本差异率}=\frac{\text{月初结存材料成本差异}\pm\text{本月收入材料成本差异}}{\text{月初结存材料计划成本}+\text{本月收入材料计划成本}}\times100\%$$

$$\text{发出材料应负担的成本差异}=\text{发出材料的计划成本}\times\text{材料成本差异率}$$

$$\text{发出材料的实际成本}=\text{发出材料的计划成本}\pm\text{发出材料应负担的成本差异}$$

$$\text{结存材料的实际成本}=\text{结存材料的计划成本}\pm\text{结存材料应负担的成本差异}$$

【例4-18】 万友公司材料成本差异明细账如表4-10所示，月初结存材料的计划成本为25 000元，本月收入材料的计划成本为75 000元；月初结存材料的成本差异为超支差异500元，本月收入材料的成本差异为节约差异2 500元；本月发出材料的计划成本为60 000元。则：

$$\text{材料成本差异率}=\frac{500-2\ 500}{25\ 000+75\ 000}\times100\%=-2\%$$

$$\text{发出材料应分摊的成本差异}=60\ 000\times(-2\%)=-1\ 200\ (\text{元})$$

$$\text{发出材料实际成本}=60\ 000-1\ 200=58\ 800\ (\text{元})$$

发出材料应负担的成本差异，也可以按上月的材料成本差异率计算。一般只有在物价较为稳定，各月材料成本差异变动幅度不大的情况下，才可以按上月材料成本差异率计算结转成本差异。但计算方法一经确定以后，就不得任意改变。

$$\text{上月材料成本差异率}=\frac{\text{月初结存材料的成本差异}}{\text{月初结存材料的计划成本}}\times100\%$$

提示：

材料按计划成本计价，有利于简化材料核算的计价工作，能比较有效地避免按实际成本计价的不足。但由于材料成本差异一般只能按材料大类计算，所以会影响材料成本计算的准确性，从而影响企业成本费用与损益确定的正确性。这种计价方法适用于材料品种规格多，收发业务频繁，且具备材料计划成本资料的大中型企业。

模块四　周转材料的核算

周转材料是**指企业能够多次使用，逐渐转移其价值但仍保持原有形态，不能确认为固定资产的材料**。周转材料包括包装物和低值易耗品以及施工企业的钢模板、木模板、脚手架等。本节主要讲述包装物和低值易耗品的核算。

一、周转材料的业务流程

周转材料的业务流程见图4-7。

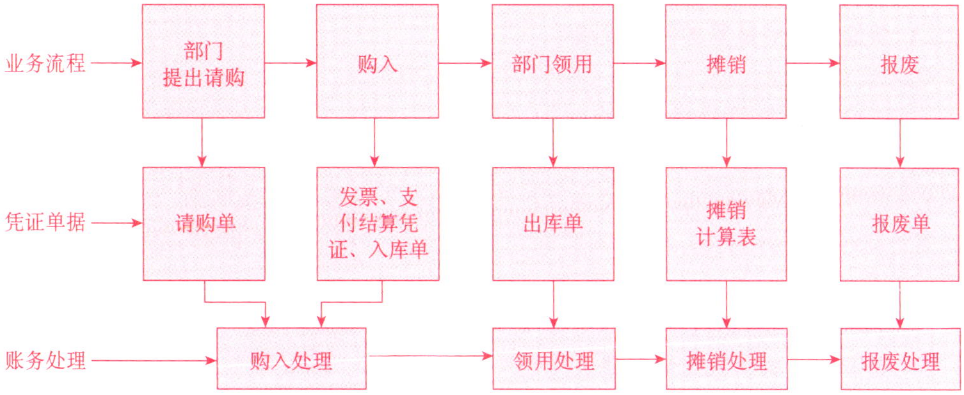

图 4－7 周转材料业务流程

二、低值易耗品

（一）低值易耗品的内容和核算特点

1. 低值易耗品的内容。**低值易耗品是指不能作为固定资产的各种用具物品，如工具、管理用具、玻璃器皿以及在经营过程中周转使用的包装容器等。**由于其价值较低，且易于损坏，为便于核算和管理，在会计上把它归入存货类，视同存货进行实物管理。低值易耗品的低值与易耗是相对固定资产而言的，其确认可以根据是否符合固定资产条件来判断，即不符合固定资产条件的劳动资料就可以确认为低值易耗品。

低值易耗品按其用途可以分为以下几大类：

（1）一般工具，是指生产中常用的工具，如刀具、量具、夹具、装配工具等。

（2）专用工具，是指专用于制造某一特定产品或在某一特定工序上使用的工具、专用模具等。

（3）替换设备，是指容易磨损或为制造不同产品需要替换使用的各种设备。

（4）管理用具，是指在管理上使用的各种家具、用具，如办公用具等。

（5）劳动保护用品，是指为了安全生产而发给工人作为劳动保护用的工作服、工作鞋和各种防护用品等。

（6）其他，是指不属于上述各类的低值易耗品。

2. 低值易耗品的核算特点。低值易耗品的核算主要有以下特点：

（1）性质上属于劳动资料，存在与固定资产一致的价值转移、使用过程的维修和报废残值处理等。

（2）低值易耗品具有价值较低、使用期限较短，价值转移不必采用折旧方式，而采用一定的方法进行摊销。

（3）作为存货，低值易耗品的核算有必要建立与健全领用、报废、以废换新、定额管理等制度等，以加强对实物的管理。

低值易耗品的采购、收发、储存、清查等业务的处理，均与材料的核算基本相同。

（二）低值易耗品核算的账户设置

企业的低值易耗品一般应设置“周转材料——低值易耗品”账户进行核算。该账户的借方登记验收入库的低值易耗品成本；贷方登记企业领用、摊销的低值易耗品成本；期末余额在借方，反映企业在库低值易耗品的成本以及在用低值易耗品的摊余价值。该账户可按低值易耗品的种类，并分别“在库”“在用”和“摊销”进行明细核算。

低值易耗品采用计划成本计价核算的，还应设置“材料成本差异——低值易耗品”账户核算其成本差异。

（三）低值易耗品领用摊销的账务处理

低值易耗品采购、入库的核算，不论是按实际成本计价，还是按计划成本计价，均与原材料的账务处理基本相同，这里不再赘述。

领用的低值易耗品，其账面价值应根据低值易耗品的特点及企业的实际情况，分别采用“一次摊销法”“分次摊销法”“五五摊销法”进行摊销。企业低值易耗品的摊销，应根据其使用部门，记入“制造费用”“管理费用”“销售费用”等账户。

1. 一次摊销法，**是指在领用低值易耗品时，就将其账面价值一次全部计入当期成本费用的方法。**

【例 4 – 19】 万友公司一般工具采用一次摊销法，本月部门领用一般工具一批，实际成本为：生产车间 1 000 元，厂部 1 500 元。公司应做如下账务处理：

借：制造费用　　　　1 000
　　管理费用　　　　1 500
　　贷：周转材料——低值易耗品（在库）　　　　2 500

低值易耗品报废，应将回收的残料价值，冲减相应的成本费用，借记“原材料——辅助材料”等账户，贷记“制造费用”“管理费用”等账户。

【方法评价】 一次摊销法比较简便易行，但低值易耗品的账面价值是一次转为成本费用，而它的实物形态并未随其价值转移而消失，这就形成账外资产，不利于实物管理；同时，成本一次结转也影响成本费用的均衡性。所以，这种方法适用于一次领用数量不多、价值较低、使用期限较短或者容易破损的低值易耗品的摊销。

2. 分次摊销法，也称分期摊销法，**是将领用低值易耗品的账面价值按使用期限，分月摊入成本、费用的方法。**分次摊销法下，“周转材料——低值易耗品”账户应设置“在库”“在用”“摊销”三个明细项目。领用时，先将低值易耗品账面价值，由“在库”转为“在用”；分次或分期摊销时，借记有关成本费用账户，贷记“周转材料——低值易耗品（摊销）”账户。低值易耗品报废时，按残料价值减冲相应的成本、费用，并转销全部已提摊销额，借记“周转材料——低值易耗品（摊销）”账户，贷记“周转材料——低值易耗品（在用）”账户。

【方法评价】 分次摊销法克服了一次摊销法的缺点，各期成本费用的负担比较均衡；反映了低值易耗品的“在用”和“摊销”情况，核算是严密的，但核算工作量加大了。分次摊销法主要适用于使用期限较长、单位价值较高或可供反复使用的低值易耗品。

【例 4 – 20】 万友公司专用工具采用分次摊销法，本月生产车间领用专用工具一批，实际成本18 000元，预计使用2年，按月摊销。使用期满报废，入库残料作价500元。公司的账务处理为：

- 领用专用工具时：

借：周转材料——低值易耗品（在用） 18 000
　　贷：周转材料——低值易耗品（在库） 18 000

- 当月及以后各月摊销时：

借：制造费用 （18 000 ÷ 24） 750
　　贷：周转材料——低值易耗品（摊销） 750

- 报废月份，按回收残料价值：

借：原材料——辅助材料 500
　　贷：制造费用 500

- 报废月份，结转全部摊销额：

借：周转材料——低值易耗品（摊销） 18 000
　　贷：周转材料——低值易耗品（在用） 18 000

3. 五五摊销法，是指在低值易耗品领用时，摊销其价值的50%，报废时再摊销剩余的50%的方法。领用时，应先将其账面价值由“在库”转为“在用”；同时将其价值的50%转入有关成本、费用；报废月份，再摊销50%；报废回收的残料价值冲减摊销的成本费用；并转销全部已提摊销额。

【例4－21】 万友公司管理用具采用五五摊销法，本月厂部领用管理用具一批，实际成本5 000元。公司的账务处理为：

- 本月领用管理用具并摊销50%时：

借：周转材料——低值易耗品（在用） 5 000
　　贷：周转材料——低值易耗品（在库） 5 000

借：管理费用 2 500
　　贷：周转材料——低值易耗品（摊销） 2 500

- 使用期限满，该批低值易耗品报废，摊销剩余50%：

借：管理费用 2 500
　　贷：周转材料——低值易耗品（摊销） 2 500

- 收回残料入库，作价150元：

借：原材料——辅助材料 150
　　贷：管理费用 150

- 结转全部摊销额：

借：周转材料——低值易耗品（摊销） 5 000
　　贷：周转材料——低值易耗品（在用） 5 000

低值易耗品采用计划成本进行日常核算的，领用的低值易耗品，还应在领用月份结转应分摊的成本差异。

【方法评价】 五五摊销法能反映低值易耗品的“在用”和“摊销”情况，有利于加强对低值易耗品实物的控制与管理。但使用期内的价值分摊不够均衡。所以，它适用于各月领用、报废比较均衡的低值易耗品的摊销。

三、包装物

（一）包装物的核算内容

包装物是指为包装本企业商品而储备的各种包装容器，如桶、箱、瓶、坛、袋等。具体包括：生产过程中用于包装产品作为产品组成部分的包装物；随同商品出售而不单独计价的包装物；随同商品出售而单独计价的包装物；出租给购货单位的包装物；出借给购货单位的包装物。下列几项不能列为包装物：

1. 各种包装材料，如纸、绳、铁丝、铁皮等，应在“原材料——辅助材料”账户核算。

2. 用于储存和保管商品、材料，而不对外出售的包装物，应按其是否符合固定资产确认条件，分别列为“固定资产”或“低值易耗品”进行管理和核算。

3. 单独列作企业商品产品的自制包装物，这类包装物应列为库存商品进行核算。

（二）包装物核算的账户设置

企业的各种包装物，一般应设置“周转材料——包装物”账户进行核算。该账户借方登记验收入库包装物的成本；贷方登记企业领用、摊销、对外销售等而减少的包装物的成本；期末余额在借方，反映在库包装物的成本以及在用包装物的摊余价值。该账户应按包装物的种类，并分别“在库”“在用”“摊销”进行明细核算。

（三）生产领用和随同商品出售包装物的账务处理

1. 生产领用包装物。生产过程中领用的包装物，包装产品后，就构成产品实体，成为产品的一部分，因此，应将其成本计入产品的生产成本。

【例 4－22】 万友公司生产车间为包装产品领用包装物一批，实际成本 9 000 元。公司的账务处理为：

借：生产成本——基本生产成本	9 000	
贷：周转材料——包装物（在库）		9 000

2. 随同商品出售但不单独计价的包装物。随同商品出售但不单独计价的包装物，主要是为了保证销售商品的正常销售或提供良好的销售服务，因此，应将这部分包装物成本作为企业的销售费用处理。

【例 4－23】 万友公司在商品销售过程中领用不单独计价的包装物一批，实际成本 5 000 元。公司的账务处理为：

借：销售费用	5 000	
贷：周转材料——包装物（在库）		5 000

3. 随同产品出售并单独计价的包装物。包装物随同商品出售并单独计价，实际上就是出售包装物，其账务处理与出售材料相同。出售包装物取得的收入记入“其他业务收入”账户，出售包装物的成本记入“其他业务成本”账户。

【例 4－24】 万友公司在商品销售过程中领用包装物一批，实际成本 2 500 元，单独计算的销售价格为 3 000 元，增值税税额 390 元，款项已收到。账务处理为：

- 取得出售包装物收入时：

借：银行存款	3 390	

贷：其他业务收入 3 000

应交税费——应交增值税（销项税额） 390

• 结转出售包装物成本时：

借：其他业务成本 2 500

贷：周转材料——包装物（在库） 2 500

（四）出租、出借包装物

企业可将周转使用的包装物出租或出借给客户，并要求客户用毕后归还。出租的包装物，客户要支付租金，该租金收入列为企业的其他业务收入；该包装物的摊销和相关支出应列为其他业务成本。出借的包装物，是不向客户收取费用的，没有业务收入，所以，出借包装物的摊销和相关支出应列为销售费用。为了督促使用单位能按时归还，出租、出借包装物，均要收取一定数额的押金，包装物押金应通过“其他应付款”账户核算。

出租、出借的包装物在使用过程中发生的价值损耗，可根据包装物单位价值和使用期限，采用不同的摊销方法。通常采用的方法有“一次摊销法”“分次摊销法”和“五五摊销法”三种。

1. 出租包装物。出租包装物的租金收入及包装物在出租过程中发生的成本摊销等各种支出，应作为其他业务收支处理。出租包装物的租金收入按税法规定，应随产品销售计征增值税等。

包装物逾期不能收回而将其押金没收时，应借记“其他应付款”账户，贷记“其他业务收入”“应交税费——应交增值税（销项税额）”等账户。

【例 4 – 25】 万友公司在销售过程中，租给临江公司新包装物一批，实际成本 1 800 元。收取押金 3 000 元，租金 500 元，增值税 65 元，共计 3 565 元收存银行。租期 1 个月，期满未能收回包装物，没收押金。该项包装物采用一次摊销法。有关账务处理为：

• 出租包装物时：

借：其他业务成本 1 800

贷：周转材料——包装物（在库） 1 800

• 收到押金和租金存入银行时：

借：银行存款 3 565

贷：其他应付款——存入保证金（临江公司） 3 000

其他业务收入 500

应交税费——应交增值税（销项税额） 65

• 逾期不能收回包装物，没收押金时：

借：其他应付款——存入保证金（临江公司） 3 000

贷：其他业务收入 [3 000 ÷ (1 + 13%)] 2 654.87

应交税费——应交增值税（销项税额） (2 654.87 × 13%) 345.13

2. 出借包装物。企业出借包装物的账务处理与出租包装物的账务处理大体相同，所不同的是，出借不会取得收入。出借包装物成本及相关费用应列为销售费用。

【例 4 – 26】 万友公司发出包装物一批，出借给 A 公司使用，包装物的实际成本 9 000 元，包装物采用五五摊销法。公司的账务处理为（本题收取押金业务略）：

• 出借包装物，结转成本，并摊销50%时：

借：周转材料——包装物（在用）　　9 000
　　贷：周转材料——包装物（在库）　　9 000
借：销售费用　　4 500
　　贷：周转材料——包装物（摊销）　　4 500

• 假定此项包装物收回后，已不能正常使用，予以报废，摊销另50%，并结转全部摊销：

借：销售费用　　4 500
　　贷：周转材料——包装物（摊销）　　4 500
借：周转材料——包装物（摊销）　　9 000
　　贷：周转材料——包装物（在用）　　9 000

• 收回残料验收入库，作价200元：

借：原材料——辅助材料　　200
　　贷：销售费用　　200

包装物采用计划成本进行日常核算的，领用的包装物，应在领用发出月份结转应分摊的成本差异。

课堂讨论：

(1)【例4-26】中，如果这批出借包装物是采用“分次摊销法”，其账务处理会有什么变化？

(2) 出借包装物报废收回残料是列为销售费用的，那么出租包装物报废收回残料应列为什么？

(3) 如果低值易耗品和包装物是设置“低值易耗品”账户和“包装物“账户进行核算的，本节有关例题的账务处理会有哪些不同？

模块五　库存商品的核算

一、库存商品的内容

库存商品是指企业库存的各种商品，包括库存产成品、外购商品、存放在门市部准备出售的商品、发出展览的商品及寄存在外的商品等。

二、工业企业的库存商品

（一）工业企业库存商品的核算内容

工业企业的库存商品主要包括：

1. 产成品。**产成品是指企业已经完成全部生产过程并已验收入库合乎标准规格和技术条件，可以按照合同规定的条件送交订货单位，或者可以作为商品对外销售的产品。**工业企业的库存商品主要就是产成品。

2. 代制品、代修品。企业接受外来原材料加工制造的代制品和为外单位加工修理的代修品，在制造和修理完成验收入库后，也应视同企业的产成品。

3. 准备出售的自制半成品。自制半成品验收入库准备出售的，应列为产成品。

4. 可以降价出售的不合格品。这部分不合格品也作为产成品核算，但应与合格商品分别记账。

相关链接：

自制半成品是指经过一定生产过程并已检验合格交付半成品仓库，但尚未制造完成为商品产品，仍需继续加工的中间产品。自制半成品是企业介于在产品和产成品之间的一种存货。有三种类型：

（1）生产车间直接转移到另一个车间继续进行加工的半成品，视同为在产品，在“生产成本——基本生产成本（××产品）”账户核算。

（2）验收入库准备继续加工用的半成品。应设置“生产成本——自制半成品”账户进行核算（包括入库、委托加工、领用）。

（3）验收入库准备出售的自制半成品。应列为库存商品（产成品）。

企业外购的半成品（外购件），应作为原材料处理，不属于自制半成品范畴。

（二）工业企业库存商品的计价方法

工业企业的产成品一般应按实际成本计价。因为产品成本是按月计算的，所以，产成品收入和发出，平时只记数量不记金额；月度终了，计算入库产成品的实际成本；对发出和销售的产成品，可以采用先进先出法、加权平均法或者个别计价法等方法确定其实际成本。

（三）产成品收发的账务处理

企业应设置“库存商品——产成品”账户，该账户的借方登记完工验收入库产成品的成本，贷方登记发出（售出）产成品的成本，期末余额在借方，反映库存产成品的成本。企业产成品应按品种、规格进行明细核算。

1. 产成品入库的账务处理。产成品完工经检验合格后，由生产车间填写“产成品入库单”，交仓库点收数量并登记明细账。月终，根据“产成品入库单”和成本计算资料编制“产成品入库汇总表”，并据以借记“库存商品——产成品”账户，贷记“生产成本”账户。

企业完工验收入库的产成品，按成本计算单中确定的实际成本计价入账；代外单位制造、修理完工入库的代制品、代修品，应按发生的加工成本入账，其成本不包括代制品的原材料价值和代修品的原价值。

【例4－27】 万友公司本月末汇总编制的“产成品入库汇总表”如表4－11所示。

表 4-11　　产成品入库汇总表　　单位：元

产品名称	单　位	数　量	单位成本	总 成 本
甲产品	件	1 200	300	360 000
乙产品	件	2 800	200	560 000
合　计				920 000

根据上述“产成品入库汇总表”，公司的账务处理为：

借：库存商品——产成品（甲产品）　　360 000
　　　　　　——产成品（乙产品）　　560 000
　贷：生产成本——基本生产成本　　920 000

2. 产成品发出的账务处理。产成品发出主要是销售。企业应根据各产成品“出库单”计列的出库数量和各“产成品明细账”所确定的发出产成品的单位成本，编制“产成品发出汇总表“（格式如表 4-12 所示），计算确定全月发出产成品的实际成本，并作为编制记账凭证的依据。月终，结转发出和销售的产品成本：对已经实现销售的产成品成本，应借记“主营业务成本”账户，贷记“库存商品——产成品”账户；对未满足收入确认条件的发出商品，应借记“发出商品”账户，贷记“库存商品——产成品”账户。

【例 4-28】　万友公司本月“产成品发出汇总资料”如表 4-12 所示。

表 4-12　　产成品发出汇总表　　单位：元

产品名称	单　位	数　量	单位成本	总 成 本
甲产品	件	1 000	305	305 000
乙产品	件	2 500	198	495 000
合　计				800 000

根据表 4-12，公司的账务处理为：

借：主营业务成本　　800 000
　贷：库存商品——产成品（甲产品）　　305 000
　　　　　　——产成品（乙产品）　　495 000

课堂讨论：

（1）【例 4-27】和【例 4-28】中甲、乙两种产品的单位成本为什么不一致？
（2）结转发出商品的销售成本，应贷记什么账户？

（四）产成品的明细核算

产成品的明细核算包括两方面的内容，即数量核算和价值核算。企业应按产成品的品种和规格设置明细账，进行明细核算。

在实际工作中，为了简化核算工作，企业可以只在仓库设置一套既有数量又有金额的产成品明细分类账，由仓库保管人员根据产成品的收发凭证登记数量，会计人员定期到仓库进行稽核，同时签收产成品收发凭证，登记金额。产成品明细分类账，平时只登记数量不登记金额，月末再根据成本计算资料核算登记入库产成品的单位成本和金额，并计算发出和结存产成品的单位成本和金额。

三、商品流通企业的库存商品

（一）商品流通企业库存商品的核算内容

商品流通企业的库存商品主要是指外购或委托加工完成验收入库用于销售的各种商品。具体包括库存的外购商品、自制商品产品、存放在门市部准备出售的商品、发出展览的商品以及寄存在外的商品等。

（二）商品流通企业库存商品的计价方法

商品流通企业库存商品的计价有实际成本（进价）计价和售价计价两种方法：

1. 实际成本（进价）计价法，也称进价金额核算法，是指企业购入的商品按照商品采购成本计价入账的方法。商品采购成本至少包括购买价款、应负担的相关税费（不含可以抵扣的增值税）。

商品采购过程中发生的进货费用，包括采购过程中发生的运输费、装卸费、保险费、包装费、仓储费、运输途中的合理损耗、入库前的挑选整理费用等，有三种处理方法可供企业选择：①直接计入商品采购成本；②先进行归集，期末根据所购商品的存销情况进行分摊；③采购商品的进货费用金额较小的，可以在发生时直接计入当期损益，列入“销售费用”账户。所以，商品流通企业商品的采购成本可能包括进货费用（与工业企业一致），也可能不包括进货费用。

2. 售价计价法，也称售价金额核算法，是指企业购进商品按照商品的售价计价入账，对商品售价与进价（实际成本）的差额，设置“商品进销差价”账户单独进行核算的方法。

（三）商品流通企业库存商品的账务处理

商品流通企业库存商品按进价金额核算的与前述原材料的收发核算基本相同，这里仅介绍商品流通企业特有的售价金额核算法下的账务处理。

1. 账户设置。售价金额法核算下，设置的账户主要有：

（1）“库存商品”账户。该账户借方、贷方和余额均反映商品的售价，这里的售价是指商品的不含税零售价。

（2）“商品进销差价”账户。该账户用来核算商品售价与进价之间的差额。贷方登记入库商品售价大于进价的差额；借方登记分摊已销售商品的进销差价和因商品发出加工等原因转出的进销差价；期末贷方余额反映库存商品的进销差价。

“商品进销差价”账户是“库存商品”账户的备抵调整账户。一般情况下，“库存商品”账户期末借方余额减去“商品进销差价”账户期末贷方余额的差额，就是期末库存商品的实际成本（进价）。

提示：

商品流通企业在商品采购过程中发生的进货费用，可以直接计入采购商品成本，也可以直接计入销售费用，还可以设置“待摊进货费用”账户，先进行归集，然后在本期已销售商品和期末库存商品之间进行分摊。“待摊进货费用”账户，借方登记发生的进货费用，贷方登记销售商品摊销转出的进货费用，期末余额在借方，表示期末库存商品应负担的进货费用。企业应按月计算确定已销售商品应负担的进货费用，应记入“主营业务成本”账户；对于未售商品应负担的进货费用，期末应列计在相关存货成本之中。

2. 商品收入的账户处理。商品流通企业因外购、委托加工等方式取得的库存商品，应在验收入库时，借记“库存商品”账户，贷记有关账户。外购商品价款已付，商品尚未验收入库的，应通过“在途物资”账户核算。

【例 4－29】 某商场向外地 A 公司购入洗衣机一批，专用发票所列价款 300 000 元，增值税 39 000 元；A 公司代垫专用发票所列运输费 1 000 元，增值税 90 元。开出、承兑商业汇票办理价税款结算，商品尚未收到。该企业对购进商品的进货费用，直接列为销售费用。商场的账务处理为：

借：在途物资——A 公司（家用电器） 300 000
　　销售费用 1 000
　　应交税费——应交增值税（进项税额） （39 000＋90）39 090
　　贷：应付票据——A 公司 340 090

【例 4－30】 上述向 A 公司购入的洗衣机已验收入库，售价为 500 000 元。账务处理为：

借：库存商品——家用电器 500 000
　　贷：在途物资——A 公司（家用电器） 300 000
　　　　商品进销差价——家用电器 200 000

提示：

根据【例 4－29】的资料：

（1）如果该商场对进货费用是直接计入商品采购成本的，则该购进商品业务的账务处理为：

借：在途物资——A 公司（家用电器） 301 000
　　应交税费——应交增值税（进项税额） 39 090
　　贷：应付票据——A 公司 340 090

由此引起本批商品进销差价减少 1 000 元，期末不存在摊销进货费用的情况。

（2）如果该商场对进货费用采用先归集后分摊方法的，则该购进商品业务的账务处理为：

借：在途物资——A 公司（家用电器） 300 000
　　待摊进货费用 1 000
　　应交税费——应交增值税（进项税额） 39 090
　　贷：应付票据——A 公司 340 090

期末，根据商品销存情况进行分摊结转。

3. 商品销售的账务处理。企业销售商品的账务处理，包括三个方面：一是按商品售价反映主营业务收入和销货款的收取情况；二是按已销商品的售价结转主营业务成本并注销库存商品；三是月末采用一定的方法计算已销商品的进销差价，把按售价结转的主营业务成本调整为进价成本。计算本月已销商品进销差价的公式如下：

$$进销差价率=\frac{月末分摊前“商品进销差价”账户余额}{月末“库存商品”账户余额+本月“主营业务收入”账户贷方发生额}\times 100\%$$

$$本月销售商品应分摊的进销差价 = \frac{本月“主营业务收入”}{账户贷方发生额} \times 进销差价率$$

【例4－31】 某零售商店8月6日家用电器销售收入（含税）16 950元，增值税税率13%，价税款送存银行。商店的账务处理为：

- 销售商品取得收入时：

借：银行存款　　16 950
　　贷：主营业务收入——家用电器　　[16 950÷（1＋13%）] 15 000
　　　　应交税费——应交增值税（销项税额）　　1 950

- 按售价结转销售成本时：

借：主营业务成本——家用电器　　15 000
　　贷：库存商品——家用电器　　15 000

【例4－32】 承【例4－31】，该商场8月末有关账户资料为："商品进销差价"账户月末调整前余额为12万元；"库存商品"账户月末余额为31万元；"主营业务收入"账户本月贷方发生额为49万元。8月末，商场结转已销商品进销差价的账务处理为：

进销差价率＝120 000÷（310 000＋490 000）×100%＝15%

本月已销商品应分摊的进销差价＝490 000×15%＝73 500（元）

借：商品进销差价——家用电器　　73 500
　　贷：主营业务成本——家用电器　　73 500

4. 商品的明细分类核算。售价金额核算法下"库存商品"的明细分类核算与进价金额核算法基本一致，即按商品种类、名称、规格和存放地点（柜组）等设置明细账，只是计价为零售价。"商品进销差价"账户，应按商品类别或实物负责人（柜组）设置明细账，进行明细分类核算。

模块六　委托加工物资的核算

一、概述

委托加工物资就是将一些物资，如材料、半成品等委托外单位进行加工，制造成具有另一种性能和用途的存货，此存货既可以作为产品出售，也可以作为原材料继续生产，还可以作为周转材料自用。

委托加工物资虽然存放在外单位，但其所有权属委托企业，加工完成后要收回。加工收回的物资不仅实物形态、性能会发生变化，而且在其加工过程中要消耗原材料，还要发生各项费用支出等，从而使其价值相应增加。企业进行委托加工物资的核算就是要保证加工物资的安全完整和成本计算的正确。

委托加工物资应按实际成本计价核算，其实际成本包括：发出加工材料、半成品或商品的实际成本，支付的加工费用及加工物资的往返运杂费，应负担的相关税费（不包括可以抵扣的增值税）等。

委托加工物资的基本业务流程和成本构成如图 4－8 所示。

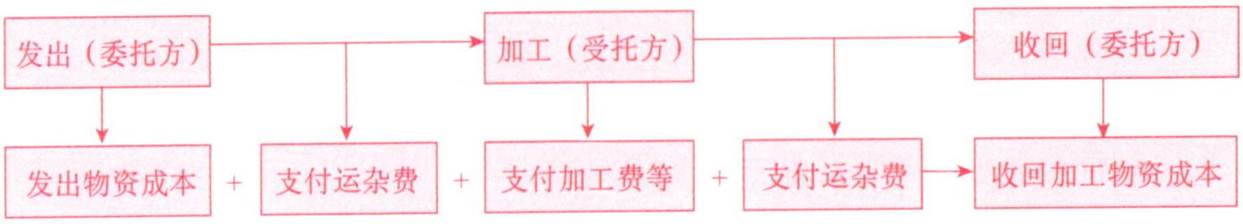

图 4－8　委托加工物资的基本业务流程和成本构成

二、委托加工物资核算的账户设置

企业委托外单位加工的各种材料、商品等物资，应设置“委托加工物资”账户进行核算。该账户的结构如图 4－9 所示。

借方　　　“委托加工物资”账户	贷方
①发出加工物资的成本 ②支付的加工费 ③支付往返运杂费 ④应负担的其他税费	①退回剩余物资的实际成本 ②加工完成收回物资的实际成本
期末余额：委托外单位加工尚未完成物资的实际成本	

图 4－9　“委托加工物资”账户的结构

“委托加工物资”应按加工合同、委托加工单位以及加工物资的品种进行明细核算。其明细账，应反映加工单位名称，加工合同号数，发出加工物资的名称、数量，发生的加工费和运杂费，退回剩余物资的数量、实际成本以及加工完成物资的数量、实际成本等资料。

三、委托加工物资的账务处理

委托加工业务的会计处理，主要包括拨付加工物资，支付加工费、运杂费和相关税费，收回加工物资和剩余物资等几个环节。

（一）发出委托加工物资

企业发出委托外单位加工的物资时，应将物资的实际成本由“原材料”“库存商品”等账户转入“委托加工物资”账户，即借记“委托加工物资”账户，贷记“原材料”“库存商品”等账户，如果发出物资采用计划成本（或售价）核算的，还应同时结转成本差异（或商品进销差价）。

（二）支付加工费用、应负担的运杂费

企业支付加工费用、运杂费等，应计入委托加工物资成本。借记“委托加工物资”等账户，贷记“银行存款”等账户。支付委托加工物资加工费用、运杂费等的增值税应区别不同

情况处理：一般纳税人取得专用发票的增值税，记入“应交税费——应交增值税（进项税额）”账户；一般纳税人加工物资收回后用于非应税项目或免征增值税项目以及未取得专用发票或为小规模纳税人的，其增值税均计入加工物资成本，记入“委托加工物资”账户。

（三）应缴纳的消费税

委托加工物资属于应纳消费税的应税消费品的，应由受托方在向委托方交货时代收代交消费税。委托方支付的消费税，应区别不同情况处理：委托加工的应税消费品收回后直接用于销售的，委托方应将支付的消费税计入委托加工应税消费品的成本，借记“委托加工物资”账户，贷记“银行存款”“应付账款”等账户；委托加工的应税消费品收回后用于连续生产应税消费品的，则已支付的消费税准予抵扣以后销售环节应缴纳的消费税，则借记“应交税费——应交消费税”账户，贷记“银行存款”等账户。

（四）加工完成收回加工物资和退回剩余物资

委托加工物资加工完成，收回加工物资，验收入库或退回剩余物资，应按加工收回物资的实际成本和剩余物资的成本，借记“原材料”“库存商品”等账户，贷记“委托加工物资”账户。采用计划成本或售价核算的企业，应按计划成本或售价记入“原材料”或“库存商品”等账户，实际成本与计划成本或售价之间的差异，记入“材料成本差异”或“商品进销差价”账户。

【例 4－33】 万友公司发出 A 材料一批，委托乙企业加工成 B 材料（属于应税消费品）。发出 A 材料的实际成本为 20 000 元，以银行存款支付；专用发票所列加工费 3 800 元，增值税 494 元，专用发票所列运输费 500 元，增值税 45 元；代扣代交消费税 2 700 元。B 材料加工完成收回已验收入库，准备继续用于生产应税消费品。公司的有关账务处理为：

- 发出委托加工材料时：

借：委托加工物资——乙企业　　20 000
　　贷：原材料——原料及主要材料（A 材料）　　20 000

- 支付加工费和运杂费时：

借：委托加工物资——乙企业　　（3 800＋500）4 300
　　应交税费——应交增值税（进项税额）　　（494＋45）539
　　应交税费——应交消费税　　2 700
　　贷：银行存款　　7 539

- 加工完成收回委托加工原材料时：

借：原材料——原料及主要材料（B 材料）　　（20 000＋4 300）24 300
　　贷：委托加工物资——乙企业　　24 300

课堂讨论：

（1）如果上述委托加工物资收回后直接用于销售，其账务处理应该是怎样的？

（2）假定 B 材料是采用计划成本计价的，加工完成收回 B 材料的计划成本是 3 万元，那么收回材料的账务处理是怎样的？

模块七　存货清查和期末计价

一、存货的清查

（一）存货清查的内容与方法

由于存货种类繁多、收发频繁，在日常收发过程中可能发生计量错误、计算差错、自然损耗，还可能发生损坏变质以及贪污、盗窃等情况，造成账实不符。为了保证各项存货记录的正确性、真实性，保证存货的安全完整，防止物资积压，加速资金周转，企业应定期或不定期地对存货进行清查。

存货的清查主要是采用实地盘点法，就是通过点数、过磅、测量、计算等方法清点确定存货的实存数量（对大堆、廉价、笨重的物资，可以采用技术测量法或估算法确定），鉴定其质量，并将其与账面数进行核对。存货清查按照清查的对象和范围不同，分为全面清查和局部清查。局部清查是指根据需要对一部分或某个仓库的存货进行的清查；全面清查是指对所有物资进行的清查。

在存货清查过程中，应认真做好清查记录，并将清查结果逐项登记在“存货盘点报告表”中，见表 4－13。

表 4－13　　存货盘点报告表

××单位　　年　月　日　　仓库：

存货类别	名称规格	计量单位	数量		单价（元）	盘盈		盘亏		盈亏原因
			账存	实存		数量	金额	数量	金额	

为了便于归类汇总，存货盘点报告表应按照存货明细账的分类和顺序填写，注明盘盈、盘亏的真实原因，并总结存货管理的经验和存在的问题，提出处理意见，同时上报审批，存货盘点报告表应由清查人员和仓库保管人员签章。

（二）存货清查结果的账务处理

企业在财产清查中查明的各种财产物资的盘盈、盘亏和毁损，应设置“待处理财产损溢”账户进行核算。该账户借方登记各种财产物资的盘亏金额和批准转销的盘盈金额，贷方登记发生的各种财产物资的盘盈金额和批准转销的盘亏金额。企业的财产损溢，应查明原因，在期末结账前处理完毕，处理后该账户应无余额。存货的盘盈、盘亏和毁损，应通过该账户的“待处理流动资产损溢”明细账户进行核算。

企业清查的各种存货的损溢，应于期末前查明原因，并根据企业的管理权限，经股东大会或董事会，或经理（厂长）办公会议或类似权力机构批准后，在期末结账前处理完毕。在批准处理之前，企业应先将盘盈、盘亏和毁损的存货价值记入“待处理财产损溢”账户，并调整存货的账面价值，使存货账实相符；批准之后，按不同的原因和处理结果予以转销。

1. 存货盘盈的账务处理。存货发生盘盈，主要是由于收发计量或核算上的误差等原因造成的，经批准后，应计入管理费用。

【例 4-34】 年末，万友公司对原材料进行盘点，发现盘盈 A 种材料 100 千克，实际单位成本 2.20 元。经查属于材料收发计量方面的误差。公司的账务处理为：

- 批准处理前：

借：原材料——原料及主要材料（A 材料）　　220

　　贷：待处理财产损溢——待处理流动资产损溢　　220

- 批准处理后：

借：待处理财产损溢——待处理流动资产损溢　　220

　　贷：管理费用　　220

2. 存货盘亏和毁损的账务处理。造成存货盘亏和毁损的原因是多方面的，报经批准后，应根据不同的原因，分别不同情况进行账务处理：

（1）属于自然损耗产生的定额内损耗，经批准后转作管理费用。

（2）属于计量收发差错和管理不善等原因造成的存货短缺或毁损，应先扣除残料价值和可以收回的过失人的赔偿，然后将净损失计入管理费用。

（3）属于自然灾害或意外事故造成的存货毁损，应先扣除残料价值和可以收回的保险赔偿，然后将净损失转作营业外支出。

存货因管理不善造成的盘亏和毁损，还应按规定税率和进货成本计算转出增值税的进项税额。

【例 4-35】 万友公司在年末进行存货清查，发现 A 材料盘亏 100 千克，单位实际成本 50 元；B 材料盘亏 2 000 千克，单位实际成本 10 元。经查 A 材料属管理不善造成的短缺，应由过失人赔偿 500 元；B 材料属自然灾害且管理不善造成的损毁，应收保险公司赔偿 15 000元。公司的账务处理为：

- 清查发现存货盘亏、毁损，上报批准时：

借：待处理财产损溢——待处理流动资产损溢　　28 250

　　贷：原材料——原料及主要材料（A 材料）　　5 000

　　　　　　　——原料及主要材料（B 材料）　　20 000

　　　　应交税费——应交增值税（进项税额转出）　　（25 000 × 13%）3 250

- 批准处理时：

借：其他应收款——应收罚款、赔偿款（过失人）　　500

　　管理费用　　[5 000 × (1 + 13%) - 500] 5 150

　　其他应收款——应收罚款、赔偿款（保险公司）　　15 000

　　营业外支出——非常损失

　　　　[20 000 × (1 + 13%) - 15 000] 7 600

　　贷：待处理财产损溢——待处理流动资产损溢　　28 250

提示：

若企业存货是采用计划成本（或售价）核算的，盘亏和毁损的存货还应当同时结转成本差异（商品进销差价）。

如果清查的各种存货的损溢，在期末结账前尚未经批准的，在对外提供财务会计报告时，先按上述规定进行处理，并在会计报表附注中作出说明；如果其后批准处理的金额与已处理的金额不一致，应调整会计报表相关项目的年初数。

二、存货的期末计量

（一）存货期末计量方法

根据规定，企业应当定期或者至少每年年度终了，对存货进行全面清查，如由于存货遭受毁损、全部或部分陈旧过时或销售价格低于成本等原因，使存货可变现价值低于成本的部分，应当提取存货跌价准备。即期末存货应按成本与可变现净值孰低法进行计价。

1. 成本与可变现净值孰低法的含义。成本与可变现净值孰低法是指对期末存货按照成本与可变现净值两者之中较低者计价的方法。即当成本低于可变现净值时，期末存货按成本计价，当可变现净值低于成本时，期末存货按可变现净值计价。

（1）成本是指存货的历史成本，即按前面所介绍的以历史成本为基础的存货计价方法（如先进先出法等）计算得出的期末存货价值。

（2）可变现净值是指预计未来净现金流量，而不是指存货的售价或合同价。企业销售存货预计取得的现金流量，并不完全等于存货的可变现净值。

2. 不同存货可变现净值的确定。在预计可变现净值时，要根据持有存货的目的分别加以确定：

（1）产成品、商品和用于出售的材料等直接用于出售的商品存货，在正常生产经营过程中，应当以该存货的估计售价减去估计销售费用和相关税费后的金额确定其可变现净值。

（2）用于生产的材料、在产品或自制半成品等需要经过加工的材料存货，在正常生产经营过程中，应当以所生产的产成品的估计售价减去至完工时估计将要发生的成本、估计的销售费用以及相关税费后的金额，确定其可变现净值。

相关链接：

存货可变现净值要以确凿证据为基础加以计算确定：①产成品或商品的市场销售价格；②与产成品或商品相同或类似商品的市场价格；③销货方提供的有关资料和生产成本资料等。

（二）存货跌价准备的计提

1. 成本低于可变现净值。如果期末结存存货的成本低于可变现净值，则不需做账务处理，资产负债表中的存货按期末账面价值列示。

2. 可变现净值低于成本。如果期末存货的可变现净值低于成本，则必须在当期确认存货跌价损失。这种情况下，企业应设置“存货跌价准备”账户，用于核算企业提取的存货跌价准备。该账户贷方登记存货可变现净值低于成本的差额；借方登记已计提跌价准备的存货的价值以后又得以恢复的金额和其他原因的结转金额；期末贷方余额反映企业已计提但尚末转销的存货跌价准备。“存货跌价准备”账户是有关存货账户的备抵账户，有关存货账户的期末借方余额减去“存货跌价准备”账户的期末贷方余额，即为期末存货的账面价值。

提示：

（1）根据企业会计准则规定，存货跌价准备应按单个存货项目的成本与可变现净值孰低计量。对于数量繁多、单价较低的存货，可以按存货类别计量成本与可变现净值。

（2）存货成本低于可变现净值，说明存货未发生跌价，则不需做账务处理。

企业在每一会计期末计提存货跌价准备时，首先要比较期末存货的成本与可变现净值，计算出应计提的存货跌价准备数额，然后与“存货跌价准备”账户的余额比较，若应提数大于已计提数，应按差额补提，借记“资产减值损失”账户，贷记“存货跌价准备”账户；若应提数小于已计提数，表明前已计提跌价准备的存货的价值以后得以部分恢复，应按恢复部分的数额，冲销已计提数，借记“存货跌价准备”账户，贷记“资产减值损失”账户；若已计提跌价准备的存货的价值以后全部恢复，其冲减的跌价准备金额，应以“存货跌价准备”账户的余额冲减至零为限。

【例 4－36】 万友公司采用成本与可变现净值孰低法进行期末存货计价。假设公司在2016 年年末开始计提存货跌价准备，有关年度某类存货的资料如表 4－14 所示。

表 4－14 存货资料表

类别：库存商品　　品名：H 商品　　单位：元

日期	历史成本	可变现净值
20×7 年 12 月 31 日	75 000	73 400
20×8 年 12 月 31 日	93 350	91 550
20×9 年 12 月 31 日	76 500	75 075

20×7 年年末：应计提的存货跌价准备为 1 600（75 000－73 400）元。账务处理为：

借：资产减值损失——计提存货跌价准备　　1 600

　　贷：存货跌价准备——库存商品　　1 600

20×8 年年末：应计提存货跌价准备为 1 800（93 350－91 550）元；应补提的存货跌价准备为 200（1 800－1 600）元。账务处理为：

借：资产减值损失——计提存货跌价准备　　200

　　贷：存货跌价准备——库存商品　　200

20×9 年年末：应计提的存货跌价准备为 1 425（76 500－75 075）元；应冲销已计提的存货跌价准备为 375（1 800－1 425）元。账务处理为：

借：存货跌价准备——库存商品　　375

　　贷：资产减值损失——计提存货跌价准备　　375

（三）存货跌价准备的结转

企业计提的存货跌价准备，如果其中有部分存货已经销售，则企业在结转销售成本的同时，应结转对其已计提的存货跌价准备，借记“存货跌价准备”账户，贷记“主营业务成本”账户。

【例 4－37】 承【例 4－36】，假定万友公司此项已计提存货跌价准备的 H 商品全部售出，结转售出商品存货跌价准备的账务处理为：

借：存货跌价准备——库存商品　　1 425

　　贷：主营业务成本——H 商品　　1 425

生产领用存货时，可不同时结转相应的存货跌价准备，待期末一并结转。借记“存货跌价准备”账户，贷记“生产成本”账户。

相关链接：

执行《小企业会计准则》的企业，存货核算主要有以下不同：

（1）没收包装物押金列为营业外收入，相应成本等则应列为营业外支出。

（2）商品流通企业购进商品的进货费用均列为销售费用，不存在三种方法的选择问题。

（3）存货盘盈，审批后列为营业外收入；存货盘亏、毁损的净损失均列为营业外支出。

（4）小企业对存货不计提存货跌价准备。

项目小结

企业存货涉及项目多，计量问题是基础和重点。本项目主要知识点见表 4－15。

表 4－15

<table>
<tr><td rowspan="5">存货内容</td><td colspan="2">库存存货：原材料、周转材料、库存商品</td></tr>
<tr><td colspan="2">在途存货：在途物资（“材料采购”）、发出商品、委托代销商品</td></tr>
<tr><td colspan="2">加工中存货：在产品（生产成本）、委托加工物资</td></tr>
<tr><td colspan="2">有差异和备抵项目：材料成本差异、商品进销差价、存货跌价准备</td></tr>
<tr><td colspan="2">特殊存货：消耗性生物资产、合同履约成本（1 年或 1 个营业周期内的）</td></tr>
<tr><td rowspan="3">存货计量</td><td colspan="2">初始计量：按成本进行计量（不含可抵扣的增值税）</td></tr>
<tr><td colspan="2">发出计量：个别计价法、月末一次加权平均法、移动加权平均法、先进先出法</td></tr>
<tr><td colspan="2">期末计量：成本与可变现净值孰低法（发生减值：计提存货跌价准备）</td></tr>
<tr><td rowspan="4">原材料
两类核算</td><td rowspan="2">按实际成本计价的核算
（账户关联见图 4－10）</td><td>账户：“在途物资”“原材料”</td></tr>
<tr><td>账务处理：收入、发出</td></tr>
<tr><td rowspan="2">按计划成本计价的核算</td><td>账户：“材料采购”“材料成本差异”“原材料”</td></tr>
<tr><td>账务处理：购入、验收入库、结转差异；发出、结转差异</td></tr>
<tr><td rowspan="2">库存商品</td><td>工业企业：产成品</td><td>收入、发出</td></tr>
<tr><td>商品流通企业：库存商品</td><td>售价金额核算法：购入（进货费用处理的特殊性）、收货、售出、结转进销差价</td></tr>
<tr><td rowspan="2">周转材料</td><td>低值易耗品</td><td rowspan="2">三种摊销方法</td></tr>
<tr><td>包装物</td></tr>
<tr><td>委托加工物资</td><td colspan="2">发出加工，发生加工费、往返运杂费，完工入库</td></tr>
<tr><td>存货清查和
期末计量</td><td colspan="2">盘盈、盘亏的处理，期末计量的方法</td></tr>
</table>

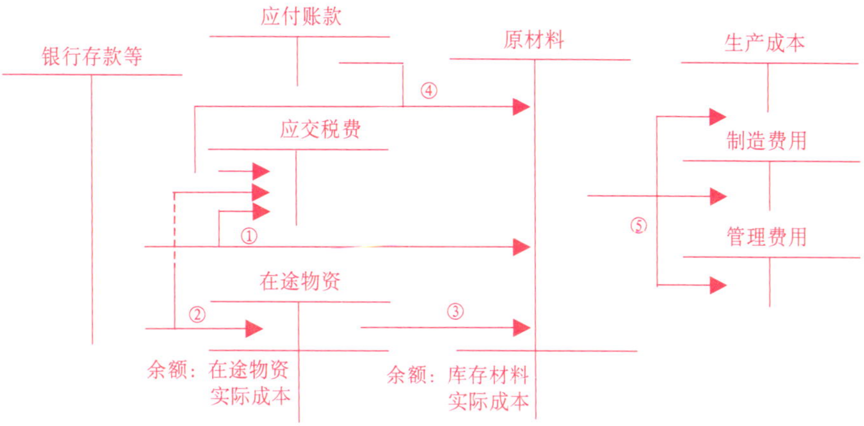

图 4－10　原材料实际成本计价核算有关账户主要关联

注：①购入材料，料收款付；②购入材料，款付料未收；③款付料未到的材料验收入库；④购入材料，料收款未付；⑤结转发出材料的成本。

发出存货成本确定的
计算举例及相关分析

库存商品核算的
相关内容说明

项目五
投资的核算

学习目标：

1. 知识目标：

☐ 了解企业对外投资的内容和特点；

☐ 了解主要投资减值的确认与账务处理；

☐ 理解债权投资和其他债权投资的确认、计量和基本账务处理；

☐ 理解长期股权投资的确认和初始计量；

☐ 掌握交易性金融资产的确认、计量和基本账务处理；

☐ 掌握长期股权投资核算成本法和权益法的区别及基本运用。

2. 能力目标：

☐ 能够准确区分各项投资；

☐ 能够对各项投资业务进行正确的分析和核算。

3. 素养目标：

☐ 提高投资意识和风险意识；

☐ 学会思考当前金融形势；

☐ 树立正确的价值观、财富观和理财观。

1941 年，股神巴菲特 11 岁，那年，他第一次买入股票，以 38 美元的价格为自己和姐姐买入优先股。后来，股市下挫 30% 又涨回到 40 美元时，巴菲特赶紧卖掉了，数月后股价飙升至 200 美元。

巴菲特还曾投资可口可乐，股票分红后继续再投资。1919 年，可口可乐股票为 40 美元，后来超过 500 万美元，再后来超过 980 万美元，2012 年达到 1 080 万美元。

巴菲特把 40 美元变成 1 080 万美元，这就是投资。巴菲特说，如果你认为是正确的投资，会赚很多钱，就不要理会股票短期走势，这是一个长期投资。

投资既有短期的、也有长期的，做好投资是很有学问的。投资时机的把握与对商业机会嗅觉敏感往往来自沉淀的知识、经验和人生经历。

如何进行投资理财是有讲究的，个人是这样，企业亦是如此。中小企业通常的情况是：资金不是短缺，就是闲置。当企业有一定闲置资金时，有这样几种处置途径：（1）存放在银行账户上，存取方便，可获得活期利息收入；（2）将大笔资金存为定期，利息收益高了一些；（3）购买理财基金；（4）购买债券、股票；（5）进行长期性股权投资，等等。投资理财的方式方法很多，但哪种方式稳妥有效，哪些方式适合本企业呢？哪种组合能在不影响企业生产经营前提下，获得较高的投资理财收益呢？这些都是企业所关注的问题，也是会计人员应该掌握和运用的必备专业知识。投资核算的内容如图 5－1 所示。

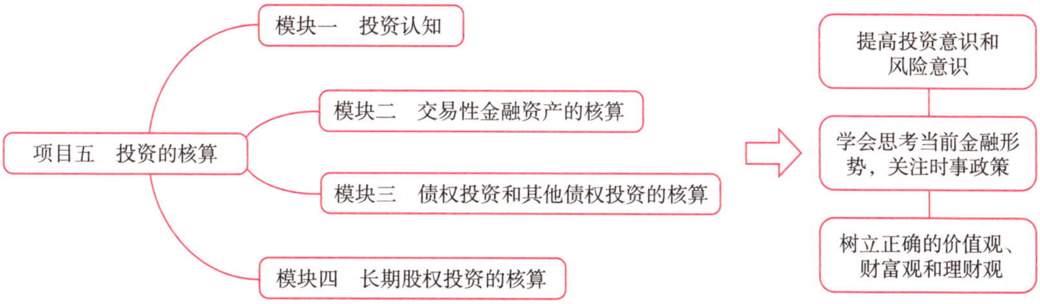

图 5－1　投资的核算

模块一　投资认知

一、投资的概念

5.1　投资知多少

投资有广义和狭义之分，广义的投资包括对外的各项权益性投资、债权性投资、房地产投资，还包括对内的存货投资、固定资产投资、无形资产投资等；狭义的投资一般仅指企业对外的权益性投资、债权性投资、房地产投资等。会计核算中的投资，一般是指狭义的投资。所以，投资是指企业为通过分配来增加财富，或为谋求其他利益，而将资产让渡给其他单位所获得的另一项资产。

课堂讨论：

公司的下列交易或事项，哪些属于会计核算中的投资：

（1）筹资 200 万元用于扩建厂房、更新机器设备；

（2）从证券市场购买股票，准备随时出售；

（3）用公司结余资金购买三年期国库券，准备持有至到期；

（4）从银行贷款 50 万元，用于购买存货，增加商品库存。

二、投资的特点

（一）投资的目的性

企业对外投资的目的是增加财富，或谋求其他利益，如获取股利、利息或转让价差，控制、影响被投资单位，分散经营风险等。

（二）资产的让渡性

投资是通过让渡一项资产而换取另一项资产。企业将所拥有的货币资金、固定资产、存货、无形资产等让渡给其他单位使用，以获取债权投资或股权投资等。

（三）获取收益的间接性

企业除投资以外的资产，通常能为企业带来直接的经济利益，如企业出售商品等，可以直接获得利润。对外投资同样能给企业带来未来的经济利益，但投资所产生的经济利益在形式上通常是间接的，即通过其他单位运用企业投入的资产所创造效益后的分配取得，或通过投资改善贸易关系，参与或控制其他单位的生产经营活动等达到获取利益的目的。

三、投资的分类

（一）按投资性质的分类

对外投资按投资性质不同，可分为权益性投资、债权性投资和混合性投资三大类。

1. 权益性投资，是指为了获取另一企业的净资产要求权而进行的投资。如购买普通股股票并准备长期持有，以参股、合营、合资方式进行投资等，都属于权益性投资。企业进行权益性投资主要的目的是获得另一企业的控制权、参与权或对其实施重大影响等。

2. 债权性投资，是指为了获得债权而进行的投资。如购买公司债券，就属于债权性投资。企业进行债权性投资的主要目的是获得高于银行存款利率的利息，并能按期收回本金。

3. 混合性投资，是指既有权益性又有债权性的投资。如购买优先股股票、购买可转换公司债券等，就属于混合性投资。优先股当被投资企业清算时，可以在普通股之前获得清偿，具有债权性质；同时，每年还可获得相对固定的股利收入，又具有股权性。

（二）按投资目的的分类

企业对外投资按投资的目的，可以分为以下几类：

1. 交易性金融资产，是指企业以取得交易为目的，准备近期出售的金融资产形式的投资。交易性金融资产属于以公允价值计量且其变动计入当期损益的金融资产，如不考虑指定情况下购入的股票，购入不符合本金加利息的合同现金流量为特征的基金、可转换债券等。

2. 债权投资，即以摊余成本计量的金融资产（不包括应收账款、贷款等，下同）。这类投资的业务模式是以收取合同现金流量为目标。

3. 长期股权投资，是指企业以取得股权为形式，并能够对被投资单位施加影响的投资。

4. 其他债权投资，即以公允价值计量且其变动计入其他综合收益的金融资产。这类投资的业务模式是既以收取合同现金流量为目标，又以出售为目标。

5. 其他权益工具投资，即以公允价值计量且其变动计入其他综合收益的非交易性权益工具投资。主要是指不列为交易性金融资产和长期股权投资的权益性投资。

6. 投资性房地产，是指企业为赚取租金或资本增值，或两种兼有而持有的房地产。如已出租的土地使用权、已出租的建筑物、持有并准备增值后转让的土地使用权。投资性房地产是企业投资的一种特殊形式。

此外，按企业投资转出资产的内容，可以分为实物性资产投资、货币性资产投资、无形资产投资等。

课堂讨论：

夏新公司用结余资金购买了一家上市公司的股票，准备在股价上涨后出售，但是购买该股票以来，价格一直没有太大的涨幅，夏新公司一直没有出售。请问夏新公司的这项投资属哪类投资？

模块二　交易性金融资产的核算

一、交易性金融资产的确认

5.2　金融资产和衍生工具

交易性金融资产是指企业为交易目的而持有，准备近期出售的金融资产。如企业以获取差价为目的从二级证券市场购入的股票、债券、基金等。交易性金融资产属于以公允价值计量且变动计入当量损益的金融资产，它是企业利用闲散资金获利的一种投资方式。

相关链接：

金融资产，是指一切代表未来收益或资产合法要求权的凭证，主要包括货币资金、应收款项、贷款、债权投资、股权投资、基金投资、衍生金融资产等。具体见《企业会计准则第22号——金融工具确认和计量》。

金融资产满足下列条件之一的，应当划分为交易性金融资产：

第一，取得该金融资产的目的，主要是为了近期出售或回购。

第二，属于进行集中管理的可辨认金融工具组合的一部分，且有客观证据表明近期实际存在短期获利模式。

第三，属于衍生工具。但是，属于财务担保合同类的衍生工具除外。

相关链接：

衍生工具，是指以货币、债券、股票等基本金融工具为基础而派生出来的金融工具。它以另一些金融工具存在为前提，以这些金融工具为买卖对象，价格也由这些金融工具决定。从产品形态看，主要包括远期、期货、期权和掉期四大类。

所以，交易性金融资产主要包括企业为交易目的而持有的债券投资、股票投资、基金投资等。企业持有的直接指定为以公允价值计量且其变动计入当期损益的金融资产，也列为交易性金融资产。

二、交易性金融资产的基本业务流程

交易性金融资产的基本业务流程如图5－2所示。

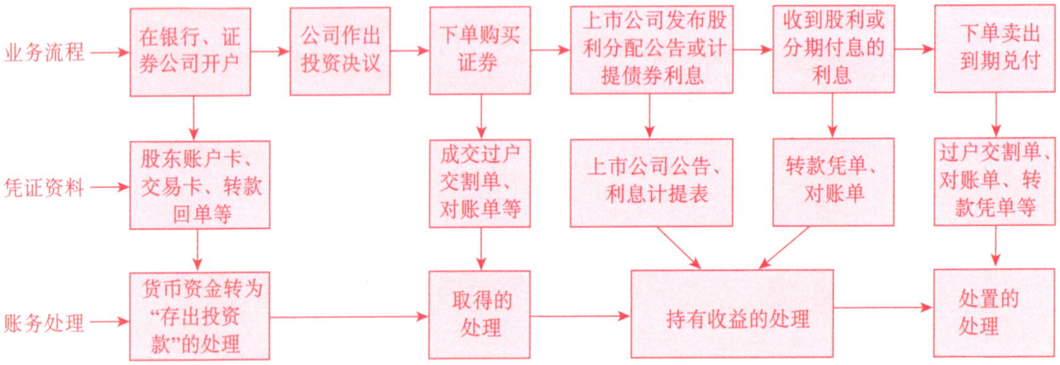

图5－2　交易性金融资产的基本业务流程

三、交易性金融资产的初始计量

企业的交易性金融资产，应按取得时的公允价值作为初始确认金额计价入账。

提示：

公允价值是指在公平交易中，熟悉情况的交易双方自愿进行交换或者债务清偿的金额。公允价值应当以市场交易价格为基础加以确定，一般是：（1）存在活跃市场的金融资产，活跃市场中的报价应当用于确定其公允价值；（2）不存在活跃市场的，应当采用估价技术确定其公允价值。

交易性金融资产取得过程中发生的交易费用，应在发生时计入当期损益，列入“投资收益”账户。交易费用，通常指可直接归属于购买、发行或处置金融工具新增的外部费用，包括支付给代理机构、咨询公司、券商等的手续费、佣金和其他必要支出，但不包括溢折价、融资费用、内部管理成本及其他与交易不直接相关的费用。

购入交易性金融资产发生交易费用取得专用发票的，其注明的增值税应记入“应交税费——应交增值税（进项税额）”账户。

企业取得交易性金融资产支付价款中包含已宣告但尚未发放的现金股利或已到付息期但尚未领取的利息，应单独确认为应收项目。

四、交易性金融资产核算的账户设置

1. “交易性金融资产”账户。该账户核算交易性金融资产的公允价值，可按其类别和品种，分别“成本”和“公允价值变动”等进行明细分类核算。其结构如图5－3所示。

2. “公允价值变动损益——交易性金融资产”账户。该账户核算企业持有交易性金融资产的公允价值的变动情况，属损益类账户。其结构如图5－3所示。

借方 “交易性金融资产”账户	贷方
①取得资产的公允价值 ②持有资产公允价值高于其账面余额的差额（升值） ③出售转出公允价值变动的贷差（跌价）	①持有资产公允价值低于其账面余额的差额（跌价） ②出售转出资产的成本 ③出售转出公允价值变动的借差（升值）
期末余额：持有交易性金融资产的公允价值	

借方 “公允价值变动损益——交易性金融资产”账户	贷方
①交易性金融资产公允价值低于其账面余额的差额（跌价） ②出售转出公允价值变动的贷差（升值）	①交易性金融资产公允价值高于其账面余额的差额（升值） ②出售转出公允价值变动的借差（跌价）
年终结转后无余额	

图5－3 “交易性金融资产”等账户结构

交易性金融资产核算涉及的账户还有“投资收益”“应收股利”“应收利息”等账户。

五、交易性金融资产的账务处理

（一）交易性金融资产的取得

企业取得的交易性金融资产，按其公允价值借记“交易性金融资产”账户；按发生的相关交易费用，借记“投资收益”账户；按实际支付的价款，贷记“银行存款”等账户。

【例5－1】 万友公司于4月1日以存入证券公司的专款，购入珠江公司发行两年期、年利率为5%的可上市交易的债券200 000元，实际支付价款201 000元，其中1 000元为交易费用（未取得专用发票）。此债券一旦价格合适公司将予以出售。公司的账务处理为：

借：交易性金融资产——债券投资——珠江公司（成本）　200 000
　　投资收益　1 000
　　贷：其他货币资金——存出投资款　201 000

【例5－2】 万友公司为了利用闲散资金获利，于4月6日以存入证券公司的专款购入“东方电气”股票3万股，以备近期出售，每股价格8元，并支付普通发票所列的交易费用1 600元。1月25日，东方电气公司已宣告发放现金股利0.10元/股，拟定于4月20日支付。公司的账务处理为：

- 4月6日，支付价款购入股票时：

借：交易性金融资产——股票投资——东方电气（成本）　237 000
　　应收股利——东方电气公司　（30 000×0.10）3 000
　　投资收益　1 600
　　贷：其他货币资金——存出投资款　（30 000×8＋1 600）241 600

- 4 月 20 日，收到购入前已宣告发放的现金股利 3 000 元时，减少应收股利：

借：其他货币资金——存出投资款　　　　3 000
　　贷：应收股利——东方电气公司　　　　3 000

（二）交易性金融资产的持有

1. 交易性金融资产的持有收益。持有交易性金融资产期间，被投资单位宣告发放现金股利，或在资产负债表日按债券票面利率计算的债券利息，属于企业持有这一金融资产（投资）所获得的收益，应列为当期损益，计入“投资收益”账户。属债权性投资的，票面利率与实际利率差异较大的，应采用实际利率计算确定债券利息收入。

【例 5－3】 承【例 5－2】，万友公司持有的“东方电气”3 万股股票，7 月 2 日东方电气公司宣告发放现金股利每股 0.20 元。公司的账务处理为：

借：应收股利——东方电气公司　　　　6 000
　　贷：投资收益　　　　6 000

提示：

（1）承【例 5－3】，7 月 20 日公司收到此项现金股利 6 000 元时，记：

借：其他货币资金——存出投资款　　　　6 000
　　贷：应收股利——东方电气公司　　　　6 000

（2）企业持有的交易性金融资产属债券投资的，期末结计债券利息，借记“应收利息——××公司”账户，贷记“投资收益”账户。

2. 交易性金融资产公允价值的变动。企业持有的交易性金融资产，应当在资产负债表日进行后续计量。交易性金融资产后续计量的标准仍然是公允价值，其公允价值与账面余额之间的差额列为“公允价值变动损益”计入当期损益。

资产负债表日，交易性金融资产的公允价值高于其账面余额的差额，借记“交易性金融资产——公允价值变动”账户，贷记“公允价值变动损益”账户；公允价值低于其账面余额的差额，作相反分录。

【例 5－4】 承【例 5－2】，万友公司 4 月 6 日购入“东方电气”股票 3 万股，10 月 31 日，经核实市场价格为 7.50 元/股，股票总市值（公允价值）为 225 000 元。公司的账务处理为：

借：公允价值变动损益——交易性金融资产　　（237 000－225 000）12 000
　　贷：交易性金融资产——股票投资——公允价值变动　　12 000

课堂讨论：

根据【例 5－1】，假定因珠江公司效益稳定和市场利率等因素，珠江公司债券在资产负债表日的市场价格（不考虑相关处置交易费用等）达到 21 万元，万友公司需要进行怎样的账务处理?

（三）交易性金融资产的处置

企业交易性金融资产的处置，分为出售和到期兑付两种情况，前者比较普遍，后者仅指有期限的债券投资。企业处置其交易性金融资产，应按实际收到的金额（扣除相关交易费用），借记“银行存款”等账户；按该项金融资产的成本，贷记“交易性金融资产（成本）”账户；按该项金融资产的公允价值变动，贷记或借记“交易性金融资产（公允价值变动）”账户；其差额确认为当期损益，记入“投资收益”账户。

【例5-5】 承【例5-2】和【例5-4】，11月25日，万友公司将本年4月6日购入的“东方电气”3万股股票出售，实际收到价款259 000元存入证券公司账户。公司的账务处理为：

借：其他货币资金——存出投资款 259 000
　　交易性金融资产——股票投资——东方电气（公允价值变动） 12 000
　贷：交易性金融资产——股票投资——东方电气（成本） 237 000
　　　投资收益 34 000

课堂讨论：

根据【例5-1】【例5-4】和【例5-5】的资料，公司此项股票投资获得的投资收益是34 000元还是22 000元？还是两者都不对！（注：可以根据“投资收益”账户核算。）

模块三　债权投资和其他债权投资的核算

一、债权投资

（一）债权投资的确认

债权投资是以摊余成本计量的金融资产。企业金融资产同时符合下列条件的，应当分类为以摊余成本计量的金融资产，即债权投资：

1. 企业管理该金融资产的业务模式是以收取合同现金流量为目标。

2. 该金融资产的合同条款规定，在特定日期产生的现金流量，仅为对本金和以未偿付本金金额为基础的利息的支付。

例如，企业购入的普通债券是到期收回本金及按照约定利率在合同期间收取固定或浮动利息的，在没有其他特殊安排的情况下，就符合上述条件，应确认为债权投资。

由此可见，企业购入债券，并不一定都是债权投资，需根据具体情况进行判断确认。

课堂讨论：

①万友公司购入三年期公司债券，票面年利率6%，到期一次还本付息。这一投资属于债权投资吗？

②万友公司从金融机构购入一项债券，预计票面年利率3.8%，满三个月后，发行方可以提前清偿，终止债券。这一投资属于债权投资吗？

（二）债权投资的基本业务流程

债权投资（包括其他债权投资）的基本业务流程如图5－4所示。

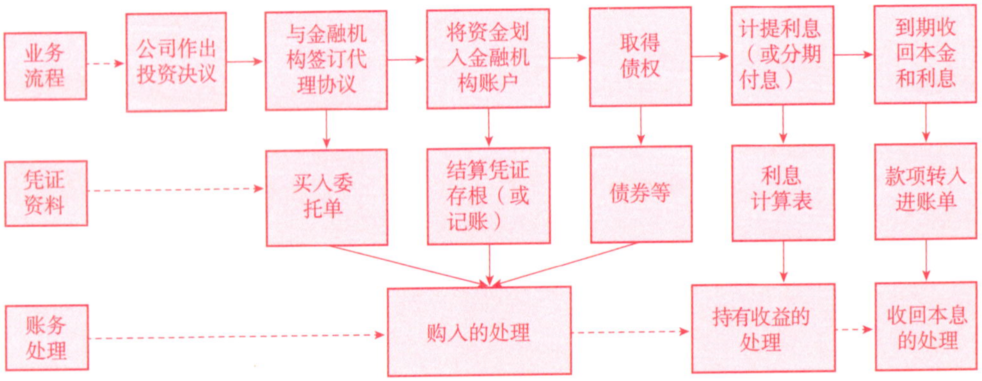

图5－4　债权投资基本业务流程

（三）债权投资的初始计量

企业取得债权投资应当按照取得时的公允价值和相关交易费用之和作为初始确认金额计价入账。债权投资公允价值及其确定与交易性金融资产一致，但其初始计量是包括交易费用的。同样，其支付的价款中包含的已到付息期但尚未领取的债券利息不列入债权投资入账价值的，应作为应收项目。

提示：

交易性金融资产取得的相关交易费用是列为当期损益（“投资收益”账户）的，而债权投资取得的相关交易费用是列为初始确认金额计价入账的，即作为投资成本计入“债权投资”账户的。

（四）债权投资的账务处理

企业列为债权投资以摊余成本计量金融资产，应设置“债权投资”账户进行核算。该账户借方登记取得债权投资的面值，以及到期一次还本付息债券的应计利息，贷方登记出售（到期兑付）债权投资的账面余额。债权投资取得时入账价值与支付价款（含交易费用）的差额以及计息过程中产生的利息差额，应作为“利息调整”分别计入其借方或贷方。该账户期末余额在借方，表示企业债权投资的摊余成本。

“债权投资”账户，应按照债权投资的类别和品种，并分别“成本”“利息调整”“应计利息”等进行明细核算。

1. 取得的账务处理。企业取得属于以摊余成本计量金融资产的债权投资，应按该投资的面值，借记“债权投资（成本）”账户；按支付价款中包含的已到付息期但尚未领取的利息，借记“应收利息”账户；按实际支付的金额，贷记“银行存款”等账户，按其差额，借记或贷记“债权投资（利息调整）”账户。

【例5-6】 万友公司于2×19年1月1日，购入新明公司同日发行的三年期、票面年利率5%、到期一次还本付息的债券500 000元，根据相关条件划分为以摊余成本计量的金融资产。价款以银行存款支付，另以存款支付手续费等相关交易费用2 000元。公司账务处理为：

借：债权投资——新明公司债券（成本） 500 000
　　　　　　——新明公司债券（利息调整） 2 000
　贷：银行存款 502 000

【例5-7】 万友公司于2×19年7月1日，从证券市场购入成名公司本年1月1日发行的三年期、票面年利率5%，半年付息一次、到期还本的债券300 000元。以银行存款支付价款307 500元，其中7 500元为已到付息期但尚未领取的利息（此利息定于7月25日支付）。该债券属于以摊余成本计量的金融资产。账务处理为：

- 7月1日购入债券时：

借：债权投资——成名公司债券（成本） 300 000
　　应收利息——成名公司 7 500
　贷：银行存款 307 500

- 7月25日收到成名公司支付的上半年利息7 500元时：

借：银行存款 7 500
　贷：应收利息——成名公司 7 500

2. 持有期间计提利息的账务处理。企业债权投资在持有期间应当按照实际利率法确认利息收入，计入投资收益。实际利率应当在取得债权投资时确定，在随后期间保持不变。实际利率与票面利率差别很小的，也可按票面利率计算利息收入，计入投资收益。

到期一次还本付息的债权投资，应于资产负债表日按票面利率计算确定的应收未收利息，借记“债权投资（应计利息）”账户；按此债权投资摊余成本和实际利率计算确定的利息收入，贷记“投资收益”账户；按其差额，借记或贷记“债权投资（利息调整）”账户。如果利息收入是按票面利率计算确定的，一般则无“利息调整”差额。

【例5-8】 承【例5-6】，万友公司购入新明公司的三年债券，票面利率与实际利率差别很小，2×19年12月31日，按票面利率5%计提本年应计利息25 000（500 000元×5%）元。账务处理为：

借：债权投资——新明公司债券（应计利息） 25 000
　贷：投资收益 25 000

分期付息、到期还本的债权投资，应于资产负债表日按票面利率计算确定的应收未收利息，借记“应收利息”账户；按此债权投资摊余成本和实际利率计算确定的利息收入，贷记“投资收益”账户；按其差额，借记或贷记“债权投资（利息调整）”账户。如果票面利率与实际利率相差很小的，也可按票面利率计算确定利息收入，一般则无“利息调整”

差额。

【例 5－9】 承【例 5－7】，万友公司购入成名公司的三年期、分期付息、到期还本的债券，此债券票面利率与实际利率差别也很小。2×19 年 12 月 31 日，按票面利率 5% 计提下半年应计利息 15 000（300 000×5%÷2）元。账务处理为：

借：应收利息——成名公司　　7 500

　　贷：投资收益　　7 500

以后收到这一利息时，借记“银行存款”等账户，贷记“应收利息”账户。

3. 处置的账务处理。企业持有的债权投资一般有两种处置方式：一是到期兑付收回投资本金和利息；二是未到期前出售，按转让价收取价款。企业处置债权投资取得价款与该投资账面价值的差额应确认为投资损益。其账务处理一般是：按实际收到的金额（扣除相关交易费用后），借记“银行存款”等账户；按其账面余额，贷记“债权投资（成本、应计利息）”账户，借记或贷记“债权投资（利息调整）”账户；按其差额，借记或贷记“投资收益”账户。已计提减值准备的，还应结转已计提的减值准备。

【例 5－10】 承【例 5－6】和【例 5－8】，万友公司 2×19 年 1 月 1 日购入的新明公司三年期债券到期，本金 50 万元（账面成本 50.2 万元）和三年利息 7.5 万元，共计 57.5 万元收存存款账户。账务处理为：

借：银行存款　　575 000

　　投资收益（注：利息调整数额较大，可以在各期计提利息时进行分摊）

　　　　2 000

　　贷：债权投资——新明公司债券（成本）　　500 000

　　　　　　　　——新明公司债券（利息调整）　　2 000

　　　　　　　　——新明公司债券（应计利息）　　75 000

【例 5－11】 承【例 5－7】和【例 5－9】，万友公司于 2×20 年 5 月将购入的成名公司债券予以出售，取得价款（已扣除交易费用）32 万元，该债券未发生减值，各期利息均已收到。账务处理为：

借：银行存款　　320 000

　　贷：债权投资——成名公司债券（成本）　　300 000

　　　　投资收益　　20 000

4. 债权投资减值的账务处理。资产负债表日，企业应根据《企业会计准则第 22 号——金融工具确认和计量》的规定，对包括债权投资在内的金融资产账面价值进行减值测试，有客观证据表明对其预计未来现金流量具有不利影响的一项或多项事件发生的，则应确认该项金融资产已发生信用减值。

金融资产发生信用减值的证据，如发行方或债务人发生重大财务困难；债务人违反了合同，偿付利息或本金违约或逾期等；债务人很可能破产或进行其他财务重组；因发行方或债务人财务困难，导致该金融资产的活跃市场消失；以大幅折扣购买一项金融资产，该折扣反映发生信用损失的事实等。

企业债权投资发生的减值，应设置“债权投资减值准备”账户进行核算。该账户属“债权投资”账户的备抵账户，贷方登记债权投资计提的减值准备，借方登记已计提减值准备的债权投资价值恢复转回数额和债权投资处置转销的减值准备，期末余额在贷方，表示企业已计提但尚未转销的债权投资减值准备。该账户应当按照债权投资的种类进行明细核算。

资产负债表日，企业应根据债权投资确认的减值，借记“信用减值损失”账户，贷记“债权投资减值准备”账户。已计提减值准备的债权投资价值以后又得以恢复，应在原已计提的减值准备金额内，按恢复增加的金额，做相反分录。

【例 5－12】 万友公司 2×19 年 1 月 1 日从证券市场购入三年期的 H 债券一批，初始确认金额为 69.5 万元，分期付息，到期还本。2×19 年年末，根据市场利率变化和发行方的财务状况，按单项金额重大项目进行减值测试，确认发生减值 3 万元；2×20 年末，进行减值测试，确认减值 1 万元，即投资价值回升恢复了 2 万元；2×21 年 2 月出售此项投资，收取价款 70 万元（已扣除交易费用）存入银行。公司的账务处理为：

- 2×19 年末计提减值准备时：

借：信用减值损失　　30 000
　　贷：债权投资减值准备——H 债券　　30 000

- 2×20 年末，调整此投资已恢复的价值时：

借：债权投资减值准备——H 债券　　20 000
　　贷：信用减值损失　　20 000

- 2×21 年 2 月出售此项债权投资，收取价款存入银行时：

借：银行存款　　700 000
　　债权投资减值准备——H 债券　　10 000
　　贷：债权投资——H 债券（成本）　　695 000
　　　　投资收益　　15 000

二、其他债权投资

（一）其他债权投资的确认

其他债权投资是以公允价值计量且其变动计入其他综合收益的金融资产。企业金融资产同时符合下列条件的，应当分类为以公允价值计量且其变动计入其他综合收益的金融资产，即其他债权投资：

5.3　债权投资和其他债权投资有什么区别

1. 企业管理该金融资产的业务模式是既以收取合同现金流量为目标，又以出售该金融资产为目标。

2. 该金融资产的合同条款规定，在特定日期产生的现金流量，仅为对本金和以未偿付本金金额为基础利息的支付。

例如，企业购入的普通债券是到期收回本金及按照约定利率在合同期间收取固定或浮动利息的，如果企业管理该金融资产的业务模式是既以收取合同现金流量为目标，又以出售该金融资产为目标，应确认为以公允价值计量且其变动计入其他综合收益的金融资产，即其他债权投资。

课堂讨论：

企业取得下列债券，属于其他债权投资吗？

（1）购入三年期国库券，票面年利率6%，到期一次还本付息。根据合同约定预计该债券不会提前赎回。公司决定持有至到期收回本金和利息。

（2）购入五年期普通公司债券，票面年利率7%，到期一次还本付息。同时约定该债券在遇到特定情况时可以提前赎回，且不必支付额外费用。公司确定如果经营情况正常就持有至到期收回本金和利息；如果生产经营有特定需求，就出售该债券。

（二）其他债权投资的初始计量

企业取得其他债权投资，应当按照取得时的公允价值和相关交易费用之和作为初始确认金额计价入账。支付的价款中包含的已到付息期但尚未领取的债券利息不列入投资的入账价值，应作为应收项目。

各类金融资产的计量与核算对比如表5－1所示。

表5－1　　各类金融资产的计量与核算对比

项　目	以公允价值计量且其变动计入当期损益的金融资产	以摊余成本计量的金融资产	以公允价值计量且其变动计入其他综合收益的金融资产
账户	“交易性金融资产”账户	“债权投资”账户	“其他债权投资”账户
初始计量（入账价值）	公允价值（交易费用列为投资收益）	公允价值和相关交易费用之和	公允价值和相关交易费用之和
后续计量	公允价值	摊余成本	公允价值
公允价值变动	计入当期损益	实际利率法分摊	计入其他综合收益
是否计提减值	不计提	计提	计提

（三）其他债权投资的账务处理

企业的其他债权投资，应设置“其他债权投资”账户进行核算。该账户借方登记取得其他债权投资的面值、到期一次还本付息债券的应计利息和公允价值变动的增加，贷方登记其他债权投资公允价值变动的减少和出售（到期兑付）其他债权投资的账面余额。其他债权投资取得时入账价值与支付价款（含交易费用）的差额以及计息过程中产生的利息差额，应作为“利息调整”分别计入其借方或贷方。该账户期末余额在借方，表示企业债权投资的公允价值。

“其他债权投资”账户，应按照债权投资的类别和品种，并分别“成本”“利息调整”“应计利息”“公允价值变动”等进行明细核算。

1. 取得的账务处理。企业取得其他债权投资应按该项投资的面值，借记“其他债权投资（成本）”账户；按支付价款中包含的已到付息期但尚未领取的利息，借记“应收利息”账户；按实际支付的金额，贷记“银行存款”等账户，按其差额，借记或贷记“其他债权投资（利息调整）”账户。

【例 5-13】 万友公司于 2×20 年 1 月 1 日购入中大公司同日发行的三年期、票面年利率 5%、到期一次还本付息的债券 200 万元（面值）。价款及交易费用 201.2 万元以银行存款支付。公司根据相关条件将该债券划分为以公允价值计量且其变动计入其他综合收益的金融资产。公司账务处理为：

借：其他债权投资——中大公司债券（成本） 2 000 000
　　　　　　　——中大公司债券（利息调整） 12 000
　贷：银行存款 2 012 000

2. 持有期间计提利息的账务处理。资产负债表日，其他债权投资应当按照实际利率法确认利息收入，计入投资收益。实际利率应当在取得债权投资时确定，在随后期间保持不变。实际利率与票面利率差别很小的，也可以按票面利率计算利息收入，计入投资收益。

到期一次还本付息的投资，应于资产负债表日按票面利率计算确定的应收未收利息，借记“其他债权投资（应计利息）”账户；按此债权投资实际利率计算确定的利息收入，贷记“投资收益”账户；按其差额，借记或贷记“其他债权投资（利息调整）”账户。如果利息收入是按票面利率计算确定的，一般则无“利息调整”差额。

【例 5-14】 承【例 5-13】，万友公司于 2×20 年 1 月 1 日购入的中大公司同日发行的三年期债券 200 万元，2×20 年年末计提本年的应计利息。此项投资实际利率与票面利率差别很小，按票面利率计算利息收入，利息调整按债券期限（3 年）平均分摊。公司的账务处理为：

借：其他债权投资——中大公司债券（应计利息）（2 000 000×5%）100 000
　贷：其他债权投资——中大公司债券（利息调整） （12 000÷3）4 000
　　　投资收益 96 000

如果是分期付息、到期还本的其他债权投资，应于资产负债表日，按票面利率计算确定的应收未收利息，借记“应收利息”账户；按此债权投资摊余成本和实际利率计算确定的利息收入，贷记“投资收益”账户；按其差额，借记或贷记“其他债权投资（利息调整）”账户。

3. 持有期间公允价值变动的账务处理。资产负债表日，其他债权投资的公允价值高于其账面余额的差额，借记“其他债权投资（公允价值变动）”账户，贷记“其他综合收益（其他债权投资公允价值变动）”账户。公允价值低于其账面余额的差额做相反的会计处理。

【例 5-15】 承【例 5-13】和【例 5-14】万友公司于 2×20 年 1 月 1 日购入的中大公司的债券 200 万元，2×20 年 12 月 31 日的账面余额为 210.8 万元，经测试其公允价值为 211 万元。公司账务处理为：

借：其他债权投资——中大公司债券（公允价值变动） 2 000
　贷：其他综合收益——其他债权投资公允价值变动 2 000

4. 持有期间减值的账务处理。资产负债表日，以其他债权投资发生减值的，应按照确认的减值金额，借记“信用减值损失”账户，贷记“其他综合收益（信用减值准备）”账户。

5. 处置的账务处理。企业持有其他债权投资的处置也是两种方式。一般的账务处理是：按实际收到的金额（扣除相关交易费用后），借记“银行存款”等账户；按其账面余额，贷记“其他债权投资（成本、应计利息）”账户，借记或贷记“其他债权投资（公允价值变动、利息调整）”账户；按其差额，借记或贷记“投资收益”账户。公允价值发生过变动的和已计提过减值准备的，还应进行相应结转，借记或贷记“其他综合收益（其他债权投资公允价值变动、信用减值准备），贷记或借记“投资收益”账户。

【例5－16】 承【例5－13】【例5－14】和【例5－15】，万友公司于2×21年2月5日，将2×20年1月1日购入的中大公司200万元债券出售，取得价款205.6万元存入银行。公司账务处理为：

借：银行存款　　2 056 000
　　投资收益　　54 000
　贷：其他债权投资——中大公司债券（成本）　　2 000 000
　　　　　　　　——中大公司债券（利息调整）　　（12 000－4 000）8 000
　　　　　　　　——中大公司债券（应计利息）　　100 000
　　　　　　　　——中大公司债券（公允价值变动）　　2 000
借：其他综合收益——其他债权投资公允价值变动　　2 000
　贷：投资收益　　2 000

课堂讨论：

（1）【例5－16】中万友公司出售此项债券取得的投资收益是多少元？

（2）根据【例5－13】至【例5－16】资料，如果万友公司购入的债券是按年计付利息、到期还本的，其他条件不变，其购入、计息、出售等账务处理上有哪些不同？

（3）债权投资和其他债权投资会计处理上有哪些异同点？

模块四　长期股权投资的核算

一、概述

长期股权投资是指通过投资取得被投资单位的股权，投资企业成为被投资企业的股东，按所持股份的比例享有权益并承担相应责任的投资。进行长期股权投资的企业，有权参与被投资单位的经营管理，有权按投资比例分享被投资单位的收益，同时也有责任分担被投资单位的亏损。

企业进行长期股权投资，通常是为长期持有，以期通过股权投资达到控制被投资单位，或对被投资单位施加重大影响，或为了与被投资单位建立密切关系，以分散经营风险。所以，长期股权投资通常具有投资大、投资期限长、风险大以及能为企业带来较大的利益等特点。

（一）长期股权投资的内容

长期股权投资属于权益性投资，具体包括以下几项：

1. 企业能够对被投资单位实施控制的权益性投资，即被投资单位为本企业的子公司。

2. 企业与其他方对被投资单位实施共同控制的权益性投资，即被投资单位为本企业的合营公司。

3. 企业能够被投资单位施加重大影响的权益性投资，即被投资单位为本企业的联营公司。

除上述以外的其他权益性投资，会计上不作为长期股权投资进行核算，而应当根据情况按照《企业会计准则第22号——金融工具确认和计量》的规定列为交易性金融资产、可供出售金融资产等进行核算。

课堂讨论：

投资企业以各种方式取得长期股权投资，被投资单位（接受投资方）应做如何处理？

（二）长期股权投资的核算方法

长期股权投资的核算有成本法和权益法两种，其适用范围、账务处理等均不相同，具体内容以后单独进行介绍。

二、长期股权投资的基本业务流程

长期股权投资的基本业务流程如图5-5所示。

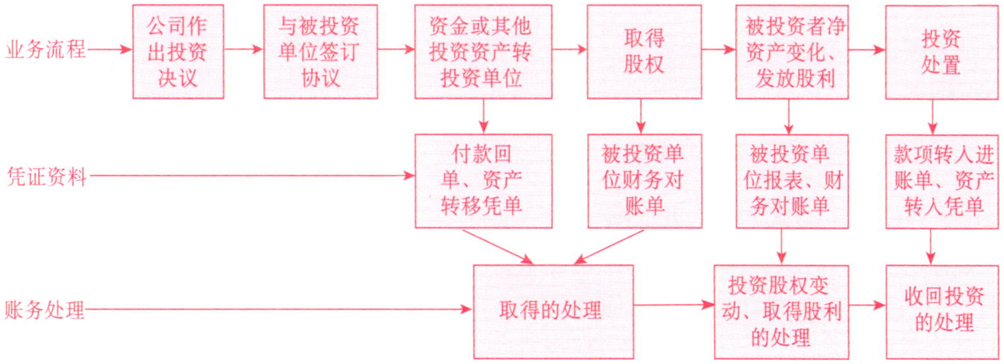

图5-5　长期股权投资的基本业务流程

三、长期股权投资初始成本的确定

以非合并方式取得的长期股权投资应按支付现金、转出非货币性资产的公允价值作为初始投资成本进行计量，具体应区分来源加以确定：

1. 以支付货币资金取得的长期股权投资（合并形成的除外），应按照实际支付的购买价款作为初始投资成本。实际支付价款包括与取得长期股权投资直接相关的费用、税金及其他必要支出。

2. 以发行权益性证券取得的长期股权投资，应当按照发行权益性证券的公允价值作为初始投资成本。

3. 以债务重组方式取得的长期股权投资，应按放弃债权的公允价值加上可直接归属于该资产的税金等其他成本作为初始投资成本。

企业取得的长期股权投资，实际支付的价款或对价中包含的已宣告但尚未发放的现金股利或利润，不构成长期股权投资的成本，应作为应收项目处理，通过“应收股利”账户核算。

课堂讨论：

2月10日，新科公司购入远大公司股票10万股以备长期持有，支付购买价款30万元，2月5日，远大公司已宣告发放现金股利0.60元/股，并定于2月25日按股东名册进行支付。另支付手续费、印花税等5 000元。此项长期股权投资的初始投资成本为多少？

四、长期股权投资核算的账户设置

企业的长期股权投资，应设置“长期股权投资”账户进行核算。该账户借方登记取得长期股权投资的初始投资成本和其他形式的增加额；贷方登记长期股权投资的收回额和其他形式的减少额；期末余额在借方，表示企业长期股权投资的价值。投资期间内，该账户的具体登记内容不仅取决于实际投资额的变化，还取决于该项长期股权投资所采用的核算方法。

“长期股权投资”账户，可按被投资单位进行明细分类核算，具体会因长期股权投资核算方法的不同而有所区别。

企业长期股权投资发生减值的，还应设置“长期股权投资减值准备”账户，核算其计提的减值准备。

五、长期股权投资核算的成本法

（一）成本法的特点和适用范围

成本法是指对长期股权投资按投资成本计价核算的方法。成本法下，长期股权投资应当按照初始投资成本计价；追加或收回投资应当调整长期股权投资的成本；被投资单位宣告分派的现金股利或利润，应当确认为当期投资收益。这样，“长期股权投资”账户反映的长期股权投资的成本，其账面金额除追加投资、收回投资外均保持不变。

成本法的适用范围：投资企业能够对被投资单位实施控制的长期股权投资，即对子公司的投资。

（二）成本法的账务处理

1. 投资的取得。投资企业初始投资时，按照确定的初始投资成本，借记“长期股权投资”账户，贷记有关账户。追加投资时，以同样方式增加长期股权投资的成本。

【例5-17】 万友公司于4月1日从非关联方处购入银马公司60%的股权，支付价款120万元，其中含已宣告尚未发放的现金股利1.5万元。相关手续当日完成，并能够对银马公司实施控制。公司的账务处理为：

- 4月1日，以存入证券公司的专款取得银马公司股权时：

借：长期股权投资——银马公司　　1 185 000
　　应收股利——银马公司　　15 000
　　贷：其他货币资金——存出投资款　　1 200 000

- 5月3日，收到取得前银马公司已宣告但尚未发放的现金股利15 000元时：

借：其他货币资金——存出投资款　　15 000
　　贷：应收股利——银马公司　　15 000

2. 投资持有期间取得的现金股利或利润。长期股权投资持有期间被投资单位宣告分派现金股利或利润时，投资企业按应享有的部分，确认为当期投资收益，借记“应收股利”账户，贷记“投资收益”账户。

【例 5－18】 承【例 5－17】，万友公司取得银马公司股权的次年 4 月 25 日，银马公司宣告发放现金股利 2 万元。5 月 5 日收到此项现金股利。公司的账务处理为：

- 4 月 25 日，银马公司宣告发放现金股利时：

借：应收股利——银马公司　　20 000
　　贷：投资收益　　20 000

- 5 月 5 日，收到此项现金股利时：

借：其他货币资金——存出投资款　　20 000
　　贷：应收股利——银马公司　　20 000

提示：

（1）成本法下被投资单位实现利润或发生亏损，投资企业不必进行账务处理。

（2）股利有两种：一种是现金股利；另一种是股票股利。投资企业收到被投资单位发放的股票股利，不能确认为投资收益，不必进行账务处理，但应在备查簿中进行登记。

3. 投资的处置。长期股权投资的处置主要是出售，企业处置长期股权投资时，实际取得价款与长期股权投资账面价值的差额确认为当期投资损益。其账务处理为：按实际收到的金额，借记“银行存款”等账户；按该项投资的账面余额，贷记“长期股权投资”账户；按其差额，贷记或借记“投资收益”账户。

企业处置长期股权投资，如果存在已宣告分派但尚未领取的现金股利或利润和已计提长期股权投资减值准备的，也应同时进行结转。

【例 5－19】 承【例 5－17】和【例 5－18】，3 年后，万友公司将拥有的银马公司股权全部出售，投资初始成本为 118.50 万元，取得出售净价款 149 万元转入证券公司资金账户，此项投资有上月已宣告分派但尚未领取的现金股利 13 000 元。公司的账务处理为：

借：其他货币资金——存入投资款　　1 490 000
　　贷：长期股权投资——银马公司　　1 185 000
　　　　应收股利——银马公司　　13 000
　　　　投资收益　　（1 490 000－1 185 000－13 000）292 000

（三）成本法的评价

长期股权投资核算成本法的优点是：（1）“长期股权投资”账户能够如实地反映长期股权投资的成本；（2）会计账务处理简单明晰；（3）将投资方与受资方作为独立法人反映两者之间的经济关系，既符合法律规范，也体现了会计核算的谨慎性要求。

成本法的缺点是：（1）“长期股权投资”账户无法反映投资企业在被投资单位所有者权益中所享有的份额；（2）投资企业与被投资单位的经济关系反映不充分。

六、长期股权投资核算的权益法

（一）权益法的特点和适用范围

5.4 控制、共同控制和重大影响

权益法是指对投资企业的长期股权投资，按照享有被投资单位所有者权益份额进行核算的方法。权益法下，投资最初以初始投资成本计价入账，以后根据投资企业享有被投资单位所有者权益份额的变动对投资的账面价值进行调整。权益法下，长期股权投资的账面价值是随着被投资单位所有者权益的变动而变动的，包括被投资单位实现净利润、发生亏损、其他综合收益及其他权益的变动等。投资企业收到被投资单位分来的现金股利（或利润），相当于收回投资，应列为长期股权投资的减少。

权益法的适用范围：

1. 投资企业对被投资单位具有共同控制的长期股权投资，如对合营企业的股权投资。
2. 投资企业对投资单位具有重大影响的长期股权投资，如对联营企业的股权投资。

相关链接：

控制，是指有权决定一个企业的财务和经营政策，并能据以从该企业的经营活动中获取利益（被投资单位为其子公司）。

共同控制，是指按照合同约定对某项经济活动所共有的控制。

重大影响，是指对一个企业的财务和经营政策有参与决策的权力，但并不能够控制或者与其他方一起共同控制这些政策的制定。

成本法和权益法适用范围的对比如图 5－6 所示。

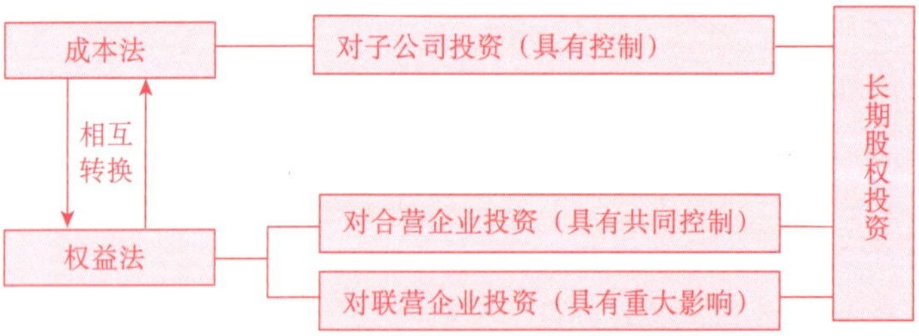

图 5－6　长期股权投资成本法和权益法适用范围

投资方因追加投资等原因能够对非同一控制下的被投资单位实施控制的，应当改按成本法进行核算，其初始投资成本为原持有的股权投资账面价值加上新增投资成本之和。投资方因处置部分权益性投资等原因丧失了对被投资单位控制的，处置后的剩余股权能够对被投资单位实施共同控制或施加重大影响的，应当改按权益法核算。

（二）权益法的账务处理

权益法下，“长期股权投资”账户反映的是投资企业享有被投资单位的权益份额。这种权益份额是多方面形成的，所以，该账户应按被投资单位，分别设置“成本”“损益调整”“其他综合收益”“其他权益变动”进行明细核算。

1. 投资的取得。当投资企业对被投资单位进行初始投资时，一般应按照确定的初始投资成本，借记“长期股权投资（成本）”账户，贷记“银行存款”等账户。

权益法下，投资企业取得长期股权投资应考虑享有被投资单位可辨认净资产公允价值的份额。当长期股权投资的初始投资成本大于投资时应享有被投资单位可辨认净资产公允价值份额的，其差额是投资企业取得的商誉价值，不必调整已确认的初始投资成本；当长期股权投资的初始投资成本小于投资时应享有被投资单位可辨认净资产公允价值份额的，其差额是双方交易过程中转让方的让步，投资企业应调整增加长期股权投资的成本，并将其列为当期营业外收入，则账务处理为：借记“长期股权投资（成本）”账户，贷记“银行存款”等账户，按照其差额，贷记“营业外收入”账户。

【例5-20】 万友公司于2×20年1月31日，以银行存款支付价款600万元和相关税费1万元，取得诚信公司30%普通股股份，从而对诚信公司具有重大影响，该项投资采用权益法核算。诚信公司同日可辨认净资产账面价值（即公允价值）为1 900万元。公司的账务处理为：

长期股权投资的成本为601（600+1）万元，大于投资时应享有被投资单位可辨认净资产公允价值份额570（1 900×30%）万元，不必进行投资初始成本的调整。账务处理为：

借：长期股权投资——诚信公司（成本） 6 010 000
　　贷：银行存款 6 010 000

提示：

承【例5-20】，如果此项投资诚信公司同日可辨认净资产的账面价值为2 200万元，投资享有的份额为2 200×30%=660（万元），大于投资成本的59万元，应进行调整。则账务处理为：

借：长期股权投资——诚信公司（成本） 6 600 000
　　贷：银行存款 6 010 000
　　　　营业外收入 590 000

2. 被投资单位实现净利润或发生亏损和其他综合收益。投资企业应根据被投资单位实现的净利润（或经调整的净利润）计算应享有的份额，增加长期股权投资的账面价值，并确认为当期的投资收益，借记“长期股权投资（损益调整）”账户，贷记“投资收益”账户；被投资单位发生亏损，则按应分担的份额减少长期股权投资的账面价值，并确认为投资损失，借记“投资收益”账户，贷记“长期股权投资（损益调整）”账户。

投资企业确认被投资单位发生的净亏损，应当以长期股权投资的账面价值以及其他实质上构成对被投资单位净投资的长期权益减至零为限，投资企业负有承担额外损失义务的除外。

被投资单位宣告发放现金股利或利润，投资企业计算确定应享有的部分，相当于收回投资，应借记“应收股利”账户，贷记“长期股权投资（损益调整）”账户。

投资企业持有长期股权投资期间，被投资单位发生的其他综合收益变动，应确认为“其他综合收益”。“其他综合收益”是指企业根据规定未在当期损益中确认的利得和损失，如其他债权投资公允价值变动的损益、公允价值模式下存货转换为投资性房地产贷方差异等。

【例5-21】 承【例5-20】，有关资料列明诚信公司2×20年度实现净利润150万元，万友公司应享有的份额为 45（150 × 30%）万元；诚信公司其他债权投资 2 × 20 年增加了 10 万元，万友公司应享有的份额为 3 万元；2 × 21 年 2 月 5 日，诚信公司宣告分配上年度现金股利 90 万元，万友公司应享有的份额为 27 万元；2 × 21 年 3 月 5 日，收到诚信公司分来的现金股利；有关资料列明诚信公司 2 × 21 年度发生亏损 40 万元，万友公司应享有的份额为 12 万元。公司的账务处理为：

- 确认此项投资 2 × 20 年度实现的投资收益 45（150 × 30%）万元时：

借：长期股权投资——诚信公司（损益调整）　　450 000

　　贷：投资收益　　450 000

- 确认此项投资 2 × 20 年度实现的其他综合收益 3（10 × 30%）万元时：

借：长期股权投资——诚信公司（其他综合收益）　　30 000

　　贷：其他综合收益——诚信公司　　30 000

- 2 × 21 年 2 月 5 日，诚信公司宣告分配现金股利 27（90 × 30%）万元时：

借：应收股利——诚信公司　　270 000

　　贷：长期股权投资——诚信公司（损益调整）　　270 000

- 2 × 21 年 3 月 5 日，收到诚信公司发放的现金股利 27 万元时：

借：银行存款　　270 000

　　贷：应收股利——诚信公司　　270 000

- 确认此项投资 2 × 21 年度发生的亏损 12（40 × 30%）万元时：

借：投资收益　　120 000

　　贷：长期股权投资——诚信公司（损益调整）　　120 000

注：2 × 21 年年末“长期股权投资——诚信公司”账户余额为：601 + 45 + 3 − 27 − 12 = 610（万元）。

3. 被投资单位所有者权益的其他变动。投资持有期间，投资企业对被投资单位发生的除净损益、其他综合收益、分配利润外所有者权益的其他变动，如被投资单位其他股东对企业的捐赠、代为偿债等资本性投入、其他股东增减资因素导致对被投资单位股权比例变动等。投资企业按持股比例计算应享有的份额，计列为资本公积，属于调整增加的，借记“长期股权投资（其他权益变动）”账户，贷记“资本公积”账户；属于调整减少的，做相反分录。

课堂讨论：

新科公司对大明公司投资 300 万元，占大明公司股本的 40%。双方未约定投资方负有承担额外损失的义务，按规定采用权益法核算。投资后无初始成本调整事项。第一年年末大明公司实现净利润 30 万元，第二年年末大明公司发生亏损 600 万元。请确定第二年年末新科公司的这一长期股权投资，是调增还是调减？调整的数额是多少？账务处理是怎样的？

4. 长期股权投资的处置。权益法下，企业处置长期股权投资，应按实际取得价款与长期股权投资账面价值的差额确认为当期投资损益。其账务处理与成本法下的账务处理基本一致。如果存在已宣告分派但尚未领取的现金股利或利润和已计提长期股权投资减值准备的，也应一并进行结转。

权益法下，长期股权投资的处置，还应将原根据被投资单位其他综合收益、其他权益变动引起的记入“其他综合收益”和“资本公积”账户的相关金额进行结转，借记或贷记“其他综合收益”“资本公积”账户，贷记或借记“投资收益”账户。

【例5-22】 承【例5-20】和【例5-21】，2×22年5月30日，万友公司将拥有的诚信公司股权投资出售，取得出售净价款700万元存入银行。公司的账务处理为：

借：银行存款　　7 000 000
　　贷：长期股权投资——诚信公司（成本）　　6 010 000
　　　　　　　　　　——诚信公司（损益调整）　　60 000
　　　　　　　　　　——诚信公司（其他综合收益）　　30 000
　　　　投资收益　　900 000
借：其他综合收益——诚信公司　　30 000
　　贷：投资收益　　30 000

（三）权益法的评价

长期股权投资核算权益法的优点是：（1）能够如实地反映投资企业在被投资单位所有者权益中所占的份额；（2）有利于保证企业会计信息的可靠性和完整性。

权益法的缺点是：（1）会计处理与法律现实有不一致之处；（2）投资收益的实现与现金流入的时间不一致；（3）“长期股权投资”账户的账面余额不能反映股权投资的初始成本。

七、长期股权投资的减值

（一）长期股权投资减值确认

投资企业应当关注长期股权投资的账面价值是否大于应享有被投资单位所有者权益账面价值的份额等类似情况。出现类似情况时，投资企业应当按照《企业会计准则第8号——资产减值》的规定对长期股权投资进行减值测试，其可收回金额低于其账面价值的，应将该项长期股权投资的账面价值调减至可收回金额，这一调减金额即为资产减值（减值=账面价值-可收回金额）。确认的资产减值损失，计入当期损益，同时计提资产减值准备。

长期股权投资减值损失一经确认，在以后会计期间不得转回。

（二）长期股权投资减值的账务处理

企业计提的长期股权投资减值准备，应设置“长期股权投资减值准备”账户进行核算。该账户是“长期股权投资”账户的备抵账户，贷方登记企业计提的长期股权投资减值准备，借方登记处置转出长期股权投资而结转的长期股权投资减值准备。期末余额在贷方，表示企业已计提但尚未转销的长期股权投资减值准备。企业计提长期股权投资减值准备应确认为当期损益，记入“资产减值损失”账户。

“长期股权投资减值准备”账户，应按被投资单位进行明细核算。

【例5-23】 万友公司对新达公司的一项长期股权投资采用权益法核算，上年末“长期股权投资”账户余额500万元（成本），已计提减值准备20万元，本年末核实新达公司发生亏损100万元，本公司按持股比例30%享有30万元。根据发生减值迹象，确定这一投资的可收回金额为 425 万元。则万友公司本期计提减值准备的账务处理为：

可收回金额 425 万元，投资账面价值为 450（500 - 20 - 30）万元，本期发生减值 25（450 - 425）万元。

借：资产减值损失　　250 000
　　贷：长期股权投资减值准备——新达公司　　250 000

【例 5 - 24】 承【例 5 - 23】，万友公司于下年度将上述投资出售，取得价款 410 万元存入银行。公司的账务处理为：

投资账面价值 425 - 出售价款 410 = 投资损失 15（万元）

借：银行存款　　4 100 000
　　长期股权投资减值准备　　（200 000 + 250 000）450 000
　　投资收益　　（差额）150 000
　　长期股权投资——新达公司（损益调整）　　300 000
　　贷：长期股权投资——新达公司（成本）　　5 000 000

课堂讨论：

（1）权益法下长期股权投资的账面价值应如何确定？

（2）【例 5 - 22】和【例 5 - 24】中，投资从取得到出售产生的投资收益是多少？

项目小结

本项目主要介绍了企业常见的交易性金融资产、债权投资、其他债权投资和长期股权投资的账务处理。有关主要知识点见表 5 - 2。

表 5 - 2

<table>
<tr><td>投资的三大特点</td><td colspan="3">投资目的性：增加财富、谋求其他利益
让渡性：让渡一项资产换取另一项资产
获取利益的间接性：区别于商品出售、提供服务，具有风险性</td></tr>
<tr><td>五项投资</td><td colspan="3">金融资产：交易性金融资产、债权投资、其他债权投资
非金融资产：长期股权投资、投资性房地产</td></tr>
<tr><td rowspan="7">四项账务处理</td><td rowspan="2">交易性金融资产</td><td colspan="2">初始计量：公允价值，交易费用→投资收益</td></tr>
<tr><td colspan="2">账务处理：取得，持有：公允价值变动、持有收益，处置</td></tr>
<tr><td rowspan="2">债权投资
其他债权投资</td><td colspan="2">初始计量：公允价值 + 交易费用（交易费用列为投资入账价值）</td></tr>
<tr><td colspan="2">账务处理：取得，持有：计息、期末调整，处置</td></tr>
<tr><td rowspan="3">长期股权投资</td><td>初始计量</td><td>支付现金、转出非货币性资产的公允价值（非合并方式取得）</td></tr>
<tr><td rowspan="2">后续计量：
两种方法</td><td>成本法："长期股权投资"账户反映成本，取得、分利、处置</td></tr>
<tr><td>权益法："长期股权投资"账户反映权益份额（明细项目四个），取得、损益调整、分利、处置</td></tr>
</table>

关于投资企业对被
投资单位具有重大影响的判断

交易性金融资产
与持有至到期投资的区别

项目六
固定资产的核算

学习目标：

1. 知识目标：

□ 了解固定资产的分类和期末计量；
□ 了解固定资产租赁和清查的账务处理；
□ 理解固定资产的特点和固定资产的确认；
□ 理解固定资产后续支出的含义及其账务处理；
□ 掌握固定资产的计价基础和初始计量；
□ 掌握固定资产取得、折旧和处置的主要账务处理；
□ 掌握固定资产折旧的影响因素、计算方法和计提范围。

2. 能力目标：

□ 能够准确进行固定资产的确认、计量、折旧及账务处理。

3. 素养目标：

□ 可融入马克思在《资本论》中关于折旧的精彩论述，弘扬马克思主义的精髓，教会学生运用马克思主义的科学立场、方法解决各类理论及实践问题。

小张是中职会计（3）班的学生，他表哥正与朋友合作开一家商务酒店。酒店约有3 800平方米，是向物美公司租的，租赁期5年；筹备过程中客房购置了床铺、衣柜、家具用具、饮水机、床上用品等必备物品；因业务需要酒店花20万元购买了一辆别克轿车；还购买了文件柜、保险箱、办公桌椅、计算机、音响系统、文具、纸张、传真机等营业用办公用品一批。之后，酒店进入试营业阶段。

酒店会计是一名新手，对酒店上述购置业务的账务处理有些疑问，于是就向酒店副总经理小张的表哥请示。小张的表哥是学中文的，也不太懂。双休日遇见小张，表哥就对小张说："学会计的，我们酒店这些购置业务应该怎样分类入账啊？指导一下！"

小张是二年级在校生，刚学完"企业财务会计"课程的"存货"，也感到表哥酒店这些购置业务涉及面较多，有点麻烦。但总觉得，这里会涉及固定资产、周转材料

(低值易耗品)、办公用品等几个方面。价值较低的，使用期不长的家具用具、床上用品、办公桌椅、文件柜等系周转材料中的低值易耗品，购置费用应分类摊销；汽车、音响系统应该是固定资产，但该如何入账？使用中损耗、维修保养及更新应如何进行处理？还有支付租金等会计上应怎样入账？这些小张就不知道了。

公司开展生产经营业务是离不开固定资产的。固定资产如何确认与计量，其取得入账、损耗折旧、维修保养、报废减值应如何进行账务处理，这是本项目要解决的主要问题，如图 6－1 所示。

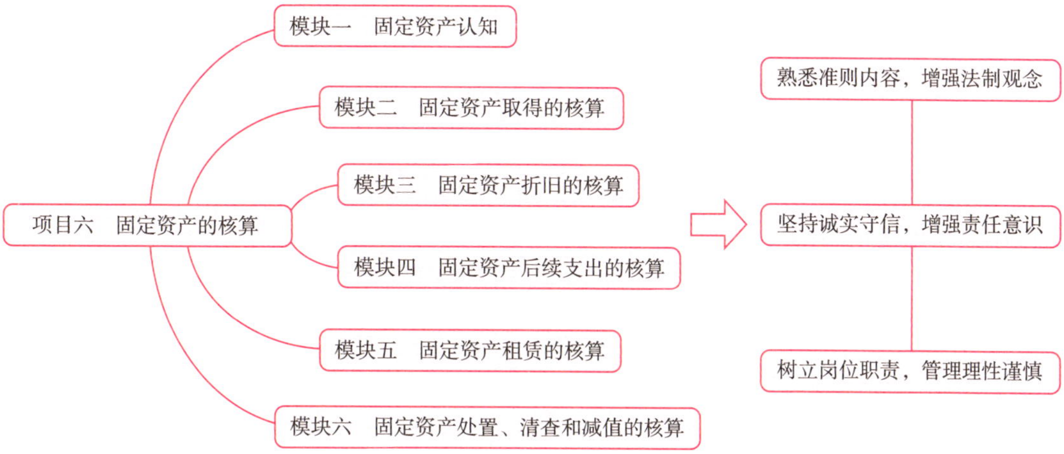

图 6－1　固定资产的核算

模块一　固定资产认知

一、固定资产的概念和特点

固定资产是指为生产产品、提供劳务、出租或经营管理而持有的、使用寿命超过一个会计年度的有形资产。企业固定资产具有以下特点：

第一，持有的目的是生产经营活动使用的需要。企业持有固定资产是为了使用，而不是直接用于出售。

第二，是有形资产。固定资产具有实物形态，而且在使用中能保持其原有实物形态不变。

第三，使用寿命超过一个会计年度。

二、固定资产的确认

某一资产项目，要确认为固定资产，首先要符合固定资产的定义；其次，要同时符合固定资产确认的两个条件：

第一，与该固定资产有关的经济利益很可能流入企业。这主要是根据与该固定资产所有权相关的风险和报酬是否转移到企业进行判断的，取得该项固定资产所有权是重要标志。

第二，该固定资产的成本能够可靠地计量。为取得该固定资产而发生的支出必须能够可靠地计量。

6.1 国家统计局通报3起典型固定资产投资统计违法案件

相关链接：

与固定资产所有权相关的风险，是指由于经营情况变化造成的相关收益的变动，以及由于资产闲置、技术陈旧等原因造成的损失。

与固定资产所有权相关的报酬，是指在固定资产使用寿命内直接使用该资产而获得的收入，以及处置该资产所实现的利得等。

某一项资产项目，如果符合固定资产定义，又同时满足以上两个条件的，就可以作为固定资产加以确认，否则，就不能确认为固定资产。

固定资产的确认还需要注意以下三个问题：

1. 有助于企业从相关资产获得经济利益，或者将减少企业未来经济利益的流出，符合固定资产定义的资产应将其确认为固定资产。如企业环保设备、安全设备等资产。

2. 对于构成固定资产的各组成部分，如果各自具有不同的使用寿命或者以不同的方式为企业提供经济利益的，各组成部分实际上是相对独立的。所以，应将各组成部分单独确认为固定资产。例如，房屋内的电梯、监控系统，其与房屋建筑物具有不同的使用寿命，从而适用不同的折旧率或折旧方法，则应将其单独确认为固定资产。

3. 对于企业所拥有的工具、模具、管理用具、玻璃器皿等资产，施工企业所特有的模板、挡板、架料等周转材料，以及地质勘探企业所特有的管材等资产，如果这些资产（劳动资料）项目符合固定资产的定义及其确认条件的，就应当作为固定资产进行核算和管理。否则，应列为流动资产进行核算与管理。所以，固定资产并不是企业所有的劳动资料，而是企业主要的劳动资料。

课堂讨论：

判断下列项目能否确认为固定资产：

（1）与房地产商签订了购房（办公用房）预售合同，并预计总价为720万元，并以银行存款支付首付款216万元。楼盘将在下月开盘定价，预计一年后可交付使用。

（2）购建固定资产，购入设备交付安装价款9万元，安装工程成本待结算。

（3）企业购买办公用计算机；企业划分为持有待售的固定资产。

（4）企业购置的消防设施、排污设施、供电设施。

三、固定资产的业务流程

固定资产的业务流程如图 6－2 所示。

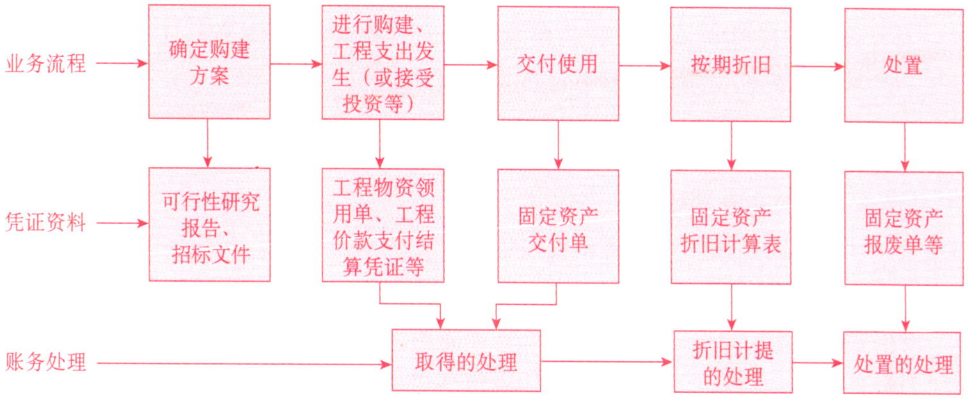

图 6－2　固定资产业务流程

四、固定资产的分类

为了加强对固定资产的管理，便于进行固定资产的核算，企业固定资产通常作如下几种分类，如图 6－3 所示。

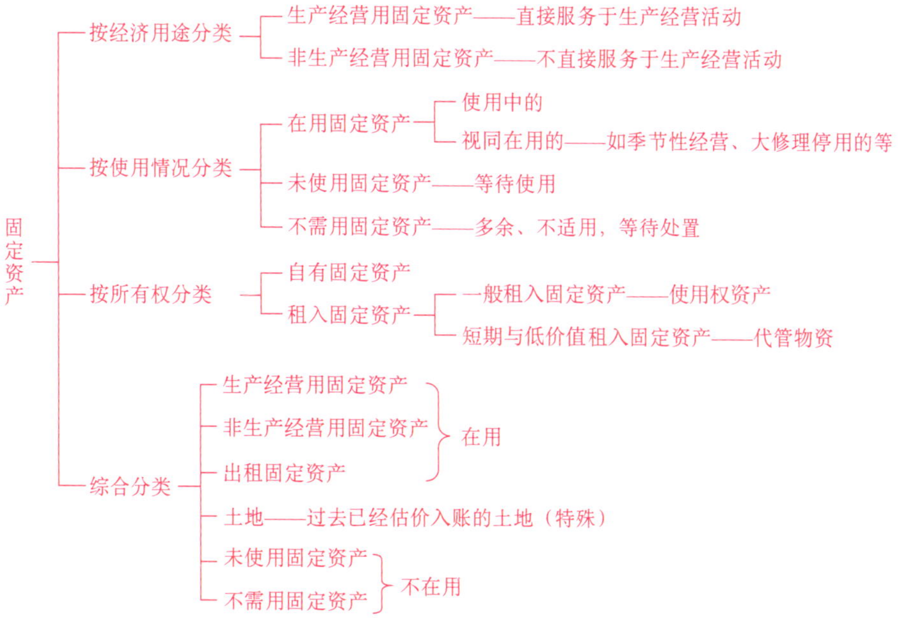

图 6－3　固定资产常见分类

提示：

(1) 固定资产的分类核算，通常是按照综合分类进行的，固定资产综合分类的六大类，就是固定资产核算的六个二级明细账户。企业确认为持有待售的资产，不属于固定资产，应转列为“持有待售资产”；一般租赁取得的固定资产，应列为使用权资产。

(2) 企业有偿取得的土地使用权，列为无形资产核算；因征用土地而支付的补偿费，应计入与土地相关的房屋、建筑物成本，不单独作为土地价值入账。

五、固定资产的初始计量

(一) 固定资产的计量基础

固定资产计量，是指用货币计量单位表示固定资产的价值。《企业会计准则第 4 号——固定资产》规定，“固定资产应当按成本进行初始计量”。这里的成本是指历史成本，即原始价值。考虑到固定资产价值较大，其价值会随着服务能力的下降而逐渐减少，还需要揭示其折余价值，即净值。因此，固定资产的计量基础主要有以下三种：

1. 原始价值，也称历史成本，**是指企业购建某项固定资产达到预定可使用状态前所发生的一切合理、必要的支出**。采用这种计量基础，是以实际发生并有支付凭证的支出为依据，具有客观性和可验证性，它成为固定资产的基本计量标准。在我国的会计实务中，固定资产的初始计量均采用原始价值，即历史成本计量。但当物价水平变动时，历史成本计量难以真实地反映固定资产的现时价值。

2. 重置价值，也称重置成本，**是指在现时的条件下，重新购建相同固定资产所需要的全部支出**。重置价值计量能够真实地反映固定资产的现时价值，但可靠性不够，操作也比较困难。所以，将其用于对财务报表的补充说明和无法取得原始价值时的初始计量，如盘盈固定资产、接受捐赠的固定资产入账价值的确定。

3. 净值，**也称折余价值，是指固定资产的原始价值或重置完全价值减去已提折旧后的余额**。固定资产净值反映固定资产尚未损耗的价值，是企业固定资产实际占用的资金额，与原值对比可以反映企业固定资产的新旧程度。

提示：

(1) 固定资产的计量包括初始计量、后续计量和期末计量三个方面。

(2) 固定资产的初始计量，有采用现值计量的，如超过正常信用条件下的延期付款购买的固定资产的计量；有采用公允价值的，如债务重组、非货币性资产交换方式取得的固定资产的计量。

(二) 固定资产入账价值的确定

企业固定资产应按取得时的成本（即原始价值）入账。由于企业取得固定资产的途径和方式不同，其入账价值的确定也有所不同。

1. 外购固定资产。外购固定资产的入账价值包括买价、进口关税等相关税费，以及为使固定资产达到预定可使用状态前所发生的可直接归属于该资产的其他支出，如场地整理费、运输费、装卸费、安装费和专业人员服务费等。一般纳税人企业购入固定资产不包括增值税抵扣凭证所列的增值税。

相关链接：

根据财政部、国家税务总局〔2008〕170文件和〔2016〕36号文件的规定，增值税一般纳税人购进（包括接受捐赠、实物投资）或者自制（包括改扩建、安装）固定资产发生的进项税额，凭增值税扣税凭证（增值税专用发票、海关进口增值税专用缴款书等）列为“进项税额”从“销项税额”中进行抵扣。

一般纳税人企业取得并按固定资产核算的不动产，专用发票所列的增值税自2019年4月起可在购置时一次抵扣。

2. 自行建造的固定资产，按建造该项资产达到预定可使用状态前所发生的必要支出（不包括按规定可以抵扣的增值税），作为入账价值。

3. 在原有固定资产基础上进行改建、扩建的固定资产，按原固定资产的账面价值加上由于改建、扩建而使该项资产达到预定可使用状态前发生的支出（不包括按规定可以抵扣的增值税），减去改建、扩建过程中发生的变价收入和被替换部分的账面价值，作为入账价值。

4. 投资者投入的固定资产，按照投资合同或协议约定的价值确定。但需注意：（1）合同或协议约定价值不公允的除外；（2）不含按规定可以抵扣的增值税。

5. 接受捐赠的固定资产，按以下规定确定其入账价值：（1）捐赠方提供了有关凭据的，按凭据上标明的金额加上应当支付的相关税费（不含按规定可以抵扣的增值税），作为入账价值。（2）捐赠方没有提供有关凭据的，按同类或类似固定资产的市场价格，加上应当支付的相关税费，作为入账价值。如接受捐赠系旧的固定资产，应减去按该项资产的新旧程度估计的价值损耗后的余额，作为入账价值。

6. 盘盈的固定资产，按同类或类似固定资产的市场价格（重置价值），减去按该项资产的新旧程度估计的折旧后的余额，作为入账价值。

（三）固定资产计量的特殊问题

1. 已达到预定可使用状态但尚未办理竣工决算手续的固定资产，可先按估计价值入账，待确定实际价值后再进行调整。

2. 相关支出的处理：（1）固定资产的入账价值中，还应该包括企业为取得固定资产而缴纳的关税、契税、耕地占用税、车辆购置税等相关税费；（2）企业购置计算机硬件所附带的、未单独计价的软件，与所购置的计算机硬件一并列为固定资产；（3）固定资产购建过程中发生的测试支出，应计入固定资产的入账价值。

3. 固定资产借款费用的处理。专项用于固定资产建设，达到预定可使用状态前的借款费用（即符合资本化条件的），应计入其所购建的固定资产的入账价值。

4. 已入账固定资产价值的调整。企业已经入账的固定资产，通常不得任意变动、调整其账面原值。但当发生下列情况时，可以按规定对其账面原值作出调整：（1）根据国家规定对固定资产价值重新评估；（2）增加补充设备或改良装置；（3）将固定资产的一部分拆除；（4）根据实际价值调整原来的暂估价值；（5）发现原来的固定资产价值有错误。

模块二　固定资产取得的核算

一、固定资产核算的账户设置

企业固定资产的核算，一般需要设置“固定资产”“工程物资”“在建工程”等账户。

1. “固定资产”账户。该账户核算企业持有固定资产的原价（成本）。该账户可按固定资产类别和项目进行明细核算。该账户的结构如图 6－4 所示。

2. “工程物资”账户。该账户核算企业为在建工程准备的各种物资的成本，包括工程用材料、尚未安装的设备以及为生产准备的器具等。该账户可按“专用材料”“专用设备”“工器具”等进行明细核算。该账户的结构如图 6－4 所示。

3. “在建工程”账户。该账户核算企业基建、更新改造等在建工程发生的支出。该账户可按照“建筑工程”“安装工程”“在安装设备”“待摊支出”以及单项工程等进行明细核算。该账户的结构如图 6－4 所示。

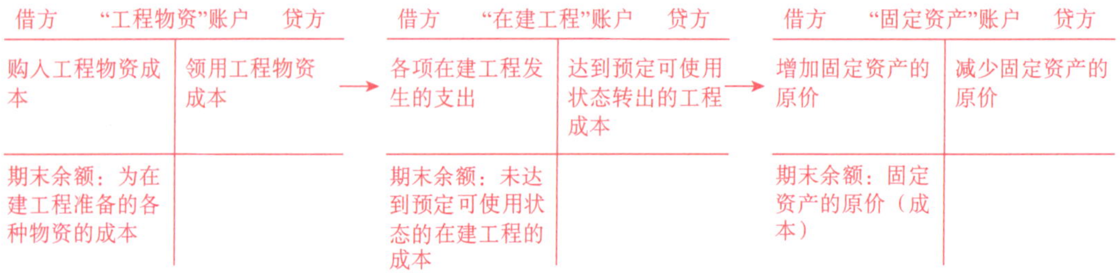

图 6－4　“工程物资”“在建工程”“固定资产”账户结构

二、固定资产取得的账务处理

（一）外购固定资产

1. 企业购入不需要安装的固定资产。按买价、相关税费以及使固定资产达到预定可使用状态前的可归属于该资产的运输费、装卸费、保险费等列为固定资产成本，借记“固定资产”账户；按照可以抵扣的增值税，借记“应交税费——应交增值税（进项税额）”账户；按实际支付款项，贷记“银行存款”等账户。

【例 6－1】 万友公司购入一台不需要安装的设备，专用发票注明的设备价款为 800 000 元，增值税为 104 000 元；专用发票注明的运输费 6 000 元，增值税 540 元。款项已通过银行汇付。公司的账务处理为：

借：固定资产——生产经营用固定资产（机器设备）　　806 000
　　应交税费——应交增值税（进项税额）　（104 000 + 540）　104 540
　　贷：银行存款　　910 540

2. 购入需要安装的固定资产。企业购入需要安装的固定资产，应通过“在建工程”账户进行核算。具体应区分两种情况：

（1）购入设备直接交付安装的，应按图 6－5 所示流程进行账务处理。

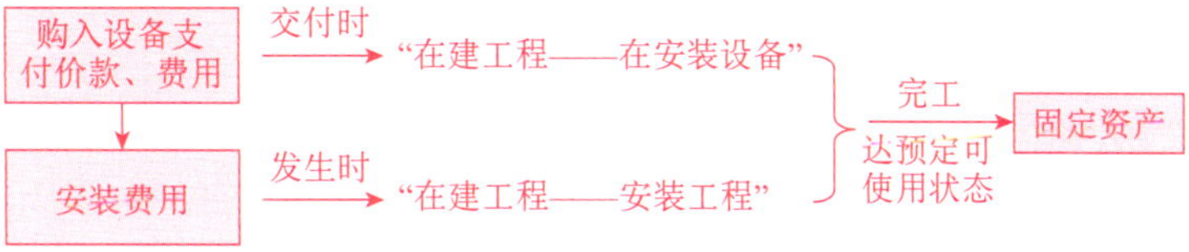

图 6－5　购入设备直接交付安装的流程

（2）购入设备先入库，后交付安装的，应按图 6－6 所示流程进行账务处理。

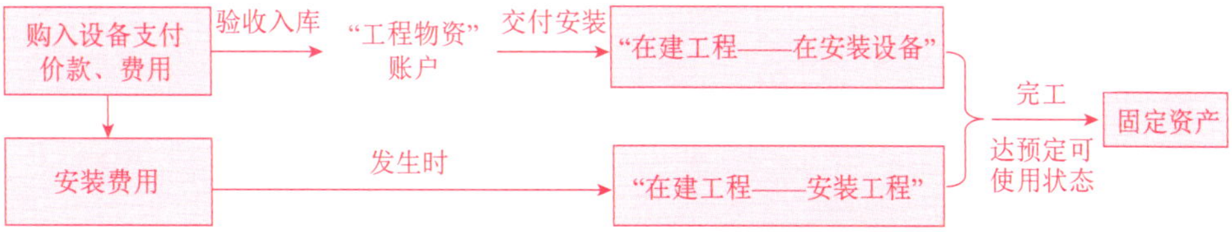

图 6－6　购入设备先入库，后交付安装的流程

【例 6－2】 万友公司购入一台需要安装的设备，以银行存款支付专用发票注明的设备价款为 200 000 元，增值税为 26 000 万元；普通发票所列运输费 2 000 元。设备企业自行进行安装，领用库存材料 24 000 元，购进该批材料支付的增值税为 3 120 元；工程安装人员应负担职工薪酬为 12 000 元。公司的账务处理为：

- 购入设备，支付价税款及运输费，设备直接交付安装时：

借：在建工程——在安装设备	202 000	
应交税费——应交增值税（进项税额）	26 000	
贷：银行存款		228 000

- 领用库存材料时：

借：在建工程——安装工程	24 000	
贷：原材料——原料及主要材料		24 000

- 结转安装人员职工薪酬时：

借：在建工程——安装工程	12 000	
贷：应付职工薪酬		12 000

- 设备安装完毕，达到预定可使用状态，交付生产使用时：

借：固定资产——生产经营用固定资产（机器设备）	238 000	
贷：在建工程——在安装设备		202 000
——安装工程		36 000

提示：

（1）以一笔款项购买多项没有单独标价的固定资产时，应当按照各项固定资产公允价值比例对总成本进行分配，分别确定各项固定资产的入账价值。

（2）购买固定资产的价款超过正常信用条件延期支付的，实质上具有融资性质，固定资产的入账价值应以购买价款的现值为基础确定，借记“固定资产”“在建工程”等账户，按实际支付的价款，贷记“长期应付款”账户，借贷差记入“未确认融资费用”账户。

（二）自行建造固定资产

自行建造固定资产有自营和出包两种方式，两种方式下交付使用的自建固定资产均需要由建设单位或单位的建设部门填制“交付使用财产明细表”或“固定资产交接单”，会计部门审核无误后据以入账。“交付使用财产明细表”的基本格式见表6－1。

表6－1　　交付使用财产明细表

移交单位：　　　　　　　　　　　　　　　　　交接依据：

接受单位：　　　　　　　编号：　　　　　　　交接时间：

固定资产名称		规　格		用　途		固定资产编号	
制造或建筑单位名称		出厂或建筑日期		图纸号或说明书		附属设备明细	
是否与技术条件相符		是否需要改装		运行或试车结果		附件	
鉴定说明：							
验收结论：							

预计使用年限	预计残余价值	预计清理费	预计大修理	
			次数	费用

固定资产原始价值：

实际成本或原价	搬运费用	安装费用	其他费用	合计
验收人员签章：				

单位负责人：　　　　　　　　管理部门：　　　　　　　　财会部门：

1. 自营方式建造固定资产。企业以自营方式建造固定资产，其入账价值应当按照建造该项固定资产达到预定可使用状态前所发生的必要支出确定。建造工程支出应通过“在建工程——建筑工程”账户进行核算，工程项目较多且工程支出较大的企业，应当按照工程项目的性质分别核算各工程项目的成本。

【例6－3】　万友公司自行建设一条流水生产线（生产设备），发生的有关经济业务及账务处理如下：

• 购入生产线工程用专用材料一批，专用发票注明的价款为300 000元，增值税为39 000元。价税款项以银行存款支付，物资验收入库时：

借：工程物资——专用材料　　　　　　　　　300 000

　　应交税费——应交增值税（进项税额）　　　39 000

　　贷：银行存款　　　　　　　　　　　　　　　339 000

- 工程建设领用专用材料 30 万元时：

借：在建工程——建筑工程（流水生产线） 300 000
　　贷：工程物资——专用材料 300 000

- 工程建设领用库存生产用原材料 42 000 元时：

借：在建工程——建筑工程（流水生产线） 42 000
　　贷：原材料——原料及主要材料 42 000

- 结转工程应负担的职工薪酬 68 000 元时：

借：在建工程——建筑工程（流水生产线） 68 000
　　贷：应付职工薪酬 68 000

- 工程达到预定可使用状态，交付使用时：

固定资产入账成本：30 + 4.2 + 6.8 = 41（万元）

借：固定资产——生产经营用固定资产（流水生产线） 410 000
　　贷：在建工程——建筑工程（流水生产线） 410 000

提示：

（1）固定资产建设工程领用生产用材料，不必计算结转增值税的"进项税额转出"（企业取得固定资产符合条件的进项税是可以抵扣的）；领用商品产品也不必计算结转的增值税的"销项税额"，只需按生产成本结转计入工程成本（固定资产建设工程领用库存商品，不属于对外销售）。

（2）固定资产达到预定可使用状态后剩余的工程物资，如果转作库存材料，按其成本，转作企业的库存材料，并冲减工程成本。

2. 出包方式建造固定资产。企业以出包方式建造固定资产，按规定向承建企业预付工程价款时，借记"预付账款"账户，贷记"银行存款"等账户；按工程进度、结算工程进度款时，借记"在建工程"账户，按可以抵扣的增值税，借记"应交税费——应交增值税（进项税额）"等账户，贷记"预付账款""银行存款"等账户；工程完成，按规定补付工程款时，借记"在建工程"账户，按可以抵扣的增值税借记"应交税费——应交增值税（进项税额）"等账户，贷记"银行存款"账户；工程达到预定可使用状态，结转工程成本时，借记"固定资产"账户，贷记"在建工程"账户。

【例 6－4】 万友公司将 G 设施建设工程出包给新化公司承建，发生的有关经济业务及账务处理如下：

- 4 月 2 日，按合同规定，以银行存款向承包单位预付工程款 350 000 元（取得收款收据）：

借：预付账款——新化公司 350 000
　　贷：银行存款 350 000

- 5 月 31 日，结算工程进度款（取得专用发票）500 000 元，增值税 45 000 元，并以存款支付工程进度款及增值税 195 000 元（假定不考虑增值税进项税额的分年抵扣）：

借：在建工程——建筑工程（G 工程） 500 000
　　应交税费——应交增值税（进项税额） 45 000
　　贷：预付账款——新化公司 350 000
　　　　银行存款 195 000

- 7 月 25 日，工程完工，结算工程造价 630 000 元。以银行存款补付工程款 130 000 元

（取得专用发票），增值税 11 700 元：

借：在建工程——建筑工程（G 工程）　　130 000
　　应交税费——应交增值税（进项税额）　　11 700
　　贷：银行存款　　141 700

- 7 月 25 日，工程达到预定可使用状态，经验收交付使用，结转工程成本：

借：固定资产——生产经营用固定资产（G 设施）　　630 000
　　贷：在建工程——建筑工程（G 工程）　　630 000

（三）投资者投入固定资产

企业接受投资转入的固定资产，在办妥移交手续后，应按合同或协议约定价值加上支付的相关费用作为固定资产的入账价值，借记“固定资产”账户，按规定可以抵扣的增值税额，借记“应交税费——应交增值税（进项税额）”账户；按确认的投资在被投资企业中所占的资本份额，贷记“实收资本”账户，按支付的相关费用，贷记“银行存款”等账户，差额记入“资本公积”账户。

【例 6－5】 6 月 5 日，万友公司接受新明公司投资转入设备一台，设备的原价为 560 000元，已提折旧 166 200 元，投资各方经确认的资产价值为 423 800 元，确认的资本额为 300 000 元。此项投资未取得专用发票。公司的账务处理为：

借：固定资产——生产经营用固定资产　　423 800
　　贷：实收资本——新明公司　　300 000
　　　　资本公积——资本溢价　　123 800

（四）接受捐赠固定资产

企业取得捐赠固定资产时，应按确认的价值和支付的相关费用之和，借记“固定资产”账户，按根据规定可以抵扣的增值税额，借记“应交税费——应交增值税（进项税额）”账户；按确认的接受捐赠资产的价税额，贷记“营业外收入——捐赠利得”账户，按支付的费用，贷记“银行存款”账户等。

三、固定资产取得的明细分类核算

为了详细核算和监督固定资产的增减变动情况，企业应在做好固定资产总分类核算的基础上，设置“固定资产卡片”“固定资产登记簿”等进行固定资产的明细分类核算。而对经营租入的固定资产，应另设“固定资产备查簿”进行登记。

（一）固定资产卡片

固定资产卡片是进行固定资产明细分类核算的账簿，是按每一独立的固定资产项目为对象分别设置的。企业每新增一项固定资产都应根据有关凭证为其建立一张卡片，并按固定资产的类别和使用单位顺序排列。固定资产投资转出、出售或报废清理时，应根据有关凭证将相应的卡片注销，另行保管。卡片通常一式两份，分别由固定资产使用部门和财会部门保管。其格式如表 6－2 和表 6－3 所示。

表 6－2　　　　固定资产卡片（正面）

形式			停用记录						
制造国家			原因	日期	原因	日期	原因	日期	备注
制造厂商									
制造日期									
制造号码									
使用年限									
购置日期									
原　值									
其中：安装费						大修记录			
净残值率						日期	凭证号	摘要	金额
折旧	年	月							
折旧额									

表 6－3　　　　固定资产卡片（背面）

附属物品	名称	规格	数量		设备变动	安装地址	用途	变动年月	
部件备品	名称	规格	数量	单价	最大外形	长	厘米	清理记录	
						宽	厘米	清理日期	
						高	厘米	累计折旧额	
								清理费用	
						总重量	千克	变价收入	
会计科长		动力设备科长				复核	登记	设卡日期	

企业为防止固定资产卡片丢失，固定资产管理部门还应设立“固定资产卡片登记簿”，逐一登记卡片的开设和注销情况。

（二）固定资产登记簿

财会部门为了分类反映固定资产的使用、保管和增减变动情况，并控制固定资产卡片，还应设置“固定资产登记簿”，即固定资产的二级账。固定资产登记簿是按固定资产类别、使用部门和每项固定资产进行明细分类核算的。每年初按其类别、使用部门将固定资产的年初余额记入登记簿，每月将固定资产的增减情况序时登记，只记金额，不记数量，并结出月末余额，以反映各类固定资产的使用及其增减变动和结存情况。其格式如表 6－4 所示。

表 6－4 固定资产登记簿

日期		摘要	凭证号	增加									减少						余额
月	日			外购	自建	投资者投入	融资租入	接受捐赠	盘盈	改扩建	其他	合计	出售	盘亏	投资转出	毁损	其他	合计	

（三）固定资产备查簿

固定资产备查簿主要用来登记企业经营租入固定资产的使用和租金支付情况。

固定资产卡片、固定资产登记簿与固定资产总分类账应定期进行核对，固定资产登记簿上各类固定资产余额的合计数必须与固定资产总分类账上的余额核对相符；固定资产卡片上的分类合计数必须与固定资产登记簿上各类固定资产的余额核对相符。这样才能保证会计记录的正确性和全面性，做到账账相符。

模块三　固定资产折旧的核算

一、固定资产折旧的影响因素

固定资产折旧，是指在固定资产预计使用寿命内，按照确定的方法对应计折旧额进行的系统分摊。固定资产虽然能够较长时期参加生产经营过程，并保持其原有实物形态，但其价值必然是随着固定资产的使用而逐渐转移的，所以，固定资产折旧也就是固定资产在使用过程中，由于损耗而逐渐转移到成本费用的那部分价值。固定资产折旧的过程，是将固定资产的取得成本在其使用寿命内进行合理分摊，使之与各期的收入相配比，以准确确认企业的损益。

影响固定资产折旧的因素主要有以下几个方面：

1. 固定资产折旧计提基数。固定资产折旧计提基数，是指应计提折旧的固定资产原价。它表明在固定资产的整个使用期内，应将其取得时发生的原始成本通过计提折旧的方式，实现固定资产价值的补偿和实物的更新。

2. 固定资产使用寿命（即预计使用年限）。固定资产应按确定的预计使用年限进行折旧。固定资产使用寿命一般是指固定资产预期使用的年限，但有些固定资产的使用寿命也可以用该资产所能生产的产品或提供服务的数量来表示。

提示：

企业在确定固定资产预计使用寿命时，主要应当考虑下列因素：(1) 该资产的预计生产能力或实物产量；(2) 该资产预计的有形损耗，如设备使用中发生磨损，房屋建筑物受到自然侵蚀等；(3) 该资产预计的无形损耗，如因新技术的出现而使现有的生产技术水平相对陈旧、市场需求变化使产品过时等；(4) 有关资产使用的法律或者类似规定的限制。

具体到某一固定资产的预计使用寿命，企业应在考虑上述因素的基础上，结合不同固定资产的性质、消耗方式、所处环境等因素作出判断。

3. 固定资产折旧方法。企业应当根据与固定资产有关的经济利益的预期消耗方式，合理选择固定资产折旧方法。同一固定资产采用不同的折旧方法，折旧额是不同的，这会对企业的成本费用、利润产生不同的影响。

4. 固定资产预计净残值。**预计净残值是指假定固定资产预计使用寿命已满并处于使用寿命终了时的预期状态，企业目前从该项资产处置中获得的（收入）扣除预计处置费用（清理费用）后的余额。**预计净残值是预计残值扣除预计清理费用后的净额。它是固定资产预计未损耗的价值，是计提折旧的扣减因素。实际工作中一般以确定预计净残值率（预计净残值与原值的比率）的方式考虑预计净残值。

5. 固定资产减值准备。是指固定资产已计提的固定资产减值准备的累计金额。固定资产减值准备也是固定资产损耗价值的反映形式，计提折旧应将其扣除。

提示：

由于计提折旧是在固定资产报废之前的，所以，净残值和使用寿命计提折旧时只能是预计的。企业应当根据固定资产的性质和使用情况，合理确定固定资产的预计使用年限和预计净残值。固定资产折旧方法需要根据与固定资产有关的经济利益的预期消耗方式，进行合理选择，并按照管理权限，报经股东大会或董事会，或经理（厂长）会议或类似机构批准。企业固定资产折旧方法等一经确定，不得随意变更。

二、固定资产折旧的范围

（一）固定资产计提折旧的范围

1. 应计提折旧的固定资产。固定资产由于有形损耗或无形损耗的客观存在，一般均应计提折旧。应计提折旧的固定资产包括：

（1）生产经营用、非生产经营用固定资产；

（2）经营性出租固定资产；

（3）季节性、大修理停用固定资产；

（4）未使用、不需要固定资产；

（5）已达到预定可使用状态但尚办理竣工决算的固定资产。

2. 不应计提折旧的固定资产。对不发生价值损耗或已经得到价值补偿的固定资产，则不应计提折旧，具体有：

（1）已提足折旧仍然继续使用的固定资产；

（2）单独计价入账的土地；

（3）已全额计提减值准备的固定资产；

(4) 提前报废的固定资产，不再补提折旧；

(5) 划分为持有待售的固定资产。

(二) 固定资产计提折旧的时间范围

企业固定资产应当按月计提折旧，同时为了保证固定资产计提折旧的可靠、合理与完整，计提固定资产折旧的时间范围统一规定为：

1. 当月增加的固定资产，当月不提折旧，下月起开始计提折旧；

2. 当月减少的固定资产，当月照提折旧，下月起开始不提折旧。

这一规定和要求，也可以理解为月初数额法。所以，企业计提折旧的固定资产可以概括为：月初应计提折旧的固定资产。

三、固定资产折旧的计算方法

固定资产折旧的计算方法包括年限平均法、工作量法、双倍余额递减法、年数总和法等。年限平均法和工作量法属直线折旧法；双倍余额递减法和年数总和法属于快速折旧法。折旧方法一经确定，不得随意变更。如需变更，应将变更的内容及原因在变更当期会计报表附注中说明。

(一) 年限平均法

年限平均法又称直线法，**是将固定资产的应计提折旧额在固定资产预计使用寿命内进行平均分摊的一种方法。**应计折旧额是指应当计提折旧的固定资产原值扣除其预计净残值后的金额。已计提减值准备的固定资产，还应当扣除已计提的固定资产减值准备累计金额。有关计算公式如下：

$$年折旧额=\frac{应计折旧额}{预计使用年限}=\frac{固定资产原价-预计净残值}{预计使用年限}$$

$$=\frac{固定资产原价\times(1-预计净残值率)}{预计使用年限}$$

$$月折旧额=年折旧额\div12$$

在实际工作中，为了反映固定资产在一定期间的损耗程度和便于计算折旧，每月应计提的折旧额一般是根据固定资产的原值乘以月折旧率计算确定的。**固定资产折旧率是指固定资产折旧额与固定资产原值之比，反映固定资产的损耗程度，可分为个别折旧率、分类折旧率、综合折旧率三种。**其计算公式如下：

$$年折旧率=\frac{年折旧额}{固定资产原价}\times100\%\quad 或=\frac{1-预计净残值率}{预计使用年限}\times100\%$$

$$月折旧率=年折旧率\div12$$

$$月折旧额=固定资产原值\times月折旧率$$

【例6-6】 某项固定资产原值为9万元，预计净残值率为4%，预计使用寿命为16年，采用年限平均法计算该项固定资产的折旧，计算如下：

年折旧率＝(1－4%)÷16×100%＝6%

月折旧率 = 6% ÷12 = 0.5%

月折旧额 = 90 000×0.5% =450（元）

以上计算是按个别固定资产单独计算的折旧，在实际工作中，大多数企业是按类别计算固定资产折旧。计算公式如下：

$$某类固定资产年分类折旧率=\frac{该类固定资产年折旧额之和}{该类固定资产原值之和}\times 100\%$$

月折旧率 = 年折旧率 ÷12

月折旧额 = 某类固定资产原值之和 × 该类固定资产月折旧率

【方法评价】 年限平均法按照时期平均计算折旧，易于理解，便于掌握，因而得到广泛的运用。但它只是考虑固定资产的使用寿命，而没有考虑固定资产不同使用期间的负荷及折耗程度，仅以时期进行平均分摊，缺乏整体意义上的合理性。

（二）工作量法

工作量法是根据实际工作量计提每期固定资产应提折旧额的一种方法。计算公式如下：

单位工作量折旧额 = 固定资产应计折旧额 ÷ 预计总工作量

= 固定资产原值 ×（1－预计净残率）÷ 预计总工作量

某项固定资产月折旧额 = 该项固定资产当月实际工作量 × 单位工作量折旧额

【例6－7】 万友公司的一台大型设备，原价为60万元，预计生产产品产量为200万件，预计净残值率为3%，本月生产产品3万件。该台设备的月折旧额计算如下：

单件折旧额 =（600 000－600 000×3%）÷2 000 000

=0.291（元/件）

月折旧额 = 30 000×0.291 =8 730（元）

【方法评价】 工作量法将固定资产折旧额与其使用期间的负荷相关联，有一定的合理性。但没有考虑无形损耗对固定资产服务潜力的影响。它适用于各期完成工作量不均衡的固定资产，如一些独立的大型机械、大型施工设施、运输设备等固定资产折旧的计提。

（三）双倍余额递减法

双倍余额递减法是在不考虑固定资产预计净残值的情况下，根据每年年初固定资产净值和双倍的直线法折旧率计算固定资产折旧额的一种方法。采用这种方法计算折旧额时，由于分期计算折旧固定资产净值没有扣除预计净残值，所以在计算固定资产折旧额时，应在其折旧年限到期前两年，将固定资产净值扣除预计净值残值后的余额平均摊销。计算公式为：

年折旧率 =2 ÷ 预计使用年限 ×100%

年折旧额 = 固定资产期初账面净值 × 年折旧率

【例6－8】 万友公司有一台机器设备，原价为100 000元，预计使用寿命为5年，预计净残值为4 000元。按双倍余额递减法计算各年折旧额，如表6－5所示。

年折旧率 =2÷5×100% =40%

表 6－5　　**各年折旧额计算表**（双倍余额递减法）　　金额单位：元

时间	年初账面净值	年折旧率	年折旧额	累计折旧	年末账面折余价值
第 1 年	100 000	40%	40 000	40 000	60 000
第 2 年	100 000－40 000＝60 000	40%	24 000	64 000	36 000
第 3 年	100 000－64 000＝36 000	40%	14 400	78 400	21 600
第 4 年	100 000－78 400＝21 600	—	（21 600－4 000）÷2＝8 800	87 200	12 800
第 5 年	100 000－87 200＝12 800	—	8 800	96 000	4 000

【方法评价】　双倍余额递减法是以逐年递减的固定资产净值为基数，以不变的双倍于年限平均法的折旧率计算各期折旧额，各期折旧额前多后少，逐年递减，严谨合理，体现了加速折旧法的优点。但这种方法最后两年需改为直线法，存在记录与核算上的难度和复杂性。所以，这种加速折旧法只适用于固定资产项目不多的企业。

（四）年数总和法

年数总和法，是将固定资产的原值减去预计净残值后的净额作为折旧基数，乘以一个逐年递减的分数计算各期固定资产折旧额的一种方法。计算公式为：

年折旧率＝尚可使用年限÷预计使用年限的年数总和

年折旧额＝（固定资产原值－预计净残值）×年折旧率

【例 6－9】　承【例 6－8】资料，采用年数总和法计算的各年折旧额，如表 6－6 所示。

表 6－6　　**各年折旧额计算表**（年数总和法）　　金额单位：元

时间	尚可使用年限	原价－预计净残值（应计提折旧额）	年折旧率	年折旧额	累计折旧	年末账面折余价值
第 1 年	5	96 000	5/15	32 000	32 000	68 000
第 2 年	4	96 000	4/15	25 600	57 600	42 400
第 3 年	3	96 000	3/15	19 200	76 800	23 200
第 4 年	2	96 000	2/15	12 800	89 600	10 400
第 5 年	1	96 000	1/15	6 400	96 000	4 000

【方法评价】　年数总和法是以固定不变的应计提折旧额为基数，以逐年递减的固定资产尚可使用年限与年数总和的比率为折旧率计算各期折旧额，各期折旧额也是前多后少，逐年递减，体现加速折旧法的优点，并且不存在最后两年改为直线法的问题。所以，这种加速折旧法运用比较广泛，在固定资产项目较多、预计使用年限较长时运用更为适宜。但在固定资产折旧年限和会计期间不一致的情况下，存在分段计算折旧的问题。

课堂讨论：

（1）某项固定资产原值18万元，预计净残值率5%，预计使用寿命为6年，分别按年限平均法、双倍余额递减法和年数总和法计算第二年的折旧额各是多少元？

（2）为什么将双倍余额递减法、年数总和法称为快速折旧法或加速折旧法。其有哪些方面的优点？

（3）“无论采用何种方法计算固定资产折旧，最终都是要考虑固定资产预计净残值的”，这种说法正确吗？

四、固定资产折旧的账务处理

企业计提的固定资产折旧，应设置“累计折旧”账户进行核算。“累计折旧”账户是“固定资产”账户的备抵账户。该账户贷方登记企业按月计提的固定资产折旧，借方登记处置固定资产转出的累计折旧，期末余额在贷方，表示企业固定资产的累计折旧额。该账户可按固定资产的类别或项目进行明细核算。

企业按月计提的折旧，应根据固定资产用途计入相关资产的成本或当期损益：车间的固定资产折旧，应记入“制造费用”账户；厂部的固定资产折旧，应记入“管理费用”账户；专设销售机构的固定资产折旧，应记入“销售费用”账户；出租的固定资产折旧，应记入“其他业务成本”账户；用于无形资产研发的固定资产折旧，应记入“研发支出”账户等。

【例6－10】 万友公司7月份固定资产折旧计算汇总表，如表6－7所示。

表6－7　　固定资产折旧计算汇总表　　单位：元

使用部门	固定资产项目	上月折旧额	上月增加固定资产		上月减少固定资产		本月折旧额
			原值	月折旧额	原值	月折旧额	
第一车间	厂房	9 200					9 200
	机器设备	41 500	92 000	800	53 000	600	41 700
	小计	50 700	92 000	800	53 000	600	50 900
第二车间	厂房	6 500					6 500
	机器设备	32 100	78 000	900			33 000
	小计	38 600	78 000	900			39 500
厂部	房屋	8 200					8 200
	设备设施	9 500			15 000	300	9 200
	交通工具	5 000					5 000
	小计	22 700			15 000	300	22 400
专设销售机构	房屋	700					700
总　计		112 700	170 000	1 700	68 000	900	113 500

公司据以计提折旧的账务处理为：

借：制造费用——基本生产车间——一车间（折旧费）　　50 900

——基本生产车间——二车间（折旧费）　　39 500
管理费用——折旧费　　22 400
销售费用——折旧费　　700
贷：累计折旧　　113 500

相关链接：

根据财税〔2018〕54号文件规定，企业在2018年1月1日至2020年12月31日期间新购进的设备、器具（指房屋、建筑物以外的固定资产），单位价值不超过500万元，允许一次性计入当期成本、费用在计算应纳税所得额时抵扣，不再分年度计算折旧。这是指企业所得税处理"一次性计入当期成本、费用"，会计处理仍需要按照固定资产折旧方法计提折旧，产生的会税差异是通过纳税调整方式进行处理的。

模块四　固定资产后续支出的核算

固定资产后续支出，是指固定资产在使用过程中发生的更新改造支出、修理费用等。固定资产投入使用后，为了适应新技术发展和提高固定资产使用效能的需要，有必要对现有固定资产进行维护、改建、扩建或改良。例如，通过对厂房进行改建、扩建而使其更加坚固耐用；通过对流水生产线更新改造，提高设备的生产能力；通过对加工设备的改良，使生产产品的精确度有所提高，实现产品的更新换代等。

同时，固定资产在使用过程中，由于各个构成部分耐用程度或使用条件的不同，可能会发生固定资产的局部损坏，为维护固定资产的使用效能，保证固定资产的正常使用，企业必须对各项固定资产进行有计划的、及时的修理和维护，这些都属于固定资产的后续支出。

固定资产的后续支出分为资本化的后续支出和费用化的后续支出两大类。

一、资本化的后续支出

与固定资产有关的后续支出，同时满足下列两个条件的，应列为资本化支出：（1）与该固定资产有关的经济利益很可能流入企业；（2）该固定资产的成本能够可靠地计量。

企业对原有固定资产的更新改造、装修工程等，一般属于资本化的后续支出。

企业固定资产进行更新改造、装修工程等时，应先将该固定资产的原值、累计折旧（包括已计提的固定资产减值准备），转入"在建工程"账户；发生的各项资本化支出通过"在建工程"账户进行归集。工程达到预定可使用状态后，将"在建工程"账户所归集的全部支出转入"固定资产"账户。同时，应将被替换（或拆除）部分的账面价值予以扣除。

【例 6－11】 万友公司的一条生产线，原建造成本为 600 000 元，已提折旧 190 000 元，预计使用年限为 8 年。使用 3 年后现决定对其进行更新改造，以提高其生产能力。改造工程历时 4 个月，领用的工程物资 210 000 元；以银行存款支付专用发票所列的工程款 150 000 元，增值税 13 500 元；改造过程中回收残料入库待处理，作价 20 000 元。公司的账务处理为：

• 生产线转入改造时：

借：在建工程——生产线改造工程　　410 000
　　累计折旧　　190 000
　　贷：固定资产　　600 000

• 改造工程领用工程物资，以存款支付改造工程支出时：

借：在建工程——生产线改造工程　　360 000
　　应交税费——应交增值税（进项税额）　　13 500
　　贷：工程物资　　210 000
　　　　银行存款　　163 500

• 改造工程回收残料，作价入库时：

借：原材料——辅助材料　　20 000
　　贷：在建工程——生产线改造工程　　20 000

• 改造工程达到预定可使用状态，结转工程成本时：

借：固定资产——生产经营用固定资产　　750 000
　　贷：在建工程——生产线改造工程　　750 000

二、费用化的后续支出

不符合固定资产资本化条件的后续支出，如固定资产日常修理费用、固定资产维护性支出等，在发生时应当按照受益对象计入当期损益或计入相关资产的成本。具体情况是：与存货的生产和加工相关的固定资产日常修理费用等后续支，按照存货成本确定原则进行处理（如生产车间发生的固定资产日常修理费用，按功能分类应列入“制造费用”账户）；企业行政管理部门发生的固定资产日常修理费用等后续支出，列入“管理费用”账户；专设销售机构发生的固定资产修理费用等后续支出，列入“销售费用”账户。

【例 6－12】 1 月 3 日，万友公司对厂部现有的一栋房屋进行修理，修理过程中领用库存原材料一批，成本为 9 万元，应负担的维修人员的职工薪酬为 8 000 元。公司的账务处理为：

借：管理费用——修理费　　98 000
　　贷：原材料——原料及主要材料　　90 000
　　　　应付职工薪酬　　8 000

【例 6－13】 万友公司对一车间生产设备进行修理，以银行存款向承修单位支付专用发票所列的修理费 15 000 元，增值税 1 950 元。公司的账务处理为：

借：制造费用——一车间（修理费）　　15 000
　　应交税费——应交增值税（进项税额）　　1 950
　　贷：银行存款　　16 950

•提示：固定资产更新改造支出不满足固定资产确认条件的，应在发生时计入当期损益或计入相关资产的成本。

相关链接：

执行《小企业会计准则》的企业，固定资产修理费用核算的不同点：

（1）固定资产大修理费用应列为长期待摊费用，按照固定资产尚可使用年限进行分析摊销。固定资产大修理费用是指同时符合下列两个条件的修理费用：第一，修理支出达到取得固定资产时的计税基础50%以上；第二，修理后固定资产的使用寿命延长两年以上。

（2）固定资产发生的修理费用（含分摊大修理费用）根据固定资产的受益对象计入相关资产成本或当期损益，即属于车间固定资产的，应记入“制造费用”账户。

模块五　固定资产租赁的核算

租赁是指在一定期间内，出租人将资产的使用权让与承租人以获取对价的合同。一项合同要被分类为租赁，必须要满足三要素：一是存在一定期间；二是存在已识别资产；三是资产供应方向客户转移对已识别资产使用权的控制。所以，如果合同一方让渡了在一定期间内控制已识别资产使用的权利以换取对价，则该合同为租赁。企业固定资产租赁分为租入和出租两个方面。

一、租入固定资产

（一）一般租入固定资产

根据新修订的《企业会计准则第21号——租赁》，承租人不再将租赁区分为经营租赁和融资租赁，企业租入固定资产除采用简化处理的短期租赁和低价值资产租赁以外的，均确认为使用权资产和租赁负债。

使用权资产是指承租人可在租赁期内使用租赁资产的权利。承租人使用租赁资产的权利是支付对价而取得的，承租人对租入资产虽不具有所有权，但拥有控制权，根据实质重于形式的信息质量要求，承租人使用租赁资产的权利应确认为资产。

1. 使用权资产的初始计量。租赁开始日，承租人应当按照成本原则对使用权资产进行初始计量。该成本包括：

（1）租赁负债的初始计量金额。租赁负债的初始计量金额是指租赁开始日尚未支付的租赁付款额的现值。

（2）在租赁开始日或之前支付的租赁付款额；存在租赁激励的，应扣除已享受的租赁激励相关金额。

（3）承租人发生的初始直接费用。这是指为达成租赁所发生的增量成本。增量成本是指若企业不取得该租赁，则不会发生的成本，如支付的租赁中介费、向前任租户支付的补偿款等。

（4）承租人为拆卸及移除租赁资产、复原租赁资产所在场地或将租赁资产恢复至租赁条款约定状态预计将发生的成本。

2. 使用权资产的后续计量。租赁开始日后，承租人应当采用成本模式对使用权资产进行后续计量，即以成本减累计折旧及累计减值损失计量使用权资产。

（1）使用权资产的折旧。使用权资产应当参照《企业会计准则第 4 号——固定资产》有关折旧规定计提折旧。

使用权资产的折旧方法，通常采用直线法，如果其他折旧方法更能反映使用权资产有关经济利益预期实现方式的，应采用其他折旧方法。

使用权资产的折旧年限，应按以下原则确定：承租人能够合理确定租赁期届满时取得租赁资产所有权的，应当在租赁资产剩余使用寿命内计提折旧；无法合理确定租赁期届满时能够取得租赁资产所有权的，应当在租赁期与租赁资产剩余使用寿命两者孰短的期间内计提折旧。

（2）使用权资产的减值。承租人应当按照《企业会计准则第 8 号——资产减值》的规定，确定使用权资产是否发生减值，并根据已确认的减值计提资产减值准备。使用权资产的减值准备一旦计提，不得转回。

3. 使用权资产核算的账户。企业使用权资产主要应设置以下账户进行核算：

（1）“使用权资产”账户。该账户核算承租人持有使用权资产的原价。借方登记取得使用权资产发生的各项成本，贷方登记租赁缩减、转租、终止等而结转的使用权资产成本，期末余额在借方，反映承租人持有使用权资产的原价。

“使用权资产”账户可按租赁资产的类别和项目进行明细核算。

（2）“使用权资产累计折旧”账户。该账户核算使用权资产的累计折旧。贷方登记持有使用权资产计提的折旧，借方登记租赁缩减、转租、终止等而结转的使用权资产累计折旧，期末余额在贷方，反映使用权资产的累计折旧额。

“使用权资产累计折旧”账户，可按租赁资产的类别和项目进行明细核算。

（3）“使用权资产减值准备”账户。该账户核算使用权资产的减值准备。贷方登记持有使用权资产计提的减值准备，借方登记租赁缩减、转租、终止等而结转的使用权资产累计减值准备，期末余额在贷方，反映使用权资产的累计减值准备金额。

“使用权资产减值准备”账户，可按租赁资产的类别和项目进行明细核算。

承租人使用权资产的核算，还应设置“租赁负债”“预计负债”等账户。

4. 使用权资产的账务处理。使用权资产的基本账务处理主要有：

（1）使用权资产的取得。企业取得使用权资产在租赁开始日，应当按确定的成本借记“使用权资产”账户，按尚未支付的租赁付款额的现值，贷记“租赁负债”账户；对于租赁开始日之前支付的租赁付款额（扣除已享受的租赁激励），贷记“预付账款”账户；按发生的初始直接费用，贷记“银行存款”等账户；按预计将发生为拆卸及移除租赁资产、复原租赁资产所在场地或将租赁资产恢复至租赁条款约定状态等成本的现值，贷记“预计负债”账户。

（2）提示：①承租人取得使用权资产，使用权资产按租赁付款额的现值入账，租赁负债按租赁付款额入账，两者的差额列为未确认融资费用，记入“租赁负债——未确认融资费用”账户。②未确认融资费用在租赁期内各期确认利息时，摊销计入利息费用。③计算租赁付款额的现值，其折现率应采用租赁内含利率，无法确定租赁内含利率的，应当采用承租人增量借款利率。

【例6-14】 万友公司与大华公司签订了钱江大厦200m^{2}商铺的租赁合同，有关资料如下：

①租赁期为5年，租赁开始日为2×21年7月1日；②租赁期内年租金为10万元（不含税），于每年的7月1日一次支付；③租赁付款额为50万元，按照增量借款利率（租赁内含利率无法确定）折现后的现值为42.5万元；④万友公司需向此商铺前任租户支付补偿款3 000元，并向中介机构支付佣金4 000元（含税）。租赁开始日，万友公司的有关账务处理为：

- 根据租赁付款额和租赁付款额的现值，确认租赁负债和使用权资产：

借：使用权资产——钱江大厦商铺　　425 000
　　租赁负债——未确认融资费用　　75 000
　　贷：租赁负债——租赁付款额（大华公司）　　500 000

- 以银行存款支付增值税专用发票所列的租金10万元（第1年），增值税9 000元：

借：租赁负债——租赁付款额（大华公司）　　100 000
　　应交税费——应交增值税（进项税额）　　9 000
　　贷：银行存款　　109 000

- 以银行存款支付两项初始直接费用7 000元（取得增值税普通发票）：

借：使用权资产——钱江大厦商铺　　7 000
　　贷：银行存款　　7 000

（2）使用权资产的后续计量。租赁开始日后，使用权资产通常应自租赁开始的当月计提折旧，当月计提确有困难的，也可以从下月起计提折旧。使用权资产按月计提的折旧，应根据资产用途，计入相关资产成本或者当期损益，借记“制造费用”（生产车间使用）、“销售费用”（专设销售机构使用）、“管理费用”（管理部门使用）“研发支出”（无形资产研发用）等账户，贷记“使用权资产累计折旧”账户。

【例6-15】 承【例6-14】资料，万友公司上述租入的商铺从2×21年7月起，根据租赁期5年按月计提折旧。此项租赁资产为专设销售机构使用。公司的账务处理为：

月折旧额=(425 000+7 000)÷(5×12)=7 200(元)。

借：销售费用——专设销售机构折旧费　　7 200
　　贷：使用权资产累计折旧　　7 200

会计期末，企业应对使用权资产进行减值测试，确认使用权资产发生减值的，应按减值金额，借记“资产减值损失”账户，贷记“使用权资产减值准备”账户。

（3）使用权资产的到期返还。租赁合同到期，承租人返还租赁资产的，应结转使用权资产有关账户的账面金额，借记“使用权资产累计折旧”“使用权资产减值准备”账户，贷记“使用权资产”账户。

【例6-16】 承【例6-14】和【例6-15】资料，2×26年6月30日，租赁合同到期，万友公司向大华公司返还租赁资产，此项租赁资产未计提过减值准备。不考虑其他因素，公司的账务处理为：

借：使用权资产累计折旧　　432 000

　　贷：使用权资产——钱江大厦商铺　　432 000

还需注意的是：租赁期间因租赁变更导致租赁范围缩小或租赁期限缩短的，以及其他租赁变更，承租人应当相应调减使用权资产的账面价值，以反映租赁的部分终止或完全终止。承租人部分终止或完全终止租赁的相关利得或损失计入当期损益（一般列为资产处置损益）。

（二）短期租赁和低价值资产租赁

1. 短期租赁和低价值资产租赁的判断。承租人需要根据租赁资产的租赁期限、全新单价、使用获益方式等，加以判断是否属于短期租赁和低价值资产租赁。

短期租赁，是指在租赁开始日，租赁期不超过12个月的租赁。短期租赁的判断应考虑：

（1）租赁期的确定，如果合同约定承租人拥有续租选择权的，应将续租选择权月份合并计算后加以判断。例如，承租人与出租人签订合同，约定不可撤销期间为11个月，且承租人拥有4个月的续租选择权，则承租人确定租赁期为15个月，不属于短期租赁。

（2）包含购买选择权的租赁，不属于短期租赁。

（3）短期租赁承租人可以按照租赁资产的类别作出判断选择。

低价值资产租赁，是指单项租赁资产为全新资产时价值较低的租赁。其判断应考虑：

（1）判断是否属于低价值资产租赁，应是基于租赁资产的全新状态下的价值进行评估，不应考虑资产的已使用年限。

（2）低价值资产租赁承租人可以根据每项租赁资产的具体情况作出判断选择。

（3）低价值资产租赁的判断仅与租赁资产全新状态下的绝对价值有关，不受承租人的规模、性质等影响，也不考虑该资产的重要性。

相关链接：

根据财政部《企业会计准则第21号——租赁》应用指南：低价值租赁资产应是能够单独使承租人获益，且与其他租赁资产没有高度依赖或高度关联关系。通常符合低价值资产租赁的资产其全新状态下的绝对价值应低于4万元。

例如，租赁IT设备（平板电脑、桌面打印机、笔记本电脑等）、普通家具（桌椅、办公隔断等）、饮水机、电话机等小型资产，承租人是能够单独获益的，可以作为低价值资产租赁。

租赁服务器（包括增加容量的单独组件），尽管单个组件的单价不高（单个不超过1万元），但由于每个组件都与其他部分高度相关，因此不能作为低价值资产租赁。

2. 短期租赁和低价值资产租赁的账务处理。对于短期租赁和低价值资产租赁，承租人可以选择简化的会计处理，其账务处理与原经营租赁方式租入资产基本一致。

（1）租赁资产。此类方式下租入的固定资产等，可简化会计处理，承租人不必确认使用权资产，也不应作为承租企业的其他资产计价入账。租入资产列为代管物资，设置“固定资产备查簿”等进行备查登记。

（2）租赁付款额。承租人应当将短期租赁和低价值资产租赁的租赁付款额，在租赁期内各期间按照直线法计入相关资产成本或当期损益。其他系统合理的方法能够更好地反映承租人受益模式的，承租人应当采用该方法。

承租人应支付的租赁付款额，根据租赁资产的用途，计入相关资产的成本或者当期损益，借记“制造费用”“销售费用”“管理费用”“研发支出”等账户，贷记“银行存款”“其他应付款”等账户。承租人支付费用涉及增值税的，还应进行相应的处理。

企业预付以后会计年度的租赁付款额，应通过“长期待摊费用”账户核算。承租人向出租人支付的租赁资产押金，通过“其他应收款——存出保证金”账户进行核算。

【例 6－17】 万友公司与长安公司签订一项起重设备租赁合同，设备原值 600 万元，预计使用年限为 12 年，租赁期为 10 个月，租赁开始日为本年 2 月 1 日，租赁付款额 70 万元（不含增值税），于合同到期日一次支付。此项租赁符合短期租赁条件，公司有关账务处理为：

- 本年 2 月 1 日，收到租赁设备，交付生产车间使用，设备列代管物资。
- 2 月起，按月确认此项租赁设备的应付租赁付款额时：70 ÷ 10 = 7（万元）

借：制造费用——生产车间（租赁费）　　70 000
　　贷：其他应付款——应付租赁费（长安公司）　　70 000

- 11 月 30 日，租赁到期退还设备，结计租赁付款额，并取得增值税专用发票，增值税税率 13%。价税款以银行存款支付：

借：制造费用——生产车间（租赁费）　　70 000（本月）
　　其他应付款——应付租赁费（长安公司）　　630 000（2 月至 10 月）
　　应交税费——应交增值税（进项税额）　　（700 000 × 13%）91 000
　　贷：银行存款　　791 000

二、出租固定资产

根据《企业会计准则第 21 号——租赁》，出租人应当在租赁开始日将租赁分为融资租赁和经营租赁。

（一）融资租赁

融资租赁，是指实质上转移了与租赁资产所有权有关的几乎全部风险和报酬的租赁。融资租赁的主要特点有：租赁期限较长，会占租赁资产使用寿命的大部分；租赁费总额接近于租赁资产的公允价值；租赁期满承租人有优先购买选择权，或承租人可以以其他方式取得租赁资产的所有权；租赁资产有特殊性，如果不作较大改造，只有承租人才能使用。所以，融资租赁实际上是一种融资行为，其实质是分期付款购置固定资产的方式。

融资租赁方式出租固定资产，属于特殊企业的业务，这里不作具体介绍。

（二）经营租赁

经营租赁，是指除融资租赁以外的其他租赁。经营租赁一般租赁期限较短；租赁费总额往往只占租赁资产公允价值的一小部分；租赁期满承租人将租赁资产退还出租人。所以，经营租赁承租人只是按合同支付相关费用，取得租赁资产的使用权，与租赁资产所有权有关的风险和报酬并没有转移，仍属于出租人。

1. 出租固定资产。经营租赁下，出租固定资产的所有权并没有改变，且与所有权相关的风险和报酬并未转移。因此，出租人仍应将租赁资产按自有资产予以反映列示。但其使用方式是发生变化的，需进行固定资产的明细核算。

2. 租金收入的确认。出租人在经营租赁下收取的租金应当在租赁期内的各个期间按照直线法确认为收入，如果其他方法更合理也可以采用其他方法。

出租人确认租赁收入时，按收取的款项，借记“银行存款”等账户，按应计未收到的款项，借记“其他应收款”等账户，贷记“其他业务收入”等账户，按应计增值税额，贷记“应交税费——应交增值税（销项税额）”账户。

3. 出租资产的费用和折旧。企业经营出租资产应按照权责发生制和配比原则确认相关成本费用。

出租人发生的与经营租赁相关的初始直接费用，应当资本化至租赁资产的成本，在租赁期内按照与租金收入相同的确认基础，分期计入当期损益（“其他业务成本”等账户）。

经营出租的固定资产，出租人应按期根据该类资产一贯采用的折旧政策对其计提折旧。企业计提出租固定资产折旧时，借记“其他业务成本”等账户，贷记“累计折旧”账户。

经营出租固定资产确认发生减值的，应按规定计提资产减值准备，借记“资产减值损失”账户，贷记“固定资产减值准备”账户。

提示：

（1）经营租赁业务在一般企业属于附营业务，所以，其租金收入列为其他业务收入，相应的成本费用列其他业务成本。

（2）出租人提供免租期的，出租人应将租金收入总额在整个租赁期（含免租期）进行分摊，并相应确认该项租赁免租期的成本费用。

（3）企业用于赚取租金的房屋、建筑物，应确认为“投资性房地产”。

【例6-18】 承【例6-17】资料，长安公司与万友公司签订设备租赁合同，属于经营租赁，设备原值为600万元，预计使用寿命12年，预计净残值率为4%，租赁期为10个月，租赁开始日为本年2月1日，租金总额70万元于合同到期月份一次收取。长安公司发生的有关经济业务及账务处理为：

• 2月1日，交付出租固定资产时：

借：固定资产——出租固定资产（万友公司）　　6 000 000

　　贷：固定资产——未使用固定资产　　6 000 000

• 2月起，按月确认租金收入（假定增值税于合同到期月份计列）时：

借：其他应收款——应收租金（万友公司）　　70 000

　　贷：其他业务收入　　70 000

• 按月计提此项出租设备折旧时：月折旧额 $=600\times(1-4\%)\div12\times12=4$（万元）

借：其他业务成本　　40 000

　　贷：累计折旧　　40 000

• 11月末，租赁到期收到万友公司退还的设备。结计租金收入，出具增值税专用发票，增值税税率13%，价税款791 000元收存银行：

借：银行存款　　791 000

　　贷：其他业务收入　　70 000（本月）

　　　　其他应收款——应收租金（万友公司）　　630 000（2月至10月）

应交税费——应交增值税（销项税额） 91 000

课堂讨论：

（1）【例6－18】中11月末租赁到期收到万友公司退还的设备，长安公司需进行怎样的账务处理？

（2）融资租赁的承租人应确认使用权资产，经营租赁的承租人不确认使用权资产。这种说法正确吗？

模块六　固定资产处置、清查和减值的核算

一、固定资产处置

固定资产处置是指固定资产退出企业，包括固定资产的报废、出售、毁损、对外投资、重组债务、对外捐赠等。固定资产的处置清理，应填制“固定资产报废单”或“固定资产清理单”，按程序区别情况进行处理。

（一）出售固定资产

企业预计在一年内完成出售，且短期（通常为3个月）内很可能满足划分为持有待售类别相关条件的固定资产，应划分为“持有待售资产——固定资产”。

1. 划分为持有待售固定资产。固定资产划分为持有待售后，应按已计提的累计折旧，借记“累计折旧”账户，按已计提的减值准备，借记“固定资产减值准备”账户，按其账户面值（差额），借记“持有待售资产——固定资产”账户；按其账面原值，贷记“固定资产”账户。

2. 持有待售资产发生减值的处理。企业持有待售资产账面价值高于其公允价值减去出售费用后的净额，应将其差额确认为资产减值损失，记入“持有待售资产减值准备”账户。如果其公允价值减去出售费用后的净额有所增加的，则在计提资产减值损失的范围内予以转回。企业持有待售的固定资产不计提折旧。

3. 出售过程中发生的相关税费。企业处置持有待售固定资产发生的相关税费（增值税销项税额以外），借记“资产处置损益”账户，贷记“银行存款”“应交税费”等账户。一般纳税人企业支付出售处置费用，专用发票所列的增值税，应列入“应交税费——应交增值税”（进项税额）账户。

4. 取得出售收入。取得处置持有待售固定资产收入时，按收到的价款，借记“银行存款”等账户，按相关处置资产账面余额，贷记“持有待售资产”账户，按确认应交的增值税，贷记“应交税费——应交增值税（销项税额）”账户，按其差额借记或贷记“资产处置

损益”账户。已计提减值准备的，还应同时结转已计提的减值准备。

【例 6－19】 7 月 2 日，万友公司决定将一项不需用生产设备划分为持有待售资产，该设备原值 20 万元，已提累计折旧 10 万元，预计出售市场价格（公允价值）减去出售费用后的净额为 13 万元。公司的账务处理为：

• 7 月 2 日，将不需用生产设备划分为持有待售资产时：

借：累计折旧	100 000	
持有待售资产——固定资产	100 000	
贷：固定资产——不需用固定资产		200 000

• 8 月 2 日，以银行存款支付专用发票所列的出售费用 2 000 元，增值税 180 元时：

借：资产处置损益	2 000	
应交税费——应交增值税（进项税额）	180	
贷：银行存款		2 180

• 8 月 3 日，收到处置上述生产设备的价款 130 000 元，增值税 16 900 元，共计 146 900 元存入银行：

借：银行存款	146 900	
贷：持有待售资产——固定资产		100 000
应交税费——应交增值税（销项税额）		16 900
资产处置损益		30 000

此项资产设备处置取得的收益为 28 000（30 000－2 000）元，“资产处置损益”账户的贷方余额 28 000 元 按期结转至“本年利润”。

提示：

（1）“持有待售资产”账户，核算企业持有待售的非流动资产和持有待售的处置组中的资产。该账户属流动资产类账户。企业出售未划分为持有待售的固定资产，应通过“固定资产清理”账户核算。

（2）“资产处置损益”账户，主要核算企业出售划分为持有待售非流动资产（金融工具、长期股权投资和投资性房地产除外）或处置组（子公司和业务除外）时确认的处置利得或损失，以及处置未划分为持有待售的固定资产、在建工程、生产性生物资产及无形资产而产生的利得或损失。该期账户属于损益类账户，期末余额应转入“本年利润”账户。

（二）毁损报废固定资产

企业固定资产的报废毁损、对外投资、债务重组、对外捐赠等，应通过“固定资产清理”账户进行核算。固定资产清理处置完毕后，固定资产管理部门根据“固定资产报废单”或“固定资产清理单”登记该项固定资产卡片，将卡片抽出另行保管，财会部门据以进行账务处理。

“固定资产清理”账户，核算清理转出固定资产价值及清理过程中发生的费用等，其结构如图 6－7 所示。该账户可按清理的固定资产项目进行明细核算。

企业毁损报废的固定资产的步骤和账务处理一般为：

1. 结转清理固定资产的账面价值。按清理固定资产的账面价值，借记“固定资产清理”账户；按已计提累计折旧，借记“累计折旧”账户；按已计提的减值准备，借记“固定资产减值准备”账户；按固定资产账面原值，贷记“固定资产”账户。

借方	“固定资产清理”账户 贷方
①清理转出固定资产的账面价值 ②清理固定资产发生的清理费用 ③清理固定资产应交的增值税以外的税费 ④结转清理固定资产的净收益→（营业外收入）	①清理转出固定资产取得收入（不含增值税） ②结转处置固定资产的净损失→（营业外支出）
期末余额：尚未清理完毕的固定资产清理净损失	

图 6－7 “固定资产清理”账户的结构

2. 发生清理费用及相关应交税费。清理过程中发生的费用以及应交的相关税费（增值税除外），借记“固定资产清理”账户，贷记“银行存款”“应交税费”等账户。

3. 取得残料收入和保险赔款等。按实际取得的残料价值、变价收入或保险赔款等，借记“银行存款”“原材料”“其他应收款”等账户，贷记“固定资产清理”账户，并按处置固定资产收入应交增值税，贷记“应交税费——应交增值税（销项税额）”账户。

4. 结转净损益。按“固定资产清理”账户的贷方差额，借记“固定资产清理”账户，贷记“营业外收入——非流动资产毁损报废利得”账户；结转固定资产处置的净损失，按“固定资产清理”账户的借方差额，借记“营业外支出——非流动资产毁损报废损失”账户，贷记“固定资产清理”账户。其中属于自然灾害等非正常原因造成的损失，应借记“营业外支出——非常损失”账户。

相关链接：

根据财税〔2016〕36号文件《营业税改征增值税试点有关事项的规定》（一般纳税人企业）：

（1）销售自己使用过、营改增之前取得的固定资产可以按简易计税3%计算，减按2%计算缴纳增值税，不得开具增值税专用发票；也可以放弃减免，按3%计算缴纳增值税，可以开具增值税专用发票。

（2）转让2016年4月30日前取得（不含自建）的不动产，可以选择以取得全部价款和价外费用扣除购置原价（或取得不动产时的作价）后的余额，按5%的征收率简易计税。

（3）一般纳税人企业销售不符合上述条件的固定资产则按适用税率征税：不动产转让9%，其他固定资产13%。

【例6－20】 万友公司有一台C专用设备（2007年2月购置），已无法正常使用，经批准报废。该设备原价为190 000元，累计已计提折旧170 000元。以银行存款支付普通发票所列的清理费用2 300元，残料变卖收入为5 150元。公司的账务处理为：

- 转出清理资产时：

借：固定资产清理——C专用设备报废清理	20 000	
累计折旧	170 000	
贷：固定资产		190 000

- 发生清理费用时：

借：固定资产清理——C专用设备报废清理	2 300	
贷：银行存款		2 300

• 取得残料变价收入存入银行时：[增值税：5 150 ÷（1 + 3%）×2% = 100（元）]

借：银行存款　　5 150

　贷：固定资产清理——C 专用设备报废清理　　5 050

　　应交税费——应交增值税（销项税额）　　100

• 结转处置净损益时：

借：营业外支出——非流动资产毁损报废损失　　17 250

　贷：固定资产清理——C 专用设备报废清理　　17 250

【例 6 – 21】 万友公司因遭受水灾而毁损一座仓库，该仓库原价 500 万元，已提折旧 200 万元；发生的清理费用 2 万元（未取得专用发票），以银行存款支付；无残值收入；经保险公司确定赔偿 150 万元，赔款尚未收到。公司的账务处理为：

• 将损毁的仓库转入清理时：

借：固定资产清理——仓库清理　　3 000 000

　累计折旧　　2 000 000

　贷：固定资产——生产经营用固定资产　　5 000 000

• 支付清理费用时：

借：固定资产清理——仓库清理　　20 000

　贷：银行存款　　20 000

• 保险公司确定理赔的款项时：

借：其他应收款——××保险公司　　1 500 000

　贷：固定资产清理——仓库清理　　1 500 000

• 结转毁损固定资产发生的损失时：

借：营业外支出——非常损失　　1 520 000

　贷：固定资产清理——仓库清理　　1 520 000

课堂讨论：

某公司出售一项 2008 年 12 月 31 日前取得的生产设备，取得出售收入（含税）52 万元，固定资产原值 90 万元，累计已提折旧 20 万元，已计提减值准备 15 万元，其他清理费用 1 万元（未取得专用发票）。不考虑增值税以外的其他税费。该项固定资产出售的净损益为多少元？应如何进行账务处理？

（三）投资转出固定资产

投资转出的固定资产，按固定资产净值加上应支付的相关税费，借记“固定资产清理”账户；按已计提的累计折旧，借记“累计折旧”账户；按已计提的减值准备，借记“固定资产减值准备”账户；按固定资产账面原值，贷记“固定资产”账户；按应支付的相关税费，贷记“银行存款”“应交税费”等账户。转出投资不符合非货币性资产交换条件的，按转出固定资产账面价值（净值 + 相关税费），借记“长期股权投资”等账户，贷记“固定资产清理”账户；转出资产符合非货币性资产交换条件的，应按投资确认的公允价值，借记“长期股权投资”账户，转出资产账面价值（净值 + 相关税费）与投资确认价值的差额列为当期损益，记入“资产处置损益”账户。

【例 6－22】 万友公司以一项设备（假定为 2020 年 1 月购置）向大化公司投资，原价为 200 000 元，已提折旧 20 000 元，应交增值税为 23 400 元。此项投资不符合非货币性资产交换的条件。账务处理为：

借：固定资产清理　　203 400
　　累计折旧　　20 000
　　贷：固定资产——生产经营用固定资产　　200 000
　　　　应交税费——应交增值税（销项税额）　　23 400
借：长期股权投资——大化公司　　203 400
　　贷：固定资产清理　　203 400

提示：

固定资产转出产生利得或损失应区分几种情况：

- 固定资产出售→利得或损失→记入“资产处置损益”账户（含出售、非货币性资产交换）
- 固定资产报废、毁损→
  - 利得→记入“营业外收入”账户
  - 损失→记入“营业外支出”账户
- 固定资产对外捐赠→净值→记入“营业外支出”账户
- 固定资产盘亏→净损失→记入“营业外支出——盘亏损失”账户

（以上均为）当期损益

（四）捐赠转出固定资产

对外捐赠转出固定资产的账务处理与固定资产出售、报废或毁损的处理基本一致，要通过“固定资产清理”账户核算。但期末，应将“固定资产清理”账户的余额进行结转，借记“营业外支出——公益性捐赠支出”账户，贷记“固定资产清理”账户。

提示：

（1）固定资产清理包括固定资产的报废、毁损、投资转出、捐赠转出等。

（2）存货毁损是通过“待处理财产损溢”账户核算的；固定资产毁损则是通过“固定资产清理”账户核算的。

二、固定资产的清查

（一）固定资产清查的目的和方法

在固定资产的使用过程中，由于客观或人为的原因，会出现固定资产账实不符。为了保证企业固定资产的安全完整，应定期或不定期地对固定资产进行清查。

企业于每年编制年度财务报告前，应当对固定资产进行全面的清查。平时可根据需要进行局部的清查。

在清查前，会计人员和固定资产的管理人员应将各自负责的有关固定资产的账簿记录核对准确。固定资产的清查方法采用实地盘点，即把固定资产卡片与实物进行核对。对于盘盈、盘亏的固定资产，应填写盘存记录。清查结束后，应根据盘点的记录，编制“固定资产盘盈盘亏报告表”（见表 6－8），作为固定资产清查的账务处理依据。

表 6－8　固定资产盘盈盘亏报告表

部门：　　　　　　　　　　　　　　年　月　日

固定资产编号	固定资产名称	固定资产规格及型号	盘盈			盘亏			毁损			原因
			数量	重置成本	累计折旧	数量	原值	已提折旧	数量	原值	已提折旧	
处理意见	审批部门			清查小组					使用保管部门			

（二）固定资产清查的账务处理

1. 盘盈的固定资产。企业如有盘盈的固定资产，应作为前期会计差错通过“以前年度损益调整”账户进行核算。

企业发现盘盈的固定资产，应按盘盈固定资产的重置价值减去估计价值损耗（估计折旧）后的余额，借记“固定资产”账户，贷记“以前年度损益调整”账户。审批之后，按盘盈的固定资产的净值，借记“以前年度损益调整”账户，按应调整增加的所得税费用，贷记“应交税费——应交所得税”账户，并按其余额调整留存收益，贷记“利润分配”账户。

【例 6－23】 公司在财产清查中发现盘盈设备一台，其重置价值为 10 万元，有八成新，估计折旧 2 万元。公司的账务处理为：

• 发现盘盈时：

借：固定资产——生产经营用固定资产　　80 000

　　贷：以前年度损益调整　　80 000

• 经审核此项盘盈应调整所得税费用 2 万元：

借：以前年度损益调整　　20 000

　　贷：应交税费——应交所得税　　20 000

• 余额进行留存收益的结转：

借：以前年度损益调整　　60 000

　　贷：盈余公积——法定盈余公积　　6 000

　　　　利润分配——未分配利润　　54 000

2. 固定资产盘亏。企业在财产清查过程中发现固定资产盘亏，应及时注销其原值、已提折旧额和已提固定资产减值准备。按已计提的累计折旧，借记“累计折旧”账户，按已计提的固定资产减值准备，借记“固定资产减值准备”账户，按其账面价值借记“待处理财产损溢”账户；按固定资产账面原值，贷记“固定资产”账户。已查明原因处理时，按盘亏的固定资产的净值，贷记“待处理财产损溢——待处理固定资产损溢”账户，按借贷差额，借记“营业外支出——盘亏损失”账户。因管理不善原因造成的固定资产盘亏，还应将其增值税进项税转列为“进项税额转出”。

【例 6－24】 公司在财产清查中发现盘亏一台设备，其原值为 20 万元，已提折旧 16 万元。公司的账务处理为：

- 发现盘亏时：

借：待处理财产损溢——待处理固定资产损溢　　40 000
　　累计折旧　　160 000
　　贷：固定资产　　200 000

- 报经有关部门审批后：

借：营业外支出——盘亏损失　　40 000
　　贷：待处理财产损溢——待处理固定资产损溢　　40 000

三、固定资产减值

（一）判断固定资产减值的主要迹象

为了客观、真实、准确地反映期末固定资产的实际价值，企业在资产负债表日，应合理地确定固定资产的期末价值。同时，固定资产在使用过程中，由于存在有形损耗（如自然磨损等）和无形损耗（如技术陈旧等）以及其他原因，可能导致其可收回金额低于其账面价值，这种情况即为固定资产减值。

如果企业已经发生固定资产减值损失而不加以确认，必将导致固定资产价值的虚增，同时也不符合会计核算原则中的谨慎性原则。因此企业应当于期末对固定资产进行检查，如果发现存在下列情况，应当计算固定资产的可收回金额，以确定资产是否已经发生减值，并计提相应的固定资产减值准备。

1. 固定资产市价大幅度下跌，其跌幅大大高于因时间推移或正常使用而预计的下跌，并且预计在近期内不可能恢复。

2. 企业所处经营环境，如技术、市场、经济或法律环境，或者产品营销市场在当期发生或在近期发生重大变化，并对企业产生负面影响。

3. 同期市场利率等大幅度提高，很可能影响企业计算固定资产可收回金额的折现率，并导致固定资产可收回金额大幅度降低。

4. 固定资产陈旧过时或发生实体损坏等。

5. 固定资产预计使用方式发生重大不利变化，如企业计划终止或重组该资产所属的经营业务、提前处置资产等情形，而对企业产生负面影响。

6. 其他有可能表明资产已发生减值的情况。

（二）计提固定资产减值准备的账务处理

固定资产发生减值，企业应按确认的减值额，计提固定资产减值准备，借记“资产减值损失”账户，贷记“固定资产减值准备”账户。如果已提取了固定资产减值准备的资产，以后其可收回金额又高于其账面价值时，不得冲减已提减值准备。

【例 6－25】 万友公司于年末，对使用不正常 B 类生产设备检查，发现存在减值迹象，B 类生产设备账面原值 80 万元，预计净残值率为 5%，预计使用寿命为 10 年，已提折旧 42 万元。经确认设备公允价值为 35 万元（净值），清理处置费用预计 1 万元；设备尚可使用期间和处置的预计未来现金流量的现值为 35 万元。公司这一固定资产减值确认的账务处理为：

资产减值 =（800 000 − 420 000）− 350 000（两者中较高者）

= 30 000（元）

借：资产减值损失——固定资产减值　　30 000

　贷：固定资产减值准备　　30 000

提示：

计提减值后，这一固定资产的账面价值会发生变化，其以后期间应提折旧额、月折旧额均应加以调整。假定按【例 6－25】资料，设备尚可使用年限为 5 年，则：

$$年折旧额 = \frac{(800\,000 - 420\,000) - 800\,000 \times 5\% - 30\,000}{5} = 62\,000（元）$$

原年折旧额为：800 000 ×（1 − 5%）÷ 10 = 76 000（元）

项目小结

本项目主要知识点如表 6－9 所示。

表 6－9

固定资产的特点和内容	定义、三个特点、三种分类（综合分类：六大项）	
固定资产的初始计量	三种计税基础：原值、净值、重置价值；初始计量：成本入账，分来源确定	
固定资产的取得	取得途径：购入（不需要安装、需要安装）、自建（自营、出包）、投入、其他	“固定资产”账户 “工程物资”账户 “在建工程”账户
固定资产的使用期间	计提折旧：折旧影响因素、折旧范围、计算方法、账务处理	“累计折旧”账户
	后续支出：维修（费用化）、更新改造（资本化）	“制造费用”“管理费用”等账户 “在建工程”等账户
	固定资产租赁（一般租入）：使用权资产取得、折旧、减值退还	“使用权资产”账户
	计提减值：账面价值高于可回收金额	“固定资产减值准备”账户
	清查：盘盈（“以前年度损益调整”）、盘亏（待处理财产损溢）	
固定资产的处置	出售、报废、毁损、对外投资等	“固定资产清理”等账户

固定资产使用寿命的有关问题和小企业固定资产核算的主要不同点

固定资产综合训练

课堂讨论解析

项目七
无形资产和长期待摊费用的核算

学习目标：

1. 知识目标：

□ 了解无形资产的业务流程和减值准备的计提；
□ 理解无形资产的内容、特点和确认；
□ 理解长期待摊费用的内容和主要账务处理；
□ 掌握无形资产的初始计量和无形资产摊销方法；
□ 掌握无形资产取得、摊销、出租和处置的主要账务处理。

2. 能力目标：

□ 能够识别无形资产并准确确定其入账价值；
□ 能够对各种途径取得的无形资产（特别是内部研发无形资产）和长期待摊费用进行核算。

3. 素养目标：

□ 提高创新意识，助力企业科技创新；
□ 培养积极主动、富有创造性的工作态度。

前些年，世界著名重量级拳王麦克·泰森首次来到上海。泰森20岁成名，有着"铁人""野兽"等多种称号，但他这次前来上海并非跟谁比试老拳，而是展开一系列改变个人形象的公众活动，活动的重头戏是为一家以黑人文化为特色的酒吧开业剪彩。这家酒吧的经理是泰森的朋友，同时泰森也是酒吧的股东之一，并担任这家酒吧的名誉董事。然而，泰森拥有的股份他并没有出钱，那么泰森拿什么入股呢？那就是他个人的名气。个人名气也可以入股，说明个人名气是有价值的。

2016年6月，英国《金融时报》报道，研究机构Millward Brown编制的全球100个最具价值品牌的前十强为：谷歌、苹果、微软、AT&T、Facebook、Visa、Amazon、Verizon、麦当劳、IBM，其中谷歌的价值为2 292亿美元。这100个品牌中有15个中国品牌上榜：腾讯（第11位，849亿美元）、中国移动（第15位，559亿美元）、阿里巴巴（第18位，493亿美元），而华为的表现最亮眼，从2015年排名第70位上升到第50位

（187 亿美元）。

个人名气、信誉、技术专长可以作价入股；企业成功的品牌、商标权、专利权等还是很有价值的。这些没有实物形态但却能带来财富的资产，就是人们常说的无形资产。在科学技术日新月异的今天，无形资产在企业的作用是非常显著的，优秀的企业离不开良好的无形资产的支撑。

无形资产和长期待摊费用的核算如图 7－1 所示。

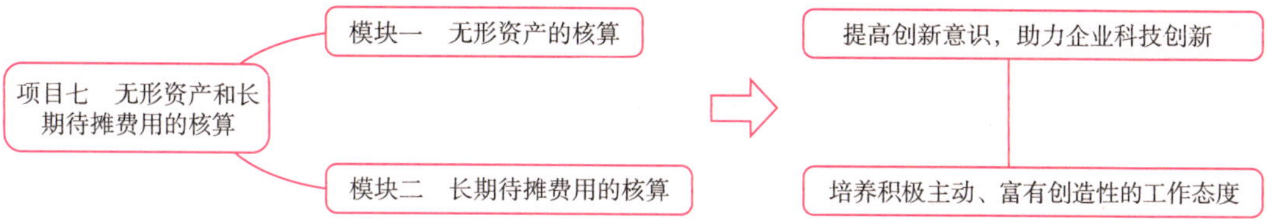

图 7－1 无形资产和长期待摊费用的核算

模块一 无形资产的核算

一、无形资产概述

（一）无形资产及其特征

无形资产是指企业拥有或控制的没有实物形态的可辨认非货币性资产。无形资产具有如下基本特征：

1. 不具有实物形态。无形资产通常表现为某种权利、技术或获取超额利润的综合能力，没有实物形态。这是无形资产最基本的特征，也是确认无形资产的基本依据。

2. 是可辨认的资产。**这是指能够与实体分开单独处置的资产，也就是具有专门名称、能个别取得和单独处置的资产。**无实物形态的，但不具有可辨认性的资产，不属于无形资产，如商誉。

3. 有偿取得。企业取得无形资产是要付出代价的，凡没有作出专门支付行为的，会计核算上一般不能作为无形资产入账。

4. 未来经济利益的不确定性。无形资产应能够为企业带来未来的经济利益，但其预期的获利能力和数额难以准确地加以确定。无形资产的取得成本并不代表其经济价值，一项取得成本较高的无形资产可能为企业带来较少的经济利益，而取得成本较低的无形资产则可能给企业带来较大的收益。

5. 能在较长的时期内为企业带来经济利益。无形资产可以使企业在较长时期内受益，因而，无形资产属于非货币性长期（非流动）资产。

课堂讨论：

（1）你的手机、计算机上有软件下载吗？你认为单位的计算机上下载的软件是无形资产吗？

（2）你对无形资产有哪些了解？你认为企业一般会有哪些方面的无形资产？无形资产的作用体现在哪些方面？

（二）无形资产的确认

无形资产的确认，首先，应符合无形资产的定义。其次，必须同时满足以下两个条件：

1. **与该无形资产有关的经济利益很可能流入企业。**
2. **该无形资产的成本能够可靠地计量。**

（三）无形资产的内容

无形资产一般包括专利权、商标权、土地使用权、特许权、著作权和非专利技术等。

1. 专利权。**专利权是指国家专利主管机关依法授予申请人在法定期限内所享有的专制、专销和使用其发明创造成果的一种专门权利。**专利权依法授予，受法律保护；拥有人独自享有权利；法定时间内有效。

提示：

专利权的有用性主要体现在可以降低成本，或者提高产品质量，或者将其转让取得收入等。但是专利权并不保证一定能给持有者带来经济利益。所以只有从外单位购入的和自行研发并按法定程序申请取得的专利权，才能列为无形资产进行核算。

2. 商标权。商标是用来辨认特定商品或劳务的标记。**商标权是指企业专门在某种指定的产品或商品上使用特定的名称、图案和标记的权利。**商标权注册人依法取得，受法律保护；法定有效期限为十年，期满前可继续申请延长注册期；商标权的内容包括独占使用权和禁止使用权两个方面。

提示：

商标和商标权是两个不同的概念。商标权具有与专利权相近的专有性、地域性和时间性的特征。商标权是商标所有人的财富，其价值主要体现在优质优价和商品的市场占有率等方面。

企业拥有的商标权是否均列为无形资产呢？应区分两种情况，见图 7－2。

• 自创商标权 ⟶ 不列为无形资产 — 发生的直接费用（成本）难以确定；广告费等相关费用在发生时列为当期损益

• 外购、投资者投入的商标权 ⟶ 列为无形资产

图 7－2　商标权

3. 土地使用权。**土地使用权是指国家准许某一企业或单位在一定期间内对国有土地享有开发、利用、经营的权利。**企业列为无形资产的土地使用权与其取得方式密切相关（见图 7－3）。

• 行政划拨的土地使用权（相当于无偿取得）
- 按原划拨用途使用 → 不列为无形资产
- 改变用途，用于开发利用的（补交土地出让金）→ 列为无形资产

• 有偿取得的土地使用权 → 列为无形资产

图 7 - 3　土地使用权

课堂讨论：

（1）搜一搜出让土地使用权的相关信息和土地使用权的法定期限是多少年？

（2）土地所有权和土地使用权的区别是什么？

（3）行政划拨土地使用权和有偿取得土地使用权的区别有哪些？

（4）用于赚取租金或资本增值的土地使用权是无形资产吗？

4. 特许权。**特许权也称专营权，是指在某一地区经营或销售某种特定商品的权利，或是一家企业接受另一家企业使用其商标、商号、技术秘密等的权利。**前者是指由政府机构授权、准许企业使用或在一定地区享有经营某种业务的特权，如水、电、邮政、通信等专营权，烟草专卖权等；后者是指企业间按照合同，有限期或无限期使用另一家企业的某些权利，如肯德基、联华超市等连锁分店使用总店的名称等。目前，会计核算上只有后一种情况的特许权，才能作为无形资产入账。

5. 著作权。著作权也称版权，**是指著作权人对其著作依法享有的出版、发行等方面的专有权利。**著作权包括精神权利和经济权利两个方面。著作除了文学、艺术作品外，还应包括工程设计、产品设计图纸及其说明、计算机软件、美术作品、建筑作品、摄影作品等。

6. 非专利技术。非专利技术也称专有技术，**是指发明人垄断的，不公开的（未申请专利），可以带来经济利益的先进技术、技能、诀窍等。**非专利技术包括工业技术、商业（贸易）技术和管理技术等，具有经济性、秘密性和动态性的特点。非专利技术实际上具有专利权的效用，但不受法律保护，所有人依靠自我保密方式来维护其独占权。只要不泄密，非专利技术可以长期拥有。

企业自行开发研究非专利技术，可能成功也可能失败，所以，研究过程中所发生的费用，根据谨慎性要求，应将研究阶段的支出列入当期损益，不计入无形资产价值。只有符合确认条件的开发阶段的支出以及相关费用，才能列为无形资产。对于从外部购入的非专利技术，应将其实际发生的支出予以资本化，作为无形资产入账。

7.1　什么是商誉

相关链接：

（1）商誉是不具有实物形态的资产，并能够给企业带来经济利益。但企业合并或外购形成的商誉，其存在无法与企业自身分离，不具有可辨认性，所以不列为无形资产。

（2）企业自创商标权、自行研发的非专利技术及内部产生的品牌、名称、信用等，因不符合无形资产确认条件，也不能列为无形资产。

（四）无形资产的分类

无形资产可以按有无期限和来源进行分类，具体如图 7－4 所示。

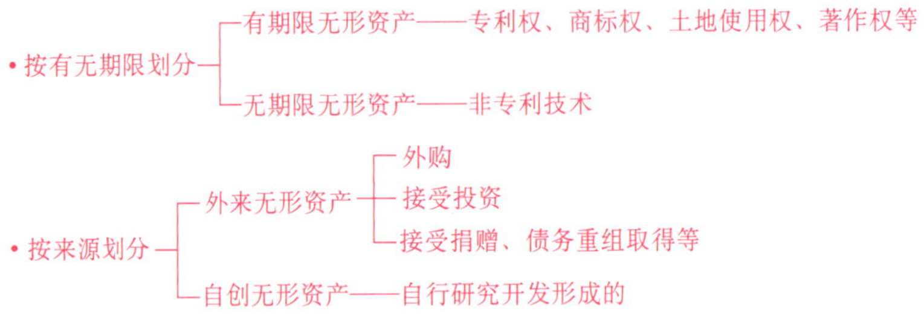

图 7－4　无形资产的分类

> **课堂讨论：**
>
> 不具有实物形态、有偿取得、能够给企业带来经济利益的资产，均能列为无形资产吗？企业确认无形资产时，要同时考虑哪些因素？

二、无形资产的业务流程

无形资产的一般业务流程如图 7－5 所示。

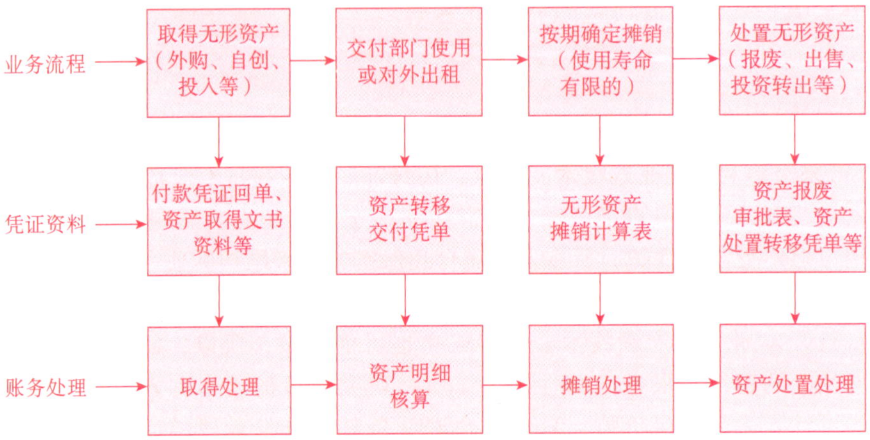

图 7－5　无形资产的业务流程

三、无形资产的初始计量

企业取得无形资产，应按其成本计价入账。无形资产取得时的成本，可根据不同来源加以确定：

1. 外购的无形资产：按取得时实际支付的购买价款、相关税费和直接归属于使该项资产达到预定用途所发生的其他支出（如注册登记费、聘请律师费用等），作为成本。

2. 投资者投入的无形资产：应按照投资合同或协议约定的价值作为成本。但合同或协议约定价值不公允的除外。一般纳税人企业也不包括专用发票所列的增值税。

3. 自行研发的无形资产：是以开发阶段符合资本化条件的支出作为成本。

企业研发无形资产，可以分为研究和开发两个阶段。研究是指为获取并理解新的科学或技术知识而进行的独创性的有计划调查；开发是指在进行商业性生产或使用前，将研究成果或其他知识应用于某项计划或设计，以生产出新的或具有实质性改进的材料、装置、产品等。企业自行开发无形资产的支出，应区分研究阶段支出和开发阶段支出分别进行处理：

- 研究阶段的支出，全部费用化，应当于发生时计入当期损益；开发阶段的支出，符合资本化条件的，确认为无形资产入账。不符合资本化条件的，计入当期损益。
- 无法区分研究阶段支出和开发阶段支出的，应当将其所发生的研发支出全部费用化，计入当期损益。
- 企业自行研究开发无形资产购进货物、接受劳务取得增值税专用发票的增值税，均不列为研发支出。

4. 接受捐赠的无形资产：捐赠方提供发票的，按发票上标明的金额加上应支付的相关税费（不含可以抵扣的增值税）确定其成本。捐赠方没有提供凭据的，按其市场价格或同类、类似无形资产市价作为入账成本。

提示：

无形资产的入账价值，既不是无形资产的实际价值，也不是取得无形资产所发生的全部实际成本。无形资产入账成本至少不包括：①自行开发无形资产研究阶段的支出；②自行开发无形资产不符合条件的开发阶段的支出；③无形资产入账后发生的后续支出。

一般纳税人企业取得无形资产增值税专用发票所列的增值税，均可作为“进项税额”进行抵扣，不计入无形资产的成本。

四、无形资产取得的账务处理

企业取得的无形资产，应设置“无形资产”账户进行核算。该账户借方登记取得无形资产的成本，贷方登记处置、转出无形资产的成本，期末余额在借方，表示企业无形资产的成本。该账户可按无形资产项目进行明细分类核算。

（一）购入的无形资产

企业外购专利权、商标权、非专利技术、特许权，以及有偿取得土地使用权等无形资产时，根据应计入无形资产成本的金额，记入“无形资产”账户。对于一并购入无形资产和其他资产的，其入账价值通常应按该无形资产和其他资产的公允价值相对比例计算确定。

【例 7－1】 万友公司因生产产品需要购入一项专利权，专用发票所列的价款为 120 000 元，增值税 7 200 元；普通发票所列的登记手续费、律师费用等 2 000 元。价税款以银行存款支付。公司的账务处理为：

借：无形资产——专利权	122 000	
应交税费——应交增值税（进项税额）	7 200	
贷：银行存款		129 200

（二）自行研发的无形资产

企业自行研发的无形资产，一般需经过研究和开发两个阶段，而且能否成功有很大的不确定性。所以，自行研发无形资产的支出，应先通过“研发支出”账户进行核算。自行研发项目达到预定用途形成无形资产时，将开发阶段发生的符合资本化条件的支出，作为无形资产成本，转入“无形资产”账户。自行研发项目研究过程中发生的费用以及开发阶段不符合资本化条件的支出均作为技术研究费用，直接列入当期损益（管理费用）。

企业自行研发无形资产发生的支出，应设置“研发支出”账户进行核算。该账户属于成本类账户，其结构如图 7－6 所示。该账户可按研究开发项目，分别“费用化支出”与“资本化支出”进行明细核算。

借方　　“研发支出”账户（成本类账户）	贷方
研究、开发无形资产发生的各项支出	研发项目形成无形资产转出资本化支出 按期转出研发项目的费用化支出
期末余额：企业正在进行研发项目满足资本化条件的支出	

图 7－6　“研发支出”账户的结构

【例 7－2】 万友公司自行研发 G 新技术，发生的有关经济业务及账务处理如下：

（1）研究过程中领用原材料 30 000 元；应付职工薪酬 28 000 元：

借：研发支出——G 新技术（费用化支出）　　58 000
　　贷：原材料　　30 000
　　　　应付职工薪酬　　28 000

（2）该项目研究取得初步成功，进入开发阶段发生应付人工费 13 000 元；以银行存款支付专用发票所列的技术服务费用 17 000 元，增值税 1 020 元；应负担的固定资产折旧费 9 000元。经确认开发阶段支出符合资本化条件：

借：研发支出——G 新技术（资本化支出）　　39 000
　　应交税费——应交增值税（进项税额）　　1 020
　　贷：应付职工薪酬　　13 000
　　　　累计折旧　　9 000
　　　　银行存款　　18 020

（3）期末，结转本期归集的费用化支出时：

借：管理费用　　58 000
　　贷：研发支出——G 新技术（费用化支出）　　58 000

（4）项目开发成功达到预定用途，申请取得专利权，以银行存款支付普通发票所列的登记费、律师费等 12 000 元，并结转资本化支出时：

借：无形资产——专利权　　51 000
　　贷：研发支出——G 新技术（资本化支出）　　39 000
　　　　银行存款　　12 000

（三）投资者投入的无形资产

投资者投入的无形资产，应按照投资合同或协议约定的价值记入“无形资产”账户。如果投资合同或协议约定的价值与其在实收资本（股本）中所拥有的份额有差额的，应将其差额作为资本公积处理。企业因接受投资无形资产而支付的相关税费（不含可以抵扣的增值税），也应记入“无形资产”账户。

【例7－3】 万友公司接受B公司投资转入的商标权一项，投资协议约定，该商标权的价值为50万元，按比例确认的资本额为45万元。收到商标权时未取得专用发票，公司的账务处理为：

借：无形资产——商标权	500 000	
贷：实收资本——B公司		450 000
资本公积		50 000

（四）接受捐赠的无形资产

企业接受捐赠的无形资产，应根据确定的入账价值，借记“无形资产”账户，贷记“营业外收入”等账户。企业因接受捐赠无形资产而支付的相关税费（不含可以抵扣的增值税），也应记入“无形资产”账户。

【例7－4】 万友公司接受某科研机构捐赠的一项无形资产，捐赠机构提供普通发票确认的价值为100 000元，并以银行存款支付普通发票所列的费用5 000元。公司的账务处理为：

借：无形资产	105 000	
贷：银行存款		5 000
营业外收入		100 000

五、无形资产的摊销

无形资产能在较长时期给企业带来经济效益，伴随着无形资产为企业提供经济利益，其价值也会发生转移。因此，企业取得的无形资产，应分析判断其使用寿命，并将其在预计使用寿命内系统、合理地摊销。

企业需要摊销的无形资产并不是所有无形资产，仅是使用寿命有限的那部分。使用寿命不确定的无形资产不必进行摊销。

提示：

企业使用寿命不确定的无形资产是不必进行摊销的，那么其价值在会计上是怎样处理的呢？使用寿命不确定的无形资产，无论是否存在减值迹象，每年都应当进行减值测试，确认产生减值的按照无形资产减值进行处理。否则，其账面价值保持不变。

另外，对于无法预见为企业带来未来经济利益期限的无形资产，应视为使用寿命不确定的无形资产。

（一）摊销的起止时间

无形资产的摊销，应当自无形资产可供使用时起，至不再作为无形资产确认时止。所以，一般情况下，无形资产应当自取得当月起进行摊销，处置、转销当月不再摊销。

（二）摊销方法和应摊销金额

无形资产的摊销方法有直线法、产量法等。企业选择的无形资产摊销方法，应当反映与该项无形资产有关的经济利益的预期消耗方式，并一致运用于不同会计期间，无法可靠确定预期消耗方式的，应当采用直线法进行摊销。

无形资产应摊销金额的确定：

应摊销金额＝成本－预计残值－已累计计提的减值准备

使用寿命有限的无形资产，其残值应当视为零，但存在以下任一情况的除外：（1）有第三方承诺在无形资产使用寿命结束时购买该无形资产；（2）可以根据活跃市场得到残值信息，并且该市场在无形资产使用寿命结束时很可能存在。无形资产在使用寿命结束时很可能获得一定经济利益的，则应预计残余价值，并在摊销时从成本中扣除。

提示：

无形资产摊销的起止时间与固定资产计提折旧的起止时间是不同的：无形资产摊销一般是取得当月；而固定资产计提折旧的起点是取得的次月。

无形资产摊销金额并不等于其成本，只有在预计残值为零，未计提过减值准备的情况下摊销金额才等于其成本。

（三）摊销期限

无形资产的摊销期为预计使用寿命。预计使用寿命由企业根据有关规定，结合企业具体情况加以确定。企业确定无形资产使用寿命应当区别下列情况进行：

1. 来源于合同性权利或者其他法定权利的无形资产，其使用寿命不应超过合同性权利或其他法定权利的年限。如果能够在到期时因续约等延续、且有证据表明企业续约不需要付出大额成本的，续约期应当计入使用寿命。

2. 合同或法律没有规定使用寿命的，企业应当综合各方面因素判断，以确定无形资产能为企业带来经济利益的期限。如聘请专家进行论证、与同行业的情况进行比较、参考历史经验等。

3. 经过上述努力仍无法合理确定无形资产为企业带来经济利益期限的，则将其列为使用寿命不确定的无形资产。

相关链接：

企业确定无形资产使用寿命，应当考虑的因素主要有：①该资产通常的产品寿命周期，可获得的类似资产使用寿命的信息；②技术、工艺等方面的现实情况及对未来发展的估计；③以该资产生产的产品或服务的市场需求情况；④现在或潜在的竞争者预期采取的行动；⑤为维持该资产产生未来经济利益的能力，预期的维持支出，以及企业预计支付有关支出的能力；⑥对该资产的控制期限，适用的法律或类似限制，如特许使用期间、租赁期间等；⑦与企业持有的其他资产使用寿命的关联性。

每年年末企业应对无形资产使用寿命进行复核：（1）使用寿命有限的无形资产，如果有证据表明其使用寿命与以前估计不同的，应当改变其摊销期限；（2）对使用寿命不确定的无形资产，如果有证据表明其使用寿命是有限的，应当估计其使用寿命，并按规定进行摊销。

（四）摊销的账务处理

企业使用寿命有限的无形资产应按规定进行摊销。企业无形资产的摊销应设置“累计摊销”账户进行核算。该账户是“无形资产”账户的备抵账户，贷方登记按月计提的无形资产摊销额，借方登记处置、转出无形资产的累计摊销额，期末余额在贷方，表示企业无形资产的累计摊销额。该账户可按无形资产项目进行明细核算。

企业按月计提的无形资产摊销，应根据其受益对象计入当期损益或相关资产成本。具体有：企业管理用无形资产的摊销，记入“管理费用”账户；出租无形资产的摊销，记入“其他业务成本”账户；生产过程使用与产品制造密切相关的无形资产摊销，记入“制造费用”账户。

提示：

（1）无形资产摊销一般计入当期损益，但并不是所有无形资产摊销都计入当期损益。

（2）房地产开发企业取得土地使用权的成本，应结转计入所建造的房屋、建筑物的成本。

（3）企业土地使用权和自建地上建筑物分别列为无形资产和固定资产的，两者应分别进行无形资产的摊销和固定资产的折旧。

【例7－5】 万友公司6月份无形资产摊销情况见表7－1。

表7－1　无形资产摊销表

××年6月　　　　单位：元

项　目	入账价值	摊销期限	每月摊销金额
土地使用权	1 800 000	30年	5 000
专利权A	132 000	10年	1 100
专利权B（出租）	150 000	5年	2 500
合　计	2 082 000	—	8 600

根据上述“无形资产摊销表”，公司应做如下账务处理：

借：管理费用——无形资产摊销　　6 100
　　其他业务成本　　2 500
　　贷：累计摊销——土地使用权　　5 000
　　　　　　　　——专利权A　　1 100
　　　　　　　　——专利权B　　2 500

六、无形资产的出租

企业出租无形资产，实际上就是无形资产使用权（不包括土地使用权）的转让，出租方并不丧失对原有无形资产的所有权，因而仍拥有使用、取得收益和处置的权利。租入方只是取得无形资产的使用权，在合同规定的范围内合理使用。出租无形资产取得的租金收入按照让渡资产使用权所取得收入加以确认，列为其他业务收入，并按规定计征增值税；发生的与出租无形资产相关的摊销额和相关支出等，应列为其他业务成本。

【例7-6】 万友公司准许M公司使用本企业的一项商标权，本月取得出租收入90 000元（不含税），增值税税率6%，价税款已收存银行；以银行存款支付M公司使用过程中发生的专用发票所列的商标印制、技术指导费用30 000元，增值税1 800元（其他应交税费略）。该项商标权账面成本为900 000元，每月应计摊销15 000元。公司的账务处理为：

- 取得出租收入时：

借：银行存款	95 400	
贷：其他业务收入		90 000
应交税费——应交增值税（销项税额）		5 400

- 结转摊销额、支付有关费用时：

借：其他业务成本	45 000	
应交税费——应交增值税（进项税额）	1 800	
贷：累计摊销——商标权		15 000
银行存款		31 800

七、无形资产的处置

（一）无形资产出售

无形资产出售是企业处置无形资产的一种方式，是企业转让无形资产所有权（包括土地使用权）的行为，无形资产所有权是指企业在法律规定的范围内对拥有的无形资产享有的占有、使用和收益处置的权利。企业出售无形资产的收入与该项无形资产的账面价值和应支付税费之和的差额，是处置这项资产的损益，应计入资产处置损益。

【例7-7】 万友公司将拥有的一项著作权出售，取得收入20万元（不含税），增值税税率6%（其他应交税费略），价税款收存银行。该项专利权的账面成本为26万元，累计摊销额10万元。公司的账务处理为：

借：银行存款	212 000	
累计摊销——著作权	100 000	
贷：无形资产——著利权		260 000
应交税费——应交增值税（销项税额）		12 000
资产处置损益		40 000

课堂讨论：

（1）为什么出售无形资产所得价款不确认为收入，而出租无形资产取得的租金收入要确认为收入？

（2）无形资产出售和出租与固定资产出售和出租的会计处理有哪些区别？

（二）无形资产的报废

如果无形资产预期不能为企业带来经济利益时，不再符合无形资产的定义，企业应将该无形资产的账面价值予以转销，确认为转销当月的营业外支出，已计提减值准备的，还应同时结转已计提的减值准备。判断无形资产预期不能为企业带来经济利益，应根据下列迹象加以判断：

1. 该无形资产已被其他新技术等所替代，且已不能为企业带来经济利益；

2. 该无形资产不再受法律的保护，且不能给企业带来经济利益。

【例7-8】 万友公司经核查发现，专利权M由于科技进步等原因已丧失使用价值，不能为企业带来经济利益，予以转销。该项专利权账面成本15万元，累计摊销额12万元，已计提无形资产减值准备1万元。公司的账务处理为：

借：营业外支出	20 000	
无形资产减值准备	10 000	
累计摊销——专利权M	120 000	
贷：无形资产——专利权M		150 000

八、无形资产的减值

由于科学技术的进步或其他经济原因，企业所拥有的无形资产可能会发生价值减损。为真实、准确地提供无形资产价值的信息，企业应在资产负债表日判断无形资产是否存在可能发生减值的迹象，当资产存在减值迹象时应当计提减值准备。

无形资产减值是指无形资产可收回金额低于其账面价值的差额。企业应在资产负债表日对无形资产的账面价值进行检查，判断其是否存在减值迹象。如果发现无形资产存在减值迹象，应对无形资产的可收回金额进行估计，并将该无形资产可收回金额低于其账面价值的部分（减值）确认为资产减值损失，计入当期损益并计提相应的资产减值准备。这也说明，无形资产是按照账面价值与可收回金额孰低进行计量的。

无形资产可收回金额是指下列两项金额中的较大者：无形资产的公允价值减去处置费用后的净额；无形资产预计未来现金流量的现值。

检查无形资产，发现存在以下一种或几种情况的，可以确定为无形资产发生减值：

第一，该项无形资产已被其他新技术等所替代，使其为企业创造经济利益的能力受到重大不利影响；

第二，该项无形资产的市价在当期大幅度下跌，在剩余年限内预期不会恢复；

第三，该项无形资产已超过法律保护期限，但仍然具有部分使用价值；

第四，其他足以表明该无形资产的账面价值已超过可收回金额的情形。

企业所持有的无形资产的账面价值高于其可收回金额的，其差额应确认为无形资产减值，计入“资产减值损失——无形资产减值损失”账户。无形资产减值损失一经确认，在以后会计期间不得转回。

【例7-9】 万友公司于年末对现有无形资产进行核实检查，各项无形资产的账面价值与可收回金额对比资料见表7-2。根据资料，公司确认无形资产减值准备，账务处理为：

借：资产减值损失——无形资产减值损失	4 600	
贷：无形资产减值准备		4 600

已计提减值准备的无形资产，应当按照其账面价值与尚可使用年限重新计算以后各期应摊销的金额，但以前年度已摊销的金额不再做调整。

表 7－2　　无形资产账面价值与可收回金额对比表

××年 12 月 31 日　　单位：元

项　目	账面价值	可收回金额	减　值
土地使用权	1 620 000	2 850 000	—
专利权 A	105 600	102 000	3 600
专利权 B	120 000	119 000	1 000
合　计	1 845 600	—	4 600

【例 7－10】 万友公司的专利权 A 取得时的成本为 132 000 元，预计使用年限为 10 年，无预计残值。该资产至本期已使用 3 年，已累计摊销 39 600 元，已计提减值准备 3 600 元。重新估计该项专利权尚可使用 4 年。下月份起每月应计摊销额为：（132 000－39 600－3 600）÷4÷12＝1 850（元）。

假定专利权 A 以后年度未发生过减值，至第 7 年年末，“无形资产”账户余额为 132 000 元，“累计摊销”账户余额 128 400（39 600＋4×1 850×12）元，差额 3 600 元，即为计提的减值准备。第 7 年年末报废结转此项资产时，账务处理为：

借：无形资产减值准备　　3 600
　　累计摊销——专利权　　128 400
　　贷：无形资产——专利权　　132 000

相关链接：

执行《小企业会计准则》的企业，无形资产的核算有以下不同点：

（1）投资者投入无形资产的成本是按照评估价值和相关税费（不含可以抵扣的增值税）确定。

（2）对所有无形资产均进行摊销，并只能采用年限平均法进行摊销。有法律和合同约定使用年限的，按规定或约定的使用年限进行摊销；对不能可靠估计使用寿命的无形资产，摊销期不得低于 10 年。

（3）无形资产不计提减值准备。

模块二　长期待摊费用的核算

一、长期待摊费用的内容

长期待摊费用，是指企业已经发生，应由本期和以后各期负担的，摊销期在一年以上的各项费用。长期待摊费用本质上不属于资产，但由于它一般数额较大，受益期较长，所以将其列为资产项目，在受益期内转销或分期摊销。企业的长期待摊费用主要包括：

1. 租入使用权资产改良支出。租入使用权资产改良支出，是指能改进租入使用权资产的效用或延长其使用寿命的改装、装饰、改建等支出。这种改良支出是承租人在租赁期限和使用权限内发生的，它能改善该项使用权资产的使用效能，但不能列入租入使用权资产的价值，因而应列为长期待摊费用处理。

2. 预付租入资产租金。预付租入资产租金，是指因企业租入资产（不含租入使用权资产）预付一年以上的租金费用。如企业低价值租赁固定资产预付一年以上的租金，租入无形资产（不适用租赁准则）预付一年以上的租金等。

3. 其他长期待摊费用。这是指不属于上述各项以外的各种摊销期超过一年的其他待摊费用。

企业已经缴纳的税金，应由本期负担的借款利息、租金等以及无法与未来收益相配比的其他各项支出，不能作为长期待摊费用处理。

长期待摊费用本身没有价值，并不属于资产的范畴，它所带来的效益要期待于未来实现，并且数额比较大，为正确反映当期经营成果，需要对其作递延处理，当然也不能随意增加费用项目，将应计入当期损益的费用列为长期待摊费用。

相关链接：

执行《小企业会计准则》的企业，长期待摊费用的核算有以下不同：

(1) 预付租金通过“预付账款”账户进行核算。

(2) 已提足折旧固定资产的改建支出列为长期待摊费用（按尚可使用年限进行分摊）。

(3) 固定资产大修理支出同时符合下列两个条件的列为长期待摊费用（按尚可使用年限进行分摊）：修理支出达到取得固定资产时的计税基础50%以上；修理后固定资产的使用寿命延长2年以上的。

(4) 其他长期待摊费用，自支出发生月份的下月起分期摊销，摊销期不得低于3年。

二、长期待摊费用的账务处理

企业发生的长期待摊费用，应设置“长期待摊费用”账户进行核算。该账户借方登记企业发生的各项长期待摊费用，贷方登记摊销的长期待摊费用，期末借方余额反映企业尚未摊销完毕的长期待摊费用。该账户可按费用项目进行明细核算。

长期待摊费用应按费用项目进行归集，并在各费用项目受益期进行摊销或结转。各项费用摊销期限和方法为：租入使用权资产改良支出，应在租赁期限与租赁资产尚可使用年限两者孰短的期限内平均摊销；预付租入固定资产租金，应按合同确定的租赁年限分期摊销；其他长期待摊费用应按照受益期限平均摊销。摊销的长期待摊费用，一般是按受益部门或用途计入相关成本、费用。

提示：

长期待摊费用摊销，应分别受益部门或用途，车间受益的列入“制造费用”；厂部受益的列入“管理费用”；销售产品受益或专设销售机构受益的列入“销售费用”。

企业发生长期待摊费用时，借记“长期待摊费用”账户，贷记“银行存款”“应付职工薪酬”等账户；分期摊销费用时，应按受益部门分别借记“制造费用”“销售费用”“管理费用”等账户，贷记“长期待摊费用”账户。

【例 7－11】 万友公司专设销售机构年初向外单位租入一层营业用房，合同约定租赁期为 5 年。从承租日起，公司对该营业用房进行装修，以银行存款支付专用发票所列工程款 150 000 元，增值税 13 500 元。该项目尚可使用 15 年。公司的账务处理为：

- 支付出包工程款时：

借：在建工程　　150 000
　　应交税费——应交增值税（进项税额）　　13 500
　　贷：银行存款　　163 500

- 装修完工结转工程成本时：

借：长期待摊费用——租入使用权资产改良支出　　150 000
　　贷：在建工程　　150 000

- 房屋尚可使用年限 15 年，租赁期 5 年，费用应按租赁期分摊。每月分摊时：

每月摊销额 = 150 000 ÷（5 × 12）= 2 500（元）

借：销售费用　　2 500
　　贷：长期待摊费用——租入使用权资产改良支出　　2 500

【例 7－12】 万友公司管理部门向外单位租入一批办公设备（属低价值资产租赁），合同约定租赁期为 3 年，承租日以银行存款预付 3 年的租赁费 72 万元（未取得增值税专用发票）。公司的账务处理为：

- 预付租赁费时：

借：长期待摊费用——预付办公设备租金　　720 000
　　贷：银行存款　　720 000

- 租赁期内按月分摊租赁费时：

借：管理费用——租赁费　　（720 000 ÷ 3 ÷ 12）20 000
　　贷：长期待摊费用——预付办公设备租金　　20 000

如果长期待摊的费用项目不能使以后会计期间受益的，应当将尚未摊销的该项目的摊余价值全部转入当期损益。

7.2　长期待摊费用与预付账款的区别

课堂讨论：

下列各项是否应列为长期待摊费用：

(1) 分期摊销法下，领用摊销期为 2 年的生产工具一批，成本 7 万元；

(2) 支付固定资产大修理费用 10 万元，修理间隔期为 3 年；

(3) 公司开办期间发生费用 6 万元；

(4) 公司外购商标权支付的价款和税费共计 25 万元；

(5) 公司租入办公用房一层，租赁期 5 年，支付装修费 50 万元。

项目小结

本项目包括无形资产和长期待摊费用两项内容，其主要知识点见表7－3。

表7－3

无形资产	确认	符合定义：无实体，可辨认，非货币性资产、同时满足“两个条件”	六大内容：专利权、商标权、土地使用权、著作权、特许权、非专利技术
	初始计量	取得成本	外购：支付价款、相关税费（不含可以抵扣的增值税，下同） 投入：合同或协议约定价值 自行研发：开发阶段符合资本化条件的支出
	账务处理（有关账户之间的关联见图7－7）	取得：外购、自行研发	“无形资产”账户 “研发支出”账户
		摊销：期限为可供使用时至终止确认时；范围是使用寿命有限的；方法自选，但应与其有关经济利益预期消耗方式一致	“累计摊销”账户
		出租、处置、减值等	“无形资产减值准备”账户
长期待摊费用	含义	已经发生，应由本期和以后各期负担的，摊销期在一年以上的各项费用	
	包括	租入使用权资产改良支出、预付租金、其他长期待摊费用	
	摊销期	受益期，其中租入使用权资产改良支出是租赁期限与租赁资产尚可使用年限孰短	
	摊销方法	一般是：平均摊销，按月进行	
	列支	分别受益部门：车间——制造费用；厂部——管理费用；专设销售机构——销售费用	

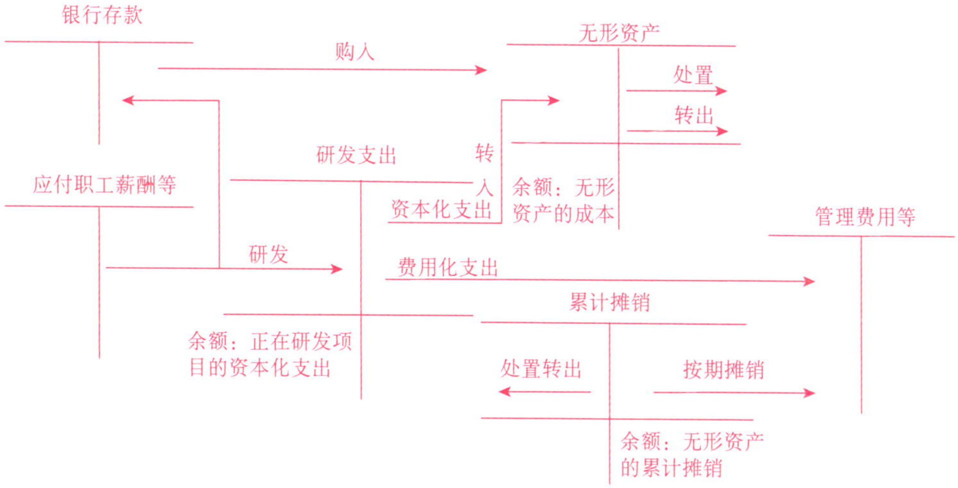

图7－7 无形资产核算有关账户的关联

专利权的特征和专有
技术与专利的区别

自行研发无形资产开发
阶段的资本化条件

项目八
流动负债的核算

学习目标：

1. 知识目标：

- ☐ 了解负债和流动负债的概念和内容；
- ☐ 理解预收账款、其他应付款和应付票据的核算内容及账务处理；
- ☐ 理解职工工资的计算与结算；
- ☐ 理解“应付职工薪酬”账户和“应交税费”账户结构及核算内容；
- ☐ 掌握短期借款取得、计息和归还的账务处理；
- ☐ 掌握应付账款的核算内容及账务处理；
- ☐ 掌握职工薪酬的内容及主要职工薪酬结算与分配的账务处理；
- ☐ 掌握增值税、消费税主要税种的账务处理。

2. 能力目标：

- ☐ 能够准确识别和区分各项流动负债；
- ☐ 能够按照岗位工作流程和工作规范对企业职工薪酬业务进行实际操作；
- ☐ 能够熟练运用企业涉及的各种税费并进行正确的核算。

3. 素养目标：

- ☐ 提高诚信重视度，珍惜个人信用，共建诚信社会；
- ☐ 培养诚实守信的会计职业道德，做一个自觉纳税、遵纪守法的好公民。

张文军先生，今年33岁，在滨江某外资公司做了多年的销售主管。张先生月薪1万有余，扣除个人所得税、个人应交社保金、住房公积金等后实发薪金仍有8 000多元，家庭财务状况良好。为了改善居住条件，张先生决定购买一套住房，以多年积蓄交足了30%首付款后，向银行申请取得了为期20年的按揭贷款110万元。随后，张先生一家高高兴兴地搬进了新居。张先生虽然月收入不低，且比较稳定，但每月固定的住房还贷支出，加上用车费用及其他临时性支出，以致拥有数百万家产的张先生，却要不时地向亲朋好友借钱周转一下，短者数日，长者半年。看来，富裕的张先生也是个“负翁”！

思考：

张先生月薪是 1 万多元还是 8 000 多元？张先生的实发薪金是怎样算出来的？

张先生对其购买住房的按揭贷款和临时周转需要的借款负有义务，这种义务从经济角度讲就是“负债”。家庭是这样，企业亦是如此，每个企业都会存在一定的负债。本例中向亲朋好友临时周转的借款就是流动负债，为期 20 年的住房贷款肯定是非流动负债。本项目所要介绍的内容就是流动负债。其核算内容如图 8－1 所示。

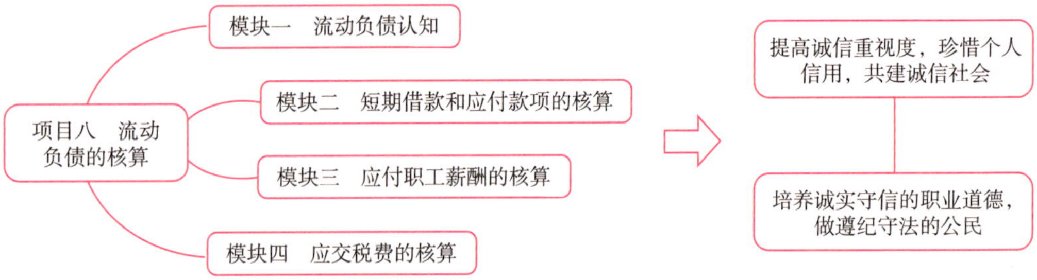

图 8－1 流动负债的核算

模块一 流动负债认知

企业借给别人钱，即“人欠我”，称为“债权”，是企业的资产；企业欠别人钱，即“我欠人”，称为“债务”，是企业的负债。

一、负债和流动负债

负债是指企业过去的交易或者事项形成的，预期会导致经济利益流出企业的现时义务。对负债的定义可以从以下几个方面去理解：

第一，负债是企业在现时条件下已承担的义务。企业现时未承担（或不能）承担的义务，不能确认为负债。如企业预计在明年购买一辆 30 万元的汽车，由于只是一个意向或计划，没有实质的业务发生，哪怕签订了购车合同，也不能列为企业今年的负债。

第二，负债是企业承担的能够以货币计量的义务。企业承担的不能用货币计量的义务（或承诺）不能确认为负债。

第三，负债的清偿会导致经济利益流出企业。企业的负债要在以后用资产或劳务来偿还，即现行的负债代表着企业未来经济利益的流出。所以，负债要点可以概括为如图 8－2 所示。

一个企业的自有资金是有限的，所以，负债是企业一项重要的资金来源。适度的负债经营，是企业生产经营的策略和方式。

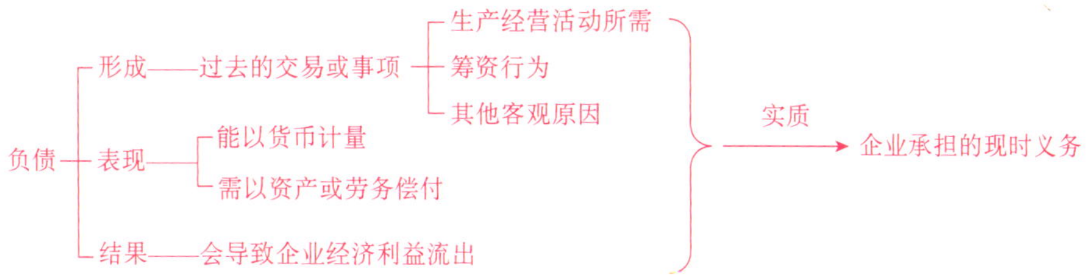

图 8－2　负债要点概括

课堂讨论：

(1) 形成负债是现时义务。未来发生的交易或者事项形成的义务，即非现时义务，会形成负债吗？

(2) 企业负债，是否因为企业缺乏资金？企业没有负债，或负债很小，是否说明企业财务状况好？

企业的负债按其流动性可分为流动负债和非流动负债两大类。

流动负债是指将在一年或者超过一年的一个营业周期内偿还的各种债务。流动负债主要内容如图 8－3 所示。

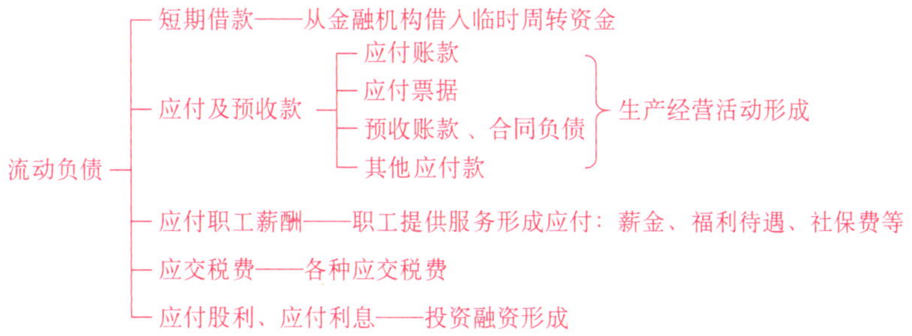

图 8－3　流动负债的主要内容

相关链接：

关于负债的确认：

(1) 符合负债定义并同时满足下列两个条件的，应确认为负债：①与该义务有关的经济利益很可能流出企业；②未来流出利益的金额能够可靠地计量。

(2) 符合负债定义和负债确认条件的项目，应当列入资产负债表。

二、流动负债的特点

流动负债除了具有负债的一般特点外，还具有以下特点：

第一，偿还期限短。这是流动负债的最大特点，它在债权人提出要求时即期偿付，或在一年或者超过一年的一个经营周期内应偿付的债务。

第二，到期必须要用企业资产、提供劳务或者举借新的负债来偿还。

第三，企业举借流动负债的目的，一般是满足生产经营资金周转的需要。

第四，流动负债中的各项负债项目的数额与非流动负债相比，数额较小。

三、流动负债的计价

流动负债一般都应在短期内偿付，到期应付金额与现值差额不大，所以，**流动负债通常是按实际发生额，即未来应付金额计价入账的**。这符合会计核算重要性和谨慎性要求。

课堂讨论：

（1）流动负债的偿还期一定是一年以内吗？什么是营业周期？

（2）一年内到期的长期借款是流动负债，还是非流动负债？流动负债逾期一年未能偿还，应列为非流动负债吗？

（3）流动负债都是无偿使用的吗？

模块二　短期借款和应付款项的核算

一、短期借款

（一）短期借款的内容

短期借款是企业向银行或其他金融机构借入的期限在一年以下（含一年）的各种借款。短期借款一般是企业为维持正常的生产经营活动或为抵偿某项债务而向金融机构借入的款项，主要包括以下几种：

1. 临时借款。指企业由于临时性、季节性等原因申请取得的借款。一般借款期在 3 个月左右。

2. 周转借款。指企业为了满足当期生产经营活动资金的需要申请借入的款项。一般借款期为一年。

3. 票据贴现借款。指持有商业汇票的企业，在资金发生困难时，向银行申请取得票据贴现的借款（一般在银行有追索权的情况下形成）。

提示：

短期借款按有无担保分类，可分为担保借款和无担保借款两种形式。其中担保借款又分为保证借款、抵押借款、质押借款。这三者是有区别的：

保证借款：是以第三人承诺在借款人不能偿还银行借款时，按约定承担责任和连带责任的借款；

抵押借款：是以借款人或第三人的财产作为抵押物的借款；

质押借款：是以借款人或第三人的动产或权利作为质物的借款。

银行对财务状况较差的公司贷款时，一般都要求有担保。银行一般仅对规模大、信誉好的企业提供无担保借款。

（二）短期借款的业务流程

短期借款的业务流程如图 8－4 所示。

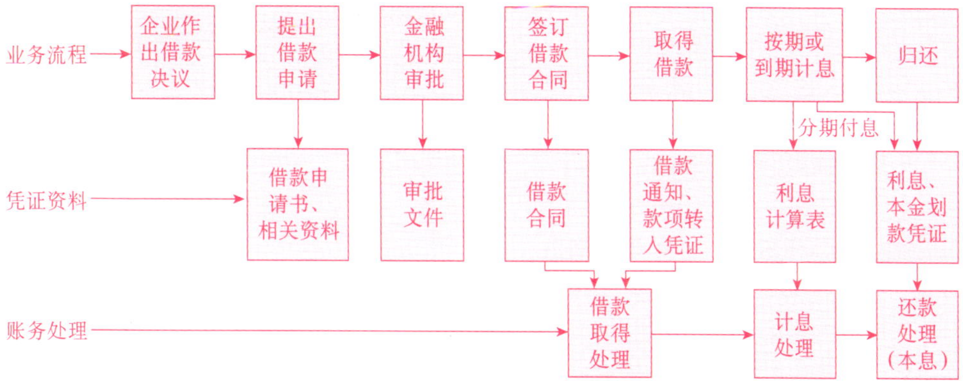

图 8－4　短期借款的业务流程

（三）短期借款的账务处理

企业取得的短期借款，应设置“短期借款”账户进行核算。该账户属于负债类账户，贷方登记企业取得的短期借款，借方登记企业偿还的短期借款，期末余额在贷方，反映企业尚未归还的短期借款。该账户可按借款种类、贷款人和币种进行明细核算。

短期借款的应付利息，应作为财务费用计入当期损益。短期借款的利息结算有三种方法：按月计算并支付；按月计息，按季支付；到期还本时付息。具体会计处理可分两种情况：

1. 借款是按月计付利息的，或者利息是在借款到期时连同本金一起支付，但数额不大的，可在支付时直接计入财务费用。

2. 借款利息是按季支付的，或者利息是在借款到期时连同本金一起支付，并且数额较大的，应采取预提办法，通过“应付利息”账户，按月预提计入财务费用。

提示：

短期借款利息的核算特点：

（1）短期借款利息的核算是不通过“短期借款”账户的；

（2）短期借款利息不区分使用情况，均列为财务费用。

【例 8－1】 万友公司因生产经营的临时性需要，4 月 1 日从交通银行高新支行取得一笔为期 2 个月的临时借款 300 000 元，每月应付利息 1 400 元，共计 2 800 元，于借款到期时连同本金一起支付（数额不大）。公司的账务处理为：

（1）4 月 1 日取得借款时：

借：银行存款　　300 000

　　贷：短期借款——临时借款（交通银行高新支行）　　300 000

（2）6 月 1 日借款到期，归还本金并支付利息时：

借：短期借款——临时借款（交通银行高新支行） 300 000
　　财务费用——利息支出 2 800
　　贷：银行存款 302 800

【例 8－2】 万友公司因生产经营需要，于 7 月 1 日从工商银行湖滨支行取得一项为期 6 个月的周转借款 600 000 元，借款利息按季计收，每月预提利息 3 000 元。公司的账务处理为：

（1）7 月 1 日取得借款时：

借：银行存款 600 000
　　贷：短期借款——周转借款（工商银行湖滨支行） 600 000

（2）7 月末预提借款利息时：

借：财务费用——利息支出 3 000
　　贷：应付利息——工商银行湖滨支行 3 000

（8 月末预提借款利息的账务处理同上）

（3）9 月末支付第二季度利息 9 000 元时：

借：应付利息——工商银行湖滨支行 6 000
　　财务费用——利息支出 3 000
　　贷：银行存款 9 000

（第三季度前两个月预提借款利息的财务处理同 7 月）

（4）12 月末归还借款本金，并支付第三季度利息 9 000 元时：

借：应付利息——工商银行湖滨支行 6 000
　　财务费用——利息支出 3 000
　　短期借款——周转借款（工商银行湖滨支行） 600 000
　　贷：银行存款 609 000

课堂讨论：

（1）公司因缺乏资金，从其他公司借来款项 10 万元，约定 3 个月后偿还，年利率为 6%。此款项属于短期借款吗？

（2）企业持商业汇票向银行贴现，无论银行有无追索权，均应列为短期借款吗？

（3）说明短期借款利息支出的结算方式与账务处理方法的区别与联系；短期借款的利息一定要通过“应付利息”账户核算吗？

二、应付账款

应付账款是指企业在生产活动过程中因购买材料、商品、物资或接受劳务供应等业务应支付给供应者的款项。这是买卖双方在购销活动中取得物资（或接受劳务）与支付货款时间上不一致而产生的负债。

（一）应付账款的业务流程

应付账款业务的一般流程如图 8－5 所示。

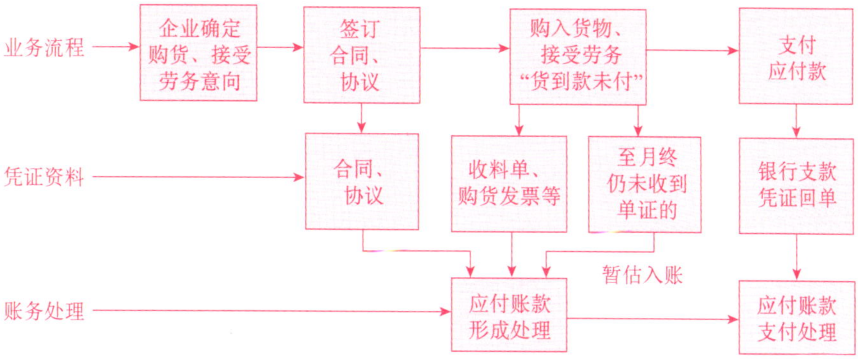

图 8-5　应付账款的业务流程

（二）应付账款的入账时间

应付账款入账时间的确认，应以购入货物所有权的转移或接受劳务已提供为标志。在实际工作中，应区别不同情况处理：

1. 在货物和发票账单同时到达的情况下，应付账款一般在货物验收入库后，按发票账单所列金额登记入账。

2. 在货物验收入库、发票账单未到的情况下，应付账款可暂不入账，月份内等待，待收到发票账单后再根据情况处理；至月份终了仍未收到发票账单的，应按估计价或计划价暂估入账；下月初用红字冲销，待以后收到发票账单时，再按具体情况处理。

提示：

应付账款是由商品交易而产生的应付款，包括供应商品或劳务的价款和增值税额。各种非商品交易而产生的应付租金、应付赔款、存入保证金等应列在"其他应付款"账户核算。

（三）应付账款的入账金额

应付账款通常是在购销活动中由于取得物资与支付货款的时间不一致造成的，往往在短期就需付款，因而，应付账款应按发票记载的应付金额入账。存在购货折扣情况下，应区别情况处理：系商业折扣的，应按扣除商业折扣以后的金额入账，也就是根据发票结算金额记账；系现金折扣的，应先按发票上记载的应付金额记账，即按不扣除现金折扣金额入账，待实际发生折扣时，再将折扣金额计入当期财务费用。

（四）应付账款的账务处理

企业发生的应付账款，应设置"应付账款"账户进行核算。该账户的结构如图 8-6 所示。

"应付账款"账户（双重性账户）

借方	贷方
①支付的应付账款 ②抵付、结转的应付账款 ③不设"预付账款"账户企业预付的款项等	购买材料、商品和接受劳务供应而应付的款项
期末余额：预付的款项等	期末余额：企业尚未支付的应付账款余额

图 8-6　"应付账款"账户的结构

"应付账款"账户属于双重性质账户，可按债权人（对方单位）进行明细核算。

【例 8－3】 万友公司从 A 公司购入甲材料一批，专用发票所列的货款为 100 000 元，增值税 13 000 元，材料已验收入库，款项尚未支付。一个月后公司如期支付货款。公司账务处理为：

- 材料验收入库时（材料按实际成本计价）：

借：原材料	100 000	
应交税费——应交增值税（进项税额）	13 000	
贷：应付账款——A 公司		113 000

- 公司一个月后以银行存款向 A 公司付款时：

借：应付账款——A 公司	113 000	
贷：银行存款		108 000

【例 8－4】 9 月 30 日，万友公司根据有关资料结算本月应付电费 30 000 元，其中基本生产车间产品生产用 20 000 元，车间照明用 4 000 元，厂部照明用 6 000 元。10 月 8 日以银行存款支付本期应付电费 41 000 元，并按应付电费的 13% 支付增值税 5 330 元（取得增值税专用发票）。公司的账务处理为：

- 9 月 30 日结算应付电费时：

借：生产成本——基本生产成本	20 000	
制造费用	4 000	
管理费用	6 000	
贷：应付账款——电力公司		30 000

- 10 月 8 日以银行存款支付应付电费及增值税时：

借：应付账款——电力公司	41 000	
应交税费——应交增值税（进项税额）	5 330	
贷：银行存款		46 330

课堂讨论：

（1）"应付账款"账户期末余额一定在贷方吗？

（2）货物验收入库，至月末仍未收到发票、账单的，为什么要暂估入账？下月为什么要用红字冲销？

（3）应付电费、水费、燃气、供热等劳务（或产品）供应费用为什么要在月末结算应付数？

企业由于债权单位撤销或其他原因而无法支付的应付账款，应直接转入当期损益，借记"应付账款"账户，贷记"营业外收入"账户。

三、预收账款和合同负债

预收款项是企业在销售商品、提供服务之前，向客户预先收取的款项。它是交易双方商定，由供货方或提供方预先向购货方或接受服务方收取一部分货款或定金（订金）而形成的一项负债。预收款项的核算分为合同负债和预收账款两种类型。

相关链接：

应付账款、预收账款、合同负债均属商品交易形成的流动负债，但有以下区别：

(1) 形成的经营过程不同：应付账款在采购环节形成；预收账款和合同负债是在销售环节形成的。

(2) 偿还债务的方式不同：正常情况下应付账款应以货币资金偿还；预收账款和合同负债应以货物或提供服务等来偿还。

(3) 确认的依据和时点不同：应付账款在交易成交时确认；预收账款是款项收到时确认，不强调合同的成立；合同负债是在客户付款或付款到期时确认，属于已收或应收客户的对价，并以合同的确立为依据。

（一）合同负债

8.1 合同负债和合同资产有什么区别

根据《企业会计准则第 14 号——收入》的规定，企业因转让商品（含提供服务，下同）收到的预收款，应列为合同负债进行核算。**合同负债是指企业已收或应向客户收取对价而应向客户转让商品的义务。**企业在向客户转让商品之前，如果客户已经支付了合同对价或企业已经取得无条件收取合同对价的权利，则企业应当在客户实际支付款项与到期应支付款项孰早时确认为合同负债。

企业转让商品产生的合同负债，应设置“合同负债”账户进行核算。“合同负债”账户，贷方登记企业在向客户转让商品之前确认的合同负债金额，借方登记企业向客户转让商品时冲销的金额，期末贷方余额，反映企业向客户在转让商品之前，已经收到的合同对价或已经取得的无条件收取合同对价权利的金额。该账户可按合同进行明细核算。

需要注意的是：“合同负债”账户界定为负债类账户，不列为双重性质账户。

企业在向客户转让商品之前确认的合同负债，按照已收或应收的金额，借记“银行存款”“应收账款”“应收票据”等账户，贷记“合同负债”账户；企业向客户转让相关商品时，借记“合同负债”账户，贷记“主营业务收入”“其他业务收入”等账户。涉及增值税的，还应进行相应的处理。

【例 8-5】 2×21 年 6 月 1 日，万友公司与华星公司订立了一项销售合同，合同约定万友公司于 10 月 31 日向华星公司销售商品一批，华星公司在 2×21 年 7 月 31 日前预先向万友公司支付合同总价 50% 的货款 100 万元（不含增值税），该合同不可撤销。至 2×21 年 7 月 31 日华星公司未按合同约定时限付款，而是在 2×21 年 8 月 31 日向万友公司支付了 100 万元的货款。2×21 年 10 月 31 日，万友公司向华星公司发出销售商品 200 万元，增值税税率 13%，华星公司收货后如数支付扣除预付款后的价税款。万友公司的账务处理为：

- 合同签订日，不必进行账务处理。根据合同约定，2×21 年 7 月 31 日公司拥有一项无条件收款的权利，同时有向华星公司转让商品的义务，应记：

借：应收账款——华星公司　　1 000 000

　　贷：合同负债——销售合同（华星公司）　　1 000 000

• 2×21 年 8 月 31 日，收到华星公司此项预付款 100 万元存入银行时：

借：银行存款　　　　1 000 000

　　贷：应收账款——华星公司　　　　1 000 000

• 2×21 年 10 月 31 日，发售商品 200 万元，扣除预付款后的价税款收存银行：

借：合同负债——销售合同（华星公司）　　　　1 000 000

　　银行存款　　　　1 260 000

　　贷：主营业务收入　　　　2 000 000

　　　　应交税费——应交增值税（销项税额）　　　　260 000

（二）预收账款

企业向客户预收的款项，属于下列情形的，应列为预收账款进行核算：没有签订合同情况下收取的；不属于转让商品的预收款项，如经营性出租资产预先收取的租金等。

这类预收款，一般应设置“预收账款”账户进行核算。该账户的结构如图 8－7 所示。“预收账款”账户属于双重性质账户，该账户可按对方单位进行明细核算。

借方　　　　“预收账款”账户（双重性账户）	贷方
①实现收入等结算价税款 ②结转、退回预收款项	①收到客户预付的款项 ②收到客户补付的款项
期末余额：尚未转销的款项（即应收款项）	期末余额：企业预收的款项

图 8－7　“预收账款”账户的结构

【例 8－6】 大华房地产公司于 2×22 年 1 月 20 日接受客户二期商品房的预订，每个预订者需交订金 5 万元，当日共预收订金 100 万元。2×22 年 3 月 20 日，公司二期商品房完成预售手续，原已交订金的预订客户可在 10 日内与公司签订售房合同，每套商品房的首付款为 70 万元，当日共完成 10 户售房合同的签订及备案，收到扣除预收订金后的首付款 650 万元。此项业务还未达到收入确认要求，不考虑增值税等其他因素。公司的有关账务处理为：

• 2×22 年 1 月 20 日，收到预订客户的订金 100 万元存入银行时：

借：银行存款　　　　1 000 000

　　贷：预收账款——预订客户　　　　1 000 000

• 2×22 年 3 月 20 日，10 户完成合同签订，收存首付款，并结转预付的订金 50 万元：

借：银行存款　　　　6 500 000

　　预收账款——预订客户　　　　500 000

　　贷：合同负债——二期预售客户（10 户）　　　　7 000 000

【例 8－7】 2×21 年 12 月 15 日，万友公司与精科公司签订一项经营租赁设备的合同，合同约定租赁开始日为 2×22 年 1 月 1 日，租赁期 3 年，年租金 24 万元（不含增值税），采用先付款后使用方式，合同签订月份预收首期租金 36 万元。万友公司按月确认租金收入，增值税税率为 13%。万友公司有关账务处理为：

• 出租设备，2×21 年 12 月预收首期租赁费 36 万元，款项存入银行：

借：银行存款　　360 000
　　贷：预收账款——精科公司　　360 000

• 2×22 年 1 月起按月确认租金收入，并出具增值税专用发票：

借：预收账款——精科公司　　22 600
　　贷：其他业务收入　　（240 000 ÷ 12）20 000
　　　　应交税费——应交增值税（销项税额）　　2 600

预收账款情况不多的企业，也可以不设置"预收账款"账户，而将预收的款项并入"应收账款"账户进行核算。这样"应收账款"账户有关明细账户的期末贷方余额，反映的就是企业的预收账款。

课堂讨论：

（1）预收账款情况不多的企业，可将预收的款项并入"应收账款"账户进行核算，为什么不是并入"应付账款"账户？

（2）"预收账款"账户是可能出现借方余额的，"合同负债"账户会出现借方余额吗？

四、应付票据

应付票据是指企业因购买材料、商品或接受劳务供应等开出、承兑的商业汇票或以商业汇票抵付货款、应付账款而形成的债务。商业汇票按承兑人不同分为银行承兑汇票和商业承兑汇票两种。两者主要区别是：（1）银行承兑汇票，企业应支付承兑手续费；（2）银行承兑汇票到期付款人无力付款时，应由承兑银行承担付款责任。当然企业的负债仍然是存在的。

（一）应付票据的入账价值

应付票据，无论是不带息的，还是带息的，均应按照票据面值计价入账。

（二）应付票据的账务处理

企业开出、承兑的商业汇票，应设置"应付票据"账户进行核算。该账户属于负债类账户，贷方登记企业开出、承兑商业汇票的票面金额，借方登记企业到期支付（或结转）票据的金额，期末余额在贷方，反映企业尚未到期的商业汇票的票面金额。该账户可按债权人进行明细核算。

企业应设置"应付票据备查簿"，详细登记商业汇票的种类、号数、出票日期、到期日、票面金额、交易合同号、收款人姓名或单位名称以及付款日期和金额等资料。应付票据到期结清时，应在备查簿内逐笔注销登记。

企业开出、承兑商业汇票购货或抵付应付账款时，记入"应付票据"账户的贷方。属于银行承兑汇票的，银行承兑后，须按票面金额的一定比例支付手续费，企业支付的票据承兑手续费，应列为财务费用。

带息票据的利息，一般在票据到期支付票据本金和利息时，将其计入财务费用。

应付票据到期，企业如期付款的，记入“应付票据”账户的借方；如果企业无力支付票款，属于商业承兑汇票的，应将其票面金额转为应付账款；属于银行承兑汇票的，票款由承兑银行垫付，企业则应将应付票据票面金额转为短期借款。

【例 8－8】 万友公司从 B 公司购入乙材料一批，专用发票所列的货款 50 000 元，增值税 6 500 元，价税款当日签发并承兑一张为期 3 个月，面额为 56 500 元的带息银行承兑汇票结算；支付普通发票所列的承兑手续费 290 元，年利率 6%，材料已验收入库（材料按实际成本计价）。公司的有关账务处理为：

（1）向银行申请承兑商业汇票，支付承兑手续费时：

借：财务费用——手续费　　290

　　贷：银行存款　　290

（2）持票购料，材料验收入库时：

借：原材料——原料及主要材料（乙材料）　　50 000

　　应交税费——应交增值税（进项税额）　　6 500

　　贷：应付票据——B 公司（银行承兑汇票）　　56 500

（3）票据到期，公司支付票据本息时：

借：应付票据——B 公司（银行承兑汇票）　　56 500

　　财务费用——利息支出　　（56 500 × 6% ÷ 12 × 3）847.50

　　贷：银行存款　　57 347.50

（4）若票据到期，万友公司无力付款，则承兑银行承担付款责任，万友公司由对 B 公司的负债转为对银行的负债，应记：

借：应付票据——B 公司（银行承兑汇票）　　56 500

　　财务费用——利息支出　　847.50

　　贷：短期借款　　57 347.50

提示：

如果【例 8－8】中的汇票为商业承兑汇票，票据到期企业无力付款，则账务处理为：

借：应付票据——商业承兑汇票（B 公司）　　56 500

　　财务费用——利息支出　　847.50

　　贷：应付账款——B 公司　　57 347.50

五、其他应付款

其他应付款，是指与企业商品购销、劳务供应业务没有直接联系的各项应付、暂收款项。也就是除应付账款、应付票据、预收账款、应付职工薪酬、应交税费、应付股利、应付利息、长期应付款等以外的各项应付、暂收的款项。其他应付款主要包括：（1）应付经营租入固定资产、包装物的租金；（2）存入保证金；（3）应付、暂收所属单位和个人的款项（代扣款）；（4）其他应付、暂收款项。

企业的其他应付款，应设置“其他应付款”账户进行核算。该账户贷方登记企业发生的其他各种应付、暂收款项；借方登记支付或转销的其他各种应付、暂收款项。期末余额在贷方，表示企业应付未付的其他应付款项。该账户可按其他应付款的项目和对方单位（或个人）进行明细核算。

【例 8－9】 6 月 5 日，万友公司收到科新公司租用包装物押金 6 000 元，存入银行。7 月 10 日以银行存款退还此项押金。公司的账务处理为：

（1）6 月 5 日，收到押金时：

借：银行存款　　6 000

　　贷：其他应付款——存入保证金（科新公司）　　6 000

（2）7 月 10 日，退还押金时：

借：其他应付款——存入保证金（科新公司）　　6 000

　　贷：银行存款　　6 000

【例 8－10】 万友公司于年末结转车间应付科发公司租入固定资产的租金 17 000 元（结转应付时不含增值税，支付时包括增值税）。公司的账务处理为：

借：制造费用　　17 000

　　贷：其他应付款——应付租金（科发公司）　　17 000

模块三　应付职工薪酬的核算

一、职工薪酬的内容

职工薪酬，是指企业为获得职工提供的服务或解除劳动关系而给予的各种形式的报酬或补偿。职工为企业提供服务，企业应向职工支付报酬，这是对应的。职工薪酬是广义的，既包括企业给予职工在职期间的薪酬和离职后的福利，还包括企业提供给职工配偶、子女、受赡养人、已故员工遗属及其他受益人的福利等。

课堂讨论：

职工为企业提供服务，企业应向职工支付薪金、报酬等，这就涉及职工薪酬。你认为企业职工可以获得哪些报酬和福利待遇？

分析说明下列哪些属于职工薪酬，哪些不属于职工薪酬：工资、奖金、津贴、养老保险、医疗保险、失业保险、旅游费、健身保健费用、伙食费、购房补贴、住房公积金。

企业因职工提供服务而产生的提供薪酬的义务，这一义务必然是按职工提供服务的受益对象或期间计入相关成本或费用，同时，在未支付前确认为负债，形成应付职工薪酬。

职工薪酬所称“职工”是指企业全体职工，应包括三类人员：一是与企业订立劳动合同的职工，含全职、兼职和临时职工；二是未与企业订立正式劳动合同，但由企业正式任命的人员，如董事会成员、监事会成员和内部审计委员会成员等；三是在企业的计划和控制下，虽未与企业订立劳动合同或未由其正式任命，但向企业所提供服务与职工所提供服务类似的人员，包括通过企业与劳务中介公司签订用工合同而向企业提供服务的人员。

职工薪酬的内容主要有以下四个方面：

（一）短期薪酬

短期薪酬，是指企业在职工提供相关服务的年度报告期间结束后12个月内需要全部予以支付的职工薪酬，因解除与职工的劳动关系给予的补偿除外。短期薪酬具体包括：

1. 职工工资，**是企业支付给职工构成工资总额的劳动报酬，主要包括计时工资、计件工资、奖金、津贴与补贴、加班加点工资等。**其中，津贴是指为了补偿职工特殊或额外的劳动消耗和因其他特殊原因支付给职工的津贴；补贴是指为了保证职工工资水平不受物价影响支付给职工的物价补贴。企业按照短期奖金计划向职工发放的奖金属于短期薪酬，按照长期奖金计划向职工发放的奖金则属于其他长期职工福利。

提示：

（1）工资总额是企业一项重要的经济指标，其本身是企业成本费用的基本要素之一。同时，工资总额是企业计提基本养老保险、基本医疗保险等相关费用的基本依据，还是企业成本费用核算中的计算与分配的标准之一。所以，工资总额的构成内容是有法规依据的。

（2）注意工资总额和职工薪酬两者的区别，从范围上职工薪酬的概念大，职工工资是职工薪酬的构成内容之一。

2. 职工福利费，是指企业专门用于职工医疗卫生（列入医保的除外）、生活困难补助、丧葬补助费、抚恤费、职工异地安家费、防暑降温费福利性支出和其他职工福利事业的经费。职工福利是企业对职工劳动补偿的辅助形式，应列为职工薪酬。职工福利费既包括提供给职工本人的福利，也包括提供给职工配偶、子女或其他被赡养人的福利。

3. 社会保险费，是指企业根据国家有关规定按照国家规定基数和比例为职工向社会保险机构缴纳的基本医疗保险费、工伤保险费和生育保险费等。

4. 住房公积金，是指按照国家规定的基数和比例确定，向住房公积金管理机构缴存的住房公积金。这是为解决职工住房问题的筹资措施和补助办法。企业为职工缴纳的住房公积金最终受益人是职工，所以，应将此项列入职工薪酬。

5. 工会经费和职工教育经费。工会经费是企业根据国家有关规定，按职工工资总额的一定比例提取并拨交工会使用的一项专门经费。职工教育经费是企业按工资总额一定比例提取专项用于职工文化教育、专业技术培训学习方面的一项专门经费。这两项费用是职工劳动报酬和生活福利的延伸，也是职工的法定待遇。

6. 短期带薪缺勤，是指职工虽然缺勤但企业按规定应支付工资或提供补偿的安排，包括年休假、病假、短期伤残、婚假、产假、丧假、探亲假等。长期带薪缺勤属于其他长期职工福利。

7. 短期利润分享计划，是指因职工提供服务而与职工达成的基于利润或其他经营成果提供薪酬的协议，不包括长期利润分享计划。

8. 非货币性福利，是企业以非货币形式向职工提供的福利，如企业以自产品作为福利发放给职工、企业无偿向职工提供住房等。

9. 其他短期薪酬，是指除上述以外的其他为获得职工提供服务而给予的短期薪酬。

（二）离职后福利

离职后福利是指企业为获得职工提供的服务而在职工退休或与企业解除劳动关系后，提供的各种形式的报酬和福利。离职后福利一般是以设定计划方式安排的，其中向独立的基金缴存固定费用后，企业不再承担进一步支付义务的离职后福利计划，称为设定提存计划，如基本养老保险、失业保险等；除设定提存计划以外的离职后福利计划称为设定受益计划。

（三）辞退福利

辞退福利是指企业在职工劳动合同到期之前解除与职工的劳动关系，或者为鼓励职工自愿接受裁减而给予职工的补偿。

（四）其他长期职工福利

其他长期职工福利是指除短期薪酬、离职后福利、辞退福利之外所有的职工薪酬，包括长期带薪缺勤（如提前 1 年以上内退）、长期残疾福利、长期利润分享计划等。

提示：

企业对职工个人支付的有关支出，不属于职工薪酬（工资）内容的，则不能列为应付职工薪酬进行核算。主要有：①根据规定颁发的创造发明奖、自然科学奖、科技进步奖、合理化建议奖和技术改进奖等特殊奖金；②离休退休金、退职人员待遇、辞职人员待遇等劳动保险性支出；③工作服、工作手套、高温有毒作业的营养费等劳动保护方面的支出；④出差补助、安家费、交通费等费用性支出；⑤计划生育、生育保险、医疗保险等支付的款项等。

二、职工薪酬核算的原始记录

企业应按劳动工资和社会保障制度的规定，根据原始记录，计算各项工资、津贴和生活福利待遇，所以，工资核算的原始记录，是合理、正确地进行职工薪酬核算的前提和保证。职工薪酬核算的原始记录主要有工资卡、考勤记录、产量记录三种。

（一）工资卡

工资卡主要记录职工的工资级别和工资标准，反映每个职工的基本情况，如职务、参加工作时间、进本单位时间、工资级别、工资标准、工资调整情况以及有关津贴等。工资卡按每个职工设立，一般由劳动工资部门或企业人事部门统一管理。

（二）考勤记录

考勤记录是记载和反映每个职工缺勤情况的原始记录。它是计算计时工资的主要依据，也是计算计件工资的依据之一。考勤记录应由各车间、班组和部门的负责人或考勤员逐日登记，定期汇总并经单位负责人审查签章后，送财会部门据以计算应付工资。考勤记录通过设置考勤簿或考勤卡进行，考勤簿一般按各车间、部门分别设置；考勤卡则应按每一职工开设。

（三）产量记录

产量记录是反映工人或生产小组在出勤时间内完成产量和耗用工时的原始记录。产量记录是计算计件工资的主要依据；通过产量记录，还可以考核企业生产计划的完成情况和工时定额的执行情况。企业产量记录通常有工作通知单、工序进程单、工作台班产量记录等。

三、职工薪酬（工资）的业务流程

职工薪酬（工资）的基本业务流程如图 8－8 所示。

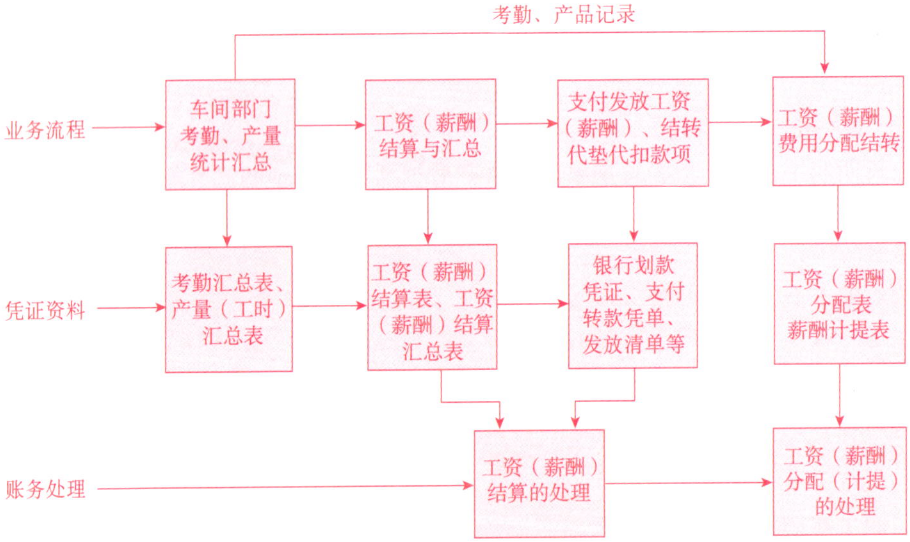

图 8－8　职工薪酬的基本业务流程

四、应付职工薪酬核算的账户设置

企业各项应付职工薪酬的计提、结算、使用等情况，应设置“应付职工薪酬”账户进行核算。该账户的结构如图 8－9 所示。

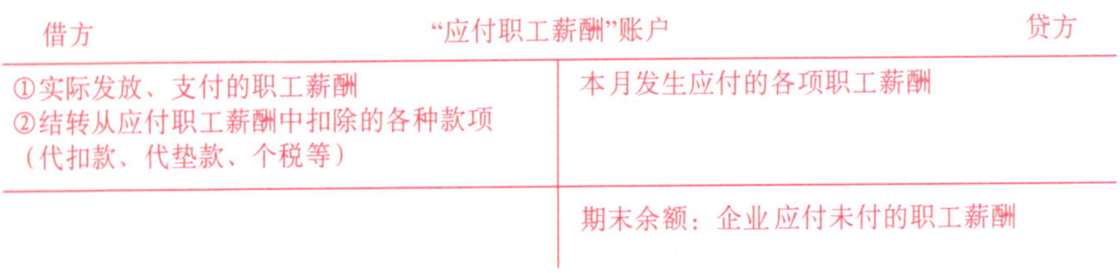

图 8－9　“应付职工薪酬”账户的结构

该账户可按“工资”“职工福利”“社会保险费”“住房公积金”“工会经费和职工教育经费”“非货币性福利”“带薪缺勤”“设定提存计划”“利润分享计划”“辞退福利”等职工薪酬项目进行明细核算。对构成内容较多的职工薪酬如“工资”“职工福利”“社会保险费”等还应按组成内容设置专栏，进行更为具体的明细核算。

五、短期职工薪酬

（一）职工工资

短期职工薪酬中的职工工资是基本工资、奖金、津贴和补贴的统称，其核算包括计算、结算和分配结转等内容。

1. 应付工资的计算与结算。应付工资的计算应区别工资制度进行：

（1）计时工资制下应付工资的计算。计时工资是工资结算的基本形式。它适用于不能或不宜采取计件工资形式的工人、管理人员和服务人员等工资的计算。

计算计时工资，不论当月实际日历天数多少，只要职工按规定出全勤，就可以获得固定的月工资。如果有缺勤，则应按有关规定从月标准工资中扣除缺勤工资。所以，这种方法又称为“扣缺勤法”。计算公式如下：

应付计时工资 = 月工资 - 缺勤应扣工资

缺勤应扣工资 = 缺勤日数 × 日工资 × 应扣比例

缺勤日数含职工旷工、事假及病假日数；日工资，又称日工资率，是指每个职工平均每天的工资标准。日工资应按“制度计薪天数”进行计算。

月制度计薪天数 = ［365 天 - 104 天（休息日）］÷12

=21.75（11 天法定节假日应计薪）

日工资 = 月工资 ÷ 月制度计薪天数

按照这种方法计算日工资，不论大月或小月，每月应计薪天数均为 21.75 天，各月内的双休日是不计付工资的，因此，缺勤期间的双休日也不扣工资。

计算缺勤应扣工资，应根据国家的劳动法规、劳动保险条例的规定，区别不同情况处理：对旷工和事假缺勤，应按 100% 扣发缺勤日的全部工资；对因公负伤、探亲假、婚丧假、产假等缺勤应视同出勤，不扣工资；对病假缺勤，则应根据国家规定按病假期限和工龄的长短扣发缺勤日一定比例的工资。

相关链接：

（1）“制度工作日”与“制度计薪日”是不同的。

月制度工作日 = ［365 天 - 104 天（休息日）- 11 天（法定节假日）］÷12 =20.83（天）

制度工作日主要用于计算职工加班加点时间。

（2）法定节假日 11 天是：元旦（1 月 1 日）1 天；春节（年三十、初一、初二）3 天；“五一”劳动节（5 月 1 日）1 天；端午、清明、中秋各 1 天；“十一”国庆节（10 月 1 日、2 日、3 日）3 天。

根据劳动法的规定，不同性质的加班，支付日工资的标准是不同的：法定节假日加班按日工资的 300% 计算加班工资；休息日（双休日）加班（在不能安排调休的情况下，下同）按日工资的 200% 计算加班工资；延长劳动时间按日工资的 150% 计算加班加点工资。

【例 8 - 11】 职工徐方基本工资为 3 480 元，本月请事假 4 天（其中 2 天为双休日），病假 3 天，病假扣发工资比例为 10%。本月法定节假日加班 1 天，双休日加班 2 天（无法安排调休）。计算徐方本月应付计时工资（不考虑津补贴、奖金）。

日工资 =3 480 ÷ 21.75 =160（元）

$$本月应付计时工资 = 3\ 480 - (4 - 2) \times 160 - 3 \times 160 \times 10\% + 1 \times 160 \times 300\% + 2 \times 160 \times 200\% = 4\ 232\ （元）$$

8.2 最低工资标准

相关链接：

为了保证职工基本生活待遇，有关劳动法规规定：(1) 企业支付给职工的工资不应低于当地的最低工资标准。(2) 企业支付给职工的病假月工资可以低于当地最低工资标准，但不能低于当地最低工资标准的80%。

请同学们查询一下所在地区当年的职工最低工资标准。

(2) 计件工资制下应付工资的计算。计件工资是根据当月产量记录中的产品数量和规定的计件单价计算的工资。计算工资的产品数量包括实际完成的合格品数量以及生产过程中因材料不合格而造成的废品（料废）数量。对于因工人生产过失而造成的废品（工废），则不计付工资。所以，其计算公式为：

$$应付计件工资 = \sum [(合格品数量 + 料废品数量) \times 计件单价]$$

计件工资的计算包括个人计件工资的计算和集体计件工资的计算两种类型。

第一，个人计件工资的计算。个人计件工资是以个人完成的产品数量及规定的计件单价计算的工资。

【例 8-12】 某职工本月加工甲零件 900 件，计件单价 2.30 元；加工乙零件 1 000 件，计件单价 1.20 元。验收时发现甲零件有 10 件废品，其中料废 6 件，工废 4 件；乙零件有废品 5 件，均为工废，其余为合格品。则：

$$应付计件工资 = (900 - 4) \times 2.30 + (1\ 000 - 5) \times 1.20 = 3\ 254.80\ （元）$$

为了简化计算工作，也可以将每一工人完成的各种产品产量，按定额工时折算成定额总工时，再乘以规定的小时工资计算计件工资。其计算公式为：

$$应付计件工资 = \sum [(合格品数量 + 料废品数量) \times 定额工时 \times 小时工资]$$

第二，集体计件工资的计算。企业中有的产品生产是由集体（班、组）共同组织生产的，则计件工资就需以班、组为对象进行计算。具体分两步：第一步，先按上述个人计件工资计算的相同方法计算出集体计件工资总额；第二步，再将集体计件工资总额在小组各成员之间，按每人的工资标准和该月实际工作时间的比例进行分配。

【例 8-13】 万友公司某生产班组由 3 人组成，共同完成 A 产品加工任务 4 780 件，经检验发现料废 21 件，工废 19 件。单件工资为 2.50 元。其他有关资料及各人应得计件工资计算如表 8-1 所示。

企业职工工资的计算，计算出每个职工的计时工资、计件工资以后，再根据有关资料和标准确定每个职工的奖金、津贴和补贴等，从而计算出职工发放工资时的应付工资；然后从中扣除应收回的代垫款和个人所得税、应由职工个人缴纳的社会保险费等代扣款项，得出实发的工资额。有关计算公式如下：

表 8－1

班组计件工资分配表

××年9月

单位：元

姓名	月基本工资	小时工资	实际工时(小时)	计时工资	分配率	应得计件工资
	(1)	(2)	(3)	(4) ＝ (2) × (3)	(5)	(6) ＝ (4) × (5)
张也	2 784	16.00	190	3 040		3 800.00
陈平	3 219	18.50	182	3 367		4 208.75
黄明	3 045	17.50	178	3 115		3 893.75
合计			550	9 522	1.25	11 902.50

注：(1) 小时工资＝月基本工资÷（21.75×8）

(2) 集体应得工资＝（4 780－19）×2.50＝11 902.50（元）

(3) 分配率＝11 902.50÷9 522＝1.25

应付工资＝应付计时工资（或应付计件工资）＋奖金＋津贴和补贴＋其他工资

实发工资＝应付工资－各种代扣、代垫款

2. 工资结算凭证的编制。企业与职工进行工资结算是通过编制“工资结算表”来进行的。“工资结算表”一般分车间、部门，按每个职工进行编制，每月一次。在编制过程中，应根据工资核算的原始记录及有关奖金、补贴的发放标准和代扣款项等资料，分别计算出每一职工的“应付工资”“代垫、代扣款项”及“以现金发放工资”。工资结算表应一式三份：一份由劳动工资部门存查；一份按每一职工裁成“工资条”，连同工资一起发给职工，以便核对；一份在发放工资时由职工签章后，作为工资核算的凭证，并据以进行工资的明细核算。“工资结算表”的一般格式见表 8－2。

为了准确、有效地进行工资核算，企业财会部门还应根据各车间、部门的“工资结算表”汇总编制整个企业的“工资结算汇总表”，以掌握整个企业工资的结算和支付情况，并据以进行“应付职工薪酬——工资”的分类核算。“工资结算汇总表”的一般格式见表 8－3。

企业“应付职工薪酬”账户的明细账应根据“工资结算单”或“工资结算汇总表”等进行登记。

3. 工资结算的账务处理。工资结算一般包括提取现金、发放工资、结转代扣款项等几项内容。企业发放工资（含奖金、津贴与补贴等），应根据“工资结算汇总表”中的实发金额数，按规定手续向银行提取现金，借记“库存现金”账户，贷记“银行存款”账户。实际支付时，借记“应付职工薪酬——工资”账户，贷记“库存现金”账户；发放款项直接转入职工银行储蓄账卡的，则借记“应付职工薪酬——工资”账户，贷记“银行存款”账户。

对于“工资结算汇总表”中的各种代扣、代垫款项，是企业为职工垫付或代扣的款项，应在进行工资结算时予以结转。若为代扣款，如代扣应由职工个人缴纳的住房公积金、社会保险费等，应借记“应付职工薪酬——工资”账户，贷记“其他应付款”账户；若为代垫款，如职工借款、代垫职工房租等，应借记“应付职工薪酬——工资”账户，贷记“其他应收款”账户；若为代扣个人所得税，应借记“应付职工薪酬——工资”账户，贷记“应交税费”账户。

表 8－2

万友公司工资结算表

部门、车间：第一车间　　　　××年9月　　　　单位：元

编号	姓名	日工资	计时工资	计件工资	奖金		加班加点工资	各种津贴		缺勤扣款				应付工资	代垫款	代扣款					以现金发放工资
					综合奖	单项奖		夜班津贴	岗位补贴	事假		病假			供热费	住房公积金 5%	医疗险 2%	养老险 8%	失业险 0.5%	个人所得税	
										天数	金额	天数	金额								
101	李明	140	3 045		45		280		30	1	140			3 260	20	170	68	272	17		2 713
102	徐方	160	3 480		200		1 120	48		2	320	3	48	4 480		224	89. 60	358. 40	22. 40		3 785. 60
103	张也	190		4 800	180	120		100						5 200	15	260	104	416	26	13	4 366
生产工人小计			64 370	120 000	65 000	2 000	5 100	2 800	1 200		400		70	260 000	1 800	13 000	5 200	20 800	1 300	300	217 600
管理人员小计			20 200		1 500		300							22 000	200	1 100	440	1 760	110	50	18 340
合计			84 570	120 000	66 500	2 000	5 400	2 800	1 200		400		70	282 000	2 000	14 100	5 640	22 560	1 410	350	235 940

注：“三险”个人交纳部分是指基本养老保险、医疗保险、失业保险应由个人负担的部分，发放工资时代扣，以后一并同单位交纳部分一起向有关部门解缴。

表 8－3

万友公司工资结算汇总表

××年9月　　　　单位：元

车间及部门		计时工资	计件工资	奖金		加班加点工资	各种津贴		缺勤扣款		应付工资	代垫款	代扣款					以现金发放工资
				综合类	单项类		夜班津贴	岗位津贴	事假	病假		供热费	住房公积金 5%	医疗险 2%	养老险 8%	失业险 0.5%	个人所得税	
第一生产车间	生产工人	64 370	120 000	65 000	2 000	5 100	2 800	1 200	400	70	260 000	1 800	13 000	5 200	20 800	1 300	300	217 600
	管理人员	20 200		1 500		300					22 000	200	1 100	440	1 760	110	50	18 340
第二生产车间	生产工人	86 790	150 000	80 500	2 500	6 200	3 000	1 600	500	90	330 000	2 200	16 500	6 600	26 400	1 650	500	276 150
	管理人员	36 500		2 100		400					39 000	300	1 950	780	3 120	195	70	32 585
厂部		138 920		8 000		1 000		200	120		148 000	1 000	7 400	2 960	11 840	740	700	123 360
在建工程人员		34 700		2 000		200		100			37 000	280	1 850	740	2 960	185		30 985
专设销售机构人员		18 350		1 000	500	150					20 000	120	1 000	400	1 600	100		16 780
合计		399 830	270 000	160 100	5 000	13 350	5 800	3 100	1 020	160	856 000	5 900	42 800	17 120	68 480	4 280	1 620	715 800

【例 8－14】 万友公司××年 9 月份“工资结算汇总表”见表 8－3。其工资结算的账务处理为：

（1）按“工资结算汇总表”中的实发金额，通过开户银行办理打卡发放工资手续：

借：应付职工薪酬——工资　　715 800

　　贷：银行存款　　715 800

（2）结转代扣款项时：

借：应付职工薪酬——工资　　140 200

　　贷：其他应收款——代垫供热费　　5 900

　　　　其他应付款——代扣款（住房公积金）　　42 800

　　　　　　　　　——代扣款（医疗保险）　　17 120

　　　　　　　　　——代扣款（养老保险）　　68 480

　　　　　　　　　——代扣款（失业保险）　　4 280

　　　　应交税费——应交个人所得税　　1 620

企业支付上述代扣款项时，则借记“其他应付款”“应交税费”账户，贷记“银行存款”等账户。

4. 工资分配的账务处理。月份终了，企业应将本月应付工资进行分配。本月应付工资为按照权责发生制，根据本月考勤记录等计算的应付工资额，并非发放工资时“工资结算汇总表”中的“应付工资”项目的数额。“工资结算汇总表”中的“应付工资”数额为本月实际发放的工资。如果企业实发工资与应付工资相差不大的，也可以按照本月实发工资即“工资结算汇总表”中的“应付工资”数额进行分配。

企业应付工资应根据职工提供服务的受益对象，计入当期损益或相关资产成本，借记有关账户，其中：基本生产车间生产工人的工资记入“生产成本——基本生产成本”账户；辅助车间生产工人的工资记入“生产成本——辅助生产成本”账户；车间管理人员的工资记入“制造费用”账户；单独从事无形资产研发人员的工资记入“研发支出”账户；厂行政管理人员的工资应记入“管理费用”账户；企业专设销售机构人员的工资应记入“销售费用”账户；应由工程建设负担的人员工资记入“在建工程”等账户。贷记“应付职工薪酬——工资”账户。

【例 8－15】 承【例 8－14】，万友公司月中发放工资与各月应付工资相差不大，本年度均按发放工资进行工资费用的分配。9 月份发放工资总额为 856 000 元，根据“工资结算汇总表”（见表 8－3）进行工资费用的分配。

（1）编制“工资分配汇总表”见表 8－4。

表 8－4　　万友公司工资费用分配汇总表

××年 9 月　　单位：元

项　目	第一车间	第二车间	厂部	在建工程人员	专设销售机构人员	合计
生产成本	260 000	330 000				590 000
制造费用	22 000	39 000				61 000
管理费用			148 000			148 000
在建工程				37 000		37 000
销售费用					20 000	20 000
合 计	282 000	369 000	148 000	37 000	20 000	856 000

（2）根据“工资费用分配汇总表”进行工资的分配，公司的账务处理为：

借：生产成本——基本生产成本（一车间） 260 000
（二车间） 330 000
制造费用——一车间 22 000
——二车间 39 000
管理费用 148 000
在建工程 37 000
销售费用 20 000
贷：应付职工薪酬——工资 856 000

（二）职工福利费

企业职工为企业提供服务期间，除领取工资之外，还可以按照规定享受有关福利待遇。

企业的职工福利费应在“应付职工薪酬——职工福利”账户进行核算，其账务处理分为支付（或发生）和结转两个步骤。

1. 职工福利费的支付（或发生）。职工福利费的支付（或发生）又可分为两种类型：

（1）直接支付职工福利费。企业以现金资产直接支付属于职工福利费的相关支出时，借记“应付职工薪酬——职工福利”账户，贷记“银行存款”“库存现金”等账户。

【例 8-16】 万友公司 9 月份发生职工福利费如下：以库存现金向张祥、王吉两名职工支付生活困难补助各 600 元；公司现有职工 200 人，根据历史经验数据，每个职工需补贴食堂费用 150 元，以银行存款支付。公司的账务处理为：

借：应付职工薪酬——职工福利 31 200
贷：库存现金 1 200
银行存款 30 000

（2）结转应由集体福利部门负担的相关费用。企业设置的内部集体福利部门（如职工医务室、浴室、托儿所、食堂、幼儿园、理发室等）尚未与企业分离，具有非营利性，其业务活动中发生的职工薪酬、领用材料、维持费用等，应按期结转计入职工福利费。结转时，借记“应付职工薪酬——职工福利”账户，贷记“应付职工薪酬——工资”“原材料”“应交税费——应交增值税（进项税额转出）”等账户。

【例 8-17】 万友公司有一为职工服务的托儿所，9 月份结计领用库存材料 15 000 元，应负担增值税 1 950 元。公司的账务处理为：

借：应付职工薪酬——职工福利 16 950
贷：原材料 15 000
应交税费——应交增值税（进项税额转出） 1 950

2. 职工福利费的结转。企业职工福利费，按照会计法规，国家没有规定计提基数和比例，企业应当根据历史数据和实际情况，按月合理安排职工福利费的支出。企业各月发生的职工福利费，应当在发生月份根据实际发生额计入当期损益或相关资产成本，即根据职工薪酬（工资）结转分配的列支去向一致进行分配结转。需要注意的是，按照医务福利人员工资计列的职工福利费，应列入管理费用。

【例 8-18】 万友公司有职工 200 人，9 月份实际发生的职工福利费为人均 450 元。

表 8－5　　万友公司职工福利费分配表

××年 9 月　　单位：元

部　门			分配标准（人数）	分配率（人均福利）	分配金额
生产车间	一车间	生产工人	64		28 800
		管理人员	6		2 700
	二车间	生产工人	75		33 750
		管理人员	10		4 500
厂部			30		13 500
在建工程人员			10		4 500
专设销售机构人员			5		2 250
合　计			200	450	90 000

根据“职工福利费分配表”（见表 8－5），进行计提职工福利的账务处理：

借：生产成本——基本生产成本（一车间）　28 800
　　　　　　——基本生产成本（二车间）　33 750
　　制造费用——一车间　2 700
　　　　　　——二车间　4 500
　　管理费用　13 500
　　在建工程　4 500
　　销售费用　2 250
　　贷：应付职工薪酬——职工福利　90 000

提示：

（1）企业职工福利费一般以会计年度予以控制使用，所以，各月职工福利费的发生与结转是不平衡的。并且不同企业之间也是不平衡的，这取决于企业决策层的考虑。

（2）根据税法规定，企业所得税前列支的职工福利费是有比例和基数限制的，目前企业在所得税前列支职工福利费的控制标准为工资总额的 14%，超过部分应进行纳税调整。

（三）国家规定计提标准的职工薪酬

企业为职工缴纳的基本医疗保险费、工伤保险费、生育保险费等社会保险费和住房公积金，以及工会经费和职工教育经费等职工薪酬国家规定了计提基数和计提比例。对此类职工薪酬企业应当在职工为其提供服务的会计期间，根据规定计算确定相应的职工薪酬金额。

1. 相关社会保险费。为保障职工权益，各单位均应依照法律、法规的规定为职工缴纳各项社会保险费。社会保险费一般以工资总额为基数，缴纳比例由各地（省、市）人民政府确定，具体情况见表 8－6。社会保险费共有五种，其中列为短期职工薪酬的是基本医疗保险费、工伤保险费和生育保险费三种，基本养老保险费和失业保险费应列为设定提存计划。

表 8－6　　　　社会保险费缴纳情况表

费用名称		企业缴纳		个人缴纳	
		基　数	比　例	基　数	比　例
短期薪酬	基本医疗保险	职工个人缴费基数之和	10.5%	职工个人月工资额（上年月平均工资额）注：按省、市职工平均工资的60%保底，300%封顶。	2%（不上交，转入个人账户）
	工伤保险		0.5%～1.2%（分行业、工种实施不同比例）		不缴纳
	生育保险		1.2%		不缴纳
设定提存计划（离职后福利）	基本养老保险		14%		8%
	失业保险		0.5%		0.5%

注：（1）本表比例以杭州市2018年度的规定为例（不考虑阶段性下浮），各地比例会有所不同；

（2）缴费基数：按省、市职工平均工资的60%保底，300%封顶。

企业按月计算提取应交的基本医疗保险费等三种社会保险费时，根据职工提供服务的受益对象（即工资分配的去向）借记“生产成本”“制造费用”“管理费用”“在建工程”“销售费用”等账户，贷记“应付职工薪酬——社会保险费”账户；企业按规定缴纳各项社会保险费时，借记“应付职工薪酬——社会保险费”账户，贷记“银行存款”账户。

【例 8－19】　承【例 8－15】，假设万友公司以当月应付工资额为基数计算缴纳社会保险费，职工个人缴纳部分按比例计算，并在发放工资时代扣，由企业一并缴纳。有关基数、比例及缴纳数额见表 8－7。公司的账务处理为：

表 8－7　　　　万友公司社会保险费计提表

××年 9 月　　　　金额单位：元

部门	基数	短期薪酬						设定提存计划（离职后福利）						住房公积金	
		基本医疗保险费		工伤保险费	生育保险费	小　计		基本养老保险		失业保险		小　计			
		企业缴纳 10.5%	个人缴纳 2%	企业缴纳 0.5%	企业缴纳 1.2%	企业缴纳 12.2%	个人缴纳 2%	企业缴纳 14%	个人缴纳 8%	企业缴纳 0.5%	个人缴纳 0.5%	企业缴纳 14.5%	个人缴纳 8.5%	企业缴纳 5%	个人缴纳 5%
第一车间生产工人	260 000	27 300	5 200	1 300	3 120	31 720	5 200	36 400	20 800	1 300	1 300	37 700	22 100	13 000	13 000
第二车间生产工人	330 000	34 650	6 600	1 650	3 960	40 260	6 600	46 200	26 400	1 650	1 650	47 850	28 050	16 500	16 500
第一车间管理人员	22 000	2 310	440	110	264	2 684	440	3 080	1 760	110	110	3 190	1 870	1 100	1 100
第二车间管理人员	39 000	4 095	780	195	468	4 758	780	5 460	3 120	195	195	5 655	3 315	1 950	1 950

续表

部门	基数	短期薪酬						设定提存计划（离职后福利）						住房公积金	
		基本医疗保险费		工伤保险费	生育保险费	小计		基本养老保险		失业保险		小计			
		企业缴纳10.5%	个人缴纳2%	企业缴纳0.5%	企业缴纳1.2%	企业缴纳12.2%	个人缴纳2%	企业缴纳14%	个人缴纳8%	企业缴纳0.5%	个人缴纳0.5%	企业缴纳14.5%	个人缴纳8.5%	企业缴纳5%	个人缴纳5%
厂部	148 000	15 540	2 960	740	1 776	18 056	2 960	20 720	11 840	740	740	21 460	12 580	7 400	7 400
在建工程人员	37 000	3 885	740	185	444	4 514	740	5 180	2 960	185	185	5 365	3 145	1 850	1 850
专设销售机构人员	20 000	2 100	400	100	240	2 440	400	2 800	1 600	100	100	2 900	1 700	1 000	1 000
合计	856 000	89 880	17 120	4 280	10 272	104 432	17 120	119 840	68 480	4 280	4 280	124 120	72 760	42 800	42 800

注：假定社会保险费以本月工资为基数缴纳；个人缴纳部分与表 8－3 代扣款项一致，社保费为先代扣个人缴纳部分，然后一并缴纳。

（1）企业计提医疗、工伤、生育保险费（单位缴纳部分）时：

借：生产成本——基本生产成本（一车间）　　31 720
　　　　　——基本生产成本（二车间）　　40 260
　　制造费用——一车间　　2 684
　　　　　——二车间　　4 758
　　管理费用　　18 056
　　在建工程　　4 514
　　销售费用　　2 440
　　贷：应付职工薪酬——社会保险费（医疗、工伤、生育保险费）　　104 432

（2）企业以银行存款缴纳本期上述各项保险费时：

借：应付职工薪酬——社会保险费（医疗、工伤、生育保险费）　　104 432
　　其他应付款——代扣款（医疗保险）　　17 120
　　贷：银行存款　　121 552

2. 住房公积金。住房公积金是为了解决职工住房而建立的一项社会统筹基金。各地方政府均制定有适合本地区的住房公积金缴纳及管理办法。企业按规定为职工缴纳住房公积金是对职工生活福利方面的保障，所以也应为职工薪酬。住房公积金的缴纳基数也是职工的工资，并且是单位和职工本人同数额缴纳。计提比例由各地人民政府确定，一般为5%～12%。

住房公积金的单位缴纳部分是职工薪酬的一种形式，应通过“应付职工薪酬——住房公积金”账户进行核算，其账务处理与社会保险费的账务处理基本一致。

【例 8－20】 承【例 8－15】，假设万友公司以当月应付工资额为基数计算缴纳住房公积金（见表 8－7），比例为单位和职工个人各 5%，并在发放工资时代扣，由企业一并缴纳。公司的账务处理为：

（1）企业计提住房公积金（单位缴纳部分）时：

借：生产成本——基本生产成本（一车间）　13 000
　　　　　　——基本生产成本（二车间）　16 500
　　制造费用——一车间　1 100
　　　　　　——二车间　1 950
　　管理费用　7 400
　　在建工程　1 850
　　销售费用　1 000
　　贷：应付职工薪酬——住房公积金　42 800

（2）企业以银行存款缴纳住房公积金时：

借：应付职工薪酬——住房公积金　42 800
　　其他应付款——代扣款（住房公积金）　42 800
　　贷：银行存款　85 600

3. 工会经费。根据国家有关规定，企业每月应按照职工工资总额的2%计提工会经费，并按期拨付给企业工会使用。企业按工资总额计提拨交工会使用的工会经费是工会开展活动的经费来源之一。工会使用经费开展各项活动受益者是企业职工，所以，也应将其列为职工薪酬。

企业计提的工会经费应按照工资费用分配的去向，借记“生产成本”“制造费用”“管理费用”“在建工程”“销售费用”等账户，贷记“应付职工薪酬——工会经费”账户；企业向工会拨交工会经费时，借记“应付职工薪酬——工会经费”账户，贷记“银行存款”账户。

【例8-21】 万友公司本月应付职工工资总额为856 000元。该公司计提与拨交工会经费的账务处理为：

（1）月末，按工资总额2%计提工会经费时：

借：生产成本——基本生产成本（一车间）　5 200
　　　　　　——基本生产成本（二车间）　6 600
　　制造费用——一车间　440
　　　　　　——二车间　780
　　管理费用　2 960
　　在建工程　740
　　销售费用　400
　　贷：应付职工薪酬——工会经费　17 120

（2）下月初，以银行存款向工会拨交工会经费时：

借：应付职工薪酬——工会经费　17 120
　　贷：银行存款　17 120

4. 职工教育经费。职工教育经费是一项专项用于职工教育培训的经费。这是为了提高企业单位职工的文化素质、科技水平和专业技能的需要而建立的，是职工享受福利待遇的一种特殊形式。企业职工教育经费是按照职工工资的一定比例计算提取的，计提比例由企业根据开展职工教育工作的需要和经济效益等情况加以确定。税法对当期在企业所得税税前列支的职工教育经费是有限定的，这一限定是职工工资总额的8%（2018年起），超过部分，应在以后纳税年度进行结转扣除（作纳税调整处理）。

企业支付职工教育经费时，借记“应付职工薪酬——职工教育经费”账户，贷记“银行存款”“库存现金”等账户。企业按月计提职工教育经费时，应按照工资费用分配的去向，借记“生产成本”“制造费用”“管理费用”“在建工程”“销售费用”等账户，贷记“应付职工薪酬——职工教育经费”账户。

【例8-22】 万友公司9月15日，以银行存款支付车间技术员技能培训费5 000元，专用发票所列的增值税为300元。公司的账务处理为：

借：应付职工薪酬——职工教育经费　　5 000
　　应交税费——应交增值税（进项税额）　　300
　　贷：银行存款　　5 300

【例8-23】 万友公司9月末，企业根据本月职工工资总额856 000元，按确定比例5%计提职工教育经费。公司的账务处理为：

借：生产成本——基本生产成本（一车间）　　13 000
　　　　　　——基本生产成本（二车间）　　16 500
　　制造费用——一车间　　1 100
　　　　　　——二车间　　1 950
　　管理费用　　7 400
　　在建工程　　1 850
　　销售费用　　1 000
　　贷：应付职工薪酬——职工教育经费　　42 800

提示：

（1）假定万友公司本年度实际发生职工教育经费96万元，本年度职工工资总额为1 100万元，按照税法规定，所得税前的列支比例为8%，则该公司本年度允许税前列支的职工教育经费为88万元，职工教育经费实际支出大于规定计提数的部分96－88＝8（万元）应作纳税调整，即调整为所得税后列支（当年或以后年度）。

（2）企业计提的工会经费是拨交工会使用；而职工教育经费是由企业在规定范围内进行计提和使用，按年度进行结算和作纳税调整的处理。

（3）根据中组部〔2017〕38号文件规定，企业纳入管理费用的党组织工作经费，一般按照企业上一年度职工工资总额1%的比例安排。实际支出不超过限制数额的，据实在企业所得税前列支；年末如有结余，结转下一年度使用。

（四）短期带薪缺勤

职工的短期带薪缺勤，根据其性质和职工享有的权利，分为累积带薪缺勤和非累积带薪缺勤两类。

1. 累积带薪缺勤。**累积带薪缺勤是指带薪缺勤权利可以结转下期的带薪缺勤，本期尚未用完的带薪缺勤权利可以在未来期间使用。**如果职工在离开企业时不能获得现金支付，则企业应当根据资产负债表日因累积未使用权利而导致的预期支付的追加金额，作为累积带薪缺勤费用进行预计。这是根据劳动法规对职工权益的保护。企业确认累积带薪缺勤费用时，应根据受益对象，借记“生产成本”“制造费用”“管理费用”等账户，贷记“应付职工薪酬——带薪缺勤”账户。

【例 8-24】 万友公司共有200名职工，公司实行累积带薪缺勤制度：职工每年可享受5个工作日带薪年休假，未使用的年休假可以结转下一年度，超过一年未使用的作废，不能在职工离开公司时获得现金支付；职工使用年休假时先从当年可享受的权利中扣除，再从上年结转的带薪假余额中扣除；职工离开公司时，未使用的累积带薪假不支付现金。2016年度职工当年平均未使用带薪年休假为2天。根据经验，预计2017年将有150名职工将享受不超过5天的带薪年休假，其余50名职工每人将平均享受7天的带薪年休假，假定这50名职工为车间生产工人和厂部管理人员各占一半，职工平均日工资为300元。2016年年末公司的账务处理为：

预计年休假薪酬 = 50 × 2 × 300 = 30 000（元）

借：生产成本——基本生产成本　　15 000

　　管理费用　　15 000

　　贷：应付职工薪酬——带薪缺勤（短期累积带薪缺勤）　　30 000

提示：

假定2017年上述50名人员中有40名享受了7天的年休假，另有10名（均为厂部人员）只享受了5天年休假，由于公司的制度规定，未使用的年休假只能结转一年，超过一年未使用的权利将作废。2017年年末公司的账务处理为：

借：应付职工薪酬——带薪缺勤（短期累积带薪缺勤）　　24 000

　　贷：银行存款　　（40 × 2 × 300）24 000

借：应付职工薪酬——带薪缺勤（短期累积带薪缺勤）　　6 000

　　贷：管理费用　　（10 × 2 × 300）6 000（冲回未使用）

2. 非累积带薪缺勤，是指带薪缺勤权利不能结转下期的带薪缺勤，本期尚未用完的带薪缺勤权利将予以取消，并且职工离开企业时也无权获得现金支付。企业职工休婚假、产假、丧假、探亲假、病假期间的工资通常属于非累积带薪缺勤。由于职工提供服务本身不能增加其能够享受的薪酬待遇。所以，企业应当在职工实际发生缺勤会计期间确认与非累积带薪缺勤相关的职工薪酬。通常情况下，与非累积带薪缺勤相关的职工薪酬已经包括在企业每期向职工发放的工资等薪酬中（即不扣工资），因此，不必做专门的账务处理。

（五）非货币性福利

企业向职工提供的非货币性福利应区别情况进行处理：

企业以自产产品作为福利发放给职工的，应当根据受益对象，按照产品的公允价值（市场价格），借记“生产成本”“制造费用”“管理费用”等账户，贷记“应付职工薪酬——非货币性福利”账户；同时，按照视同销售确认提供产品的营业收入，并结转其相关成本。

企业将拥有（或租赁）的房屋等资产无偿提供给职工使用的，应当根据受益对象，将该资产每期应计提的折旧（或应付的租金）借记“生产成本”“制造费用”“管理费用”等账户，贷记“应付职工薪酬——非货币性福利”账户。

六、设定提存计划

设定提存计划是指企业向独立的基金缴存固定费用后，企业不再承担进一步支付义务的离职后福利计划。根据我国养老保险制度的规定，职工的基本养老保险、失业保险，企业承担的义务仅限于按照规定标准提存缴纳的金额，属于设定提存计划。设定提存计划是职工离职后才能享受的职工薪酬，应在“应付职工薪酬——离职后福利”中进行核算。

【例 8－25】 承【例 8－15】，万友公司本月计算缴纳的职工养老保险费、失业保险费见表 8－7，公司的账务处理为：

借：生产成本——基本生产成本（一车间）	37 700	
——基本生产成本（二车间）	47 850	
制造费用——一车间	3 190	
——二车间	5 655	
管理费用	21 460	
在建工程	5 365	
销售费用	2 900	
贷：应付职工薪酬——设定提存计划（基本养老保险费）		119 840
——设定提存计划（失业保险费）		4 280

企业以银行存款缴纳两项设定提存计划的保险费时：

借：应付职工薪酬——设定提存计划（基本养老保险费）	119 840	
——设定提存计划（失业保险费）	4 280	
其他应付款——代扣款（基本养老保险费）	68 480	
——代扣款（失业保险费）	4 280	
贷：银行存款		196 880

七、辞退福利

企业可能出现提前终止劳动合同、辞退员工的情况。根据劳动法规规定和劳动协议要求，企业需要提供一笔资金作为补偿。企业因提前终止劳动合同、辞退员工而支付的补偿款称为辞退福利。

辞退福利包括两方面的内容：一是在职工劳动合同尚未到期前，不论职工本人是否愿意，企业决定解除与职工的劳动关系而给予的补偿；二是在职工劳动合同尚未到期前，为鼓励职工自愿接受裁减而给予的补偿，职工有权利选择继续在职或接受补偿离职。

辞退福利通常采取解除劳动关系时一次性支付补偿的方式。企业因解除与职工的劳动关系向职工支付补偿时，借记“应付职工薪酬——辞退福利”账户，贷记“银行存款”“库存现金”等账户；会计期末结转这一补偿时，借记“管理费用”账户，贷记“应付职工薪酬——辞退福利”账户。

企业制定辞退条款，准备实施裁员计划，并同时符合企业会计准则规定的两个条件的，应合理预计并确认辞退福利产生的负债。这一预计产生的负债，应通过“预计负债”账户核算。

模块四 应交税费的核算

应交税费包括应交税金和应交费用两个部分。**应交税金**是指企业按国家税法规定应该缴纳的各种税金。企业因营业活动而形成的应交税金，主要包括增值税、消费税、城市维护建设税、土地增值税、资源税、房产税、土地使用税、印花税、车船税、车辆购置税、环境保护税、企业所得税等。**应交费用**是企业按国家或地方政府有关规定应缴纳的款项，如教育费附加、矿产资源补偿费、水利建设基金等。

企业应交的各种税金、费用，应设置“应交税费”账户进行核算。该账户的结构如图 8－10 所示。

借方　　　　“应交税费”账户	贷方
①购货业务的进项税额及其他应抵扣的税金 ②实际交纳的税费	①收入业务形成的增值税销项税额等 ②其他按规定计算结转的应交税费
期末余额：多交的税费或尚未抵扣的税金	期末余额：尚未交纳的税费

图 8－10　“应交税费”账户的结构

该账户属于负债类账户，一般应按应交税金和费用的种类进行明细核算。企业缴纳的印花税、耕地占用税、车辆购置税、契税、关税等不需要预计应交数额的税金，不必通过“应交税费”账户核算。

一、应交税费业务流程

企业应交税费项目较多，不同税费项目其业务流程会有所区别，但基本过程是相似的，应交税费的基本业务流程如图 8－11 所示。

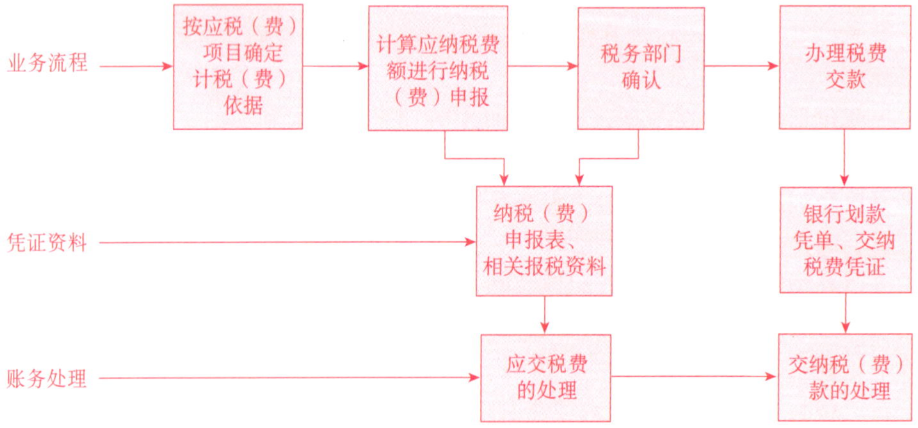

图 8－11　应交税费基本业务流程

二、应交增值税

（一）应交增值税额的确定

8.3　一般纳税人和小规模纳税人有什么区别

增值税是指对纳税人商品生产、流通、劳务服务中多个环节的新增价值（增值额）征收的一种流转税。增值额是企业在生产经营过程中新创造的价值，即企业销售收入扣除相应的外购材料、商品、劳务等成本的差额。增值税是一种价外税，凡在我国境内销售货物，提供加工、劳务、服务等及进口货物的单位和个人，均应按规定缴纳增值税。增值税的纳税人按照经营规模及会计核算的健全程度，分为一般纳税人和小规模纳税人两类。

相关链接：

（1）增值额≠利润额

=销售收入额－外购材料、商品、劳务等成本

（2）价外税。价外税是价内税的对称，是指税款不包含在商品价格内的税收。价税分离是其基本特点，消费者购买商品需支付商品价款和应计的税金（价外税）两项支出，所以，购货发票价款和增值税是分列的。价外税是由消费者负担的。

1. 一般纳税人企业应交增值税额的确定。增值额在生产和流通过程中是很难准确计算的。所以，各国普遍采用税款抵扣的办法。即根据销售商品或劳务的销售额，按规定的税率计算出销售税额，然后扣除取得该商品、劳务、服务时所支付的增值税款，也就是进项税额，其差额就是增值部分应交的税额，这种计算方法体现了按增值因素计税的原则。因此，一般纳税人企业应纳增值税额是根据当期销项税额减去当期进项税额计算确定的，其基本的计算公式为：

应交增值税额＝当期销项税额－当期准予抵扣的进项税额

当期销项税额若小于当期准予抵扣的进项税额而不足抵扣时，其不足部分可结转下期继续抵扣。

2. 小规模纳税人企业应交增值税额的确定。小规模纳税人的应纳增值税按销售额（不含增值税）和规定的征收率计算确定。征收率不分行业和业务类型均为3%。计算公式为：

应纳增值税额＝销售额（不含增值税）×征收率

小规模纳税人企业计算确定应交增值税时，不必考虑进项税额。

提示：

增值税一般纳税人企业的认定条件，由税务机关根据企业经营规模（一般为年应税销售额）和会计核算健全情况（能正确核算增值税的销项税额、进项税额和应纳税额）予以确定。不能确定为一般纳税人企业的，则为小规模纳税人企业。

需要注意的是：小规模纳税人企业不能等同于小企业，这两者的划分标准是不同的；小企业符合条件的也可以确定为一般纳税人企业。

（二）一般纳税人应交增值税的账务处理

一般纳税人企业应在“应交税费”账户下设置“应交增值税”“未交增值税”“预交增值税”“待抵扣进项税额”“待认证进项税额”“待转销项税额”“简易计税”“代扣代交增值税”等明细账户，进行应交增值税的发生、抵扣、待抵扣、缴纳、退税及结转等情况的核算。

一般纳税人企业“应交增值税”明细账下还应设置“进项税额”“销项税额抵减”“已交税金”“转出未交增值税”“减免税款”“销项税额”“出口退税”“进项税额转出”“转出多交增值税”等专栏。应交增值税明细账的基本格式见表8－8。

表 8－8　　　　应交税费——应交增值税明细账

年		借方				贷方				借或贷	余额
月	日	进项税额	销项税额抵减	已交税金	转出未交增值税	销项税额	出口退税	进项税额转出	转出多交增值税		

1. 进项税额。“进项税额”是指一般纳税人购进货物、加工修理修配劳务、服务、无形资产或不动产而支付或负担的，准予从当期销项税额中抵扣的增值税额。进项税额应区分下列情况进行处理：

（1）购进货物。一般纳税人企业购进货物等，按应计入相关成本费用的金额，借记“在途物资”或“原材料”“库存商品”“生产成本”“无形资产”“固定资产”“管理费用”等账户，按可抵扣的增值税额（一般为专用发票上注明），借记“应交税费——应交增值税（进项税额）”科目，按应付或实际支付的金额，贷记“应付账款”“应付票据”“银行存款”等账户。发生退货的，应根据税务机关开具的红字增值税专用发票作相反的账务处理。

【例 8－26】 万友公司购入材料一批，增值税专用发票注明的价款为 300 000 元，增值税 39 000 元；运输费专用发票 5 000 元，增值税 450 元。公司该项材料按实际成本计价，款项用银行汇票结算支付，材料尚未验收入库。公司的账务处理为：

借：在途物资　　305 000
　　应交税费——应交增值税（进项税额）　　39 450
　　贷：其他货币资金——银行汇票　　344 450

购入免税农产品，可以根据买价和规定的扣除率（购入农产品用于加工生产增值税税率为 13% 货物的为 10%，其余为 9%）计算的进项税额，借记“应交税费——应交增值税（进项税额）”账户，按买价扣除按规定计算的进项税额后的差额，借记“在途物资”或“材料采购”“原材料”等账户，按照应付或实际支付的总额，贷记“应付账款”“银行存款”等账户。

【例 8－27】 万友公司购进免税农产品一批，货物已验收入库（列为材料），以银行存款支付价款为 25 000 元，规定扣除率为 10%。公司的账务处理为：

借：原材料——原料及主要材料　　22 500
　　应交税费——应交增值税（进项税额）　　（25 000 × 10%）2 500
　　贷：银行存款　　25 000

一般纳税人取得不动产（或不动产在建工程）其符合抵扣条件的进项税额，自 2019 年 4 月 1 日起，可以一次于购进月份进行抵扣。

【例 8－28】 万友公司购入一幢房屋，专用发票所列价款 500 万元，增值税 45 万元，销售方未选择简易计税方法，价税款以银行存款支付。假定不考虑其他税费，公司有关账务处理为：

借：固定资产——生产经营用固定资产（房屋） 5 000 000
　　应交税费——应交增值税（进项税额） 450 000
　　贷：银行存款 5 450 000

一般纳税人购进货物、加工修理修配劳务、服务、无形资产或不动产，用于简易计税方法计税项目、免征增值税项目、集体福利或个人消费等，其进项税额按照现行增值税制度规定不得从销项税额中抵扣的，应计入相关成本费用，不应计入“进项税额”。

（2）接受应税劳务、服务。企业接受应税劳务、服务，应按照应计入加工、修理修配等物资成本或相关成本、费用的金额，借记“生产成本”“制造费用”“委托加工物资”“管理费用”等账户，按照可抵扣的增值税额（一般为专用发票上注明），借记“应交税费——应交增值税（进项税额）”账户，按照应付或实际支付的金额，贷记“应付账款”“银行存款”等账户。

（3）接受投资或捐赠转入资产。企业接受投资转入货物、接受捐赠的资产，应按照可抵扣的增值税额（一般为专用发票上注明），借记“应交税费——应交增值税（进项税额）”账户，同时按照确认的价值或发票中的不含税价款，借记“原材料”“固定资产”“无形资产”等账户，按照增值税额与货物价值的合计数，贷记“实收资本”“资本公积”“营业外收入”等账户。

2. 进项税额转出。“进项税额转出”是指一般纳税人购进货物、加工修理修配劳务、服务、无形资产或不动产等发生非正常损失以及其他原因而不应从销项税额中抵扣、按规定转出的进项税额。如购进的货物发生因管理不善造成的被盗、丢失、霉烂变质，或因违反法律法规造成的依法没收、销毁、拆除的；购进货物、劳务、服务，用于集体福利和个人消费的等。这就应当将已抵扣、待抵扣的进项税额从当期进项税额中转出。

企业转出进项税额时，应借记“待处理财产损溢”“应付职工薪酬”“固定资产”“无形资产”等账户，贷记“应交税费——应交增值税（进项税额转出）”“应交税费——待抵扣进项税额”等账户。

提示：

（1）“进项税额转出”应当是已经抵扣、待抵扣的进项税额。无法确定该进项税额的，按照当期实际成本计算确定应转出的进项税额。

（2）企业在建工程、无形资产研发领用生产用原材料是不必进行“进项税额转出”的；集体福利和个人消费领用生产用原材料应进行“进项税额转出”。

（3）原已计入待认证进项税额，但按规定不得从销项税额中抵扣的，应借记“待处理财产损溢”“应付职工薪酬”“固定资产”“无形资产”等账户，贷记“应交税费——待认证进项税额”账户。

【例 8－29】 万友公司上月购进一批用于出售的复印纸张，增值税专用发票列明的货物金额 10 000 元，运费 1 000 元，并于当月认证抵扣。本月清查发现由于管理不善造成上述复印纸张全部毁损。公司的账务处理为：

转出税额 = 10 000 × 13% + 1 000 × 9% = 1 390（元）

借：待处理财产损溢——待处理流动资产损溢 12 390
　　贷：库存商品 11 000
　　　　应交税费——应交增值税（进项税额转出） 1 390

3. 销项税额。“销项税额”是指一般纳税人销售货物、加工修理修配劳务、服务、无形资产或不动产应收取的增值税额。销项税额应区分下列情况进行处理：

（1）销售业务。企业销售货物、提供加工修理修配劳务、提供服务等，应当按应收或已收的金额，借记“应收账款”“应收票据”“银行存款”等账户，按取得的收入金额，贷记“主营业务收入”“其他业务收入”“固定资产清理”等账户，按规定计算的销项税额，贷记“应交税费——应交增值税（销项税额）”。

【例 8-30】 万友公司销售产品一批，货款 4 000 000 元，增值税税额 520 000 元；取得加工业务收入 10 000 元，增值税 1 300 元。提货单和增值税专用发票等结算单已交给购货方，款项尚未收到。公司的账务处理为：

借：应收账款	4 531 300	
贷：主营业务收入		4 000 000
其他业务收入		10 000
应交税费——应交增值税（销项税额）		521 300

（2）货物用于对外捐赠。企业将自产或委托加工收回的货物用于对外捐赠，货物按成本结转，同时，应按税法规定按售价计算确认增值税的销项税额：借记“营业外支出”等账户，贷记“库存商品”“应交税费——应交增值税（销项税额）”等账户。上述处理属于视同销售计税。

【例 8-31】 万友公司本月以本公司生产的产品 200 吨对外捐赠，产品单位成本为 260 元，单位售价为 300 元，增值税税率为 13%。公司的账务处理为：

借：营业外支出	59 800	
贷：库存商品		（200×260）52 000
应交税费——应交增值税（销项税额）		（200×300×13%）7 800

（3）货物用于职工生活福利、对外投资等。企业将自产产品用于职工生活福利、对外投资等，应视同对外销售进行账务处理：按产品销售价格（或公允价值）和应计增值税额，借记“应付职工薪酬”“长期股权投资”等账户，贷记“主营业务收入”“应交税费——应交增值税（销项税额）”账户；同时，按货物成本，借记“主营业务成本”账户，贷记“库存商品”等账户。上述处理属于视同销售进行账务处理。

【例 8-32】 万友公司本月以产成品一批对外进行投资，其成本 7 万元，售价为 9 万元，增值税税率为 13%。公司的账务处理为：

借：长期股权投资	101 700	
贷：主营业务收入		90 000
应交税费——应交增值税（销项税额）		（90 000×13%）11 700
借：主营业务成本	70 000	
贷：库存商品		70 000

提示：

（1）生活福利部门领用库存外购材料增值税为“进项税额转出”，计税依据一般应为货物进价；

（2）库存商品用于对外捐赠，增值税则为“销项税额”，计税依据应为销售价格，即视同销售计税；

（3）库存商品用于职工生活福利、对外投资，应按售价（或公允价值）作商品销售处理，记入“主营业务收入”账户，同时将成本转入“主营业务成本”账户。即视同销售。

4. 出口退税。按照国际惯例，出口货物应以不含税价格进入国际市场，所以，我国规定，企业出口货物的增值税适用零税率。但企业采购或生产这些货物时已支付了进项税额，这些已支付的增值税进项税额应按期向税务机关办理出口退税。

一般纳税人出口货物按规定退税（未实行“免、抵、退”办法）的，按规定计算的应收出口退税额，借记“应收出口退税款”账户，贷记“应交税费——应交增值税（出口退税）”账户，收到出口退税时，借记“银行存款”账户，贷记“应收出口退税款”账户；退税额低于购进时取得的增值税专用发票上的增值税额的差额，借记“主营业务成本”账户，贷记“应交税费——应交增值税（进项税额转出）”账户。

5. 缴纳增值税。按期结算后，企业在规定期限内，以银行存款缴纳增值税税款时，借记“应交税费——应交增值税（已交税金）”账户，贷记“银行存款”账户。

【例 8-33】 万友公司根据本月应纳增值税额、纳税期限及资金等情况，以银行存款 35 000 元缴纳增值税。公司的账务处理为：

借：应交税费——应交增值税（已交税金）　　35 000

　　贷：银行存款　　35 000

企业缴纳以前期间未交增值税的账务处理：借记“应交税费——未交增值税”账户，贷记“银行存款”账户。

6. 结转应交未交或多交增值税。月份终了，企业应汇总确定本月“销项税额”“进项税额转出”“出口退税”等，并据以计算确定本月“应交增值税”，然后将本月“应交增值税”与本月“已交税金”对比（需考虑月初欠交或多交增值税等因素），计算确定当月应交未交或多交的增值税并予以结转：当月应交未交的增值税，借记“应交税费——应交增值税（转出未交增值税）”账户，贷记“应交税费——未交增值税”账户；当月多交的增值税，借记“应交税费——未交增值税”账户，贷记“应交税费——应交增值税（转出多交增值税）”账户。

【例 8-34】 承【例 8-26】至【例 8-33】，假定万友公司本月初“应交税费”账户中“应交增值税”及相关项目均无余额。根据上述业务计算确定，本月应交增值税额及未交（或多交）增值税：

本月销项税额 = 521 300 + 7 800 + 11 700 = 540 800（元）

本月进项税额 = 39 450 + 2 500 + 450 000 = 491 950（元）

本月进项税额转出 = 1 390 元

本月应交增值税 = 540 800 - (491 950 - 1 390) = 50 240（元）

本月已交税金 = 35 000 元

本月应交未交增值税 = 50 240 - 35 000 = 15 240（元）

公司结转应交未交增值税的账务处理为：

借：应交税费——应交增值税（转出未交增值税）　　15 240

　　贷：应交税费——未交增值税　　15 240

（三）小规模纳税人应交增值税的账务处理

小规模纳税人企业的应交增值税按照销售额（不含税）和征收率（3%）计算确定，这样其就不享有进项税额的抵扣权，其购进货物和接受劳务、服务等支付的增值税，应直接计入有关货物和劳务的成本。所以，小规模纳税人应纳的增值税，只需在“应交税费”账户下设置“应交增值税”明细账户进行核算。

【例 8-35】 新科公司为小规模纳税企业，本月购入材料一批，取得的专用发票上注明货款 16 000 元，增值税 2 080 元；运输费 1 000 元，增值税 90 元。材料已验收入库（材料按实际成本计价核算），款项以银行存款支付。公司的账务处理为：

借：原材料　　19 170

　　贷：银行存款　　19 170

【例 8-36】 承【例 8-35】，新科公司销售产品一批，开出的普通发票上注明货款（含税）92 700 元，增值税征收率为 3%，款已存入银行。企业应根据有关原始凭证，做如下账务处理：

应纳税销售额 = 92 700 ÷（1 + 3%）= 90 000（元）

应纳增值税 = 90 000 × 3% = 2 700（元）

借：银行存款　　92 700

　　贷：主营业务收入　　90 000

　　　　应交税费——应交增值税　　2 700

【例 8-37】 承【例 8-35】和【例 8-36】，新科公司本月末“应交税费——应交增值税”账户的贷方余额为 12 600 元。公司以银行存款缴纳此项应交增值税的账务处理为：

借：应交税费——应交增值税　　12 600

　　贷：银行存款　　12 600

根据财税〔2019〕13 号文件的规定，2019 年 1 月 1 日至 2021 年 12 月 31 日，对月销售额 10 万元以下（按季为 30 万元）的增值税小规模纳税人，免征增值税。此类企业平时取得收入时，应按正常情况进行会计处理，借记“银行存款”“应收账款”等账户，贷记“主营业务收入”“应交税费——应交增值税”账户。按月（或按季）结算，属于符合免征增值税条件的，则借记“应交税费——应交增值税”账户，贷记“其他收益”账户。

【例 8-38】 美华公司为小规模纳税人企业，2019 年 1—3 月的销售额（不含增值税）为 28 万元，“应交税费——应交增值税”账户贷方余额为 8 400 元。该公司 3 月末结转此项免税收益的账务处理为：

借：应交税费——应交增值税　　8 400

　　贷：其他收益　　8 400

相关链接：

关于简易计税

简易计税法下：

应纳税额 = 销售额（不含税）× 征收率

（1）小规模纳税人均采用简易计税法（征收率一般为3%）。

（2）一般纳税人可选择按5%征税率简易计税，如出租、销售2016年4月30日前取得的不动产。

（3）一般纳税人企业销售使用过的固定资产及旧货适用3%的征收率，现减按2%计税。

简易计税的会计处理需注意：

①选择简易计税法的纳税人购进货物的进项税额是不能抵扣的。

②小规模纳税人全部是简易计税，其应纳税额列入“应交税费——应交增值税”账户。

③一般纳税人选择简易计税项目的应纳税额，直接列入“应交税费——简易计税”账户，不必进行“销项税额”“进项税额”的确定。

例如：企业出租2016年4月30日前取得的房屋，收到租金（含税）21 000元，选择采用简易计税法计税，账务处理为：

借：银行存款　　21 000

　　贷：其他业务收入　　20 000

　　　　应交税费——简易计税　　[21 000/(1+5%)×5%]1 000

三、应交消费税

消费税是国家对某些需要限制和调节的消费品或消费行为征收的一种流转税。现行税制规定的应税消费品包括烟、酒、鞭炮、焰火、化妆品、成品油、贵重首饰及珠宝玉石、高尔夫球及球具、高档手表、游艇、木制一次性筷子、实木地板、摩托车、小汽车、电池、涂料等税目。凡是在我国境内生产、委托加工和进口应税消费品的单位和个人，均应按规定计算缴纳消费税。消费税的计税依据，一般是应税消费品的销售额（不含增值税）或销售数量。

（一）销售产品应交消费税的账务处理

消费税是一种价内税，企业销售商品应缴纳的消费税是对商品销售收入的抵减，因而企业应纳的消费税，应列入“税金及附加”等账户，并通过“应交税费——应交消费税”账户核算。

“税金及附加”账户，核算企业经营活动发生的消费税、城市维护建设税、资源税、教育费附加、房产税、土地使用税、车船税、印花税等相关税费。

【例8-39】 万友公司销售应交消费税的产品一批，增值税专用发票注明价款为60 000元，增值税税额7 800元，价税款已向银行办妥托收手续。产品的消费税税率为10%。公司有关消费税的账务处理为：

（1）计算结转应纳消费税时：

应纳消费税 = 60 000 × 10% = 6 000（元）

借：税金及附加　　6 000

　　贷：应交税费——应交消费税　　6 000

（2）以银行存款缴纳消费税时：

借：应交税费——应交消费税　　6 000
　　贷：银行存款　　6 000

（二）自产自用产品应交消费税的账务处理

企业将自产的应税消费品用于对外投资、在建工程、职工福利、捐赠等，除了按规定缴纳增值税外，还应计算缴纳消费税。其应纳的消费税，应分别借记“长期股权投资”“在建工程”“应付职工薪酬”“营业外支出”等账户，贷记“应交税费——应交消费税”等账户。

（三）委托加工应税消费品的账务处理

应缴纳消费税的委托加工物资，受托方应在委托方提货时代收代缴税款，受托方按收取的应交税额，借记“应收账款”“银行存款”等账户，贷记“应交税费——应交消费税”账户，然后按规定缴纳。委托方委托加工物资收回后，直接用于销售的，应将受托方代收代缴的消费税计入委托加工物资的成本，借记“委托加工物资”账户，贷记“应付账款”“银行存款”等账户。委托加工物资收回后用于连续生产的，按规定准予抵扣，按代收代缴的消费税，借记“应交税费——应交消费税”账户，贷记“应付账款”“银行存款”等账户。

四、其他应交税费

（一）应交城市维护建设税

城市维护建设税是一种附加税，城市维护建设税是以增值税、消费税的税额为计税依据征收的一种税。是以缴纳增值税、消费税的单位和个人为纳税人的一种附加税收。

城市维护建设税按照纳税人所在地的不同实行地区差别税率，具体为：市区7%，县城、镇5%，其他1%。其应纳税额的计算公式为：

应纳税额 =（应交增值税 + 应交消费税）× 适用税率

企业应交城市维护建设税，应通过“应交税费——应交城市维护建设税”账户核算。应交城市维护建设税也应分业务类型计列：生产经营活动的主营业务和租赁业务、材料出售、代购代销、非工业性劳务等其他业务的应纳税额，列入“税金及附加”账户；处置固定资产（未转列为持有待售资产的）的应纳税额，列入“固定资产清理”账户；无形资产出售业务的应纳税额，应在结转资产时直接扣减。

【例8－40】 万友公司地处城市，本月产品销售应交增值税68 960元，消费税6 000元；运输劳务应交增值税2 040元；处置固定资产应交增值税15 000元。公司的账务处理为：

经营业务应交城建税 =（68 960 + 6 000 + 2 040）× 7% = 5 390（元）

处置固定资产应交城建税 = 15 000 × 7% = 1 050（元）

借：税金及附加　　5 390
　　固定资产清理　　1 050
　　贷：应交税费——应交城市维护建设税　　6 440

课堂讨论：

某公司本年度除产品销售业务以外，没有租赁、材料出售、提供劳务等其他经营业务，产品销售业务只需按规定计算缴纳增值税，而增值税是不通过“税金及附加”账户核算的，所以，该公司本年度“税金及附加”账户是没有记录的。

请问：是这样的吗？为什么？

（二）应交资源税

资源税是对在我国境内从事原油、天然气、煤炭、金属矿产品和其他矿产品开发以及生产盐的单位和个人征收的一种税。资源税的应纳税额，按照应税产品的课税数量和规定的单位税额计算，其计算公式如下：

应纳资源税 = 课税数量 × 单位税额

企业计算结转销售应税产品应纳资源税时，借记“税金及附加”账户，贷记“应交税费——应交资源税”；企业结转自产自用应税产品应纳资源税时，借记“生产成本”账户，贷记“应交税费——应交资源税”账户。企业以银行存款缴纳资源税时，借“应交税费——应交资源税”账户，贷记“银行存款”账户。

（三）应交土地增值税

土地增值税是指对我国境内转让国有土地使用权、地上建筑物及其附着物（即转让房地产）并取得收入的单位和个人征收的一种税。

土地增值税按照转让房地产所取得的增值额和规定的税率计算征收。土地增值额是指转让房地产所取得的收入减除规定扣除项目金额后的余额。土地使用权转让收入包括货币收入、实物收入和其他收入。扣除项目主要包括取得土地使用权所支付的金额、开发土地费用、新建及配套设施的成本、旧房及建筑物的评估价格等。

土地增值税应通过“应交税费——应交土地增值税”账户进行核算。土地增值税应根据不同情况进行列支：企业转让国有土地使用权连同地上建筑物及附着物一并在“固定资产”等账户核算的，转让时应缴纳的土地增值税，借记“固定资产清理”等账户，贷记“应交税费——应交土地增值税”账户；土地使用权在“无形资产”账户核算的，其应交的土地增值税，应与出售无形资产应交的其他税费一样，在取得收入、结转资产、确认净损益时直接扣减；房地产开发经营企业销售房地产应交的土地增值税，借记“税金及附加”账户，贷记“应交税费——应交土地增值税”账户。企业实际缴纳税款时，借记“应交税费——应交土地增值税”账户，贷记“银行存款”账户。

（四）应交房产税、土地使用税、车船税、印花税

房产税是国家对在城市、县城、建制镇和工矿区征收的由产权所有人缴纳的一种税。房产税依照房产原值一次扣减 10% ~30% 的余值计算缴纳；房产出租的，以房产租金收入为房产税计税依据。

土地使用税是国家为了合理利用城镇土地，调节土地级差收入，提高土地使用效益，加

强土地管理而征收的一种税。土地使用税以纳税人实际占用的土地面积为计税依据，按照规定税额计算征收。

车船税是对拥有并使用车船的单位和个人征收的一种税。车船税以应税车船为征税对象，以征税对象的计量标准（辆、净吨位、载重吨等）为计税依据。

企业按规定计算应缴纳的房产税、土地使用税、车船税，记入“税金及附加”账户，并通过“应交税费”账户进行核算。

【例 8－41】 万友公司本期按规定计算应交房产税 9 000 元，土地使用税 17 000 元，车船税 5 000 元。公司的账务处理为：

（1）计算结转应交的税金时：

借：税金及附加　　31 000

　　贷：应交税费——应交房产税　　9 000

　　　　　　　　——应交土地使用税　　17 000

　　　　　　　　——应交车船税　　5 000

（2）以银行存款上交税款时：

借：应交税费——应交房产税　　9 000

　　　　　　——应交土地使用税　　17 000

　　　　　　——应交车船税　　5 000

　　贷：银行存款　　31 000

课堂讨论：

（1）土地增值税和土地使用税有哪些区别？

（2）增值税和土地增值税有相同点吗？

企业缴纳的印花税，是由纳税人根据规定自行计算应纳税额以购买并一次贴足印花税票的方法缴纳的一种税款。即一般情况下，企业需要预先购买印花税票，待发生应税行为时，再根据凭证的性质和规定的比例税率或按件计算应纳税额，将已购买的印花税票粘贴在应纳税凭证上，并在每枚税票的骑缝处盖戳注销或划销，办理定税手续。企业缴纳的印花税，不会发生应付未付税款的情况，不需要预计应纳税金额，同时也不存在与税务机关结算或清算的问题。因此，企业缴纳的印花税不需要通过“应交税费”账户核算。

企业购买的印花税票，即缴纳印花税时，借记“税金及附加”账户，贷记“银行存款”等账户。

【例 8－42】 万友公司本月以银行存款一次购买印花税票 2 200 元。公司的账务处理为：

借：税金及附加——印花税　　2 200

　　贷：银行存款　　2 200

（五）应交车辆购置税

根据《中华人民共和国车辆购置税暂行条例》，企业单位和个人购置（包括购买、进口、自产、受赠、获奖或其他方式取得并自用）应税车辆的行为，均应按规定缴纳车辆购置税。车辆购置税实行从价定率征收，购买车辆以支付给销售者的全部价款（不包括增值税税额）为计税依据；进口车辆以关税完税价格、关税和应纳消费税三者之和为计税依据。车辆购置税税率为10%。实行一次征收制度，购置已征车辆购置税的车辆，不再征收车辆购置税。购置列为免征目录的新能源汽车免征车辆购置税。

车辆购置税应由购置应税车辆的企业在办理车辆注册登记前计算缴纳，所以，车辆购置税不形成应交款项，不必通过“应交税费”账户核算。应由企业在购置车辆计算缴纳税款时，直接计入购入固定资产价值。

【例8-43】 万友公司购置国产汽车一辆自用，支付专用发票所列价款200 000元，增值税税额26 000元。价税款（包括车辆购置税）以银行存款支付。公司购车及支付车辆购置税的账务处理为：

应交车辆购置税 = 200 000 × 10% = 20 000（元）

借：固定资产——生产经营用固定资产（汽车）	220 000	
应交税费——应交增值税（进项税额）	26 000	
贷：银行存款		246 000

（六）应交个人所得税

按照个人所得税征收管理办法，个人所得税采用自行申报缴纳和代扣代缴缴纳两种办法，由于除实行查账核实征收的个体工商户取得的应税所得自行申报缴纳后需要会计核算外，一般个人取得的收入自行申报缴纳后，不必进行会计核算。但是，履行代扣代缴义务的单位对代扣代缴税款，应列为“应交税费”进行有关账务处理。

支付工资、薪金（包括奖金、年终加薪、劳动分红、津贴、补贴等）的单位，代扣代缴的个人所得税，应通过“应付职工薪酬”“应交税费——应交个人所得税”账户核算。

【例8-44】 承【例8-15】，万友公司9月份发放职工工资856 000元，已按照税法规定计算确定代扣个人所得税1 620元（见表8-3）。公司以银行存款代交个人所得税的账务处理为：

借：应交税费——应交个人所得税	1 620	
贷：银行存款		1 620

（七）应交教育费附加

教育费附加是以企业实际缴纳的增值税、消费税税额为计算依据，由税务机关负责征收的一项专门用于教育事业的纳税附加费。全国统一的教育费附加征收率为3%。

同时，根据省级地方政府的规定，在征收教育费附加的同时，按一定比例征收地方教育附加，如浙江省规定征收2%的地方教育附加。其计算基数及有关账务处理同教育费附加。

企业应缴纳的教育费附加应区别业务类型列支：（1）企业经营业务应缴纳的教育费附加，列入“税金及附加”账户；（2）处置固定资产应缴纳的教育费附加，列入“固定资产清理”账户；（3）出售无形资产应缴纳的教育费附加，应在结转资产时直接扣减。

【例8-45】 万友公司本月产品销售应交增值税68 960元，消费税6 000元；运输劳务应交增值税2 040元；处置固定资产应交增值税15 000元。公司应交教育费附加的账务处理为：

经营业务应交教育费附加 =（68 960 + 6 000 + 2 040）×3% = 2 310（元）

经营业务应交地方教育附加 =（68 960 + 6 000 + 2 040）×2% = 1 540（元）

处置固定资产应交教育费附加 = 15 000 ×3% = 450（元）

处置固定资产应交地方教育附加 = 15 000 ×2% = 300（元）

（1）结转应缴纳教育费附加时：

借：税金及附加　　3 850

　　固定资产清理　　750

　　贷：应交税费——应交教育费附加　　4 600

（2）以银行存款缴纳教育费附加时：

借：应交税费——应交教育费附加　　4 600

　　贷：银行存款　　4 600

企业按规定缴纳的水利建设基金、矿产资源补偿费、文化事业建设费等，应记入“税金及附加”账户，并通过“应交税费”账户进行核算。

企业应交所得税，应通过“所得税费用”和“应交税费——应交所得税”账户进行核算。

提示：

关于增值税零税率和免税：

零税率，是在计算缴纳增值税时，销项税额按照0%的税率计算（如出口货物），进项税额允许抵扣（或退税）。购进货物等进项税额需要进行单独核算，销项税额不需要进行核算；申报纳税时无须税务机关审批或备案。

免税，是免去纳税人销售环节的增值税（如月收入10万元以下的小微企业）（销项税额）；进项税额不允许抵扣，直接计入购进货物的成本，符合免税条件的“销项税额”转列为当期损益；申报纳税时先经税务机关审批，或报送税务机关备案。

项目小结

本项目着重介绍了流动负债的构成内容，各项流动负债的核算账户设置和账务处理。短期借款、应付账款、应付职工薪酬和应交税费的账务处理是重点；应付职工薪酬的构成内容及应付数额的确定，应交税费中应交增值税的账务处理既是重点又是难点；对“应付账款”“预收账款”“合同负债”“应交税费”和“应付职工薪酬”五个重点账户应注意掌握其结构和明细核算的要求。应付职工薪酬的构成内容项目多，需全面理解，归纳如图8-12所示。企业应交各种税费的列支会涉及多个方面，需对比分析，企业应交税费的列支账户可概括如表8-9所示。

- 应付职工薪酬
  - 短期职工薪酬
    - 职工工资：计时工资、计件工资、奖金、津贴与补贴、加班加点工资等
    - 职工福利费、非货币性福利
    - 住房公积金
    - 工会经费和职工教育经费
    - 短期带薪缺勤、短期利润分享计划等
    - 基本医疗保险、工伤保险、生育保险
  - 离职后福利
    - 设定提存计划
      - 基本养老保险等
      - 失业保险等
    - 设定受益计划
  - 辞退福利
  - 其他长期职工福利

（基本医疗保险、工伤保险、生育保险；基本养老保险等；失业保险等）——社会保险费

图 8－12　职工薪酬构成内容

表 8－9　　企业应交税费列支账户表

名　称	计税依据（基本）	列支账户（一般为借记账户）
增值税	一般纳税人：增值税（销项税额－进项税额） 小规模纳税人：应税销售额的 3%	“应交税费——应交增值税”等账户
消费税	销售：销售收入额 进口环节：组成计税价格	“税金及附加”账户 资产价值
资源税	销售 自产自用	“税金及附加”账户 “生产成本”账户
企业所得税	应税所得额（≠利润总额）	“所得税费用”（按期转入“本年利润”）
个人所得税	计税收入（代扣代缴）	“应付职工薪酬”（通过“应交税费”账户）
城市维护建设税、教育费附加	生产经营业务（主营及其他业务） 处置固定资产（未转列为持有待售） 出售无形资产和持有待售资产 }“两税”税额	“税金及附加”账户 “固定资产清理”账户 直接抵减
房产税、土地使用税、车船税、环境保护税	计税标准额	“税金及附加”账户（通过“应交税费”账户）
印花税	计税标准额	“税金及附加”账户（不通过“应交税费”账户）
土地增值税	转让房地产（土地使用权）增值额： 土地使用权列“固定资产”的 土地使用权列“无形资产”的 房地产开发经营企业：销售房地产	“固定资产清理”账户 直接抵减 “税金及附加”账户

续表

名　称	计税依据（基本）	列支账户（一般为借记账户）
矿产资源补偿费、水利建设基金、文化事业建设费	矿产销售收入、营业收入、计费销售额	“税金及附加”账户
车辆购置税、关税	计税价格、关税完税价格	资产价值

工资总额的组成

增值税核算的账户设置

项目九
非流动负债的核算

学习目标：

1. 知识目标：

□ 了解长期借款和长期应付款的内容；

□ 理解非流动负债的内容；

□ 理解应付债券、租赁负债和长期应付款的基本账务处理；

□ 掌握借款费用的处理方法及其资本化的条件；

□ 掌握长期借款的账务处理。

2. 能力目标：

□ 能够准确识别各项非流动负债；

□ 能够对各项非流动负债业务进行正确的核算；

□ 能够准确计算、填制和审核借款利息费用计算表。

3. 素养目标：

□ 培养俭以养德的品质，养成量入为出的习惯，防止铺张浪费；

□ 认识诚信行为将有益于自身职业成长、事业发展；

□ 弘扬诚信的社会主义核心价值观。

为积极应对金融危机影响，破解中小企业融资难题，海滨市相继成立合力、兴合、国信3家投资担保公司，并完善了信贷投放风险补偿机制，积极帮助中小企业融资。

在此形势下，宏远公司有效地通过多种渠道和方式筹借了生产经营和产品开发所需的资金，主要有：（1）为扩大生产规模，向建设银行文新支行取得为期3年，年利率为6.12%，到期一次还本付息，由国信投资公司担保的专项工程借款1 500万元；（2）与合力投资公司签订了一项融资租赁合同，以融资租赁方式取得一套专用设备，租赁付款期6年，设备最低租赁付款额900万元；（3）公司获准发行地方企业债券5 000万元，通过证券公司成功发行，该项债券为5年期，每年付息一次，到期偿还本金，债券资金主要用于建设一条生产线。

宏远公司上述发行的债券属于什么类型？上述形成的负债与流动负债相比，有哪些区别？公司会计人员应如何进行账务处理？

非流动负债的核算内容如图 9－1 所示。

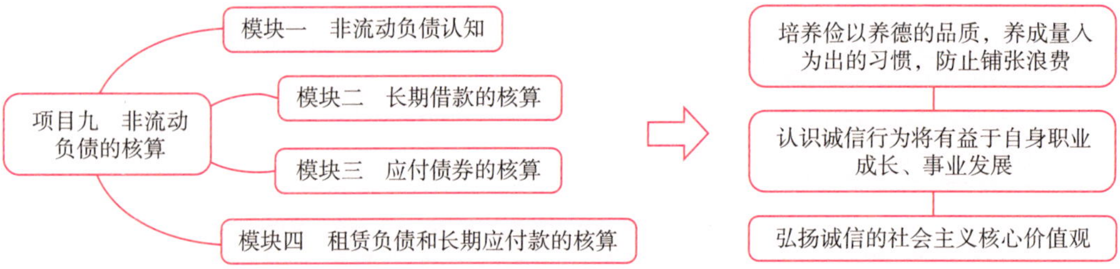

图 9－1 非流动负债的核算

模块一 非流动负债认知

一、非流动负债的内容

非流动负债，也称长期负债，是指偿还期在一年以上或者超过一年的一个营业周期以上的负债。它是企业除流动负债以外的负债，是企业向债权人筹集的可供长期使用的资金。非流动负债主要包括长期借款、应付债券、租赁负债、长期应付款、预计负债和专项应付款等。

提示：

流动负债和非流动负债的区分并不完全以期限为标准。有些应付账款，由于企业（债务人）无款支付或其他原因，即使超过了一年或一个营业周期，但仍将其归入流动负债；非流动负债中如果有将于一年或一个营业周期内到期的，则应视为流动负债，在资产负债表中单独反映，如一年内到期的长期借款。

二、非流动负债的特点

1. 债务偿还期限长。非流动负债偿还期均在一年以上或超过一年的一个营业周期以上。
2. 债务金额较大，利息费用较高。
3. 主要用于扩大生产经营规模。企业举借的非流动负债主要用于购建固定资产、无形资产等方面，以达到扩大生产经营规模的目的。

课堂讨论：

（1）公司举借用于扩建厂房、购置设备的非流动负债是越多越好吗？

（2）公司举借非流动负债扩大生产经营规模，在什么情况下是合算的？

（3）公司一项金额为 15 万元的其他应付款，入账时间已达 2 年了，这项负债是非流动负债，还是流动负债？

三、非流动负债的确认与计量

（一）非流动负债的确认

非流动负债一般按如下方式和过程进行确认：第一，符合非流动负债的定义；第二，具有负债的一般特征；第三，具有非流动负债的主要特点。

（二）非流动负债的计量

非流动负债应以实际发生额计价入账。不同方式取得的非流动负债，其实际发生额的构成有所不同。

四、借款费用

借款费用是指企业因借款而发生的利息及其他相关成本，包括借款利息、折价或者溢价的摊销、辅助费用以及因外币借款而发生的汇兑差额等。

（一）借款费用的处理方法

企业因借入资金而发生的借款费用有两种处理方法：

1. 资本化，即将发生的借款费用计入相关资产的购建或生产成本。

2. 费用化，即将发生的借款费用确认为当期费用，计入当期损益，列为财务费用。

满足资本化条件的借款费用，应当在资本化期间内予以资本化；其他借款费用，应当予以费用化。

在资本化期间内，每一会计期间的借款费用（包括利息、折价或溢价的摊销等）资本化金额，应当按照下列规定确认：

专门借款的当期实际利息费用＝借款利息－(未用借款存款利息收入＋暂时性投资收益)

一般借款利息费用资本化金额＝累计资产支出超过专门借款部分的资产支出加权平均数×所占用一般借款资本化率

总额控制：不超过当期相关借款实际发生的利息金额。

由上述可知，能够资本化的借款费用并不一定是某项借款实际发生的全部借款费用。

提示：

资本化期间，是指从借款费用开始资本化时点到停止资本化时点的期间，借款费用暂停资本化的期间不包括在内。

专门借款，是指为购建或者生产符合资本化条件的资产而专门借入的款项，除此之外的其他借款称为一般借款。

占用一般借款资本化率，是借款的利息费用与借款本金的加权平均数的比率。如果只是一笔借款，资本化率即为该借款的利率。

【例 9－1】 万友公司于 2×21 年 1 月 1 日正式动工建设一幢厂房，工期预计为一年。此项厂房建设没有专门借款，建设资金全部占用公司一般借款，占用的一般借款有两笔：① 2×20 年 12 月 1 日从工商银行文欣支行借入的 3 年期借款 5 000 万元，年利率为 6.08%，按年付息；② 2×20 年 7 月 1 日成功发行 5 年期公司债券 7 000 万元，年利率为 8%，按年付息。工程采用出包方式，分别于2×21年1月1日和2×21年7月1日支付工程款3 000万元和5 000万元。两项借款合同利率与实际利率差异很小。计算建造厂房2×21年应予资本化的借款利息。

占用一般借款资本化率（年率）=（5 000×6.08%+7 000×8%）÷（5 000+7 000）
=7.2%

累计资产支出加权平均数=3 000×360÷360+5 000×180÷360=5 500（万元）

2×21年建造厂房借款利息资本化金额=5 500×7.2%=396（万元）

2×21年实际发生的一般借款利息费用=5 000×6.08%+7 000×8%=864（万元）

利息资本化金额（396万元）没有超过实际发生的一般借款利息费用（864万元），可以资本化。

（二）借款费用资本化的条件

企业发生的借款费用，可直接归属于符合资本化条件的资产的购建或生产的，应当予以资本化，计入相关资产成本；其他借款费用，应当在发生时根据其发生额确认为费用，计入当期损益。

符合资本化条件的资产，是指需要经过相当长时间的购建或者生产活动才能达到预定可使用或者可销售状态的固定资产、投资性房地产和存货等。借款费用同时满足下列条件的，才能开始资本化：

1. 资产支出已经发生。资产支出包括为购建或者生产符合资本化条件的资产而以支付现金、转移非现金资产或者承担带息债务形式发生的支出。

2. 借款费用已经发生。不能是预计的、将要发生的。

相关链接：

购建或者生产符合资本化条件的资产达到预定可使用或者可销售状态，可以从以下几个方面进行判断：

（1）符合资本化条件的资产的实体建造（包括安装）或者生产工作已经全部完成或者实质上已经完成。

（2）所购建或者生产的符合资本化条件的资产与设计要求、合同规定或者生产要求相符或基本相符，即使有极个别与设计、合同或者生产要求不相符的地方，也不影响其正常使用或者销售。

（3）继续发生在所购建或生产的符合资本化条件的资产上的支出金额很少或者几乎不再发生。

3. 为使资产达到预定可使用或者可销售状态所必要的购建或者生产活动已经开始。

（三）借款费用的一般账务处理

对于应予资本化的借款费用，应于费用发生时借记“在建工程”（借款用于购建固定资产）、“制造费用”（借款用于生产存货）、“研发支出”（借款用于无形资产研发）等账户，贷记“银行存款”（支付的辅助费用）、“应付利息”（专门借款利息）、“应付债券”（应计利息及利息调整）等账户。

课堂讨论：

将企业借款费用划分为资本化费用和费用化费用有什么作用？如果企业资本化借款费用和费用化借款费用划分不规范，对企业财务会计信息将产生什么影响？

注：主要从资产计价、利润形成、报表信息等方面去考虑。

对于不能资本化应计入当期损益的借款费用，应于费用发生时借记“财务费用”账户，贷记“银行存款”“应付利息”“应付债券——应计利息”等账户。

模块二　长期借款的核算

一、长期借款的内容

长期借款，是指企业向银行或其他金融机构借入的期限在一年以上（不含一年）的各种借款。它一般用于购建固定资产、改扩建工程以及生产经营周转的需要等方面。

企业的长期借款，可以按照不同的标志进行分类：

第一，长期借款按借款的条件划分，可分为抵押借款、信用借款、担保借款。抵押借款是指以企业的动产或不动产作为抵押，以保证按期还款而取得的借款；信用借款是指不以特定的抵押财产作保证，仅凭借企业的良好信誉而取得的借款；担保借款，是指企业通过其他具有法人资格的单位的担保而取得的借款。

9.1　长期借款和短期借款的区别

第二，长期借款按借款的偿还方式划分，可分为到期一次偿还借款和分期偿还借款。

第三，长期借款按借款的币种划分，可分为人民币借款和外币借款。

课堂讨论：

（1）公司取得的期限为一年的借款是长期借款，还是短期借款？

（2）公司因资金周转原因，与新科公司（非金融机构）签约取得一项金额为 20 万元、年利率为 10% 的借款，约定期限为 18 个月。公司取得的此项借款属于长期借款吗？为什么？

（3）公司取得的一项期限为 6 个月的借款，因现金资产严重不足，公司逾期 2 年仍未能偿还。此项借款是长期借款吗？

二、长期借款的业务流程

长期借款的基本业务流程如图 9－2 所示。

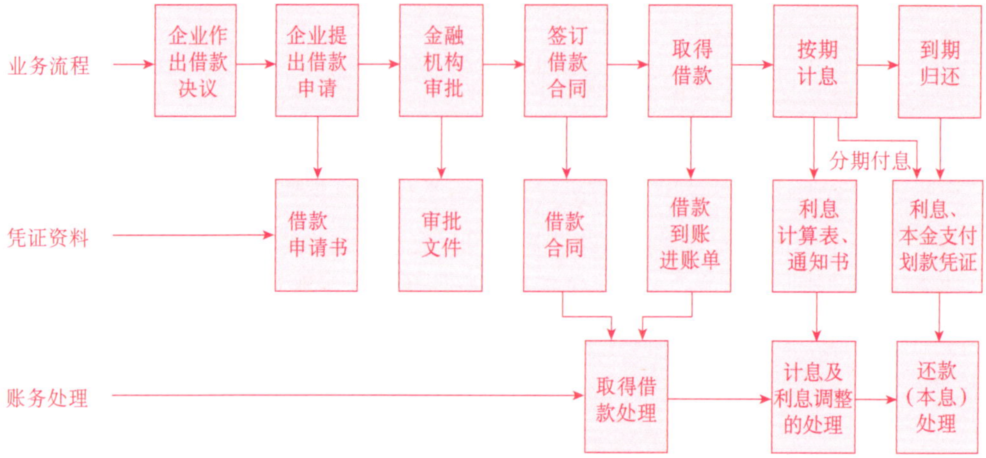

图 9－2　长期借款的业务流程

三、长期借款的账务处理

企业举借长期借款应按照规定办理借款手续，支付借款利息，并按规定的期限归还借款。因此，长期借款的账务处理主要包括借款取得、借款利息计提和借款偿还等几个方面。

（一）账户设置

企业取得的长期借款，应设置“长期借款”账户进行核算。该账户属于负债类账户，贷方登记借入款项的本金和计息结转的利息调整；借方登记归还本金和取得借款的利息调整，期末余额在贷方，反映尚未偿还的长期借款。该账户应按贷款单位和贷款种类，分别“本金”“利息调整”等进行明细核算。

长期借款等应付未付的利息，应设置“应付利息”或“长期借款——应付利息”账户进行核算。“应付利息”账户贷方登记计算确定的应付未付的利息；借方登记实际支付的利息；期末余额在贷方，表示企业应付未付的利息，该账户应按债权人进行明细核算。

（二）账务处理

1. 借款的取得。企业取得长期借款，应按实际收到的现款净额，借记“银行存款”，贷记“长期借款——本金”账户。如存在差额的，还应借记“长期借款——利息调整”账户。

2. 借款利息的处理。长期借款利息费用应当在资产负债表日按照实际利率法计算确定，实际利率与合同利率差异较小的，也可以采用合同利率计算确定利息费用。长期借款计算确定的利息费用，应当按照下列原则进行列支：属于筹建期间不符合资本化条件的，计入管理费用；属于生产经营期间不符合资本化条件的，计入财务费用。长期借款专项用于购建固定资产等符合资本化条件的，在资产尚未达到预定可使用状态前发生的利息支出，计入在建工程等相关资产成本；资产达到预定可使用状态后发生的利息支出，计入财务费用。

长期借款利息有两种支付方式：（1）分期付息到期还本；（2）分期计息到期还本付息。

分期付息到期还本方式下，按合同利率计算确定的应付未付利息，借记“在建工程”“财务费用”等账户，贷记“应付利息”账户；支付借款利息时，借记“应付利息”账户，贷记“银行存款”账户。

分期计息到期还本付息方式下，按合同利率计算确定的应付未付利息，借记“在建工程”“财务费用”等账户，贷记“长期借款——应计利息”或“应付利息”账户；支付借款利息时，借记“长期借款——应计利息”或“应付利息”账户，贷记“银行存款”账户。

按照实际利率法计算确定长期借款利息费用的，按实际利率计算确定利息费用与合同利率计算确定的应付未付利息之间的差额，通过“长期借款——利息调整”账户核算。

3. 借款的偿还。企业归还长期借款本金，应借记“长期借款——本金”账户，贷记“银行存款”账户。同时，存在利息调整余额的，借记或贷记“在建工程”“财务费用”等账户，贷记或借记“长期借款——利息调整”账户。

【例9-2】 万友公司为生产设备改扩建工程建设，2×22年1月1日从民生银行滨江支行取得三年期人民币借款900万元，合同约定利率为年利率6%，且借款期内实际利率与合同利率差异较小；按年于每年的12月31日支付利息，到期还本；借款分别于本年1月1日和7月1日用于工程建设各450万元，2×22年年末工程竣工达到预定可使用状态。公司的有关账务处理为：

- 2×22年1月1日，取得借款并存入银行时：

借：银行存款 9 000 000

　　贷：长期借款——民生银行滨江支行（本金） 9 000 000

- 2×22年年末，计提本年应付利息时：

借：在建工程 （4 500 000×6%+4 500 000×6%÷2） 405 000

　　财务费用 （4 500 000×6%÷2） 135 000

　　贷：应付利息——民生银行滨江支行 540 000

- 2×22年12月31日，以银行存款支付第一年利息时：

借：应付利息——民生银行滨江支行 540 000

　　贷：银行存款 540 000

- 2×23年年末、2×24年年末，计提当年借款利息时：

借：财务费用 540 000

　　贷：应付利息——民生银行滨江支行 540 000

- 2×24年12月31日，借款到期，以银行存款支付2024年利息、归还本金时：

借：长期借款——民生银行滨江支行（本金） 9 000 000

　　应付利息——民生银行滨江支行 540 000

　　贷：银行存款 540 000

【例9-3】 万友公司2×23年1月1日为购建固定资产，从工商银行大华支行借入二年期人民币借款80万元，该借款合同约定利率为年利5%，且借款期内实际利率与合同利率差异较小；按年计息，到期一次还本付息；借款当即全部投入用于固定资产购建项目，购建的固定资产于2×23年年末竣工达到预定可使用状态。应付未付利息通过“长期借款——应计利息”账户核算，公司的账务处理为：

• 2×23 年 1 月 1 日，借入款项存入银行时：

借：银行存款　　800 000

　　贷：长期借款——工商银行大华支行（本金）　　800 000

• 2×23 年年末，计提本年利息时：

借：在建工程　　（800 000×5%）40 000

　　贷：长期借款——工商银行大华支行（应计利息）　　40 000

• 2×24 年年末，计提本年利息时：

借：财务费用　　40 000

　　贷：长期借款——工商银行大华支行（应计利息）　　40 000

• 2×24 年 12 月 31 日，借款到期，以银行存款还本付息时：

借：长期借款——工商银行大华支行（本金）　　800 000

　　长期借款——工商银行大华支行（应计利息）　　80 000

　　贷：银行存款　　880 000

课堂讨论：

（1）计提长期借款利息和预提短期借款利息在会计核算上有何区别？

（2）“长期借款”账户反映的是借款本金吗？

长期借款核算有关账户的关联如图 9-3 所示。

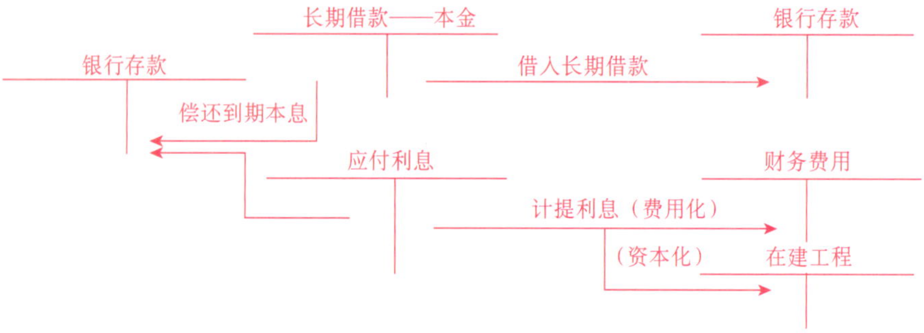

图 9-3　长期借款核算有关账户的关联

模块三　应付债券的核算

应付债券一般意义上说，是企业依照法定程序发行，约定在一定日期偿付本金和利息的一种有价证券。企业发行一年期以上的债券，构成企业的非流动负债，作为应付债券核算。企业发行一年期或一年期以下的债券，则应作为流动负债，设置“交易性金融负债”账户进行核算。

相关链接：

我国公司法规定，股份有限公司发行债券必须符合下列条件：(1) 公司资产总额不低于人民币3 000万元；(2) 累计债券总额不超过公司净资产额的40%；(3) 最近三年平均可分配利润足以支付公司债券一年的利息；(4) 筹集的资金投向符合国家产业政策；(5) 债券的利率不得超过国务院限定的利率水平；(6) 国务院规定的其他条件。

一、债券的发行方式

9.2 股份有限公司发行债券的条件

发行债券首先需要确定债券的发行价格。影响债券发行价格的因素主要有债券面值、票面利率、债券期限、利息支付方式及市场利率。在其他因素不变的情况下，债券的发行价格取决于债券发行时的市场利率。根据发行价格的不同，债券的发行方式分为面值发行、溢价发行和折价发行三种：

1. 当票面利率等于市场利率时，债券按面值发行：债券发行价格 = 债券面值。

2. 当票面利率小于市场利率时，债券折价发行：债券折价额 = 债券面值 - 债券发行价格。

债券在折价发行时，债券购买者因折价而少付出的价款，是对以后各期少得利息收入的预先补偿；而债券发行企业因折价少得的收入，实质是预先付给债券购买者的利息，它可以从以后各期少付利息中获得补偿，因而同样是对债券利息费用的一项调整，所以，企业的债券折价应在债券还款期限内分期摊销，陆续增加企业债券的利息费用。

3. 当票面利率大于市场利率时，债券溢价发行：债券溢价额 = 债券发行价格 - 债券面值。

债券在溢价发行时，债券购买者因溢价而多付出的价款，可以从以后各期多得的利息收入中获得补偿；而债券发行企业因溢价多得的收入，实质是在债券到期前对企业各期多付利息的一种补偿，也是对债券利息费用的一项调整，因而不能将债券溢价视为发行时的收益，而应在债券还款期限内，通过分期摊销陆续冲减企业债券的利息费用。

课堂讨论：

(1) 企业发行债券应具备哪些条件？

(2) 债券溢价是企业发行债券取得的收益吗？

(3) 债券折价是企业发行债券发生的损失吗？

二、应付债券的业务流程

应付债券的基本业务流程如图9-4所示。

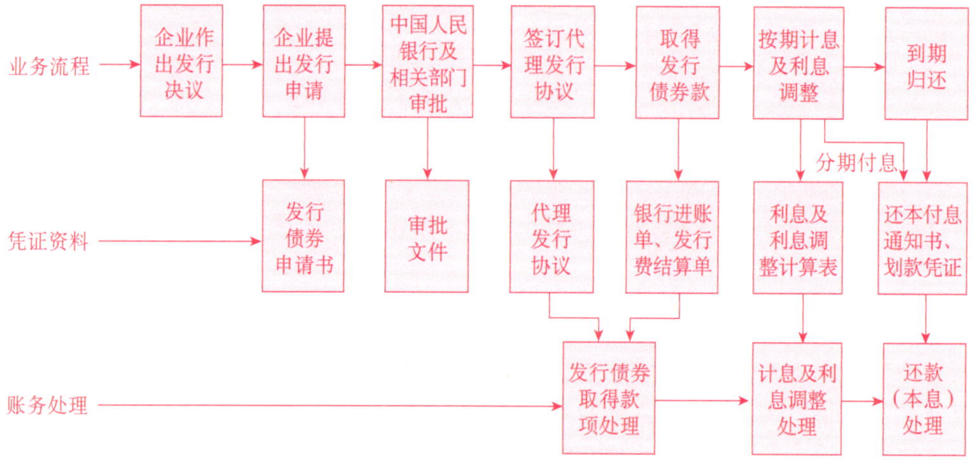

图 9－4　应付债券的业务流程

三、债券发行费用的处理

企业发行债券发生的代理发行手续费等发行费用按以下两种情况进行处理：

1. 发行费用大于发行期间冻结资金所产生的利息收入，按发行费用扣除发行期间冻结资金所产生的利息收入后的差额，根据发行债券筹集资金的用途，比照借款费用进行处理。

2. 发行费用小于发行期间冻结资金所产生的利息收入，按发行期间冻结资金所产生的利息收入扣除发行费用后的差额，视同发行债券的溢价收入，在债券存续期间于计提利息时摊销。

四、应付债券的账务处理

企业为筹集长期资金而发行的债券，应设置“应付债券”账户进行核算。该账户贷方反映应付债券的本金和应计利息，借方反映偿还应付债券的本息，期末余额在贷方，表示尚未偿还的长期债券本息（摊余成本）。该账户可设置“面值”“利息调整”“应计利息”等进行明细核算。

其中“应付债券——利息调整”账户，贷方反映债券的溢价金额和折价摊销金额，借方反映债券的折价金额和溢价摊销金额，期末贷方余额，反映尚未摊销的溢折价金额。企业发行债券发生除面值和应计利息以外其他利息调整事项，也在该明细账户核算。

为了便于对发行的债券进行管理，还应设置“企业债券备查簿”，详细登记企业发行的各种债券票面金额、债券票面利率、还本期限及方式、发行总额、发行日期和编号、委托代销单位、转换股份等资料。企业债券到期结清时，应当在备查簿内逐笔注销。

（一）债券发行

企业发行债券时，应按实际收到的款项，借记“银行存款”等账户，按债券票面金额，贷记“应付债券——面值”账户，存在差额的，还应借记或贷记“应付债券——利息调整”账户。

【例 9－4】　万友公司为补充生产经营资金，发行债券 200 万元，票面年利率为 5%，期限为三年，每年付息一次，到期还本，公司收到发行债券款时的账务处理为：

借：银行存款 2 000 000

　　贷：应付债券——面值 2 000 000

【例9－5】 万友公司为新建厂房，发行三年期债券一批，债券面值900万元，票面年利率8%，溢价发行，实收债券款960万元，按年计息，到期一次还本付息，工程建设期为一年。公司收到发行债券款时的账务处理为：

借：银行存款 9 600 000

　　贷：应付债券——面值 9 000 000

　　　　　　　　——利息调整 600 000

（二）债券计息和利息调整（溢折价摊销）

应付债券的利息有两种支付方式：（1）分期付息到期一次还本。此方式下企业分期计算并支付的债券利息，应通过“应付利息”账户进行核算。（2）分期计息到期一次还本付息。此方式下分期计提的债券利息应记入“应付债券——应计利息”账户。企业属溢折价发行债券的，各期在计提利息的同时，要进行溢折价摊销的利息调整处理，这一调整是反映在“应付债券——利息调整”账户之中的。

对于分期付息、到期一次还本的债券，应于资产负债表日按摊余成本和实际利率计算确定的债券利息，借记“在建工程”“制造费用”“财务费用”“研发支出”等账户，按票面利率计算确定的应付未付利息，贷记“应付利息”账户，其差额，一般为溢折价发行债券的利息调整，应借记或贷记“应付债券——利息调整”账户。

对于分期计息，到期一次还本付息的债券，应于资产负债表日按摊余成本和实际利率计算确定的债券利息，借记“在建工程”“制造费用”“财务费用”“研发支出”等账户，按票面利率计算确定的应付未付利息，贷记“应付债券——应计利息”账户，其差额，一般为溢折价购入债券的利息调整，应借记或贷记“应付债券——利息调整”账户。

实际利率与票面利率差异较小的，也可以采用票面利率计算确定利息费用。

【例9－6】 承【例9－4】，万友公司此项按年付息、到期一次还本的200万元债券，实际利率与票面利率差异较小，按年计提债券利息的账务处理为：

借：财务费用 （2 000 000×5%）100 000

　　贷：应付利息 100 000

以银行存款支付上述利息时，应借记“应付利息”账户，贷记“银行存款”等账户。

【例9－7】 承【例9－5】，万友公司此项按年计息、到期一次还本付息的债券面值为900万元，价格为960万元，实际利率与票面利率差异较小。每年计提的利息为900×8%＝72（万元），每年的利息调整为（溢价）60÷3＝20（万元）。公司计提利息及利息调整的账务处理为：

- 第一年年末（工程达到预定可使用状态前）计息及利息调整：

借：在建工程 520 000

　　应付债券——利息调整 200 000

　　贷：应付债券——应计利息 720 000

- 第二年、第三年年末（工程达到预定可使用状态后）计息及利息调整：

借：财务费用 520 000

应付债券——利息调整　　200 000

贷：应付债券——应计利息　　720 000

（三）债券到期偿还

长期债券到期，支付债券本息时，应借记“应付债券——面值”“应付债券——应计利息”账户，贷记“银行存款”等账户，按应转销的利息调整、应计利息金额，借记或贷记“应付债券——利息调整”，按其差额，贷记或借记“在建工程”“制造费用”“财务费用”“研发支出”等账户。

【例9－8】　承【例9－4】和【例9－6】，此项债券到期，万友公司以银行存款支付债券本金200万元。公司的账务处理为：

借：应付债券——面值　　2 000 000

　贷：银行存款　　2 000 000

【例9－9】　承【例9－5】和【例9－7】，此项债券到期，万友公司以银行存款支付债券本金900万元，三年利息216万元，公司的账务处理为：

借：应付债券——面值　　9 000 000

　　　　——应计利息　　2 160 000

　贷：银行存款　　11 160 000

应付债券核算有关账户的关联如图9－5所示。

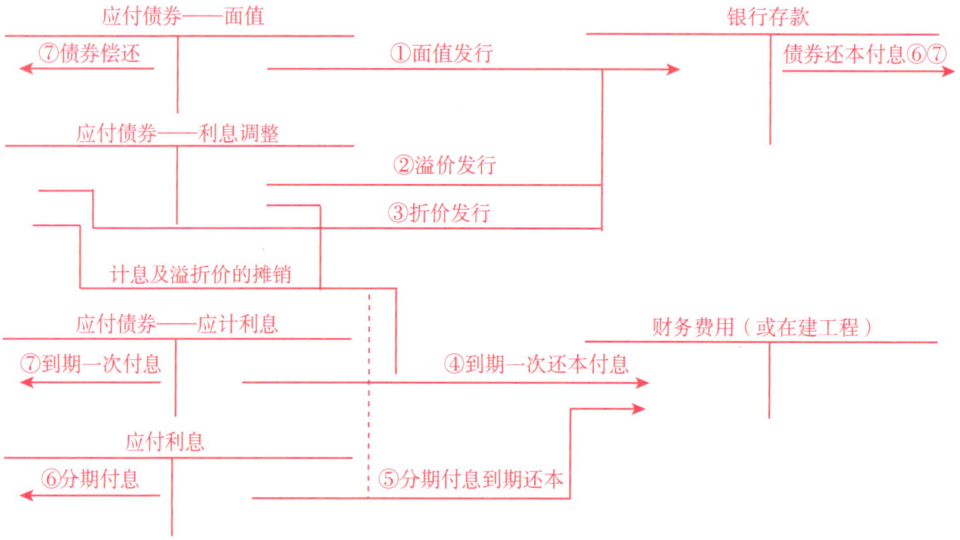

图9－5　应付债券核算有关账户的关联

模块四　租赁负债和长期应付款的核算

一、租赁负债

租赁一方面形成使用权资产，另一方面会产生尚未支付的租赁付款额。《企业会计准则第 21 号——租赁》规定，在租赁开始日，承租人应当对租赁确认使用权资产和租赁负债，应用短期租赁和低价值资产租赁简化处理的除外。租赁负债是承租人尚未支付的租赁付款额的现值。

9.3　租赁负债和使用权资产的区别和联系

（一）租赁负债的初始计量

租赁负债应当按照租赁开始日尚未支付的租赁付款额的现值进行初始计量。在计算租赁付款额现值时，承租人应当采用租赁内含利率作为折现率；无法确定租赁内含利率的应当采用承租人增量借款利率作为折现率。

租赁付款额，是指承租人向出租人支付的与在租赁期内使用租赁资产相关的款项。租赁付款额包括以下五项内容：

1. 租赁付款额及实质固定付款额，存在租赁激励（承租人提供的优惠）的，扣除租赁激励相关金额。

2. 取决于指数（如消费者价格指数）或比率（如市场租金率）的可变租赁付款额。

3. 购买选择权的行权价格，前提是承租人合理确定将行使该选择权。

4. 行使终止租赁选择权需支付的款项，前提是租赁期反映出承租人合理确定将行使终止租赁选择权。

5. 根据承租人提供的担保余值预计应支付的款项。

承租人尚未支付的租赁付款额与其现值的差额称为未确认融资费用。

【例 9－10】 2×21 年 12 月 28 日，万友公司（承租人）与之江公司签订了一份生产设备租赁合同，有关资料如下：

①租赁开始日为 2×22 年 1 月 1 日，租赁期 3 年，租赁付款总额为 600 万元，于每年 1 月 1 日支付 200 万元；以银行存款支付中介机构费用 5 万元；万友公司无法确定租赁内含利率，增量借款利率为 7%。

②承租人拥有 2 年的续租选择权，续租期间年租赁费 220 万元。万友公司经评估，不能合理确定将行使续租选择权；合同还约定，承租人可以选择在租赁结束时以 500 万元购买该设备。万友公司经评估，也不能合理确定将在租赁结束时购买该设备。

③2×22 年和 2×23 年，万友公司应按该生产设备所生产产品销售收入的 1% 向之江公司支付经营分享金；万友公司预计的担保余值下降支付的款项为 0 元。

万友公司（承租人）租赁负债和使用权资产的初始计量金额分别是：

租赁开始日支付的第一年租赁费 200 万元和中介机构费用 5 万元不属于租赁负债；承租人在租赁开始日不能合理确定将行使的选择权，也不能确认为租赁负债；2×22 年和 2×23 年该生产设备所生产产品销售收入的 1% 支付款项，租赁开始日并未发生，租赁负债初始计量时无须考虑后续年度的租金变动，应在发生时计入当期损益。此项租赁尚未支付的租赁付款额是 400 万元。

租赁负债初始计量金额 = 尚未支付的租赁付款额的现值

$$=200\div(1+7\%)+200\div(1+7\%)^2$$

$$=186.92+174.69=361.61\text{（万元）}$$

未确认融资费用 = 400 − 361.61 = 38.39（万元）

使用权资产初始计量金额 = 361.61 + 200 + 5 = 566.61（万元）

（二）租赁负债的后续计量

在租赁开始日后，承租人应当按照下列原则对租赁负债进行后续计量：

1. 确认租赁负债利息时，增加租赁负债的账面金额。

2. 支付租赁付款额时，减少租赁负债的账面金额。

3. 因重估或租赁变更等原因导致租赁付款额发生变动时，重新计算租赁负债的账面价值。

承租人应当按照固定的周期性利率计算租赁负债在租赁期内各期间的利息费用。周期性利率是指承租人对租赁负债进行初始计量时所采用的折现率（或修订后的折现率）。

（三）租赁负债的账务处理

企业租赁形成的租赁负债应设置“租赁负债”账户进行核算。“租赁负债”账户核算承租人尚未支付的租赁付款额的现值。贷方登记尚未支付的租赁付款额的增加和各期确认的利息，借方登记未确认融资费用的增加和支付的租赁付款额。期末贷方余额，反映承租人尚未支付的租赁付款额的现值。

“租赁负债”账户可分别设置“租赁付款额”“未确认融资费用”等进行明细核算。

1. 确认租赁负债。在租赁期开始日，承租人应当按尚未支付的租赁付款额，贷记“租赁负债——租赁付款额”账户；按尚未支付的租赁付款额的现值，借记“使用权资产”账户；按尚未支付的租赁付款额与其现值的差额，借记“租赁负债——未确认融资费用”账户。

2. 确认各期利息。租赁负债在租赁期内各期间确认的利息费用，计入当期损益或者相关资产的成本。承租人确认租赁期内各个期间的利息时，借记“财务费用”“在建工程”等账户，贷记“租赁负债——未确认融资费用”账户。

3. 支付租赁付款额。承租人支付租赁款时，应当借记“租赁负债——租赁付款额”等账户，贷记“银行存款”等账户。支付租赁付款额取得增值税专用发票的，还应按支付增值税，借记“应交税费——应交增值税（进项税额）”账户。

【例 9－11】 2×21 年 12 月，万友公司（承租人）与新发公司签订了一份设备租赁合同，有关资料如下：租赁开始日为 2×22 年 1 月 1 日，租赁期 3 年；租赁付款总额为 300 万元，于每年年末各支付租赁费 100 万元；万友公司无法确定租赁内含利率，其增量借款利率为 8%；中介机构费用（初始直接费用）6 万元。租赁付款额及租赁负债的后续计量资料如表 9－1 所示。万友公司（承租人）有关租赁负债业务的账务处理为：

表 9－1

金额单位：万元

年度	租赁负债年初金额 ①	各期利息 ②＝①×8%	租赁付款额 ③	租赁负债年末金额 ④＝①＋②－③
2×22 年	257.70	20.62	100	178.32
2×23 年	178.32	14.27	100	92.59
2×24 年	92.59	7.41	100	0
合计	—	42.30	300	—

注：2×22 年租赁付款额的现值：$100 \div (1+8\%) + 100 \div (1+8\%)^2 + 100 \div (1+8\%)^3 = 257.70$（万元）

• 2×22 年 1 月 1 日，以银行存款支付中介机构费用 6 万元，收到租赁设备，确认租赁负债时：

借：使用权资产——生产设备　　　　（2 577 000＋60 000）2 637 000
　　租赁负债——未确认融资费用　　（3 000 000－2 577 000）423 000
　　贷：租赁负债——租赁付款额　　　　　　　　　　　3 000 000
　　　　银行存款　　　　　　　　　　　　　　　　　　　60 000

• 2×22 年 12 月 31 日，确认本年利息费用时：

借：财务费用——利息支出　　　　　　　　　　　206 200
　　贷：租赁负债——未确认融资费用　　　　　　　　　206 200

• 2×22 年 12 月 31 日，以银行存款支付增值税专用发票所列的租赁费 100 万元，增值税 13 万元：

借：租赁负债——租赁付款额　　　　　　　　　　1 000 000
　　应交税费——应交增值税（进项税额）　　　　　130 000
　　贷：银行存款　　　　　　　　　　　　　　　　　1 130 000

2×23 年年末和 2×24 年年末：万友公司（承租人）分别确认利息费用 14.27 万元和 7.41 万元，支付租赁付款额 100 万元后，此项租赁结束，2×24 年年末“租赁负债”账户的期末余额为 0。

二、长期应付款

（一）长期应付款的内容

长期应付款是指除长期借款、应付债券、租赁负债以外的其他各种长期应付款项。长期应付款主要包括以分期付款方式外购固定资产、无形资产发生的应付款项和应付引进设备款等。

长期应付款不仅具有数额大、偿还期限长的特点，而且还具有分期付款的性质。

（二）长期应付款的账务处理

企业发生的长期应付款，应设置“长期应付款”账户进行核算。该账户贷方登记发生的长期应付款，借方登记归还的长期应付款。期末贷方余额，反映企业应付未付的长期应付款项。该账户应按长期应付款的种类和债权人进行明细核算。

长期应付款发生时，应按照应付款金额计价入账。长期应付款的利息支出和相关费用以及外币折算差额，原则上应按借款费用的规定进行处理，即与取得固定资产等有关的，符合资本化条件的，计入相关资产的成本；其他利息和相关费用，以及外币折算差额，均在发生时计入当期损益，列为财务费用。

企业以分期付款方式购入固定资产、无形资产等，属超过正常信用条件延期支付价款，实质上具有融资性质的，应按购买价款的现值，借记“固定资产”“在建工程”“无形资产”“研发支出”等账户，按应支付的金额，贷记“长期应付款”账户，按其差额，借记“未确认融资费用”账户。

企业按期支付款项时，按支付的价款，借记“长期应付款——分期付款方式购入资产”账户，按可以抵扣的增值税，借记“应交税费——应交增值税（进项税额）”账户，按支付的价税款，贷记“银行存款”等账户。

按期分摊未确认融资费用时，借记“在建工程”“财务费用”等账户，贷记“未确认融资费用”账户。

【例 9－12】 万友公司于本年末以分期付款方式从富春公司购入一项不需要安装的设备，合同确定的应付总价款为 360 万元（不含税），分 5 年平均付款，每年年末付款时，销货方开具增值税专用发票，增值税税率为 13%。设备购买总价款（不含税）的现值是 300 万元。假定未确认融资费用在付款期内平均摊销。公司的账务处理为：

• 购入设备，设备交付使用时：

借：固定资产——生产经营用固定资产　　3 000 000
　　未确认融资费用　　600 000
　　贷：长期应付款——分期付款方式购入资产（富春公司）　　3 600 000

• 约定付款期内，每年年末以银行存款支付价税款时：

借：长期应付款——分期付款方式购入资产（富春公司）　　720 000
　　应交税费——应交增值税（进项税额）　　93 600
　　贷：银行存款　　813 600

• 约定付款期内，每年年末摊销未确认融资费用时：

借：财务费用　　120 000
　　贷：未确认融资费用　　120 000

项目小结

本项目主要包括借款费用、长期借款、应付债券和租赁负债等内容，主要知识点见表 9－2。

表 9－2

借款费用	长期借款	应付债券	租赁负债
定义、内容、“两化”	定义、内容	定义、发行价格	定义、内容
资本化的条件： 1. 资产支出已经发生； 2. 借款费用已经发生； 3. 为使资产达到预定可使用或者可销售状态所必要的购建或者生产活动已经开始	• 按实际收到的现款净额，贷记“长期借款——本金”账户 • 按发生的交易费用及收款与本金的差额，借记“长期借款——利息调整”账户	发行方式： • 面值发行 • 溢价发行 • 折价发行	• 初始计量的二要素： 租赁付款额（五项内容） 折现率 • 后续计量（三原则）
计列账户：借方“在建工程”“制造费用”“研发支出”“财务费用”；贷方“应付利息”“应付债券”等账户	• 借款的取得 • 计息，“应付利息”或“长期借款——应计利息”账户 • 借款的偿还	• 债券发行 • 应计利息及溢折价摊销 • 债券的到期偿还	• 租赁负债的确认 • 各期计息 • 支付租赁付款额

长期借款费用利息的处理

借款费用和财务费用的区别与联系

项目十 所有者权益的核算

学习目标：

1. 知识目标：

□ 了解所有者权益和负债的区别和联系；
□ 理解资本公积、留存收益的内容及形成；
□ 掌握所有者权益的概念及其构成；
□ 掌握一般企业实收资本、资本公积的账务处理；
□ 掌握盈余公积提取和使用的账务处理。

2. 能力目标：

□ 能够对有限责任公司和股份有限公司实际收到投资者投入资本进行正确核算；
□ 能够准确判断计入资本公积的项目并对资本公积进行正确核算；
□ 能够对盈余公积的计提和增减变化进行正确核算。

3. 素养目标：

□ 培养对于组织的责任感和奉献精神，树立正确的价值观；
□ 严格遵守法律法规，认真履行职业操守，养成良好的职业习惯。

李涛准备开一家服务公司，做文印方面的生意。经过一番市场考察，咨询到服务业公司的最低注册资本为5万元，在父母的支持下，小李的“文博公司”开张了。由于小李懂美术、会排版，加上服务质量有保证，一年下来生意日渐红火，到年底，公司净利润5万元。

李涛并不满足于现状，将获得的利润用来扩大公司规模，并扩大店面，增添设备，这样一来自有资金就显得不足，不得已向邻居张某借来5万元，用以解决公司燃眉之急。这样又是一年，小李的“文博公司”生意火红，赚得盆满钵满。谁知张某见李涛赚那么多钱，有想法了，提出李涛除归还本息外，还要分1/3的利润给他，理由是“没有我借给你钱，你能赚那么多吗？”“公司资金的1/3是我提供的”。

请问：张某的要求合理吗？为什么？李涛开办公司投入的5万元、第一年赚得并用于扩大生意的5万元与向邻居张某借来并用于公司经营的5万元有什么区别？

上述问题的回答，必然涉及投资人和债权人、投资人权益和债权人权益的问题。投资人权益就是本章要解决的中心问题。

企业的投资者和债权人对企业资产的要求权叫“权益”。企业权益分为债权人权益和所有者权益两部分。所有者权益代表着投资人享有的对既定经营主体的资源的份额，以及对该经营主体的经营收益的要求权。

所有者权益核算的内容如图10－1所示。

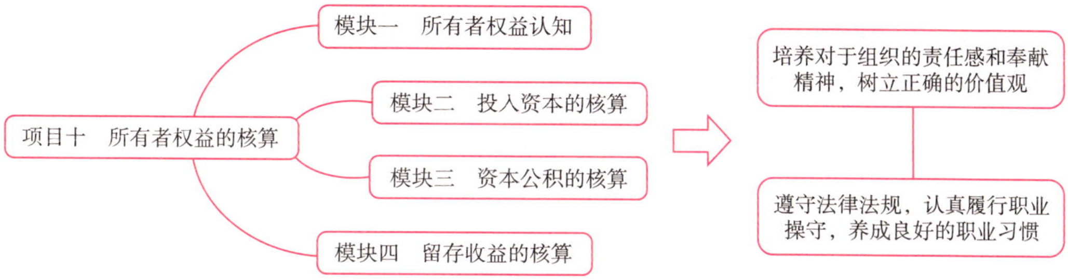

图10－1　所有者权益的核算

模块一　所有者权益认知

一、所有者权益的概念和特征

（一）所有者权益的概念

所有者权益，是指企业资产扣除负债后由所有者享有的剩余权益。其来源包括所有者投入的资本、直接计入所有者权益的利得和损失、留存收益等。股份制企业的所有者权益又称为股东权益。

投资人和债权人都是企业资产的提供者，他们对企业的资产都有相应的要求权。但是，所有者权益与负债又有本质区别，两者的区别主要表现在以下几个方面：

第一，对象不同。负债是企业对债权人负担的经济责任；所有者权益是企业对投资人负担的经济责任。

第二，性质不同。负债是在经营或其他事项中发生的债务，是债权人对其债务的权利；所有者权益是投资者投入资本及其投入资本的运用所产生的盈余（或亏损）的权利。

第三，偿还期限不同。负债必须于一定的日期（特定日期或确定的日期）偿还；所有者权益在企业持续经营的情况下，不能收回投资。只有在企业破产清算时，如有剩余财产，才可能在投资者之间按出资比例等进行分配。

第四，享受的权利不同。债权人只享有收回债务本金和利息的权利，而无权参与企业利润分配和经营管理，但当企业进行清算时，债权人对企业的资产享有优先要求权；所有者除可以参与企业利润分配获得利益外，还可以参与企业经营管理。

（二）所有者权益的特征

10.1 所有者权益的特征应用举例

所有者权益主要有以下特征：

1. 所有者对资产的要求权不具有优先性。

2. 所有者凭借其所有者权益具有参与企业经营管理、重大决策和利润分配的权利。

3. 所有者权益的收益具有不确定性。

4. 所有者权益的收回无时间性。

5. 所有者权益金额取决于资产和负债的计量。

科信公司是张明、何云等三人出资创办的，因扩展的需要和金亮本人的要求，现金亮出资 50 万元加盟，占股比例为 10%。公司总资产为 1 500 万元，本年度公司实现净利润 60 万元，负债总额 900 万元。这样，金亮就成了科信公司的投资人，其对科信公司享有的权益就是所有者权益。有关具体情况是：

1. 公司所有者权益总额：1 500 万元 − 900 万元 = 600 万元。这 600 万元的所有者权益必然取决于公司对资产和负债的计量。

2. 投资人金亮 50 万元的出资额只要公司持续经营是不能收回的，即收回无时间性。

3. 600 万元所有者权益是不确定的，金亮占 10%，享有 60 万元，下一年度如果出现经营亏损，公司所有者权益总额降为 400 万元，那么金亮就只享有 40 万元了。所以说，所有者权益具有不确定性。

4. 年终公司如果分利 20 万元，金亮可分到 2 万元，即具有参与公司利润分配的权利。同时，作为占股权 10% 的投资人可以在一定范围内参与公司的经营管理。

5. 金亮等投资人对公司资产的要求权是排在债权人之后的，即假定公司解散或破产，要清偿债权人的债务，然后再将剩余净资产在投资人之间进行分配。

二、所有者权益的构成

所有者权益从来源看，包括所有者投入的资本、直接计入所有者权益的利得和损失以及留存收益等。

所有者投入的资本，是指所有者实际投入企业经营活动的各种财产物资，如投入的货币性资产、存货、固定资产、无形资产等。投入资本按投资主体具体分为国家投入资本、法人投入资本和个人投入资本等。

直接计入所有者权益的利得和损失，是指不应计入当期损益、会导致所有者权益发生增减变动的、与所有者投入资本或者向所有者分配利润无关的利得或者损失。如列为资本公积的资本溢价、以权益结算的股份支付、采用权益法核算长期股权投资权益的其他变动形成的其他资本公积和未在当期损益中确定的利得和损失形成的其他综合收益。

相关链接：

利得和损失分为直接计入所有者权益的利得和损失以及直接计入当期损益的利得和损失。利得是指由企业非日常活动所形成的、会导致所有者权益增加的、与所有者投入资本无关的经济利益的流入。损失是指由企业非日常活动所发生的、会导致所有者权益减少的、与向所有者分配利润无关的经济利益的流出。

留存收益包括从税后净利润中提取的各种盈余公积和尚未向所有者分配的、留存于企业的未分配利润。

所有者权益从经济内容看，包括实收资本（或股本）、资本公积、盈余公积和未分配利润等五个部分。其具体构成如图 10－2 所示。

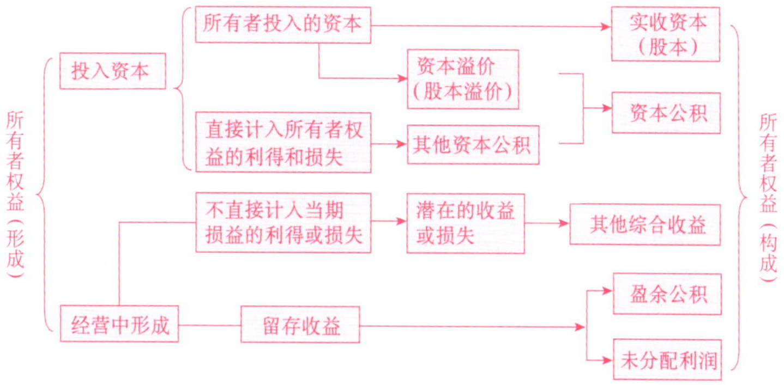

图 10－2　所有者权益的构成

模块二　投入资本的核算

一、投入资本概述

投入资本是指所有者按照企业章程或合同、协议的约定，实际投入企业的资本。所有者向企业投入的资本，在一般情况下无须偿还，并可以长期周转使用。投入资本的构成比例即投资者的出资比例（股东的持股比例），是企业据以进行利润分配（股利分配）的主要依据。

相关链接：

2013 年 12 月 28 日，公司法修改，这次修改主要涉及：

第一，将注册资本实缴登记制改为认缴登记制。取消了关于公司股东（发起人）应两年内缴足出资，投资公司可以在五年内缴足出资的规定，一人有限责任公司股东应当一次足额缴纳出资的规定。

第二，放宽注册资本登记条件。除法律、法规另有规定外，取消有限责任公司最低注册资本3万元、一人有限责任公司最低注册资本10万元等的限制。

第三，简化登记事项和登记文件。有限责任公司股东认缴出资额、公司实收资本不再作为公司登记事项。公司登记时，不需要提交验资报告。

二、投入资本的业务流程

投入资本的业务流程如图10－3所示。

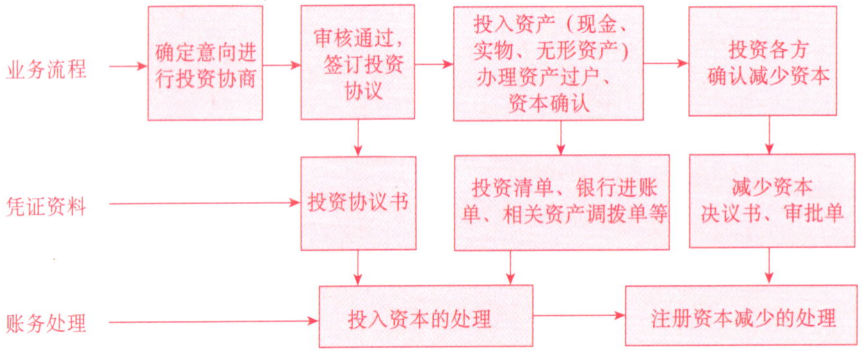

图10－3　投入资本的业务流程

三、投入资本的账务处理

企业投资者投入的资本应设置“实收资本”账户进行核算。该账户贷方反映企业实际收到投资者交付（转增）的资本，借方反映按法定程序减资时所减少的注册资本数额，期末余额在贷方，表示企业实收资本总额。该账户可按投资者进行明细分类核算。

股份有限公司应将“实收资本”账户改为“股本”账户。

（一）接受投入的现金资产

投资者以现金投入的资本，应当以投资合同约定的投资者在注册资本中所占份额作为实收资本入账，实际收到的金额超过其在该企业注册资本中所占份额的部分，计入资本公积。

【例10－1】　甲、乙两人共同投资设立科华公司（有限责任公司），注册资本为50万元，甲、乙的持股比例分别为65%和35%。投资者一次交足的款项存入银行。公司的账务处理为：

借：银行存款　　500 000

　　贷：实收资本——甲　　325 000

　　　　　　　　——乙　　175 000

（二）接受投入的非现金资产

企业收到投资者投入的非现金资产（包括存货、固定资产、无形资产等），资产按投资合同约定的价值入账，实收资本应按投资合同约定的投资者在注册资本中所占份额入账。若投资合同约定的资产价值超过其在注册资本中所占份额部分，作为资本溢价，记入“资本公积”账户。

【例 10-2】 万友公司收到乙公司作为资本投入的不需要安装的设备一台，该设备投资各方确认的价值为 80 000 元，投资合同确认的注册资本也为 80 000 元，并以银行存款支付相关税费 2 000 元（不含可以抵扣的增值税）。公司的账务处理为：

借：固定资产——生产经营用固定资产	82 000	
贷：实收资本——乙公司		80 000
银行存款		2 000

【例 10-3】 万友公司收到大臣公司投入的原材料一批，投资各方确认的不含税价值为 20 万元，资本额按照资产价值确定，专用发票所列的增值税为 2.6 万元。公司账务处理为：

借：原材料——原料及主要材料	200 000	
应交税费——应交增值税（进项税额）	26 000	
贷：实收资本——大臣公司		226 000

（三）资本的增减变动

企业实收资本是相对稳定的，但在某些特定情况下，实收资本也可能发生增减变化。当实收资本比原注册资金增加或减少的幅度超过 20% 时，应向原登记机关申请变更登记。

企业注册成立后实收资本增加（追加）的账务处理与前述投入资本是一致的。

企业由于经营状况发生变化，如经营规模缩小、资本过剩或重大亏损，短期内无力弥补等原因需要减少注册资本。企业减少注册资本必须按照法定程序报经批准，办理资本变更手续。减少注册资本的原因不同，其会计处理也有所区别：

1. 经营规模缩小而减资。企业在按法定程序报经批准后将注册资本返还给投资者时，借记“实收资本”账户，贷记“银行存款”账户。

2. 严重亏损而减资。企业发生连续、重大亏损，短期内无力用盈余公积、利润弥补的，可采用减资补亏。经工商行政管理部门批准后，借记“实收资本”账户，贷记“利润分配——未分配利润”账户。

需要说明的是，上市公司回购本公司股票就是资本（股本）的减少。

提示：

上市的股份有限公司是通过发行股票取得股本（资本）的，其账务处理有所不同：

股票面值统一为 1 元。股票的发行价格受资金供求关系、投资者对股票价值评估等因素的影响。股票可以按面值发行，也可以高于面值发行即溢价发行。发行股票支付的发行费用应从溢价中抵扣。

当股份有限公司发行股票时，按实际收到的款项，借记“银行存款”账户；按面值乘以股份数的金额，贷记“股本”账户；实际收取款项大于股本的差额作为股本溢价，贷记“资本公积”账户。

【例 10-4】 万友公司发行普通股 2 000 万股，每股面值为 1 元，每股发行价为 4 元，发行费用计 30 万元，款项已转存银行。账务处理为：

借：银行存款　　　　79 700 000

　　贷：股本——普通股　　　　20 000 000

　　　　资本公积——股本溢价　　　　59 700 000

上市公司增加股本途径有：盈余公积转增股本、分派股票股利、增资扩股、可转换公司债券转为股本等。

上市公司减少股本是因经营规模缩小、资本过剩或长期严重亏损等原因，须遵守程序和规定，回购本公司股票是主要方式。

课堂讨论：

注册资本、投入资本、实收资本三者有何联系与区别？

模块三　资本公积的核算

一、资本公积的内容

资本公积是指归所有者所共有的、非收益转化而形成的资本。它是投资者投入但不能构成实收资本，或从其他来源取得由所有者享有的资金。资本公积由全体股东享有，它在转增资本时，应按投资比例计算，分别转增各个投资者的投资金额。资本公积的内容一般包括：

10.2　资本公积有什么用途

第一，资本（或股本）溢价，是指企业投资者出资超过其在注册资本（或股本）中所占份额的部分。

第二，直接计入所有者权益的利得和损失，是指不应计入当期损益、其他综合收益，会导致所有者权益发生增减变动的，与所有者投入资本或向所有者分配利润无关的利得或损失。

提示：

资本公积与实收资本（股本）、留存收益的区别：

从来源和性质看，实收资本（或股本）是指投资者实际投入企业并依法进行注册的资本，它体现了企业所有者对企业的基本产权关系；资本公积是投资者的出资超出其在注册资本中所占份额的部分，它不直接表明所有者对企业的基本产权关系。

从用途看，实收资本（或股本）的构成比例是确定所有者参与企业财务经营决策的基础，也是企业进行利润分配或股利分配的依据，同时还是企业清算时确定所有者对净资产要求权的依据。资本公积不体现各所有者的占有比例，也不能作为所有者参与企业财务经营决策或进行利润分配（或股利分配）的依据。

二、资本公积的账务处理

企业资本公积应设置“资本公积”账户进行核算。该账户贷方反映企业资本公积增加数额，借方反映企业资本公积减少数额，余额在贷方表示企业资本公积结余数额。该账户可按“资本溢价”（或“股本溢价”）、“其他资本公积”进行明细分类核算。

（一）资本公积形成的账务处理

1. 资本溢价（或股本溢价）。资本溢价是指投资者交付企业的出资额大于该所有者在企业注册资本中所占有份额的数额。在企业创立时，投资者认缴的出资额往往与注册资本一致，不会产生资本公积。但在企业重组或有新的投资者加入时，为了维护原投资者的权益，新加入的投资者的出资额，并不一定全部作为实收资本处理。这是因为：（1）企业创建时的资金投入和企业已走向经营正轨时期的资金投入，即使在数量上相等，其盈利能力也是不同的；（2）接纳新投资者后，新投资者与原投资者一样有权参与原有留存收益的分配，只有新的出资额大于实收资本，才能维护原投资者的已有权益。

【例 10－5】 万友公司原由 A、B、C 三位股东各投资 200 万元设立，设立时的注册资本为 600 万元，经过几年的经营，公司留存收益达 500 万元。现投资者 D 要加入公司，并表示愿出资 300 万元，享有与 A、B、C 三位股东同等的权利，各股东表示同意，D 投入的 300 万元收存银行。公司的账务处理为：

借：银行存款　　3 000 000
　贷：实收资本——D 股东　　2 000 000
　　资本公积——资本溢价　　1 000 000

股本溢价是指股份有限公司溢价发行股票时实际收到的款项超过股票面值总额的数额。在溢价发行股票的情况下，企业发行股票取得的收入，等于股票面值部分记入“股本”账户，超出股票面值的溢价收入扣除发行股票手续费、佣金后的净溢价记入“资本公积”账户。

2. 其他资本公积。其他资本公积是指除资本溢价（或股本溢价）、接受捐赠非现金资产准备、股本投资准备、拨款转入、关联交易差价等各项来源形成的资本公积以外，因其他来源或原因形成的资本公积，主要是直接计入所有者权益的利得和损失。具体有：

（1）以权益结算的股份支付。

（2）企业与股东之间的资本性交易（即“权益性交易”），如股东对企业的捐赠、债务豁免、代为偿债等。

（3）权益法下，被投资单位发生的不属于净损益、利润分配和其他综合收益的权益变动份额，如被投资单位其他股东的资本性投入，其他股东增减资因素导致对被投资单位股权比例变动等。

【例 10－6】 万友公司持有 B 公司 30% 的股份，能够对 B 公司施加重大影响。B 公司为上市公司，当期 B 公司的母公司为 B 公司捐赠 100 万元，该捐赠实质上属于资本性投入，B 公司将其计入资本公积。不考虑其他因素，万友公司的账务处理为：

万友公司享有被投资单位所有者权益的其他变动＝100×30%＝30（万元）

借：长期股权投资——其他权益变动　　300 000
　贷：资本公积——其他资本公积　　300 000

其他资本公积一般是由特定资产的计价变动而形成的，当特定资产处置时，其他资本公积也应一并处置。因此，其他资本公积不得用于直接转增资本（或股本）。

（二）资本公积的使用

资本公积按规定可以用于转增资本。资本公积转增资本应按照程序办理相关审批手续，转增资本的数额以资本公积（不含其他资本公积）账面余额为限，并按照原投资者出资比例或公司决议，将转增资本额进行确认。企业以资本公积转增资本时，应借记“资本公积”账户，贷记“实收资本”或“股本”账户。

【例 10－7】 承【例 10－1】，科华公司经核准将资本公积 10 万元用于转增资本，公司已按规定程序办理完增资手续。按甲、乙两投资者的出资比例分别为 65% 和 35% 转增资本，公司的账务处理为：

借：资本公积——资本溢价　　100 000
　　贷：实收资本——甲　　65 000
　　　　　　　　——乙　　35 000

实收资本和资本公积核算有关账户的关联如图 10－4 所示。

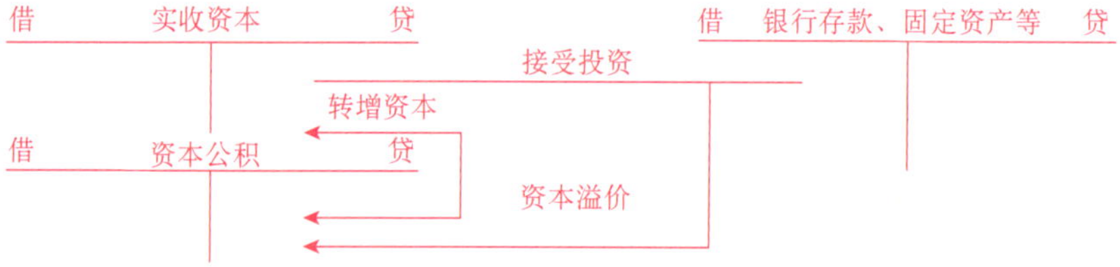

图 10－4　实收资本和资本公积核算有关账户的关联

相关链接：

其他综合收益是一项所有者权益，区别于其他资本公积，也不同于其他收益。

其他综合收益包括：(1) 以后会计期间不能重分类进损益的项目，如重新计量设定受益计划变动额、权益法下不能转损益的其他综合收益等。(2) 以后会计期间满足规定条件时将重分类进损益的项目，如权益法下可转损益的其他综合收益、其他债权投资公允价值变动、外币财务报表折算差额等。

例：某公司将一项原值为 200 万元，累计折旧为 50 万元的自用房屋转为出租，公司投资性房地产采用公允价值模式计量，转换日该项资产的公允价值为 180 万元，其账务处理为：

借：投资性房地产——成本　　1 800 000
　　累计折旧　　500 000
　　贷：固定资产——生产经营用固定资产（房屋及建筑物）　　2 000 000
　　　　其他综合收益　　300 000

（注意：此项转换，如转换日公允价值小于账面价值的差额，应列为“公允价值变动损益”）

模块四　留存收益的核算

留存收益是指企业从历年实现的利润中提取或留存于企业的内部积累。留存收益来源于企业的生产经营活动所实现的利润，包括企业的盈余公积和未分配利润两部分。

一、盈余公积

（一）盈余公积的内容

盈余公积是指企业按照规定从实现的净利润中提取的公积金。盈余公积是投资者投入资本的增加价值，它的提取和使用应遵循程序和规定。盈余公积一般有两种类型：

10.3　盈余公积与资本公积有什么区别

1. 法定盈余公积。公司制企业按税后利润的10%提取；非公司制企业也可按高于10%的比例提取。企业法定盈余公积累计额达到注册资本的50%时，可以不再提取。

2. 任意盈余公积。任意盈余公积主要是公司制企业按照股东会（股东大会）的决议提取的。

外商投资企业盈余公积为按规定提取的“储备基金”“企业发展基金”“职工奖励及福利基金”等。

（二）盈余公积提取的账务处理

企业提取的盈余公积可用于弥补亏损、扩大生产、转增资本或派送股票等。为了核算和监督盈余公积的提取和使用等增减变动情况，企业应设置“盈余公积”账户。该账户贷方反映企业提取的盈余公积数；借方反映企业使用的盈余公积数；余额在贷方，表示企业盈余公积的实有数额。

该账户应分别设置“法定盈余公积”“任意盈余公积”等明细账户，进行明细分类核算。

企业当年实现的净利润，在弥补以前年度亏损后，按规定提取盈余公积，借记“利润分配”账户，贷记“盈余公积”账户。

【例10－8】 万友公司本年税后利润为100万元，分别按10%、8%的比例提取法定盈余公积、任意盈余公积。账务处理为：

借：利润分配——提取法定盈余公积　　100 000
　　　　　　——提取任意盈余公积　　80 000
　贷：盈余公积——法定盈余公积　　100 000
　　　　　　　——任意盈余公积　　80 000

提示：

计算提取法定盈余公积的基数是本年实现的所得税后利润。存在弥补以前年度亏损的，应先扣除，并不包括年初未分配的利润。

（三）盈余公积使用的账务处理

企业法定盈余公积和任意盈余公积的使用一般是综合安排的。盈余公积可用于弥补亏损、扩大生产、转增资本或派送股票等，具体可以分为以下几个方面：

1. 转增资本（或股本）。转增资本时应注意：一是要办理增资手续；二是要按股东原有的股份比例结转；三是法定盈余公积转增资本（或股本）时，转增后留存盈余公积不得少于注册资本的25%。

【例10－9】 万友公司经股东大会通过，用法定盈余公积20万元转增资本，并办妥增资手续。公司账务处理为：

借：盈余公积——法定盈余公积　　200 000

　　贷：实收资本——各投资者　　200 000

2. 弥补亏损。企业发生的亏损，五年内的可在盈利后用税前利润弥补；对按规定不能用税前利润弥补的亏损，则应用税后利润弥补；税后利润仍不足弥补的，经董事会、股东大会或类似机构批准，可以用盈余公积进行弥补。

【例10－10】 万友公司经研究决定，以公司结余的任意盈余公积50万元弥补当期亏损。账务处理为：

借：盈余公积——任意盈余公积　　500 000

　　贷：利润分配——盈余公积补亏　　500 000

年末，应将“利润分配——盈余公积补亏”明细账与其他“利润分配”明细账一起转入“利润分配——未分配利润”明细账。

3. 扩大企业生产经营。企业提取盈余公积所形成的资金，可以随同其他来源形成的资金，参与企业资金的循环周转，其表现形态可以是货币资金、存货与固定资产等实物资产，从而运用于企业的生产经营活动，使企业生产经营规模扩大。

课堂讨论：

资本公积和盈余公积转增资本，对企业的所有者权益有何影响？公司法对盈余公积转增资本有何规定？

二、未分配利润的核算

未分配利润是企业留待以后年度进行分配的结存利润，它是所有者权益的组成部分。未分配利润有两层含义：一是留待以后年度处理的利润；二是未指定特定用途的利润。未分配利润的计算公式如下：

未分配利润＝期初未分配利润＋本期净利润－本期已分配利润

未分配利润的核算应设置“利润分配——未分配利润”账户，它核算的内容有：（1）年终结转全年实现的净利润，借记“本年利润”账户，贷记“利润分配——未分配利润”账户。结转全年亏损额，作相反的账务处理。（2）年终结转全年已分配利润，借记“利润分配——未分配利润”账户，贷记“利润分配”账户的其他明细账户（提取法定盈余公积、提取任意盈余公积、应付现金股利或利润等）。年终结转后“利润分配——未分配利润”账户的贷方余额，反映企业累积的未分配利润；如为借方余额，则反映企业累积的未弥补亏损。

盈余公积和未分配利润核算有关账户的关联如图 10－5 所示。

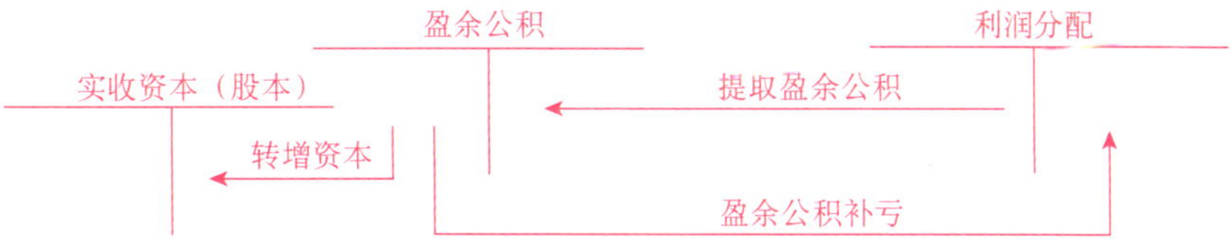

图 10－5　盈余公积和未分配利润核算有关账户的关联

提示：

执行《小企业会计准则》的企业所有者权益核算的不同点主要是资本公积核算存在差异：

（1）小企业资本公积仅来源于投资者，不考虑直接计入所有者权益的利得和损失。

（2）小企业资本公积仅是资本溢价（或股本溢价），没有其他资本公积。

（3）小企业资本公积结转至零为止，不会出现借方余额。

项目小结

本项目主要包括实收资本、资本公积和留存收益等内容，相关知识点见表 10－1。

表 10－1

	实收资本	资本公积	留存收益
确认	所有者投入资本的增减变动情况	所有者所共有的、非收益转化而形成的资本	企业从历年实现的利润中提取或留存于企业的内部积累
初始计量	• 以现金投入的资本：应当以实际收到或者存入企业开户银行的金额入账 • 投资者投入的非现金资产：应按投资各方约定的资本份额入账	• 资本（或股本）溢价 • 直接计入所有者权益的利得和损失	• 盈余公积：从实现的净利润中提取的公积金 • 未分配利润：指企业留待以后年度进行分配的结存利润
账务处理（有关账户之间的关联见图 10－4 和图 10－5）	• 实收资本（股本）的增加：借记“银行存款”“固定资产”等账户，贷记“实收资本”“资本公积” • 实收资本（股本）的减少：借记“实收资本”账户，贷记“银行存款”“利润分配——未分配利润”账户	• 资本溢价或股本溢价：借记“银行存款”“固定资产”等，贷记“实收资本”“资本公积”账户 • 资本公积的使用：借记“资本公积”账户，贷记“实收资本”账户	• 盈余公积的提取：借记“利润分配”账户，贷记“盈余公积”账户；使用时，借记“盈余公积”账户，贷记“实收资本”“利润分配”等账户 • 未分配利润＝期初未分配利润＋本期净利润－本期已分配利润，记入“利润分配——未分配利润”账户

公司法修订后注册资本的变化

其他资本公积和其他综合收益的区别

项目十一
收入、费用及利润的核算

学习目标：

1. 知识目标：

□ 了解收入、费用、利润的定义和内容；

□ 了解合同成本、生产成本的内容和基本账务处理；

□ 掌握收入确认和计量的步骤及基本内容；

□ 掌握期间费用的内容和主要账务处理；

□ 掌握利润的构成和利润的形成；

□ 掌握所得税费用的构成和账务处理；

□ 掌握利润分配的顺序和账务处理。

2. 能力目标：

□ 能熟练地进行收入的确认和核算，包括一般销售商品的核算，商业折扣、现金折扣、销售折让、销货退回的核算以及委托代销业务的核算；

□ 能熟练地进行合同成本的核算；

□ 能熟练地进行期间费用的核算；

□ 能熟练地进行营业利润、利润总额和净利润的核算以及营业外收支的核算；

□ 能熟练地进行所得税费用的核算；

□ 能熟练地进行利润分配的核算；

□ 能熟练地进行年度利润结转的核算。

3. 素养目标：

□ 培养爱国情怀、社会担当、责任意识；

□ 培养“诚信为本、操守为重、坚持准则、不做假账”的会计人员基本素养；

□ 培养严谨细致的工匠精神，具备收入、费用和利润核算岗位人员的基本素养。

与朋友见面问起收入，他会告诉你每月的工资奖金是多少，会跟你说炒股赚了多少，买彩票赚了多少，这些都是他的收入；也会告诉你每月的开支是多少，哪些是每月的日常开支，哪些是额外的开支，每月大概会有多少结余。这对企业来讲就是收入、费用和利润的问题了。当然，对一个企业来说这一切可能就不是这么简单了。

你可能会说："只要收到钱就记账，难道还有什么问题吗?"其实没这么简单，不信来看看。

大华公司2月份发生以下有关收入的业务：

2月5日，A公司拿着现金来购买产品，大华公司收到现金并开出发票和提货单，A公司将货物提走。

2月10日，根据购销合同，B公司用支票预付了30%的货款，货物下月才交付。

2月18日，公司按合同把货物发送给C公司后，到银行办理委托收款，但款项尚未收到。

大华公司的上述业务，你看应该在什么时候确认收入呢？这就需要有一个标准，记账也得有一个关联的过程。收入是这样，费用也是如此，而且收入和费用的处理必然会涉及利润。

收入、费用及利润核算的内容如图11－1所示。

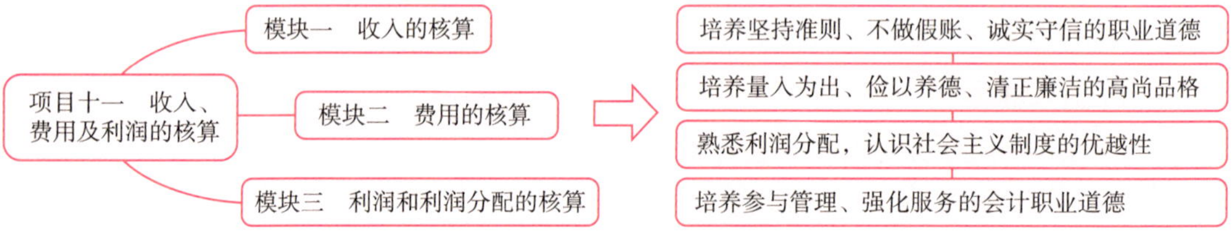

图11－1　收入、费用及利润的核算

模块一　收入的核算

一、收入概述

（一）收入的特点

收入是指企业日常活动中所形成的、会导致所有者权益增加的、与所有者投入资本无关的经济利益的总流入。收入作为会计基本要素之一，一般具有以下基本特征：

1. 收入是从"企业日常活动"中产生，而不是从"偶然的交易或事项"中产生的。

提示：（1）企业日常活动是指企业为完成其经营目标而从事的经常性活动，如工业企业制造并销售产品、商品流通企业销售商品、安装公司提供安装服务等；与经常性活动相关的活动，如出售原材料、出租资产等。企业由此形成的经济利益流入均构成收入。

（2）偶然的交易或事项，是指企业的非日常活动，如处置固定资产和无形资产、债务重组、接受捐赠等。企业偶然的交易或事项中产生的经济利益流入，不构成收入。

记得"守株待兔"的故事吗？农夫种地的收入是日常活动的收入，而得到的兔子则是利得，不属于收入。

2. 收入会导致企业所有者权益的增加。取得收入能增加资产或减少负债或二者兼而有之。因此，根据“资产－负债＝所有者权益”的公式，收入的取得一定能增加所有者权益。

3. 收入是与所有者投入资本无关的经济利益总流入。所有者投入资本是为了谋求享有企业资产的剩余权益，此类经济利益的流入不构成收入，而应确认为所有者权益。所以，收入不是企业所有的经济利益流入。

4. 收入只包括本企业的经济利益总流入，不包括为第三方或客户“代收”的款项，如企业收取的增值税、代客户收取的委托代销商品款等。

（二）收入的分类

1. 按性质不同分类。收入按性质不同，可以分为销售商品收入、提供劳务收入、让渡资产使用权收入。

（1）销售商品收入，主要指以取得货币资产的方式进行的商品销售，以及正常情况下的以商品抵偿债务的交易取得的收入。销售商品包括各类商品（产品）和材料，具体有：

- 主营业务收入：包括销售外购商品、产成品、代制品、代修品、副产品、自制半成品、不合格品等的销售收入。
- 其他业务收入：包括销售原材料、周转材料等材料的收入等。

（2）提供劳务收入：提供劳务的种类很多，如加工、修理、安装、运输、咨询、培训、服务等，由此取得的收入均属于提供劳务收入。

（3）让渡资产使用权收入，包括因他人使用本企业货币资金而收取的利息收入（金融企业），一般企业经营性出租固定资产、出租无形资产取得的租金收入等。

2. 按经营业务主次分类。收入按经营业务主次可以分为主营业务收入和其他业务收入。

（1）主营业务收入，是指企业经常性的、主要业务所产生的收入。它可以根据企业营业执照上经营范围所规定的主要经营业务进行判断。不同行业的主营业务收入所包括的内容是不相同的，如表 11－1 所示。

表 11－1

行业	主营业务收入	其他业务收入
工业企业	销售商品、提供工业性劳务收入	销售材料收入、出租资产收入、运输服务收入
商品流通企业	销售商品收入	销售材料收入、出租资产收入、运输服务收入
交通运输业	运输业务收入	销售商品收入、出租资产收入
旅店服务业	客房住宿收入	销售商品收入、出租资产收入、运输服务收入
租赁服务业	租赁收入	销售商品收入、运输服务收入

（2）其他业务收入。其他业务收入是指企业从事与经常性活动相关的活动所产生的收入，可通过营业执照上的兼营业务范围确定。例如，工业企业销售材料收入，提供运输业务的收入，出租资产、咨询服务收入等。

课堂讨论：

下列各项哪些属于收入？不属于收入的应列为什么项目处理？

（1）出售固定资产、无形资产的收入；（2）存款利息收入；（3）出售工程物资收入；（4）收到罚款收入；（5）债务重组取得的收益；（6）收取的押金；（7）应收取的保险赔偿；（8）国家专项拨款；（9）出售不合格品的收入；（10）没收出租、出借包装物的押金；（11）预收的货款；（12）出售交易性金融资产、长期股权投资取得收益；（13）债权投资的利息收入；（14）出口退税；（15）发行股票的溢价。

（三）商品销售的业务流程

企业商品销售的基本业务流程如图 11－2 所示。

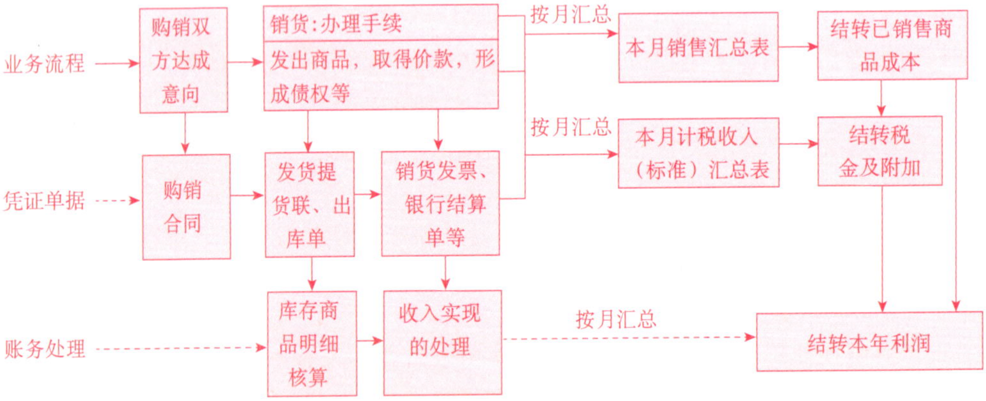

图 11－2　商品销售的基本业务流程

二、收入的确认与计量

企业只有可靠地确认与计量收入，才能如实地反映企业经营成果，准确核算企业实现的利润。为保证收入确认与计量的可靠性，企业确认收入的方式应当反映其向客户转让商品、提供服务模式。收入的金额应当反映企业因转让商品或提供服务而预期有权收取的对价金额。

11.1　虚增收入案例

1. 收入确认的原则。收入确认的原则是：

企业**应当在履行了合同中的履约义务，即在客户取得相关商品控制权时确认收入**。取得相关商品控制权，是指客户能够主导该商品的使用并从中获得几乎全部的经济利益，也包括有能力阻止其他方主导该商品的使用并从中获得经济利益。

取得商品控制权，应同时包括下列三个要素：

一是**拥有现时权利**，客户能够主导该商品的使用并从中获得几乎全部的经济利益。如果客户只能在未来某一期间主导该商品的使用并从中获益，则表明尚未取得该商品的控制权。

二是**有能力主导该商品的使用**，客户在其活动中有权使用该商品，或者能够允许或阻止其他方使用该商品。

三是**能够获得几乎全部的经济利益**。商品经济利益是指商品的潜在现金流量，既包括现金流入的增加，也包括现金流出的减少。客户可以通过使用、消耗、出售、处置、交换、抵押或持有等多种方式直接或间接地获得商品的经济利益。

提示：（1）客户是指与企业订立合同以向该企业购买日常活动产出的商品并支付对价的一方。

（2）这里所称的商品包括商品和服务。

（3）关于对价。对价是指交易双方以权利义务为基础所允诺认可的价格。所以，对价是在合同约定中产生；对价是交易双方接受的价格，不一定是公允价值。

2. 收入确认的前提条件。企业与客户之间的合同同时满足下列五项条件的，企业应当在客户取得商品控制权时确认收入：

（1）合同各方已批准该合同并承诺将履行**各自义务**；

（2）该合同明确了合同各方与所转让商品相关的**权利和义务**；

（3）该合同有明确的与所转让商品相关的**支付条款**；

（4）该合同**具有商业实质**，即履行该合同将改变企业未来现金流量的风险、时间分布或金额；

（5）企业因向客户转让商品而有权取得的对价**很可能收回**。

3. 收入确认和计量的步骤。收入确认和计量大致可分为五步：

（1）识别与客户订立的合同。合同有书面形式、口头形式以及其他形式。合同的存在是企业确认客户合同收入的前提。

（2）识别合同中的单项履约义务。企业应当识别合同中所包含的各单项履约义务，并确定各单项履约义务是在某一时点履行，还是在某一时段内履行。然后，在履行了各单项履约义务时分别确认收入。

提示：履约义务是指合同中企业向客户转让可明确区分商品或服务的承诺。单项履约义务的确定分为：

①转让可明确区分商品的承诺。第一，从商品自身特征区分。如销售商品并提供安装服务，安装服务简单、企业以外的其他单位也能提供的，则分为销售商品和安装服务两项单项履约义务。第二，是从合同层面区分。通常合同表明转让商品的承诺与其他承诺不可单独区分，如销售商品并提供安装服务，安装服务复杂且商品需要按客户定制要求修改的，则合同中明确将销售商品和安装服务合并为单项履约义务。

②转让一系列实质相同且转让模式相同的、可明确区分的商品的承诺。如企业向客户提供物业管理服务（包括安保、维修、保洁等），按照约定的标准，企业随时准备根据需要为其提供相关服务，则该物业服务属“实质相同”的单项履约义务。

（3）确定交易价格。交易价格是指企业因向客户转让商品而预期有权收取的对价金额，不包括代第三方收取的款项（如增值税、代垫运杂费）以及企业预期将退还给客户的款项。合同条款所承诺的对价，可能是固定金额、可变金额或两者兼有。

提示：“可变金额”：企业与客户合同约定的对价金额可能是固定的，也可能会因折扣折让、激励措施、奖励积分、未来事项等而变化。例如，甲公司为客户建造厂房的合同约定6个月完工，交易价格为固定金额500万元；若提前1个月完工，客户将额外奖励30万元，甲公司估计工期提前1个月完工的概率为95%，则此项交易价格为固定金额500万元和可变金额 30 万元，总价为 530 万元。

（4）将交易价格分摊至各单项履约义务。当合同中包含两项或多项履约义务时，需要将交易价格分摊至各单项履约义务。分摊的一般原则：以合同开始日为**起点**，以交易价格为**对价**，以各单项履约义务所承诺商品的单独售价为比例。**分摊结果**使分摊至各单项履约义务的交易价格能够反映企业因向客户转让商品而有权收取的对价金额。

（5）履行各单项履约义务时确认收入。当企业将商品转移给客户，客户取得了相关商品的控制权时，则企业履行了合同履约义务，此时，企业应确认收入。企业将商品控制权转移给客户，可能在某一时段内发生，也可能在某一时点发生。企业应当根据实际情况，首先判断履约义务是否满足在某一时段内履行的条件，如不满足，则属于在某一时点履行的履约义务。

收入确认和计量的五个步骤如图 11－3 所示。

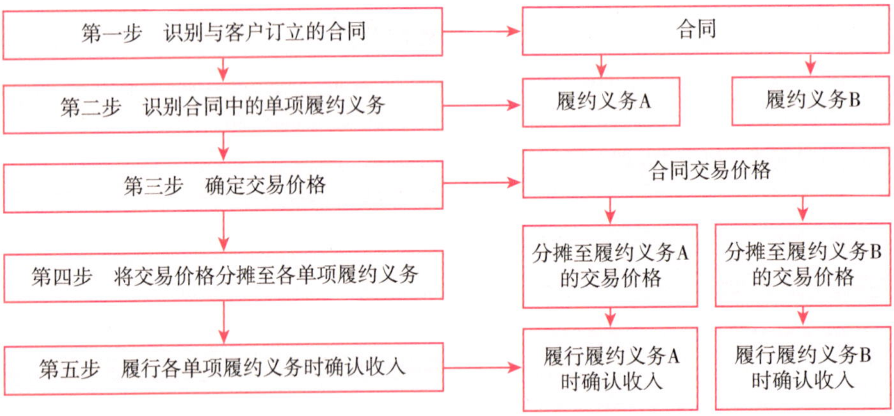

图 11－3　收入确认和计量的步骤

需要说明的是，第一步、第二步和第五步主要与收入的确认有关，第三步和第四步主要与收入的计量有关。一般而言，确认和计量收入应考虑全部的五个步骤。但不是履行每项合同义务确认收入都要经过五个步骤，如按照第二步确定某项合同仅为单项履约义务，就可以从第三步直接进入第五步，不需要第四步的分摊交易价格。

三、收入核算应设置的主要账户

为了核算企业与客户之间合同产生的收入及相关的成本，需要设置的账户主要有：

1. “主营业务收入”账户，核算企业确认的销售商品、提供服务等主营业务的收入。该账户贷方登记企业向客户转让商品、提供服务等实现的收入，借方登记发生的销售折让和销售退回而冲减的收入和期末转入“本年利润”账户的主营业务收入，结转后该账户应无余额。该账户可按主营业务的种类进行明细核算。

2. “其他业务收入”账户，核算企业确认的其他非经常性活动实现的收入。该账户贷方登记其他业务收入的增加，借方登记期末转入“本年利润”账户的其他业务收入，结转后该账户应无余额。该账户可按其他业务的种类进行明细核算。

3. “发出商品”账户，核算企业已发出但客户没有取得商品控制权（未满足收入确认条件）商品的成本。其借方登记发出商品的成本，贷方登记发出商品满足收入确认条件时，结转已销售商品的成本和退回发出商品结转的成本，期末借方余额，反映企业发出商品的成本。该账户可按商品的类别和品种进行明细核算。

4. “合同取得成本”账户，核算企业取得合同发生的、预计能够收回的增量成本。该账户借方登记发生的合同取得成本，贷方登记摊销的合同取得成本，期末借方余额，反映企业尚未结转的合同取得成本。该账户可按合同进行明细核算。

5. “合同履约成本”账户，核算企业为履行当前或预期取得合同所发生的、不属于其他企业会计准则规范范围且按照收入准则应当确认为一项资产的成本。该账户借方登记发生的合同履约成本，贷方登记摊销的合同履约成本，期末借方余额，反映企业尚未结转的合同履约成本。该账户可按合同分别“服务成本”“工程施工”等进行明细核算。

6. “合同资产”账户，核算企业已向客户转让商品而有权收取对价的权利，且该权利取决于时间流逝之外的其他因素。该账户借方登记因已转让商品而有权收取的对价金额，贷方登记取得无条件收款权的金额，期末借方余额，反映企业已向客户转让商品而有权收取的对价金额。该账户可按合同进行明细核算。

提示：

（1）根据收入准则，企业因转让商品（含提供服务）收到的预收款项，应通过“合同负债”账户进行核算。

（2）有关成本发生减值的，还应设置“合同取得成本减值准备”“合同履约成本减值准备”“合同资产减值准备”等账户进行核算。

四、履行履约义务确认收入的账务处理

（一）在某一时点履行的履约义务确认收入

对于在某一时点履行的履约义务，企业应当在客户**取得相关商品控制权时**确认收入。

在判断客户是否已取得商品控制权时，企业应当综合考虑下列迹象进行判断，具体如表11－2所示。

表11－2

判断条件	举例
1. 企业就该商品享有现时收款权利，即客户就该商品负有现时付款义务	企业与客户签订销售合同，约定客户有权定价且在收到商品无误后15日内付款。客户收到企业开具的发票、商品验收入库后，客户能够自主确定商品售价或商品使用情况，则企业享有收款权利，客户负有现时付款义务
2. 企业已将该商品的所有权转移给客户，即客户已拥有该商品的所有权	房地产公司向客户销售商品房，客户付款后取得产权证时，表明房地产公司已将该商品的所有权转移给客户
3. 企业已将该商品实物转移给客户，即客户已占有该商品实物	企业与客户签订交款提货合同，企业将商品送达客户指定地点，客户验收合格并付款，表明企业已将该商品实物转移给客户，客户已占有该商品

续表

判断条件	举例
4. 企业已将该商品所有权上的主要风险和报酬转移给客户，即客户已取得该商品所有权上的主要风险和报酬	房地产公司向客户销售商品房办理产权转移手续后，该商品房价格上涨或下跌带来的利益或损失全部属于客户，表明符合此项判断条件
5. 客户已接受该商品	企业向客户销售为其定制的环保设备，客户收到并验收合格后办理入库手续，表明客户已接受该商品
6. 其他表明客户已取得商品控制权的迹象	（略）

1. 一般销售商品业务收入的账务处理。企业销售商品符合收入确认条件的，应在收入确认时，按实际收取（或应收取）的收入和增值税，借记“银行存款”“应收账款”“应收票据”等账户，按收入金额，贷记“主营业务收入”账户，按增值税额，贷记“应交税费——应交增值税（销项税额）”账户。

【例 11－1】 万友公司为增值税一般纳税人，7 月 2 日，向乙企业销售 A 产品 200 件，增值税专用发票注明售价 50 000 元，增值税税额为 6 500 元，万友公司按合同发货。乙企业收到 A 产品验收无误后，通过网银如数汇付价税款。该项销售为单项履约义务并属于在某一时点履行的履约义务。万友公司的账务处理为：

借：银行存款　　56 500
　　贷：主营业务收入——A 产品　　50 000
　　　　应交税费——应交增值税（销项税额）　　6 500

【例 11－2】 6 月 5 日，万友公司向丙公司销售 D 产品 750 件，增值税专用发票上注明售价 200 000 元，增值税税额为 26 000 元。公司按合同发货，以银行存款代垫运杂费 5 000 元（含增值税）。丙公司收到 D 产品验收无误，公司收到一张丙公司签发并经银行承兑的为期三个月，金额为 226 000 元的银行承兑汇票一张。代垫运杂费 5 000 元尚未收到。该项销售为单项履约义务并属于在某一时点履行的履约义务。万友公司的账务处理为：

借：应收票据——丙公司　　226 000
　　贷：主营业务收入——D 产品　　200 000
　　　　应交税费——应交增值税（销项税额）　　26 000
借：应收账款——丙公司　　5 000
　　贷：银行存款　　5 000

2. 采用预收货款方式销售商品。企业因销售商品根据合同向客户预先收取的款项，赋予客户在未来从企业取得商品的权利，并使企业承担了转让相关商品的义务，所以，企业预收的款项应确认为“合同负债”。待未来履行了相关履约义务，即向客户转让商品时，再将该“合同负债”转为收入。

【例 11－3】 8 月 5 日，万友公司根据合同向大成公司预收货款 100 000 元，款项收存银行。8 月 25 日，万友公司向大成公司发出 B 产品 500 件，增值税发票注明售价 150 000 元，增值税为 19 500 元；大成公司收到 B 产品验收无误并支付余款。万友公司的账务处理为：

- 8 月 5 日，万友公司按合同预收货款，款项收存银行时：

借：银行存款　　100 000

贷：合同负债——购销合同 2021009 号（大成公司） 100 000

• 8 月 25 日，万友公司向大成公司发售商品，并收到余款存入银行时：

借：合同负债——购销合同 2021009 号（大成公司） 100 000
　　银行存款 69 500
　　贷：主营业务收入——B 产品 150 000
　　　　应交税费——应交增值税（销项税额） 19 500

提示：

【例 11－3】中，如果 8 月 25 日余款 69 500 元尚未收到，则应将其列为应收账款，因为“合同负债”账户不属于双重性质账户，其借方不反映应收款项。

3. 先发出商品，后确认收入的账务处理。这类业务的典型形式是委托代销安排。

委托代销安排是指委托方与受托方签订代销合同，委托方按合同发出商品，委托受托方向终端客户销售商品，受托方在售出商品取得价款后向委托方支付货款。这样受托方未获得商品控制权，同样，委托方向受托方（客户）转让商品的对价也未达到“很可能收回”收入确认条件。所以，发出商品时，委托企业不能确认收入，而应将其列为“发出商品”，待收到货款或取得收取货款的权利（确认债权）时，再予以确认收入。

此类业务的主要账务处理为：(1) 企业发出委托代销商品时，按其成本，借记“发出商品”账户，贷记“库存商品”账户（如发出的商品被客户退回，则作相反记录）。(2) 企业货款收到或取得收取货款的权利，确认收入时，借记“银行存款”“应收账款”等账户，贷记“主营业务收入”“应交税费——应交增值税（销项税额）”账户，同时结转已销售商品成本，借记“主营业务成本”账户，贷记“发出商品”账户。(3) 企业向受托方支付的委托代销手续费，应列为销售费用。

【例 11－4】 万友公司与五星商场（双方均为增值税一般纳税人）签订委托代销合同。9 月 1 日，万友公司按合同向五星商场发出 A 产品 7 000 件，A 产品成本 120 元/件，增值税税率 13%。合同约定：五星商场按 200 元/件的不含税售价对外销售，万友公司按不含税售价总额的 10% 支付手续费（不含税，手续费增值税税率 6%）；五星商场对 A 产品不承担包销责任，万友公司有权收回未出售的商品，商品出售前五星商场没有义务支付货款。9 月 25 日，五星商场实际出售 A 产品 3 000 件，万友公司收到代销商品清单列明的货款 600 000 元，增值税 78 000 元，万友公司开具增值税专用发票。9 月 30 日，万友公司收到五星商场汇付的扣除手续费及其增值税后的价税款 614 400 元存入银行。万友公司（委托方）的有关账务处理为：

• 9 月 1 日，将 7 000 件 A 产品交付五星商场时：

借：发出商品——五星商场（A 产品） 840 000
　　贷：库存商品——A 产品 840 000

• 9 月 25 日，收到代销清单，开具增值税专用发票，确认收入时：

借：应收账款——五星商场 678 000
　　贷：主营业务收入——A 产品 600 000
　　　　应交税费——应交增值税（销项税额） 78 000

借：主营业务成本——A 产品 360 000
　　贷：发出商品——五星商场（A 产品） 360 000

• 9月30日，结算应支付的手续费60 000元，增值税3 600元，收到增值税专用发票时：

借：销售费用　　60 000

　　应交税费——应交增值税（进项税额）　　3 600

　　贷：应收账款——五星商场　　63 600

• 9月30日，收到五星商场汇来的扣除手续费及增值税后的价税款614 400元时：

借：银行存款　　614 400

　　贷：应收账款——五星商场　　614 400

提示：

根据【例11-4】资料，受托方五星商场的账务处理为：

（1）收到A产品时，按不含税售价总额做如下处理：

借：受托代销商品——万友公司（A产品）　　1 400 000

　　贷：受托代销商品款——万友公司（A产品）　　1 400 000

（2）实际销售A产品3 000件，收到价税款存入银行时：

借：银行存款　　678 000

　　贷：受托代销商品——万友公司（A产品）　　600 000

　　　　应交税费——应交增值税（销项税额）　　78 000

（3）收到万友公司开具的增值税专用发票，结算应付价税款时：

借：受托代销商品款——万友公司（A产品）　　600 000

　　应交税费——应交增值税（进项税额）　　78 000

　　贷：应付账款——万友公司　　678 000

（4）结算代销手续费及增值税，以银行存款向万友公司支付价税款时：

借：应付账款——万友公司　　678 000

　　贷：银行存款　　614 400

　　　　其他业务收入　　60 000

　　　　应交税费——应交增值税（销项税额）　　3 600

4. 销售折扣的处理。企业销售商品发生的销售折扣应按照可变对价管理要求进行处理。销售折扣包括商业折扣和现金折扣。

商业折扣是指企业为了促进商品销售而给予购买者的价格扣除。销售商品存在商业折扣，有为了鼓励客户多买商品，如企业规定购买50件以上商品的给予10%的折扣，购买100件以上的给予15%的折扣；也有是企业为了尽快出售一些次残、陈旧、冷背的商品等。商业折扣发生在销售之前，不构成最终交易价格的一部分，企业应当按照扣除商业折扣后的售价确认销售收入。

现金折扣是指债权人为鼓励债务人在规定的期限内尽早付款，而向债务人提供的债务扣除。现金折扣发生在商品销售之后，是否发生以及发生多少要视客户付款情况而定，企业在确认收入时不能确定现金折扣的金额。所以，企业销售商品确认收入时，根据合同约定按照最可能发生的金额确定其有权获取的对价金额（销售收入）。实际收到款项时将产生的差异调整计列为销售收入。

【例11-5】 10月7日，万友公司销售给科新公司C商品300件，商品标价为500元/件，增值税税率为13%。该项业务属于在某一时点履行的履约义务。公司为了尽早收回货款，在合同中约定现金折扣的条件（货款部分）为：5/10、2/20、n/30，假定增值税按销售数量和标价计算，不考虑现金折扣的影响。基于对科新公司的了解，预计科新公司 10 天内付款的概率为 10%，20 天内付款的概率为 80%，20 天后付款的概率也为 10%。公司的账务处理为：

• 10 月 7 日确认收入时，按照最可能发生的概率预测有权获取的收入：300 × 500 ×（1 - 2%）= 147 000（元），增值税销项税额：300 × 500 × 13% = 19 500（元）。记：

借：应收账款——科新公司　　166 500
　　贷：主营业务收入——C 商品　　147 000
　　　　应交税费——应交增值税（销项税额）　　19 500

• 如果科新公司在 10 月 25 日付清款项，属于 20 天内收款，则按售价的 2% 给予 3 000 元的现金折扣，价税款 166 500 元当日收存银行，记：

借：银行存款　　166 500
　　贷：应收账款——新科公司　　166 500

• 如果科新公司 10 月 31 日付清款项的，这属于在 20 天后收款，则无法享受现金折扣，应按照商品标价收及规定税率取价税款 169 500 元，需补计价款（收入）3 000 元。当日价税款如数收存银行，记：

借：银行存款　　169 500
　　贷：应收账款——新科公司　　166 500
　　　　主营业务收入——C 商品　　3 000

• 如果科新公司 10 月 15 日付清款项的，这属于在 10 天内收款，应享有 5% 现金折扣，应收取的价款为 142 500 元，增值税仍为 19 500 元，价税款 162 000 元，需计减价款（收入）4 500 元（147 000 - 142 500）。当日价税款如数收存银行，记：

借：银行存款　　162 000
　　主营业务收入——C 商品　　4 500
　　贷：应收账款——新科公司　　166 500

5. 销售折让的账务处理。销售折让是指企业因售出商品的质量不合要求等原因在售价上给予的减让。企业发生销售折扣也应按照可变对价管理要求进行处理，发生在收入确认之前的销售折让，其处理方法与商业折扣相同；发生在收入确认之后的销售折让，应在实际发生时冲减当期销售收入，并根据出具增值税专用发票（红字）转销增值税销项税额。

【例 11 - 6】 7 月 12 日，万友公司销售给新风公司 A 产品 500 件，增值税专用发票注明售价为 100 000 元，增值税 13 000 元，收入已确认，款项暂未收到。7 月 28 日，新风公司收到产品后检测发现部分商品质量指标不达标，要求在价格上给予 5% 的折让。经核查，新风公司的要求合理，万友公司表示同意，确认发生销售折让 5 000 元，转销增值税 650 元，并取得增值税专用发票（红字）。当日，扣除销售折让后的价税款收存银行。7 月 28 日，万友公司的有关账务处理为：

借：主营业务收入——A 产品　　5 000
　　贷：应交税费——应交增值税（销项税额）　　650
　　　　应收账款——新风公司　　5 650

借：银行存款　　　　（113 000 - 5 650）107 350

　　贷：应收账款——新风公司　　　　107 350

6. 销售退回的账务处理。销售退回是指企业售出的商品，由于质量、规格等方面不符合合同条款的要求等原因，客户要求企业予以退货。销售商品发生退货，表明企业履约义务的减少和客户商品控制权的丧失。企业发生销售退回，应办理商品入库手续，同时分别不同情况进行处理：

（1）销售退回发生在确认收入之前的。这种情况，只需将记入"发出商品"账户的商品成本，转回"库存商品"账户。

（2）确认收入后发生的销售退回。这种退回不论是当年销售的，还是以前年度销售的，一般均应冲减退回当月的销售收入，同时冲减退回当月的销售成本。对于退回商品成本的处理，有两种方法：一是从当月同种类产品销售数量中扣除已退回产品的数量，得出当月销售的净数量，并据以按照净销量结算销售成本；二是单独计算本月退回商品的成本，退回商品的成本可按销售月份该产品的销售成本计算，也可按退回月份销售同种或同类商品的实际销售成本计算。

企业发生销售退回时，如取得符合要求的增值税专用发票（红字），按规定可转销当期销项税额的，还应进行"销项税额"的结转。

【例 11-7】 万友公司 7 月份销售 A 产品 300 件，单位售价 200 元，单位销售成本 120 元，增值税税率 13%。因质量问题，该批产品于当年 9 月被退回 50 件，价税款以银行存款退还。公司 9 月份销售甲产品 500 件，单位销售成本为 125 元，与退回商品相关的增值税专用发票已正常取得。万友公司 9 月份的账务处理为：

- 冲减退回 50 件产品的主营业务收入，以银行存款支付退货价税款：

借：主营业务收入——A 产品　　10 000

　　应交税费——应交增值税（销项税额）　　1 300

　　贷：银行存款　　11 300

- 退回商品验收入库，成本 = 50 × 125 = 6 250（元），结转退回产品的成本时：

借：库存商品——A 产品　　6 250

　　贷：主营业务成本——A 产品　　6 250

提示：

假定【例 11-7】中万友公司是按当期销售数扣减销售退回数的净销售量计算结转已售产品成本的，则不必进行 6 250 元成本结转的账务处理。该公司 9 月份结转 A 产品销售成本的账务处理是：公司 9 月份 A 产品净销量 = 500 - 50 = 450（件）；A 产品销售成本 = 450 × 125 = 56 250（元）。

借：主营业务成本——A 产品　　56 250

　　贷：库存商品——A 产品　　56 250

（与【例 11-7】500 × 125 - 6 250 = 56 250（元）是一致的，此方法实际工作中采用较多）

（3）销售退回的商品属于在资产负债表日或之前销售的，并在资产负债表日至财务报告批准日之间发生退回的，除应在退回当月进行相关明细核算外，还应按资产负债表日后调整事项的规定进行账务处理，调整报告年度的收入、成本、税费等。

7. 销售材料等存货的账务处理。企业日常活动中会发生对外销售原材料、随同产品出售单独计价的包装物等业务。企业销售原材料、周转材料等存货所取得的收入，其确认与计量比照商品销售进行处理。企业销售原材料、周转材料等存货属于主营业务以外的其他经营活动，其确认的收入列为其他业务收入，结转的相关成本列为其他业务成本。

【例 11-8】 万友公司向前进公司销售一批原材料，售价为 60 000 元，增值税为 7 800 元，该批材料的实际成本为 50 000 元。前进公司收到材料并验收入库，万友公司收到款项存入银行。该项业务为单项履约义务，且属于在某一时点履行的履约义务。万友公司取得收入的账务处理为：

借：银行存款　　67 800

　贷：其他业务收入——材料销售　　60 000

　　　应交税费——应交增值税（销项税额）　　7 800

提示：

（1）销售原材料、周转材料等存货的增值税税率及账务处理与销售商品是一致的；（2）其他经营业务应缴纳的除增值税以外的消费税、城市维护建设税、教育费附加等税费，记入“税金及附加”账户。

（二）在某一时段内履行的履约义务确认收入

1. 判断条件。满足下列条件之一的，属于在某一时段内履行的履约义务：

（1）客户在企业履约的同时即取得并消耗企业履约所带来的经济利益。

（2）客户能够控制企业履约过程中在建的商品。

（3）企业履约过程中所产生的商品具有不可替代用途，且该企业在整个合同期间内有权就累计至今已完成的履约部分收取款项。

相关链接：

根据《企业会计准则第 14 号——收入》第十一条：“具有不可替代用途”是指因合同限制或实际可行性限制，企业不能轻易地将商品用于其他用途。“有权就累计至今已完成的履约部分收取款项”是指在由于客户或其他原因终止合同的情况下，企业有权就累计至今已完成的履约部分收取能够补偿其已经发生的成本和合理利润的款项，并且该权利具有法律约束力。

2. 收入确认。在某一时段内履行的履约义务，企业应按照履约进度确认收入，履约进度不能合理确定的除外。确认当期收入，通常的计算公式为：

当期收入 = 合同的交易价格总额 × 资产负债表日履约进度 - 以前会计期间累计已确认的收入

企业应当考虑商品的性质，采用产出法或投入法确定恰当的履约进度，并且在确定履约进度时，扣除那些控制权尚未转移给客户的商品。

（1）产出法。产出法是根据已转移给客户的商品对于客户的价值确定履约进度的方法。通常可采用实际测量的完工进度、评估已实现的结果、已达到的里程、时间进度、已完工或交付的商品等产出指标确定履约进度。

【例 11-9】 隆泰公司为一般纳税人，2×21 年 12 月 1 日与山水公司签订一项为期 6 个月的装修合同，合同总价为400万元，增值税36万元。隆泰公司按照实际测量的完工进度确定履约进度，截至2×21年12月31日，经专业人员测量确定，该项目的完工进度为20%；山水公司每月末按完工进度支付工程价税款。截至2×21年12月31日，隆泰公司为完成该合同累计发生劳务成本45万元（均为人员薪酬）。该装修业务构成单项履约义务，且该履约义务满足在某一时段内履行的条件。装修业务为隆泰公司的主营业务，有关账务处理为：

• 2×21年12月，实际发生劳务成本45万元：

借：合同履约成本——山水公司装修合同	450 000	
贷：应付职工薪酬		450 000

• 2×21年12月31日，确认劳务收入400×20%＝80（万元），价税款收存银行：

借：银行存款	872 000	
贷：主营业务收入——装修服务		800 000
应交税费——应交增值税（销项税额）		72 000

• 2×21年12月31日，结转劳务成本：

借：主营业务成本——装修服务	450 000	
贷：合同履约成本——山水公司装修合同		450 000

产出法是直接计量已完成的产出，一般能够客观地反映履约进度。当产出法所需的信息可能无法直接观察获得，或者获得这些信息需要花费很高的成本时，则应考虑采用其他方法。

（2）投入法。投入法是根据企业为履行履约义务付出的投入确定履约进度的方法。通常可采用投入材料数量、生产工时或机器工时、发生的成本和时间进度等投入指标确定履约进度。当企业从事的业务或发生投入是在整个履约期间平均发生的，也可以按照直线法确认收入。

【例11－10】 2×21年12月5日，隆泰公司与民建公司签订一项为期3个月的安装合同，合同总价为80万元，增值税税率为9%。至年底已预收工程款350 000元，实际发生安装工程成本24万元（均为人员薪酬），估计还将发生安装工程成本36万元。隆泰公司按照实际发生成本占预计总成本的比例确定安装合同的履约进度。该安装合同构成单项履约义务，且该履约义务满足在某一时段内履行的条件，安装业务为隆泰公司的其他业务。有关账务处理为：

• 2×21年12月，实际发生劳务成本24万元时：

借：合同履约成本——民建公司安装合同	240 000	
贷：应付职工薪酬		240 000

• 2×21年12月，按合同预收安装工程款35万元存入银行时：

借：银行存款	350 000	
贷：合同负债——民建公司安装合同		350 000

• 2×21年12月31日，确定履约进度和劳务收入，同时，结转劳务成本：

实际发生成本占预计总成本的比例＝240 000÷（240 000＋360 000）×100%＝40%

确认劳务收入＝800 000×40%－0＝320 000（元）

借：合同负债——民建公司安装合同	348 800	

贷：其他业务收入——安装劳务　　320 000

　　应交税费——应交增值税（销项税额）　　28 800

借：其他业务成本——安装劳务　　240 000

　贷：合同履约成本——民建公司安装合同　　240 000

• 至 2×22 年 1 月 31 日隆泰公司累计发生安装工程成本 45 万元（均为人员薪酬），估计还将发生安装工程成本 15 万元，1 月份未收到过工程款。2022 年 1 月，实际发生劳务成本 21（45－24）万元：

借：合同履约成本——民建公司安装合同　　210 000

　贷：应付职工薪酬　　210 000

• 2×22 年 1 月 31 日，确定履约进度和劳务收入，同时，结转劳务成本：

实际发生成本占预计总成本的比例＝450 000÷（450 000＋150 000）×100%＝75%

确认劳务收入＝800 000×75%－320 000＝280 000（元）

借：合同负债——民建公司安装合同　　（350 000－348 800）1 200

　　应收账款——民建公司　　304 000

　贷：其他业务收入——安装劳务　　280 000

　　　应交税费——应交增值税（销项税额）　　25 200

借：其他业务成本　　210 000

　贷：合同履约成本——民建公司安装合同　　210 000

需要注意的是，当履约进度不能合理确定，且企业已经发生的成本预计能够得到补偿时，应当按照已经发生的成本金额确认收入，直到履约进度能够合理确定为止。

五、合同成本

合同成本是企业与客户建立合同关系过程中发生的成本。企业的合同成本主要有合同取得成本和合同履约成本。

（一）合同取得成本

合同取得成本是企业为了取得合同发生的、预期能够收回的增量成本。合同取得成本应确认为企业的一项资产。增量成本是指企业不取得合同就不会发生的成本，也就是企业发生的与合同直接相关的费用，但又不是所签合同的业务内容本身直接发生的费用，如销售佣金等。

企业为取得合同发生的、预期能够收回的增量成本之外的其他支出，如无论合同是否取得均会发生的差旅费、投标费、投标资料制作的相关费用等，应当在发生时计入当期损益。

企业发生已经确认为资产的合同取得成本，应当采取与该资产相关的商品收入确认相同的基础进行摊销，计入当期损益。为简化核算，该资产摊销期不超过一年的，可以在发生时直接计入当期损益。

【例 11－11】 科新公司与通达公司签订为期 3 年的咨询服务合同，服务开始日为本年 1 月1 日，科新公司每年年末取得咨询服务收入 1 500 000 元，增值税税率为 6%。为取得该项合同发生的费用有：支付专用发票所列的律师事务所尽职调查等费用 30 000 元，增值税 1 800元；为投标发生的差旅费 9 000 元；标书印制费 1 000 元（取得普通发票）；支付销售人员佣金72 000元。公司预计这些支出未来均能够收回，咨询服务收入按月予以确认。公司有关账务处理为：

• 上述费用中销售人员佣金为合同取得成本，其余均不属于增量成本，直接计入当期损益。以银行存款支付上述各项费用时：

借：合同取得成本——通达公司咨询合同　　72 000
　　管理费用　　40 000
　　应交税费——应交增值税（进项税额）　　1 800
　　贷：银行存款　　113 800

• 每月确认服务收入（款未收），分摊合同取得成本（按 3 年分月摊销）时：

借：应收账款——通达公司　　132 500
　　贷：主营业务收入——咨询服务　　（1 500 000 ÷ 12）125 000
　　　　应交税费——应交增值税（销项税额）　　7 500
借：销售费用　　2 000
　　贷：合同取得成本——通达公司咨询合同　　[72 000 ÷ （3 × 12）] 2 000

（二）合同履约成本

合同履约成本是指企业为履行当前或预期取得的合同所发生的、满足规定条件的相关成本。企业为履行合同义务必然会发生各种成本，企业在确认收入的同时，应当对这些成本进行分析，属于《企业会计准则第 14 号——收入》准则规范范围且同时满足下列条件的，应当作为合同履约成本，确认为一项资产：

1. 该成本与一份当前或预期取得的合同直接相关。与合同直接相关的成本，包括：

（1）直接材料，如为履行合同所耗原材料成本、周转材料摊销等；

（2）直接人工，如支付直接为客户提供服务人员的工资、奖金等；

（3）制造费用或类似费用，如组织和管理生产、施工、服务等发生的费用，包括车间管理人员职工薪酬、劳动保护费、资产折旧费和修理费、办公费、水电费、财产保险费等。

（4）明确由客户承担的成本以及因该合同而发生的其他成本，如支付给分包商的成本、机械使用费、设计和技术援助费用、施工现场二次搬运费、生产工具和用具使用费、检验试验费、工程定位复测费、工程交点费用、现场清理费等。

2. 该成本增加了企业未来用于履行（包括持续履行）履约义务的资源，即形成未来消耗的一项资产，而不是当期费用。

3. 该成本预期能够收回。即预期会给企业带来经济利益流入，符合资产定义。

提示：

企业发生的下列支出，不属于合同履约成本，应在发生时计入当期损益：①管理费用，除非明确这些费用由客户承担；②非正常消耗的直接材料、直接人工、制造费用或类似费用，这些支出为履行合同发生，但未反映在合同价格中；③与履约义务中已履行部分相关的支出，即该支出与过去的履约活动相关；④无法在尚未履行的与已履行的履约义务之间区分的相关支出。

企业发生合同履约成本时，借记“合同履约成本”账户，贷记“银行存款”“应付职工薪酬”“原材料”“累计折旧”等账户；对合同履约成本进行摊销时，借记“主营业务成本”“其他业务成本”等账户，贷记“合同履约成本”账户。涉及增值税的，还应进行相应处理。

【例 11－12】 科新公司与润发公司签订合同，由科新公司利用信息技术平台为其提供服务，合同期限 3 年，服务费总价 2 700 000 元，增值税税率 6%；服务费分月计算，按年支付。科新公司为提供服务发生下列成本费用：向专业机构支付专用发票所列的方案设计及评价费 300 000 元，增值税 18 000 元；测试及服务人员应付职工薪酬 320 000 元；设备设施折旧费 64 000 元。该信息技术平台通过提供服务赚取收入，上述支出属于为履行合同而发生的成本，公司预计这些支出未来均能够收回。不考虑其他因素，科新公司的有关账务处理为：

• 合同签订，以银行存款支付设计及评价费、人员薪酬和计提折旧时：

借：合同履约成本——润发公司信息服务合同	684 000	
应交税费——应交增值税（进项税额）	18 000	
贷：银行存款		318 000
应付职工薪酬		320 000
累计折旧		64 000

• 每月确认服务收入（款未收），分摊合同履约成本（按 36 个月摊销）时：

借：应收账款——润发公司	79 500	
贷：主营业务收入——信息技术服务		（2 700 000 ÷ 36） 75 000
应交税费——应交增值税（销项税额）		4 500
借：主营业务成本——技术服务	19 000	
贷：合同履约成本——润发公司信息服务合同		［684 000 ÷ （3 × 12）］ 19 000

提示：

（1）【例 11－12】合同履约成本未考虑以后提供服务期间的直接人工、直接材料和因履行合同而发生的其他成本。

（2）注意合同取得成本和合同履约成本分摊列支账户的不同。

（3）资产负债表日合同取得成本和合同履约成本发生减值的，应计提减值准备，确认为“资产减值损失”；以后又恢复的，在已计提减值准备范围内冲回。

模块二　费用的核算

一、费用概述

费用作为会计要素或会计报表要素的构成内容之一，是和收入相对应而存在的。**费用是指企业在日常活动中发生的、会导致所有者权益减少的、与向所有者分配利润无关的经济利益的总流出。**

（一）费用的特点

费用具有以下两个特点：

1. 费用最终会导致企业资产的流出。这种减少表现为企业资金的支出或资产的耗费，从这个意义上讲，费用本质上是企业的一种资产流出，它与资产流入企业所形成的收入相反。

2. 费用最终会导致企业的所有者权益减少。费用的本质是企业的一种资产流出，根据“资产－负债＝所有者权益”的等式，企业的费用最终会减少企业的所有者权益。

（二）费用的分类

1. 按经济用途分类。按经济用途费用可分为成本性费用和期间费用两大类。

（1）成本性费用，包括主营业务成本、其他业务成本、税金及附加等。

（2）期间费用，是指企业当期发生的不能归属于某种产品的成本，而应当从当期收入中得到补偿的费用。它与当期生产产品的数量没有直接关系，而只与当期实现的收入相关。期间费用包括管理费用、财务费用、销售费用三大项。

课堂讨论：

（1）请说明支出、费用、生产成本的区别和联系。

（2）“制造费用”和“期间费用”有何区别？

2. 费用按经济内容进行分类。按经济内容费用可分为以下费用要素：

（1）外购材料费用，是指企业为进行生产而耗费的一切从外部购入的原材料、半成品、辅助材料、包装物、修理用备件和低值易耗品等。

（2）外购燃料费用，是指企业为进行生产而耗用的从外部购进的各种燃料。

（3）外购动力费，是指企业为进行生产而耗用的从外部购进的动力。

（4）职工薪酬，是指企业应计入生产费用的各项职工薪酬。

（5）折旧与摊销，是指企业为所拥有或控制的固定资产、无形资产按照规定计提的折旧与摊销。

（6）利息支出，是指企业为筹集生产经营资金而发生的利息支出。

（7）其他支出，指不属于以上各项目的费用支出。

二、费用的确认和计量

（一）费用确认的要求

企业发生一项支出后，首先应确认它是不是费用，如果是，还需进一步明确它是产品成本，还是期间费用。因此，确认费用应考虑划分收益性支出与资本性支出、权责发生制和配比要求。

1. 划分收益性支出与资本性支出。即若一项支出的效益涉及几个会计年度（或几个营业周期），该项支出不能作为当期费用，应作为“资本性支出”予以资本化；若一项支出的效益，仅及于本会计年度（或一个营业周期），应在支出期间确认为费用，则该项支出就应作为“收益性支出”予以费用化。这一划分为费用确认的时间给定了一个总体界定。划分收益性支出和资本性支出，是为了保证正确地计量资产的价值和正确地计算各期的产品成本、期间费用及其损益。

课堂讨论：

企业购买了一辆汽车，其支出属于资本性支出还是收益性支出？企业支付的差旅费、厂部管理人员工资，属于资本性支出，还是收益性支出？

2. 权责发生制。会计核算的权责发生制基础规定了在什么时点上确认费用，只要属于本期的费用，不论其是否支付，均应作为本期的费用，如预提银行借款利息；对不属于本期的费用，即使款项已经支付，也不应作为本期的费用，如预付三年的房屋租赁费。

3. 配比要求。按照配比要求，为取得当期收入而发生的费用，应当确认为该期的费用。当收入已经实现时，某些资产已被消耗，或已被出售，以及劳务已经提供，这些已被耗用的资产和劳务成本，应当在确认有关取得收入的期间予以确认。

（二）费用的确认标准

在确认费用时，一般应遵循以下三个标准：

1. 按费用与收入的因果关系加以确认。凡与本期收入有因果关系的耗费，都应当确认为本期的费用。如主营业务成本就可以随同本期的收入作为该期的费用。这种因果关系具体表现为以下两方面：一是经济性质上的因果关系，即有所得必有所费；二是时间上的一致性，即收入与费用相配比的过程。

2. 按合理、系统的分摊方式确认。一些资本性支出的资产在多个会计期间提供收益，应由多个会计期间负担费用，费用就应当按合理的分配方式摊入各个会计期间。如固定资产折旧和无形资产摊销等。

3. 直接确认为当期费用。企业发生的有些支出很难明确今后产生收益的情况，而且对它们加以分摊也无意义，如销售费用、管理费用等，就在其发生时直接确认为期间费用。

（三）费用的计量

费用的确认明确了各项支出的归属问题，对于归属于本会计期间的费用，应采用什么标准来计量呢？企业应当按照实际发生额核算成本和费用。采用定额成本、计划成本方法计价核算的，应当合理计算分摊成本差异，月终计算确定成本费用、编制会计报表时调整为实际成本。

三、成本性费用

（一）主营业务成本

主营业务成本是指企业销售商品、提供劳务等经常性活动所发生的成本，它是企业在确认主营业务收入时或月末时，将已销售商品、已提供劳务的成本结转而成的。此处主要介绍已销售商品的制造成本（生产成本）结转过程。

1. 产品生产过程形成制造成本。制造成本主要包括直接材料、直接人工和制造费用。

（1）直接材料，指企业在生产产品和提供劳务过程中消耗的直接用于产品生产并构成产品实体的原料及主要材料、外购半成品、修理用备件、包装物，以及有助于产品形成的辅助材料。

（2）直接人工，是指企业在生产产品和提供劳务过程中，直接从事产品生产的工人工资以及按生产工人工资总额和规定的比例计算提取的福利费等。

（3）制造费用，是指各生产车间（或部门）为产品生产和提供劳务而发生的各项间接费用，包括生产车间（或部门）管理人员职工薪酬、折旧费、办公费、水电费、机物料消耗、劳动保护费、季节性停工损失等。

相关链接：

产品成本核算的要求和一般程序

产品成本核算的过程，就是各种费用要素按经济用途进行分配和归集，最后计入本月各种产品成本，按成本项目反映完工产品和期末在产品成本的过程。其要求和一般程序为：

1. 正确划分各种费用支出的界限。正确核算成本，必须正确划分以下几个方面的费用界限：

（1）划清收益性支出与资本性支出、营业外支出的界限；

（2）划清产品制造成本与期间费用的界限；

（3）划清各种产品之间的费用界限；

（4）划清本期完工产品与期末在产品之间的费用界限。

这四个方面界限的划分，都应遵循受益原则，即谁受益，谁负担，多受益，多负担。

2. 选择适当的产品成本计算方法。企业应根据生产特点和管理要求来选择产品成本计算方法。产品成本计算方法有品种法、分批法和分步法三种基本方法。

3. 成本核算的一般程序。成本核算的一般程序可以概括为以下几个步骤：

（1）对生产经营过程中发生的费用进行确认，确定产品成本的核算范围；

（2）按照各成本计算对象对本期应计入产品成本的各种费用进行归集和分配，计算各种产品生产成本；

（3）将月初在产品与本月生产费用的合计数在本期完工产品与期末在产品之间进行分配，计算出该种完工产品成本；

（4）结转完工产品成本。

企业进行产品成本核算一般应设置“生产成本”和“制造费用”等账户。

- “生产成本”账户。该账户用于核算企业工业性生产所发生的各项生产成本，包括生产各种产品（产成品、自制半成品等）、提供劳务等所发生的各项生产费用。其借方登记企业生产过程中发生的直接材料，直接人工和制造费用，贷方登记生产完成并已验收入库的产品、自制半成品等的实际成本，月末借方余额表示尚未加工完成的在产品成本。该账户可按“基本生产成本”和“辅助生产成本”设置二级账户，“基本生产成本”应按照基本生产车间和成本计算对象进行明细分类核算。
- “制造费用”账户。该账户用于核算企业生产车间为生产产品和提供劳务而发生的各项间接费用。其借方登记企业发生的各项制造费用，贷方登记月末分配转入有关成本计算对象的金额。结转后该账户一般无期末余额。该账户应按不同生产车间（或部门）设置明细账，账内按制造费用的项目分设栏目进行明细核算。

企业发生的各项生产费用，属于直接材料、直接人工等直接费用的，应直接计入生产成本，借记"生产成本"账户，贷记"银行存款""原材料""应付职工薪酬"等账户。其他间接费用先通过"制造费用"账户归集，月终，再按一定的分配标准进行分配，计入各成本核算对象的成本，借记"生产成本"账户，贷记"制造费用"账户。

产品成本核算的详细内容将在"成本会计"课程中专门讲述，此处不再赘述。

2. 产品制造完工入库形成库存商品成本。当产品生产完工，验收入库时，要将汇集的制造成本结转记入"库存商品"账户。

【例 11－13】 万友公司月初 A 产品在产品 100 件，成本 20 000 元；本月投产 1 100 件，发生成本 277 000 元；月末在产品 200 件，确定的成本为 37 000 元；本月完工产品 1 000 件。月末结转本月完工产品成本的账务处理为：

本月完工产品成本＝20 000＋277 000－37 000＝260 000（元）

借：库存商品——产成品（A 产品）　　260 000

　　贷：生产成本——基本生产成本——A 产品　　260 000

3. 商品销售后结转主营业务成本。企业商品（产品）销售后结转形成的主营业务成本，应设置"主营业务成本"账户进行核算。

"主营业务成本"账户核算企业销售商品、提供劳务等主营业务收入应结转的成本。其借方登记本期销售商品、提供劳务等的实际成本，贷方登记销售退回而冲减的成本和期末结转至"本年利润"账户的成本，结转后该账户无余额。该账户可按主营业务的种类进行明细核算。

企业销售商品，通常在平时是根据销货发票等有关会计凭证，进行库存商品的明细分类核算。月份终了，编制"商品销售汇总表"，在汇总出本月已销售商品数量的基础上，按存货发出的计价方法来计算确定本月已销售商品的实际成本，结转时，借记"主营业务成本"账户，贷记"库存商品""发出商品"等账户。

课堂讨论：

结转已销售商品成本，什么情况下是贷记"发出商品"账户的？为什么？

【例 11－14】 万友公司 5 月末，根据"一般商品销售业务商品发出汇总表"（见表 11－3），结转已销售商品实际成本。

表 11－3　　一般商品销售业务商品发出汇总表

××年 5 月 31 日

产品名称	计量单位	数 量	单位成本（元）	总成本（元）
A 产品	件	2 080	260	540 800
B 产品	件	1 200	150	180 000
合计				720 800

借：主营业务成本——A 产品　　540 800
　　　　　　　　——B 产品　　180 000
　　贷：库存商品——产成品（A 产品）　　540 800
　　　　　　　　——产成品（B 产品）　　180 000

（二）其他业务成本

其他业务成本是指企业确认的除主营业务以外的其他经营活动所发生的成本。企业其他业务发生的成本，应设置“其他业务成本”账户进行核算。

“其他业务成本”账户核算企业其他经营活动发生的成本，包括销售材料的成本、出租固定资产的折旧费、出租无形资产的摊销、出租包装物的成本或摊销、提供非工业性劳务的成本等。借方登记其他业务的成本、费用等，贷方登记期末转入“本年利润”账户的金额，结转后该账户无余额。该账户应按其他业务成本的种类进行明细核算。

【例 11-15】 万友公司本月其他经营活动发生的成本及账务处理如下：

- 本月销售原材料一批，售价为 10 000 元，其实际成本为 8 000 元。记：

借：其他业务成本——材料销售　　8 000
　　贷：原材料　　8 000

- 万友公司将一项商标权提供给乙企业使用，每月租金 5 000 元，该商标权每月的摊销额为 3 600 元。结转摊销时，记：

借：其他业务成本——商标权出租　　3 600
　　贷：累计摊销　　3 600

提示：

主营业务收入和其他业务收入构成企业的营业收入；主营业务成本和其他业务成本构成企业的营业成本。

（三）税金及附加

税金及附加，是指企业经营活动（主营业务、其他经营业务）应负担的增值税以外的相关税费，包括消费税、资源税、城市维护建设税、房产税、车船税、土地使用税、印花税、教育费附加、环境保护税等。企业销售商品及其他经营业务应缴纳除增值税外的相关税费，应在确认收入月份的月末，汇总计算结转应交的税费，借记“税金及附加”账户，贷记“应交税费”账户。

【例 11-16】 5 月末，万友公司根据本月商品销售业务实现的营业收入，计算出应交消费税 2 000 元，城市维护建设税 700 元，教育费附加（含地方教育附加）500 元，其账务处理为：

借：税金及附加　　3 200
　　贷：应交税费——应交消费税　　2 000
　　　　　　　　——应交城市维护建设税　　700
　　　　　　　　——应交教育费附加　　500

四、期间费用

（一）期间费用的特点

期间费用，是指不能直接归属于某个特定产品成本的费用。期间费用与产品成本不同，主要有以下特点。

1. 与生产产品的关系不同。期间费用是为生产产品提供正常的条件，与产品生产本身并不直接相关，产品成本则是能够明确与生产产品有关的直接生产费用和间接生产费用，它们直接计入或分配计入产品的成本中去。

2. 与会计期间的关系不同。期间费用只与费用发生的当期有关，不影响或不分摊到以后各期。而产品成本中当期完工验收入库的部分当期转为产成品（存货），未完工部分则结转到下一期继续加工，与前后会计期间都有关系。

3. 与会计报表关系不同。期间费用直接计入当期利润表，抵扣在当期损益之中。而产品成本完工部分转为"库存商品"，已销售产成品的销售成本再转为"主营业务成本"。主营业务成本也直接列入当期利润表，但未销售的产成品成本和未完工的在产品成本都列入资产负债表。期间费用不能提供明确的未来收益，按照谨慎性的核算要求，对期间费用是在发生的当期予以确认，计入当期损益。

（二）期间费用的业务流程

期间费用的业务流程如图 11－4 所示。

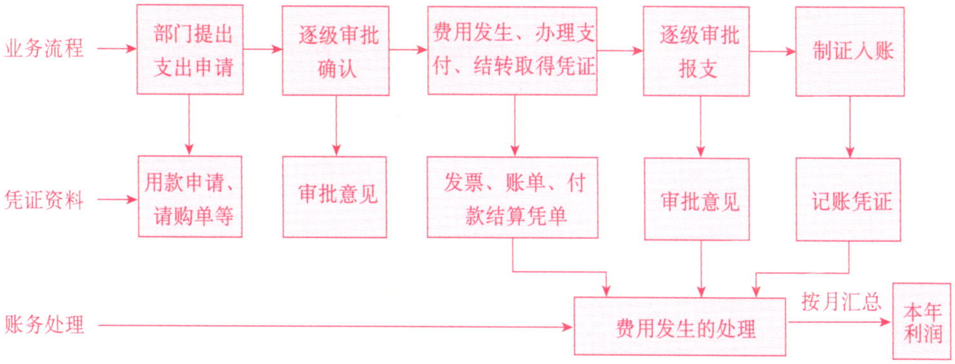

图 11－4 期间费用的业务流程

（三）销售费用

1. 销售费用的内容。**销售费用是指企业在销售商品和材料、提供劳务过程中发生的各项费用**。具体包括：运输费、包装费、装卸费、保险费、展览费、广告费、商品维修费、预计产品质保损失等，以及为销售本企业商品而专设的销售机构（含销售网点、售后服务网点等）的职工薪酬、业务费、折旧费、修理费等经营费用。

提示：

商品流通企业管理费用不多的，可不单独设置"管理费用"账户，其管理费用并入"销售费用"账户进行核算。

2. 销售费用的账务处理。为了核算企业在销售商品过程中发生的各项费用，企业应设置“销售费用”账户。该账户借方登记企业发生的各项费用，贷方登记企业转入“本年利润”账户的销售费用，结转后期末无余额。该账户按费用项目进行明细核算。

【例 11－17】 万友公司 3 月份发生有关销售费用的经济业务如下：

• 以银行存款支付专用发票所列的广告费 50 000 元，增值税 3 000 元；普通发票所列的展览费 7 000 元。账务处理为：

借：销售费用——广告费	50 000	
——展览费	7 000	
应交税费——应交增值税（进项税额）	3 000	
贷：银行存款		60 000

• 结转本月专设销售机构人员的职工薪酬 25 000 元，房屋折旧 6 000 元。

借：销售费用——职工薪酬	25 000	
——折旧费	6 000	
贷：应付职工薪酬		25 000
累计折旧		6 000

（四）管理费用

1. 管理费用的内容。**管理费用是指企业为组织和管理生产经营活动而发生的各项费用。**包括企业在筹建期间发生的开办费、董事会和行政管理部门在经营管理中发生的或应由企业统一负担的公司经费（包括公司行政管理部门的职工薪酬、物料消耗、低值易耗品摊销、办公费和差旅费等）、折旧费、修理费（车间和行政管理部门）、研发费用、董事会费、咨询费（含顾问费）、聘请中介机构经费、诉讼费、业务招待费、技术转让费、无形资产摊销等。

课堂讨论：

（1）管理费用一定是企业厂部（公司总部）发生的费用或支出吗？

（2）管理费用中业务招待费报支有限额控制吗？企业发生超过控制限额的业务招待费应怎样处理？

2. 管理费用的账务处理。为核算企业为组织和管理生产经营所发生的各项管理费用，企业应设置“管理费用”账户。该账户的借方登记企业发生的各项管理费用，月末，将本月发生的管理费用由该账户贷方转入“本年利润”账户，结转后该账户无余额。该账户可按费用项目进行明细核算。

【例 11－18】 万友公司 3 月份发生有关管理费用的经济业务如下：

• 以银行存款支付专用发票所列的环境监测服务费 10 000 元，增值税 600 元；以现金支付普通发票所列招工服务费 800 元。账务处理为：

借：管理费用——公司经费	10 800	
应交税费——应交增值税（进项税额）	600	
贷：银行存款		10 600

库存现金　　800

• 以银行存款向会计师事务所支付专用发票所列的咨询费 20 000 元，增值税 1 200 元。账务处理为：

借：管理费用——咨询费　　20 000
　　应交税费——应交增值税（进项税额）　　1 200
　　贷：银行存款　　21 200

• 结转本月公司行政管理部门领用原材料（辅助材料）的实际成本 2 600 元，费用化的无形资产研发费用 90 000 元。账务处理为：

借：管理费用——公司经费（物料消耗）　　2 600
　　　　　　——研究费用　　90 000
　　贷：原材料——辅助材料　　2 600
　　　　研发支出——费用化支出　　90 000

（五）财务费用

1. 财务费用的内容。**财务费用是指企业为筹集生产经营所需资金等而发生的筹资费用。**包括利息支出（减利息收入）、汇兑损益以及相关的手续费等。

提示：

为购建固定资产的专门借款所发生的借款费用（利息支出、辅助费用等），在固定资产达到预定可使用状态前按规定应予以资本化，计入有关固定资产价值，不包括在本项目范围内。

2. 财务费用的账务处理。为了核算企业在生产经营过程中发生的财务费用，企业应设置“财务费用”账户。该账户的借方登记企业发生的各项财务费用，贷方登记企业发生的应冲减财务费用的利息收入、汇兑收益等。期末，将账户的余额转入“本年利润”账户，结转后该账户无余额。该账户应按费用项目进行明细核算。

【例 11－19】 万友公司 3 月份发生有关财务费用的经济业务如下：

• 以银行存款支付专用发票所列的票据承兑手续费 5 000 元，增值税 300 元。账务处理为：

借：财务费用——手续费　　5 000
　　应交税费——应交增值税（进项税额）　　300
　　贷：银行存款　　5 300

• 接银行通知，转来本期银行存款利息 3 000 元，账务处理为：

借：银行存款　　3 000
　　贷：财务费用——利息收入　　3 000

相关链接：

企业各项费用的构成和结转可以概括如下：

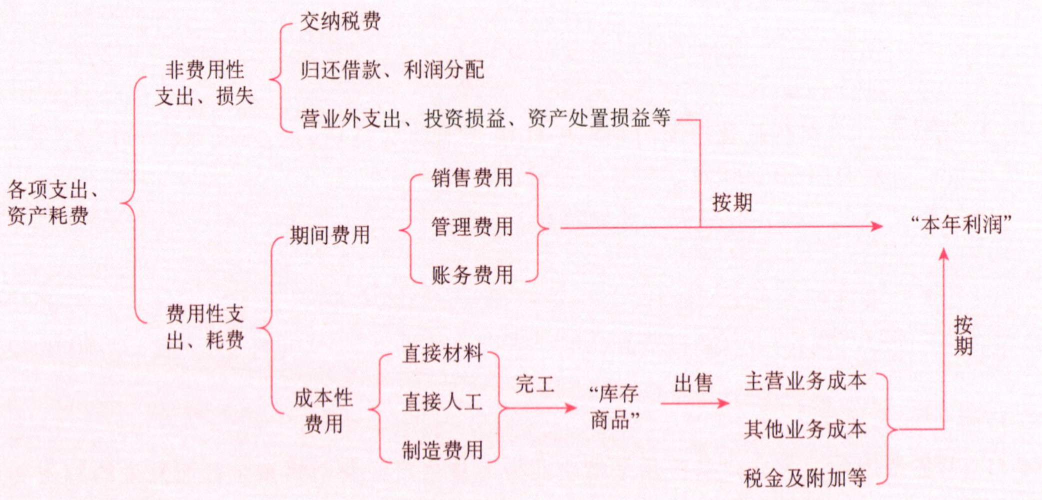

模块三　利润和利润分配的核算

一、利润的构成

利润是指企业在一定会计期间的经营成果。利润包括收入减去费用后的净额、直接计入当期利润的利得和损失等。收入减去费用后的净额是利润的基本来源；直接计入当期利润的利得和损失，是指应当计入当期损益、会导致所有者权益发生增减变动的、与所有者投入资本或者向所有者分配利润无关的利得和损失。

利润取决于收入和费用、直接计入当期利润的利得和损失金额的计量。企业实现利润的大小，是企业生产经营活动的最终财务成果，反映了企业的经济效益。

二、利润形成和分配的业务流程

利润形成和分配的基本业务流程如图 11－5 所示。

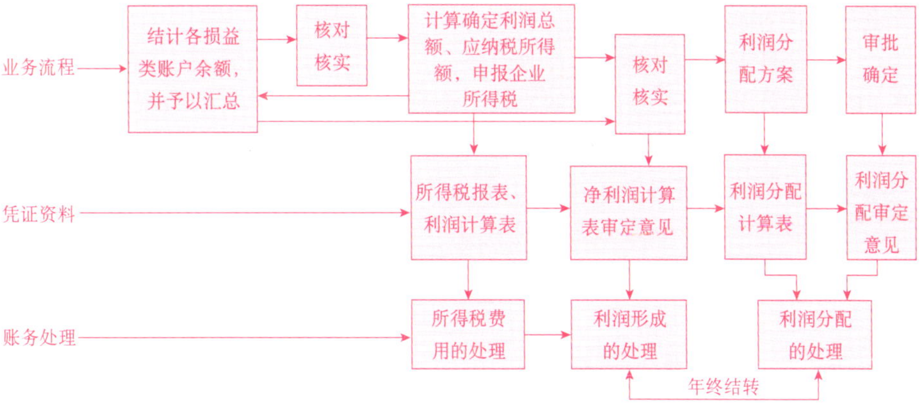

图 11－5 利润形成和分配的业务流程

11.2 虚增利润案例

三、利润的形成

（一）利润总额和净利润的确定

利润的计算步骤和内容如下：

1. 营业利润。营业利润的计算公式为：

营业利润＝营业收入－营业成本－税金及附加－销售费用－管理费用－财务费用－信用减值损失－资产减值损失＋其他收益＋公允价值变动收益（－公允价值变动损失）＋投资收益（－投资损失）＋资产处置收益（－资产处置损失）

其中：营业收入是指企业经营业务所确认的收入总额，包括主营业务收入和其他业务收入。

营业成本是指企业经营业务所发生的实际成本总额，包括主营业务成本和其他业务成本。

信用减值损失是指应收款项预提的坏账准备、债权投资等金融资产预提减值准备所形成的损失。

资产减值损失是指企业计提各项资产减值准备所形成的损失。

其他收益主要是指与企业日常活动相关，除冲减相关成本费用以外的政府补助，如增值税即征即退、按定额扣减的增值税等。

公允价值变动收益（或损失）是指企业交易性金融资产等公允价值变动形成的应计入当期损益的利得（或损失）。

投资收益（或损失）是指企业以各种方式对外投资所取得的收益（或损失）。

资产处置收益（损失）主要是指企业出售非流动资产（金融工具、长期股权投资、投资性房地产除外）确认的利得（或损失）。

2. 利润总额。利润总额的计算公式为：

利润总额＝营业利润＋营业外收入－营业外支出

其中：营业外收入和营业外支出是指企业发生的与其日常活动无直接关系的各项利得和损失。

3. 净利润。净利润的计算公式为：

净利润 = 利润总额 − 所得税费用

其中：所得税费用是指企业确认的应从当期利润总额中扣除的所得税费用。

提示：

（1）利润一般是按会计期间计算确定的。

（2）利润有营业利润、利润总额和净利润之分，体现企业经营成果的是净利润。

（3）利润取决于收入和费用、直接计入当期利润的利得和损失金额的计量。

（二）营业外收入和营业外支出

1. 营业外收入。营业外收入是指企业发生的与其日常活动无直接关系的各项利得。营业外收入主要包括非流动资产毁损报废利得、政府补助、盘盈利得、捐赠利得等。其中：

非流动资产毁损报废利得，是指企业因自然灾害等发生毁损、已丧失使用功能而报废非流动资产，取得的价款收入、残料价值、保险赔款等扣除被毁损报废非流动资产的账面价值、清理费用、相关税费（不含增值税）后的利得。

政府补助，是指与企业日常活动无关的、从政府无偿取得货币性资产或非货币性资产形成的利得。如因企业受到自然灾害造成停工、停产政府给予的补助等。

盘盈利得，是指企业对现金等资产清查盘盈的资产，报经批准后计入营业外收入的金额。

捐赠利得，是指企业接受捐赠产生的利得。企业接受股东代为偿债、债务豁免或捐赠的相关利得应当计入资本公积。

相关链接：

政府补助表现为政府向企业转移资产，通常为货币性资产，也可能为非货币性资产。政府补助的主要形式有：①财政拨款；②财政贴息；③税收返还；④无偿划拨非货币性资产。

政府资本性投入不属于政府补助；税款的直接减征、免征、增加计税抵扣额等也不属于政府补助。

企业取得的政府补助主要分两类：（1）与企业日常活动相关的，计入其他收益或冲减相关成本费用；（2）与企业日常活动无关的列为营业外收入。

企业应设置“营业外收入”账户，核算营业外收入的取得和结转情况。企业取得各项营业外收入时，借记“固定资产清理”“无形资产”“原材料”等账户，贷记“营业外收入”账户。期末，应将该账户余额转入“本年利润”账户，结转后该账户无余额。

“营业外收入”账户可按照营业外收入的项目进行明细核算。

【例 11－20】 万友公司本月发生有关营业外收入的经济业务如下：

- 因购货单位违约，按合同规定，收到罚款 3 000 元存入银行。账务处理为：

借：银行存款　　　　3 000

　　贷：营业外收入——罚没利得　　　　3 000

• 经批准报废一项固定资产，账面原值 190 000 元，累计折旧 180 500 元，取得清理收入 26 500 元（不含增值税，不考虑其他税费），支付清理费用 2 000 元，假定无其他税费。结转此项固定资产清理净收益的账务处理为：

借：固定资产清理　　15 000
　　贷：营业外收入——非流动资产毁损报废利得　　15 000

2. 营业外支出。营业外支出是指企业发生的与其日常活动无直接关系的各项损失。营业外支出主要包括非流动资产毁损报废损失、盘亏损失、罚款支出、公益性捐赠支出、非常损失等。其中：

• 非流动资产毁损报废损失，是指企业因自然灾害等发生毁损、已丧失使用功能而报废非流动资产，取得的价款收入、残料价值、保险赔款等，不足以抵补被毁损报废非流动资产的账面价值、清理费用、相关税费（不含增值税）后的净损失。

• 盘亏损失，主要是指财产清查盘点中盘亏的资产，查明原因并报经批准计入营业外支出的损失。

• 罚款支出，指企业违反税收法规、其他有关行政性法规而支付的各种滞纳金和罚款及违反经济合同等而支付的违约金、赔偿金等支出。

• 公益性捐赠支出，指企业对外公益性捐赠发生的支出。

• 非常损失，指企业对于因客观原因造成的资产损失，如自然灾害等，在扣除保险赔款、残值等后发生的净损失。

企业应设置“营业外支出”账户，核算营业外支出的发生和结转情况。企业发生各项营业外支出时，借记“营业外支出”账户，贷记“固定资产清理”“无形资产”“原材料”“银行存款”等账户。期末，应将该账户期末借方余额转入“本年利润”账户，结转后该账户无余额。

“营业外支出”账户可按照支出的项目进行明细核算。

【例 11－21】 万友公司本月份发生有关营业外支出的经济业务如下：

• 以银行存款通过红十字会向受灾地区捐款 50 000 元，账务处理为：

借：营业外支出——公益性捐赠支出　　50 000
　　贷：银行存款　　50 000

• 经批准，转销库存材料因自然灾害造成毁损的净损失 16 000 元。

借：营业外支出——非常损失　　16 000
　　贷：待处理财产损溢——待处理流动资产损溢　　16 000

（三）投资收益

为了核算企业对外投资取得的收益或发生的损失，企业应设置“投资收益”账户。该账户贷方登记企业取得的对外投资收益，借方登记企业发生的对外投资损失，期末将其余额转入“本年利润”账户，结转该账户后无余额。

（四）利润形成的账务处理

企业应设置“本年利润”账户核算企业本年度实现的净利润（或发生的亏损）。该账户属于所有者权益类账户，其结构如图 11－6 所示。

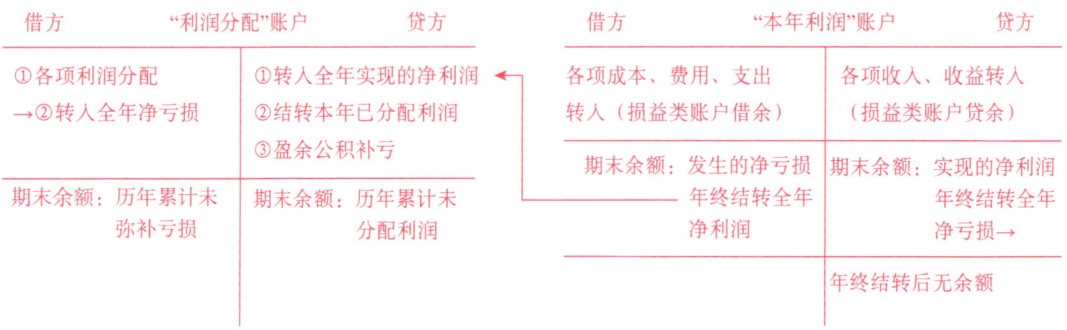

图 11－6 “利润分配”和“本年利润”账户结构

会计期末，结转各项收入、收益时，借记有关损益类账户，贷记“本年利润”账户；结转各项成本费用或支出时，借记“本年利润”账户，贷记有关损益类账户。结转后，“本年利润”账户如为贷方余额，表示企业实现的净利润；为借方余额，则表示企业发生的净亏损。年度终了，企业还应将“本年利润”账户的累计余额转入“利润分配——未分配利润”账户。结转后，“本年利润”账户年末无余额。

【例 11－22】 万友公司 6 月 30 日结账前各损益类账户余额如表 11－4 所示。

表 11－4 单位：元

账户名称	结账前余额	账户名称	结账前余额
主营业务收入	1 000 000（贷）	财务费用	70 000（借）
主营业务成本	540 000（借）	其他业务收入	100 000（贷）
税金及附加	10 000（借）	投资收益	50 000（贷）
其他业务成本	60 000（借）	营业外收入	20 000（贷）
销售费用	90 000（借）	营业外支出	30 000（借）
管理费用	180 000（借）	资产处置损益	10 000（贷）

根据上述资料，采用“账结法”结转各损益类账户，账务处理为：

- 结转各项收入和收益：

借：主营业务收入　1 000 000
　　其他业务收入　100 000
　　投资收益　50 000
　　营业外收入　20 000
　　资产处置损益　10 000
　　贷：本年利润　1 180 000

- 结转各项成本、费用或支出：

借：本年利润　980 000
　　贷：主营业务成本　540 000
　　　　税金及附加　10 000
　　　　销售费用　90 000
　　　　管理费用　180 000

财务费用	70 000
其他业务成本	60 000
营业外支出	30 000

本期利润总额 = 1 180 000 − 980 000 = 200 000（元）

提示：

①本年利润的结转方法有“账结法”和“表结法”两种，上面采用的结算方法是“账结法”。

②【例 11－22】中，营业利润 = 1 000 000 − 540 000 − 10 000 +（100 000 − 60 000）− 90 000 − 180 000 − 70 000 + 50 000 + 10 000 = 210 000（元）

利润总额 = 210 000 + 20 000 − 30 000 = 200 000（元）

四、所得税费用

企业所得税是指对企业经营所得或其他所得征收的一种税。它体现了国家与企业之间的分配关系。经营所得是指企业根据税法规定确认的从事生产经营所得；其他所得是指企业通过非日常经营活动所得，如股利、利息（不含国库券利息）、租金、处置各类资产收益等。

（一）所得税费用的确认和计量

所得税费用是指从企业当期利润总额中扣除的，应计入当期利润表的所得税金额。它是企业在计算确定当期所得税和递延所得税费用的基础上形成的，但不包括直接计入所有者权益的交易或事项的所得税费用。计算公式为：

所得税费用 = 当期应交所得税 + 递延所得税

提示：

（1）计算企业所得税，先应确定应纳税所得额，应纳税所得额 ≠ 利润总额（也称会计利润）。利润总额是确定应纳税所得额的基础。

（2）一般企业所得税税率为 25%，高新技术企业所得税税率为 15%，还有小型微利企业的所得税优惠政策。

1. 当期应交所得税。也称当期所得税，是指当期应纳税所得额和适用税率计算确定的当期应缴纳的所得税，也就是应缴纳给税务机关的所得税额。根据我国现行所得税法规定，企业所得税的基本计算公式为：

当期应交所得税 = 当期应纳税所得额 × 适用税率

由于财务会计与税法的目的和遵循原则的不同，按会计核算方法确定的利润总额与按税法确定的应纳税所得额是不一定相同的。企业应纳税所得额以利润总额为基础计算，所以，在计算确定当期应纳税所得额时，需要在利润总额基础上进行纳税调整，即：

当期应纳税所得额 = 当期利润总额 + 纳税调整增加项目 − 纳税调整减少项目

纳税调整增加项目主要有：（1）超过税法规定标准的列支项目，如超过税法规定标准的捐赠支出、业务招待费、广告费、借款利息等；（2）税法规定不允许税前扣除的项目，如税收滞纳金，违法支付罚款、罚金等；（3）企业自产产品用于对外投资、职工福利的应计税收入。

纳税调整减少项目主要有：（1）国库券利息收益；（2）无形资产研发费用的加计扣

除等。

2. 递延所得税。递延所得税是指按照企业会计准则规定应予确认的递延所得税资产和递延所得税负债在期末应有的金额减去相对于原已确认金额的差额，即递延所得税资产和递延所得税负债的当期发生额。计算公式为：

递延所得税费用 = 递延所得税负债增加额 + 递延所得税资产减少额
= (期末递延所得税负债 - 期初递延所得税负债) + (期初递延所得税资产 - 期末递延所得税资产)

递延所得税收益 = 递延所得税负债减少额 + 递延所得税资产增加额

3. 计税基础。计税基础分为资产的计税基础和负债的计税基础。

(1) 资产的计税基础，是指企业收回资产账面价值过程中，计算应纳税所得额时按照税法规定可以自应税经济利益中抵扣的金额，即某一项资产在未来期间计税时按照税法规定可以税前扣除的金额。基本公式为：

资产的计税基础 = 未来可税前列支的金额

如果某项资产所生产的未来经济利益无须纳税，则资产的计税基础即为账面价值。

通常情况下，资产在取得时其入账价值与计税基础是相同的，后续计量过程中因企业会计准则与税法规定不同，可能产生资产的账面价值与其计税基础的差异。

(2) 负债的计税基础，是指负债的账面价值减去未来期间计算应纳税所得额时按照税法规定可予抵扣的金额。基本公式为：

负债的计税基础 = 负债的账面价值 - 未来期间按税法规定可予税前扣除的金额

4. 暂时性差异。暂时性差异是指资产、负债的账面价值与其计税基础不同产生的差异。

按照暂时性差异对未来期间应税金额的影响，分为应纳税暂时性差异和可抵扣暂时性差异。

(1) 应纳税暂时性差异，是指在确定未来收回资产或清偿负债期间的应纳税所得额时，将导致产生应税金额的暂时性差异。一般情况是资产的账面价值大于其计税基础和负债的账面价值小于其计税基础时产生的差异。在应纳税暂时性差异产生当期，应确认为相关的递延所得税负债。

(2) 可抵扣暂时性差异，是指在确定未来收回资产或清偿负债期间的应纳税所得额时，将导致产生可抵扣金额的暂时性差异。一般情况下是资产的账面价值小于其计税基础和负债的账面价值大于其计税基础时产生的差异。在可抵扣暂时性差异产生当期，应确认为相关的递延所得税资产。

(二) 所得税费用核算的账户设置

企业应设置“所得税费用”“递延所得税资产”“递延所得税负债”等账户进行所得税费用的核算。

1. “所得税费用”账户。该账户核算企业确认的应从当期利润总额中扣除的所得税费用。借方登记企业按照税法规定计算确定的当期应交所得税和发生的递延所得税费用，贷方登记发生的递延所得税收益和期末转入“本年利润”账户的所得税费用。期末结转后该账户无余额。该账户可按“当期所得税费用”和“递延所得税费用”进行明细分类核算。

2. “递延所得税资产”账户。该账户核算企业确认的可抵扣暂时性差异产生的递延所得税资产。借方登记企业确认及增加的递延所得税资产，贷方登记减少的递延所得税资产，期末余额在借方，反映企业确认的递延所得税资产。该账户可按可抵扣暂时性差异等项目进行明细分类核算。

3. “递延所得税负债”账户。该账户核算企业确认的应纳税暂时性差异产生的所得税负债。贷方登记企业确认及增加的递延所得税负债，借方登记减少的递延所得税负债，期末余额在贷方，反映企业确认的递延所得税负债。该账户可按应纳税暂时性差异的项目进行明细分类核算。

（三）所得税费用的账务处理

企业按照税法规定计算确定的当期应交所得税，应借记“所得税费用”（当期所得税费用）账户，贷记“应交税费——应交所得税”账户。根据递延所得税资产的应有余额大于其账面余额的差额，借记“递延所得税资产”账户，贷记“所得税费用（递延所得税费用）”账户；递延所得税资产的应有余额小于其账面余额的差额，作相反的账务处理。递延所得税负债的应有余额大于其账面余额的，按其差额，借记“所得税费用（递延所得税费用）”账户，贷记“递延所得税负债”账户；递延所得税负债的应有余额小于其账面余额的差额，作相反的账务处理。

企业发生的所得税费用，应于期末转入本年利润，借记“本年利润”账户，贷记“所得税费用”账户。

企业以银行存款应纳（或预交）所得税时，应借记“应交税费——应交所得税”账户，贷记“银行存款”账户。

根据税法规定，企业所得税实行分月或分季预缴（预缴申报、预缴纳税），按纳税年度进行汇总结算，并进行全年的汇算清缴。

【例 11－23】 万友公司本年度实现利润总额 300 万元。当年因违反税法而支付罚款和滞纳金 7 万元，投资收益中有国库券利息收入 10 万元，公司以自产商品一批用于职工福利，未计收入为 9 万元（不考虑增值税等相关税费），除上述情况外公司无其他纳税调整项目；公司无递延所得税费用；公司 1—11 月已结转应交所得税 62 万元，实际已预交所得税 60 万元，所得税税率为 25%。公司年终汇算清缴及其账务处理为：

全年应纳税所得额＝3 000 000＋70 000－100 000＋90 000＝3 060 000（元）

全年（当期）应交所得税＝3 060 000×25%＝765 000（元）

• 年终结转应交所得税＝765 000－620 000＝145 000（元）

借：所得税费用——当期所得税费用　　145 000
　　贷：应交税费——应交所得税　　145 000

• 尚未缴纳的所得税＝765 000－600 000＝165 000（元），以银行存款实际缴纳所得税时：

借：应交税费——应交所得税　　165 000
　　贷：银行存款　　165 000

• 年末，将“所得税费用”账户余额转入“本年利润”账户：

借：本年利润　　145 000

贷：所得税费用——当期所得税费用　　145 000

该公司本年度净利润 = 3 000 000 - 765 000 = 2 235 000（元）

【例 11 - 24】 假设万友公司本年度实现利润总额 220 万元。当年因违反国家法规而支付的罚款支出为 11 万元，本年业务招待费实际支出 28 万元，可税前列支的标准为 23 万元，无形资产研发税前列支加计扣除为 8 万元。公司递延所得税资产年初数为 12 万元，年末数为 10 万元；递延所得税负债年初数为 29 万元，年末数为 37 万元。所得税税率为 25%，假定该公司年度内未结算、预缴过所得税。则该公司年终计算确定的所得税费用及其账务处理为：

全年纳税所得额 = 2 200 000 + 110 000 + 50 000 - 80 000 = 2 280 000（元）

当期（全年）应交所得税 = 2 280 000 × 25% = 570 000（元）

递延所得税费用 = (370 000 - 290 000) + (120 000 - 100 000) = 100 000（元）

所得税费用 = 570 000 + 100 000 = 670 000（元）

- 结转当期应交所得税时：

借：所得税费用——当期所得税费用　　570 000

　　贷：应交税费——应交所得税　　570 000

- 结转递延所得税费用时：

借：所得税费用——递延所得税费用　　100 000

　　贷：递延所得税资产　　20 000

　　　　递延所得税负债　　80 000

- 以银行存款缴纳本年所得税时：

借：应交税费——应交所得税　　570 000

　　贷：银行存款　　570 000

相关链接：

根据财税〔2019〕13 号文的规定：2019 年 1 月 1 日至 2021 年 12 月 31 日，小型微利企业年应纳税所得额不超过 100 万元的部分，减按 25% 计入应纳税所得额，按 20% 的税率缴纳企业所得税；对年应纳税所得额超过 100 万元但不超过 300 万元的部分，减按 50% 计入应纳税所得额，按 20% 的税率缴纳企业所得税。

例如，新星公司为小型微利企业，本年度实现利润总额 92 万元，无纳税调整事项。该公司本年度应纳企业所得税为：

92 × 25% × 20% = 4.6（万元）

假定新星公司本年度实现利润总额 260 万元，无纳税调整事项。则其本年度应纳企业所得税为：

100 × 25% × 20% + (260 - 100) × 50% × 20% = 21（万元）

五、利润分配

（一）利润分配的内容和程序

利润分配是指企业实现利润的去向。企业取得的净利润并不是全部拿出来分配给投资者，而是按规定的顺序进行分配。企业实现利润分配内容及顺序为：

1. 弥补以前年度亏损。企业实现利润首先应考虑以前年度亏损的弥补，也就是企业发生的亏损，可以用以后年度实现的利润进行弥补，但连续弥补期不得超过五年，超过五年的用税后利润弥补。

企业**当期实现的净利润**弥补以前年度亏损后，加上年初未分配利润（减去年初未弥补亏损）和其他转入后的余额，为**可供分配的利润**。对此进行以下分配。

2. 提取法定盈余公积。企业应按当期净利润的10%提取法定盈余公积，当法定盈余公积达到注册资本的50%以上时，可以不再提取。

企业可供分配的利润减去提取法定盈余公积后的余额，为可供投资者分配的利润。对此进行以下分配。

3. 提取任意盈余公积。企业提取法定盈余公积后，还可依据需要和可能，按当期按净利润提取一定比例的任意盈余公积。

4. 向投资者分配利润。企业应按公司章程以分配股利或利润的形式向投资者分配利润。

企业可供投资者分配的利润可向投资者分利，也可转增资本。

可供投资者分配的利润减去提取任意盈余公积、向投资者分利和转增资本后的余额为**未分配利润**。未分配利润可留待以后年度进行分配。

提示：

外商投资企业不提取盈余公积，而是提取储备基金、企业发展基金、职工奖励及福利基金。

（二）利润分配的账务处理

企业的利润分配，应设置“利润分配”账户进行核算。该账户属于所有者权益类账户，其结构如图11－6所示。应分别“提取法定盈余公积”“提取任意盈余公积”“应付现金股利或利润”“盈余公积补亏”“转作股本的利润”和“未分配利润”等进行明细分类核算。

企业按规定提取盈余公积时，借记“利润分配”账户，贷记“盈余公积”账户；向投资者分配股利时，借记“利润分配”账户，贷记“应付股利”账户；用盈余公积弥补亏损时，借记“盈余公积”账户，贷记“利润分配”账户。

年度终了，企业应将本年实现的净利润或净亏损，自“本年利润”账户转入“利润分配——未分配利润”账户；同时，将除“未分配利润”以外的“利润分配”账户所属其他明细账户余额，转入“未分配利润”明细账户。结转后，除“未分配利润”外的其他明细账户均无余额。

【例11－25】 万友公司年初“利润分配——未分配利润”账户的余额为50万元（贷方），本年实现净利润230万元，利润分配及年终结转的资料及账务处理为：

- 按本年净利润的10%提取法定盈余公积金23万元：

借：利润分配——提取法定盈余公积	230 000	
贷：盈余公积——法定盈余公积		230 000

- 按本年净利润的20%提取任意盈余公积46万元：

借：利润分配——提取任意盈余公积	460 000	
贷：盈余公积——任意盈余公积		460 000

• 公司决定向投资者分配利润 120 万元：

借：利润分配——应付现金股利或利润　　1 200 000
　　贷：应付股利　　1 200 000

• 将本年净利润 230 万元转入“利润分配——未分配利润”账户：

借：本年利润　　2 300 000
　　贷：利润分配——未分配利润　　2 300 000

• 结转已分配利润，将“利润分配”有关明细账户的余额，转入“利润分配——未分配利润”账户：

借：利润分配——未分配利润　　1 890 000
　　贷：利润分配——提取法定盈余公积　　230 000
　　　　　　　　——提取任意盈余公积　　460 000
　　　　　　　　——应付现金股利或利润　　1 200 000

根据【例 11－25】的资料及有关账务处理，“本年利润”和“利润分配”账户的结转关系及其余额列示如图 11－7 所示。

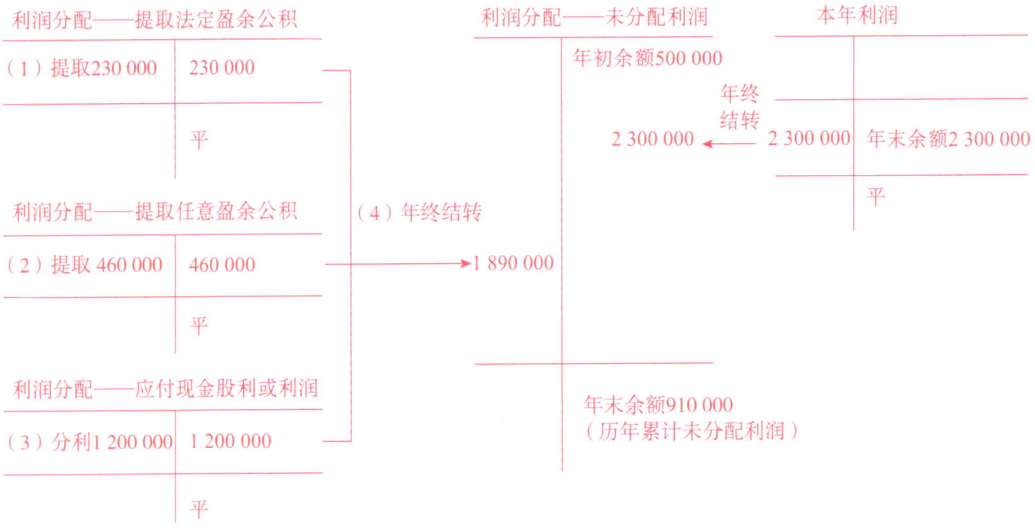

图 11－7　“本年利润”和“利润分配”的年终结转

由上述可见，年终结转后“本年利润”账户和“利润分配”账户除“未分配利润”明细账户外各明细账户均无余额；“利润分配——未分配利润”账户期末贷方余额为历年累计未分配利润（借方余额则为历年累计未弥补亏损），体现在资产负债表“未分配利润”项目。

提示：

企业的利润弥补以前年度亏损，不必进行账务处理，账户上会自动平衡。例如，大华公司上年度发生亏损 5 万元，本年实现利润 4 万元，按规定本年实现的 4 万元利润全部用于弥补亏损（所得税前），当年利润弥补以前年度不必进行账务处理，年终“本年利润”结转后会自动平衡：

项目小结

本项目涉及收入、费用和利润三大内容，主要知识点如表 11－5 所示。

表 11－5

收入 **（定义、四个特征）** **分为：主营业务收入** **其他业务收入**	收入计量和确认	收入确认的原则（三要素）、前提条件（五项前提）、收入确认和计量的步骤（五大步）	
	核算账户设置	“主营业务收入”“其他业务收入”“发出商品”“合同取得成本”“合同履约成本”“合同负债”“合同资产”等账户	
	履行履约义务确认收入	在某一时点履约确认收入	取得商品控制权的判断主要账务处理
		在某一时段内履约确认收入	收入确认：产出法和投入法基本账务处理
	合同成本	合同取得成本	含义、内容和账务处理
		合同履约成本	含义、内容和账务处理
费　用	成本性费用	主营业务成本、其他业务成本、税金及附加	
	期间费用	销售费用、管理费用、财务费用	
利　润	利润形成	利润总额计算、结转账务处理	
		所得税费用、当期所得税、递延所得税	
	利润分配	内容和顺序：弥补以前年度亏损、提取法定盈余公积、提取任意盈余公积、向投资者分配利润等	
		年终结转：两步，“本年利润”账户和“利润分配”账户	

小企业收入、费用、
利润核算的主要不同点

所得税费用
计算举例

项目十二
财务会计报告的编制

学习目标：

1. 知识目标：

☐ 了解现金流量表的编制基础、基本结构和编制方法；

☐ 了解所有者权益变动表的结构和编制方法；

☐ 了解财务报表附注的主要内容和作用；

☐ 理解资产负债表、利润表的作用和结构；

☐ 掌握资产负债表、利润表的编制原理和方法。

2. 能力目标：

☐ 能根据所提供的会计账簿编制资产负债表、利润表；

☐ 能对资产负债表、利润表进行简单的分析。

3. 素养目标：

☐ 增强法制观念，培养诚实守信的职业道德；

☐ 树立正确的职业理想，培养严谨细致的工作作风。

何志平投资股市已有一段时间。一天午间休市期间，他在证券公司的大户室遇见一位先生在仔细查阅“平安银行”的中期财务报告，并告诉他查阅研究上市公司的财务会计报告、审计报告对选股很有帮助。比如，通过资产、负债的构成，了解公司偿债能力；通过利润表，了解每股收益；每股收益高的同时还要看现金流量情况，才能判断是否有派发现金股利的可能；资本公积占股本权益比例大有送股的可能；利用前后期报表比较，可以分析公司发展趋势，等等。很多名词他还是第一次听到，原来炒股还有这么多学问。小何赶紧去书店买了不少财务会计报告编制和分析方面的书籍，如饥似渴地看了起来，没有基础，实在难以理解，又去夜校上了补习班……几年后，何志平成了本市颇有名气的股市高手。

财务会计报告对证券投资者是很有用的，那么财务会计报告还有哪些作用？企业财务会计报告是怎样编制出来的？这些就是本项目所要解决的问题。

财务会计报告编制的内容如图 12－1 所示。

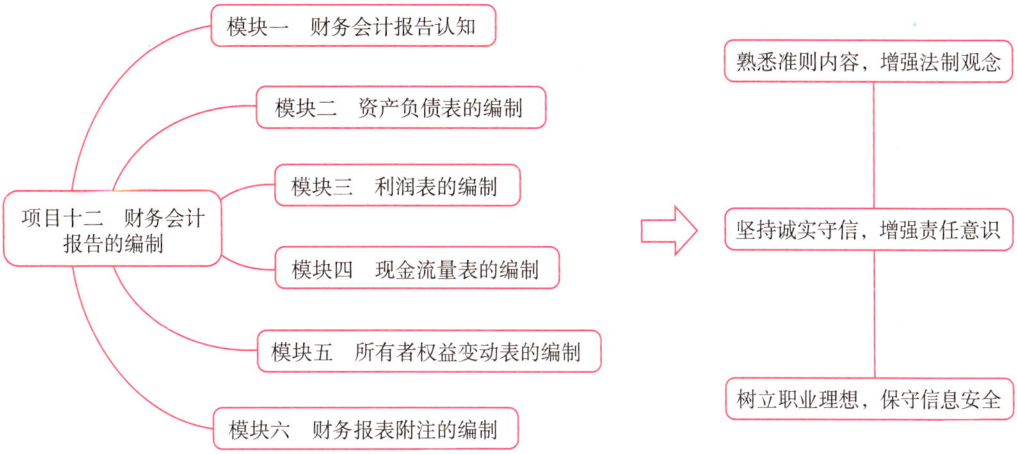

图 12－1　财务会计报告的编制

模块一　财务会计报告认知

一、财务会计报告的概念和作用

财务会计报告，是指企业对外提供的反映企业某一特定日期财务状况和某一会计期间经营成果、现金流量的文件。

编制财务会计报告主要是为了满足企业现在和潜在的投资者、债权人、政府以及其他使用者对会计信息的需求，帮助他们对企业的财务状况和经营成果进行合理的评价，以便作出正确决策。财务报告的主要作用有以下几个方面：

（一）为投资者和债权人进行决策提供依据

随着市场经济的日益完善，企业的投资、筹资活动日益增加。企业现在和潜在的投资者、债权人通过阅读和分析财务会计报告，可以了解企业的短期和长期偿债能力，了解其债权保障、获利能力、投资报酬和利润分配政策，了解企业经营活动范围及发展趋势，据此作出投资、融资、信贷等决策。

（二）为企业加强和改善经营管理提供信息资料

企业经营管理者通过阅读分析财务会计报告，可以系统全面地了解企业的经营活动、经营成果、财务状况，并能及时发现经营管理中存在的问题和薄弱环节，以便迅速采取改进措施，加强经营管理，不断提高经济效益。

（三）有助于国家经济管理部门进行宏观调控和管理

国家政府部门利用企业报送的财务会计报告，可以检查监督企业财经纪律执行情况和财务管理情况；税务部门利用企业报送的财务会计报告，可以了解企业有关税法的执行和税收缴纳情况；国家宏观经济管理部门通过对企业财务会计报告的资料汇总，分析宏观经济的运行情况、社会资源配置情况，评价各项经济政策制定的科学性，为政府进行宏观管理和调控提供决策依据。

二、财务会计报告的构成

财务会计报告包括财务报表和其他应当在财务报告中披露的相关信息和资料两大部分。财务会计报告的基本构成内如图 12－2 所示。

12.1　财务报表知多少

- 财务会计报告
  - 财务报表（“四表一注”）
    - 资产负债表——静态报表
    - 利润表——动态报表
    - 现金流量表——动态报表
    - 所有者权益变动表——动态报表
    - 报表附注
  - 其他应当在财务报告中披露的相关信息和资料

图 12－2　财务会计报告的构成

（一）财务报表

财务报表，是对企业财务状况、经营成果和现金流量的结构性表述。财务报表主要根据账簿记录，按照固定格式和项目口径定期编制报列，它是财务会计报告的主体和核心。一套完整的财务报表至少应当包括“四表一注”，即资产负债表、利润表、现金流量表、所有者权益变动表和报表附注，并且这些组成部分在列报上具有同等的重要程度。

财务报表由会计报表和报表附注两部分构成。会计报表是以表格的形式向企业及企业外部传递会计信息，它是财务报表的主体；报表附注是财务报表的补充或说明，是对会计报表中列示项目的文字描述或明细资料，以及对未能在这些报表中列示项目的说明等。财务报表可以根据需要，按照不同的标准进行分类，其分类的具体情况如下：

1. 按照编报的时间分类，可分为月报、季报、半年报和年报；前面三者也统称为中期财务报表（报告）。
2. 按照反映的内容分类，可分为资产负债表、利润表、现金流量表和所有者权益变动表。
3. 按照反映财务活动的方式的不同分类，可分为静态报表和动态报表。
4. 按照编报单位分类，可分为单位财务报表和汇总财务报表。
5. 按照编制主体分类，可分为个别财务报表和合并财务报表。

（二）其他应当在财务报告中披露的相关信息和资料

财务会计报告的核心内容是财务报表，但是除了财务报表之外，财务报告还应当包括其他相关信息，具体可以根据有关法律法规的规定和外部使用者的信息需求而定。如企业所承担的社会责任、对社会的贡献、可持续发展能力等信息，尽管属于非财务信息，无法包括在财务报表中，但它们对于使用者的决策是相关的，如果有规定或者使用者有需求，企业就应当在财务报告中予以披露，有时企业也可以自愿在财务报告中披露相关信息。

三、财务会计报告编制的业务流程

财务报告编制的基本业务流程可以用图 12－3 加以概括。

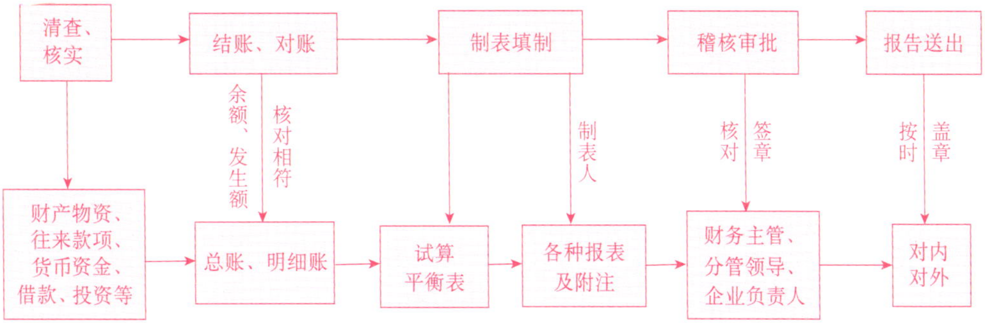

图 12－3　财务报告编制业务流程

四、财务会计报告的编制要求

为了充分发挥财务会计报告的作用，保证财务会计报告所提供的信息能够满足有关各方的需要，企业编制财务会计报告应符合以下基本要求：

12.2　瑞幸咖啡财务造假事件引关注，中国官方发文谴责

（一）内容完整

财务会计报告作为会计核算工作的结果，必须全面反映企业经营活动的全貌。只有提供完整的会计信息，才能满足不同的报表使用者对财务信息的需要。企业在编制财务会计报告时必须按照统一规定的种类编报；对各报表中规定的表内项目和表外补充资料，都必须全部完整填列，不得漏列和任意取舍；对企业的某些重要会计事项，应在报表附注中加以说明；企业对外报送的财务会计报告，应当依次编定页码，加具封面，装订成册，加盖公章。封面上应注明：单位名称，单位地址，财务会计报告所属年度、季度、月度，送出日期，并由单位负责人、主管会计工作的负责人、会计机构负责人（或会计主管人员）签名并盖章；设置总会计师的单位，还须由总会计师签名并盖章。单位负责人对财务会计报告的完整性、真实性负法律责任。

（二）数字真实

财务会计报告作为一个信息系统，其数字必须真实反映企业的经营状况，便于使用者据此作出判断、决策。如果财务会计报告提供的信息不真实，则会导致报表使用者对企业的经营情况作出错误的判断，从而造成经济损失。数字真实是财务会计报告发挥作用的前提条件。因此，编制财务会计报告必须以核对无误的账簿记录、资料为依据，不得任意估计、弄

虚作假、篡改伪造数字。为了保证财务会计报告的真实可靠，在编制前要进行财产清查，认真做好对账和结账工作；编制过程中各个指标数字的计算要仔细认真，严防差错的发生；编制结束后要加强表与表、表与账的核对工作，一旦发现不符，应及时查明原因，加以改正。

（三）计算准确

财务会计报告上的各项指标都是反映企业财务状况和经营活动的有关信息。财务会计报告的使用者根据报表的有关项目提供的数据，对编报单位的经营状况作出判断，以便制定投资、信贷决策和进行经营管理的评价。因此，编制财务会计报告时必须根据有关资料正确分析其反映的经济内容，做到计算填列准确。财务报表中各项目的数字必须正确计算、填列；财务报表之间和财务报表各项目之间，凡有对应关系的数据，应当相互一致；财务报表本期与上期的有关数字，应当相互衔接；财务报表中的小计、合计和总计必须计算核对准确，避免出现差错。

（四）编报及时

财务会计报告提供的信息同样具有时效性。财务会计报告使用者通过会计报表及时掌握编报企业的变化情况，及时作出决策。编报不及时的财务会计报告，即使其质量再高，也没有多大使用价值。因此，企业必须在规定的期限编送各期的财务会计报告，不得拖延，以便报表阅读者及时了解情况，发现问题，作出决策。

提示：

按现行规定，企业各类财务会计报告对外提供的时间要求是：月报，月度终了后6天（节假日顺延，下同）内；季报，季度终了后15天内；半年报，年度中期结束后60天内；年报，年度终了后4月内。

模块二　资产负债表的编制

一、资产负债表的概念和作用

资产负债表是反映企业在某一特定日期财务状况的财务报表。由于它反映的是某一时点的财务状况，所以，又称为静态报表。它是根据“资产＝负债＋所有者权益”这一会计等式，按照一定的分类标准和顺序，把企业在一定日期的资产、负债、所有者权益等项目予以适当排列，集中反映企业在该特定日期所拥有或控制的经济资源及其分布情况，所承担的经济义务和所有者权益总额及其结构。资产负债表是企业的主要财务报表之一。

资产负债表的作用，主要体现在以下几个方面：

1. 可以提供某一日期资产总额及其结构，表明企业拥有资源及其分布情况，是分析企业生产经营能力的重要资料。

2. 反映某一日期的负债总额以及结构，表明企业未来需要用多少资产或劳务清偿债务以及清偿时间。

3. 反映所有者拥有的权益的情况，表明投资者在企业资产中所占的份额，了解权益的结构情况，并据以判断资本保值增值的情况以及对负债的保障程度。

4. 可以提供进行财务分析的基本资料，通过资产负债表可以分析计算流动比率、速动比率等指标，以了解企业的变现能力、偿债能力和资金周转状况等，从而便于财务报表使用者作出正确的经营决策。

二、资产负债表的结构

资产负债表包括表首、表体两部分。

1. 表首：是表头部分，包括报表名称、编制单位、编制日期、报表编号、金额单位等。

2. 表体：是资产负债表的主体，列示用以说明企业财务状况的各个项目。资产负债表是左右结构，左方列示企业拥有的全部资产项目，右方列示企业的负债和所有者权益项目，根据会计等式的基本原理，左方的资产总额等于右方的负债加所有者权益总额。资产负债表左方资产各项目的前后顺序是按其流动性排列的，右方负债各项目按其到期日的远近顺序排列，所有者权益各项目按照永续性递减顺序排列。资产负债表的基本结构见表 12－3。

三、资产负债表的编制方法

资产负债表各项目均应包括上年年末余额和期末余额。资产负债表中的“上年年末余额”栏内各项数字，应根据上年末资产负债表“期末余额”栏内所列数字填列；若本年度资产负债表规定的各项目名称和内容与上年不一致，则应对上年末资产负债表各项目的名称和数字，按照本年度的规定进行调整，填入本年度资产负债表的“上年年末余额”栏中。资产负债表中的“期末余额”栏内各项目的编制方法如下：

（一）根据总分类账户期末余额直接填列

可以根据相应账户的期末余额直接填列的有：资产方的“其他权益工具投资”“研发支出（开发支出）”“商誉”“长期待摊费用”“递延所得税资产”等项目；负债及所有者权益方的“短期借款”“应付票据”“应付职工薪酬”（一般情况）“持有待售负债”“应交税费”（一般情况）、“交易性金融负债”“预计负债”“递延收益”“递延所得税负债”“实收资本（或股本）”“其他权益工具”“资本公积”“其他综合收益”“盈余公积”等项目。

（二）根据若干个总分类账户期末余额计算填列

此类项目主要有以下几项，见图 12－4。

"货币资金"项目 → ("库存现金" + "银行存款" + "其他货币资金")账户期末余额之和

"存货"项目 →
- "材料采购"(或"在途物资")账户期末余额(借方)→ 在途存货
- "原材料"、"周转材料" 账户期末余额(借方)±"材料成本差异"账户期末余额(借方或贷方)→ 库存存货
- "库存商品"、"发出商品" 账户期末余额(借方)-"商品进销差价"账户期末余额(贷方)→ 库存存货
- "消耗性生物资产"→ 账户期末借方余额 → 特殊存货
- "生产成本"、"委托加工物资" 账户期末借方余额 → 在加工中存货
- "合同履约成本"账户期末借方余额中不超一年的部分-已计提的减值准备

之和减去"存货跌价准备"期末余额(贷方)

"其他应付款"项目 → ("其他应付款" + "应付股利" + "应付利息")账户期末余额之和(贷方)

"长期应收款"项目 → "长期应收款"账户期末余额(借方)-"未实现融资收益"账户期末余额(贷方)-"长期应收款"已计提的坏账准备

"长期应付款"项目 → ("长期应付款" + "专项应付款")账户期末余额(贷方)-"未确认融资费用"账户期末余额(借方)-一年内到期的长期应付款

"未分配利润"项目 →
- 年末 → "利润分配——未分配利润"账户期末余额
- 平时(1—11月)→ "本年利润"账户期末余额 ±"利润分配"账户期末余额

未弥补亏损以"-"表示

图 12-4 根据若干个总分类账户期末余额计算填列的项目

(三)根据总分类账户期末余额和明细分类账户期末余额分析计算填列

此类项目主要有以下几项,见图 12-5。

"债权投资"项目 → "债权投资"账户期末借方余额-"一年内到期的债权投资"(列流动资产)-"债权投资减值准备"账户期末贷方余额

"其他债权投资"项目 → "其他债权投资"账户期末借方余额-"一年内到期的其他债权投资"(列流动资产)

"长期借款"项目 → "长期借款"账户期末贷方余额
"应付债券"项目 → "应付债券"账户期末贷方余额
-"一年内到期的金额"(列流动负债)

"租赁负债"项目 → "租赁负债"账户期末贷方余额 -"一年内应予清偿的租赁负债"(列流动负债)

(注:类似的还有"长期应收款""长期应付款"项目,但不包括"长期待摊费用"项目)

图 12-5 根据总分类账户期末余额和明细分类账户期末余额分析计算填列的项目

(四)根据有关资产账户期末余额与其备抵账户期末余额计算填列

此类项目主要有以下几项,见图 12-6。

“应收票据”项目 → “应收票据”账户期末借方余额；减去“坏账准备”账户已计提的相关坏账准备 之差

“其他应收款”项目 → “其他应收款”+“应收股利”+“应收利息”账户期末借方余额合计；减去“坏账准备”账户已计提的相关坏账准备 之差

“固定资产”项目 → “固定资产”账户期末借方余额 ± “固定资产清理”账户期末余额；减去 “累计折旧”账户期末贷方余额、“固定资产减值准备”账户期末贷方余额 之差

“无形资产”项目 → “无形资产”账户期末借方余额；减去 “累计摊销”账户期末贷方余额、“无形资产减值准备”账户期末贷方余额 之差

- “使用权资产”项目 → “使用权资产”账户期末借方余额-“使用权资产累计折旧”账户期末贷方余额
- “长期股权投资”项目 → “长期股权投资”账户期末借方余额
- “在建工程”项目 → “在建工程”+“工程物资”账户期末借方余额
- “持有待售资产”项目 → “持有待售资产”账户期末借方余额
- “投资性房地产”项目 → “投资性房地产”账户期末借方余额 -“投资性房地产累计折旧”账户期末贷方余额

以上分别减去已计提的相关资产减值准备

图 12-6 根据有关资产账户期末余额与其备抵账户期末余额计算填列的项目

（五）根据有关明细账户期末余额计算填列

此类项目主要有以下几项，见图 12-7。

“交易性金融资产”项目 → “交易性金融资产”账户期末借方余额-该账户中超过一年到期且持有超过一年的非流动金融资产

资产：
- “应收账款”项目 → （“应收账款”+“预收账款”）账户有关明细账户期末借方余额合计；减去“坏账准备”账户已计提的相关坏账准备
- “预付账款”项目 → （“预付账款”+“应付账款”）账户有关明细账户期末借方余额合计

负债：
- “应付账款”项目 → （“应付账款”+“预付账款”）账户有关明细账户期末贷方余额合计
- “预收账款”项目 → （“预收账款”+“应收账款”）账户有关明细账户期末贷方余额合计

（注：类似的还有“应交税费”“应付职工薪酬”等项目。）

图 12-7 根据有关明细账户期末余额计算填列的项目

提示：

（1）“一年内到期的非流动资产”项目主要包括：“一年内到期的债权投资”“一年内到期的长期应收款”等。

（2）“一年内到期的非流动负债”项目主要包括：“一年内到期的长期借款”“一年内应予清偿的租赁负债”“一年内到期的长期应付款”等。

（3）“应付职工薪酬”项目应根据“应付职工薪酬”账户有关明细账户的期末余额分析填列。其中辞退福利中将于以后会计年度支付的部分，离职后福利中的设定受益计划和净负债等，应在“其他非流动负债”项目列示。

（4）“应交税费”项目的填列应区别情况（区分资产与负债分别列示）处理：

①“应交税费”账户下“未交增值税”“简易计税”“代扣代交增值税”等明细账户的期末贷方余额，应在“应交税费”项目列示。

②“应交税费”账户下“应交增值税”“未交增值税”“待抵扣进项税额”“待认证进项税额”“增值税留抵税额”等明细账户的期末借方余额，应根据情况，在“其他流动资产”（未超过一年的）或“其他非流动资产”（超过一年的）项目列示。

③“应交税费——待转销项税额”等账户期末贷方余额。应根据情况，在负债方“其他流动负债”（未超过一年的）或“其他非流动负债”（超过一年的）项目列示。

【例 12－1】 万友公司 20××年 12 月 31 日编制资产负债表的有关资料如下：

（1）总分类账户的期末余额见表 12－1。

表 12－1　　**总分类账户期末余额表**　　单位：元

账　户	借方余额	账　户	贷方余额
库存现金	1 000	短期借款	907 200
银行存款	1 955 944	应付票据	405 216
其他货币资金	704 000	应付账款	944 084
交易性金融资产	76 032	预收账款	－810 000（借方）
应收票据	108 000	应付职工薪酬	507 294
应收账款	899 316	应交税费（未交增值税、未交企业所得税）	399 888（贷方）
坏账准备（应收账款）	－9 450（贷方）	应付股利	1 423 998
预付账款	－340 000（贷方）	其他应付款	246 312
应收利息	33 000	长期借款	2 913 136
应收股利	240 060	长期应付款	699 000
其他应收款	684 684	实收资本	7 200 000
材料采购	150 000	资本公积	1 523 916
原材料	4 048 000	盈余公积	2 632 902
周转材料	520 794	利润分配——未分配利润	380 988
材料成本差异	－48 000（贷方）	其他综合收益	504 858
生产成本	234 560		
库存商品	570 400		

续表

账　户	借方余额	账　户	贷方余额
债权投资	1 468 800		
长期应收款	647 000		
固定资产	11 783 340		
累计折旧	-6 369 318（贷方）		
固定资产清理	412 344		
在建工程	1 307 502		
无形资产	367 910		
累计摊销	-114 326（贷方）		
长期待摊费用	547 200		
合　计	19 878 792	合　计	19 878 792

（2）有关明细账户的期末余额见表 12-2。

表 12-2　　有关明细账户期末余额　　单位：元

账　户	借或贷	金额	账　户	借或贷	金额
应收账款	借	899 316	应付账款	贷	944 084
——A 公司	贷	100 684	——丙公司	贷	1 001 160
——B 公司	借	1 000 000	——丁公司	借	57 076
预付账款	贷	340 000	预收账款	借	810 000
——甲公司	贷	540 000	——C 公司	贷	80 000
——乙公司	借	200 000	——D 公司	借	890 000

（3）其他有关资料如下：①债权投资中一年内到期债券投资为 54 000 元；②一年内到期归还的长期借款 25 万元；③一年内到期应归还的长期应付款 20 万元；④交易性金融资产账户余额均未超过一年。

根据上述资料，编制万友公司年末资产负债表，见表 12-3。

表 12-3　　资 产 负 债 表　　会企 01 表

编制单位：万友公司　　20××年 12 月 31 日　　单位：元

资　产	上年年末余额	期末余额	负债和所有者权益（或股东权益）	上年年末余额	期末余额
流动资产：			**流动负债：**		
货币资金	1 737 938	2 660 944	短期借款	642 600	907 200
交易性金融资产	83 916	76 032	交易性金融负债		
衍生金融资产			衍生金融负债		
应收票据	60 000	108 000	应付票据	212 000	405 216
应收账款	1 785 450	1 880 550	应付账款	1 507 702	1 541 160

续表

资　产	上年年末余额	期末余额	负债和所有者权益（或股东权益）	上年年末余额	期末余额
应收款项融资			预收款项	146 268	180 684
预付款项	382 914	257 076	合同负债		
其他应收款	589 662	957 744	应付职工薪酬	824 441	507 294
存货	5 883 282	5 475 754	应交税费	545 544	399 888
合同资产			其他应付款	1 801 332	1 670 310
持有待售资产			持有待售负债		
一年内到期的非流动资产		54 000	一年内到期的非流动负债	450 000	450 000
其他流动资产			其他流动负债		
流动资产合计	10 523 162	11 470 100	**流动负债合计**	6 129 887	6 061 752
非流动资产：			**非流动负债：**		
债权投资	1 049 850	1 414 800	长期借款	3 272 400	2 663 136
其他债权投资			应付债券		
长期应收款		647 000	其中：优先股		
长期股权投资			永续债		
其他权益工具投资			租赁负债		
其他非流动金融资产			长期应付款	607 000	499 000
投资性房地产			预计负债		
固定资产	6 395 726	5 826 366	递延收益		
在建工程	1 253 214	1 307 502	递延所得税负债		
生产性生物资产			其他非流动负债		
油气资产			非流动负债合计	3 879 400	3 162 136
使用权资产			**负债合计**	10 009 287	9 223 888
无形资产	324 612	253 584	**所有者权益（或股东权益）：**		
开发支出			实收资本（或股本）	7 200 000	7 200 000
商誉			其他权益工具		
长期待摊费用	616 500	547 200	其中：优先股		
递延所得税资产			永续债		
其他非流动资产			资本公积	654 187	1 523 916
非流动资产合计	9 639 902	9 996 452	减：库存股		
			其他综合收益		504 858
			专项储备		
			盈余公积	2 186 154	2 632 902
			未分配利润	113 436	380 988
			所有者权益（或股东权益）合计	10 153 777	12 242 664
资产总计	20 163 064	21 466 552	**负债和所有者权益（或股东权益）总计**	20 163 064	21 466 552

资产负债表编制有关分析计算填列项目的计算如下：

（1）货币资金：1 000 + 1 955 944 + 704 000 = 2 660 944（元）

（2）应收账款：1 000 000 + 890 000 − 9 450 = 1 880 550（元）

（3）预付款项：200 000 + 57 076 = 257 076（元）

（4）其他应收款：33 000 + 240 060 + 684 684 = 957 744（元）

（5）存货：150 000 + 4 048 000 + 520 794 − 48 000 + 234 560 + 570 400 = 5 475 754（元）

（6）债权投资：1 468 800 − 54 000 = 1 414 800（元）

（7）一年内到期的非流动资产：54 000 元

（8）固定资产：（11 783 340 − 6 369 318）+ 412 344 = 5 826 366（元）

（9）无形资产：367 910 − 114 326 = 253 584（元）

（10）应付账款：1 001 160 + 540 000 = 1 541 160（元）

（11）预收款项：80 000 + 100 684 = 180 684（元）

（12）其他应付款：1 423 998 + 246 312 = 1 670 310（元）

（13）一年内到期的非流动负债：250 000 + 200 000 = 450 000（元）

（14）长期借款：2 913 136 − 250 000 = 2 663 136（元）

（15）长期应付款：699 000 − 200 000 = 499 000（元）

12.3 资产负债表的阅读与分析

课堂讨论：

你从上述万友公司资产负债表中了解到哪些信息？请对该企业的财务状况作一基本评价。

模块三　利润表的编制

一、利润表的概念和作用

12.4 利润表的分析

利润表是反映企业在一定时期经营成果的财务报表。它是一张动态报表，主要依据会计的收入实现原则和配比原则编制，即把一定时期的营业收入与同一会计期间的相关成本、费用进行配比，以计算确定企业一定时期实现的净利润或发生的亏损。利润表的作用主要体现在以下几个方面：

1. 据以评价和考核企业的经营业绩。
2. 据以分析和评价企业的经营成果和获利能力。
3. 据以分析和预测企业未来的现金流量。
4. 有助于企业管理者进行经营决策。

二、利润表的结构

利润表一般由表首、表体两部分组成。

1. 表首：是表头部分，包括报表名称、编制单位、编制日期、报表编号、金额单位等。

2. 表体：是利润表的主体，反映形成经营成果的各个项目和计算过程。

利润表采用多步式。即通过对当期的收入、费用、支出项目按性质加以归类，按利润形成的主要环节列示一些中间性利润指标，如营业利润、利润总额、净利润，分步计算当期净损益。同时，每个项目通常又分为“本期金额”和“上期金额”两栏分别填列。

利润表的基本结构见表 12－5。利润表的项目排列顺序实际上反映了净利润形成的过程，具体分为四个步骤：第一步，计算营业利润；第二步，计算利润总额；第三步，计算净利润（或净亏损）；第四步，计算综合收益总额。

三、利润表的编制方法

（一）“本期金额”栏的填列方法

由于利润表是动态财务报表，因而它的填列除“基本每股收益”和“稀释每股收益”项目外，主要是依据各损益类账户的本期发生数。一般而言，各收入类项目应根据相应的收入类账户的本期贷方发生额分析计算填列，各费用类项目则应根据相应的费用类账户的本期借方发生额分析计算填列。如“营业收入”项目，应根据“主营业务收入”和“主营业务成本”账户的发生额分析计算填列；“营业成本”项目应根据“主营业务成本”和“其他业务成本”账户的发生额分析计算填列。

（二）“上期金额”栏的填列方法

利润表“上期金额”（年度报表）栏内各项数字，应根据上年该期利润表“本期金额”栏内所列数字填列。如果上年该期利润表规定的各个项目的名称和内容同本期不相一致，应对上年该期利润表各项目的名称和数字按本期的规定进行调整，填入利润表“上期金额”栏内。

【例 12－2】 万友公司 20××年 12 月份有关损益类账户的发生额如表 12－4 所示。

根据表 12－4 资料，编制该公司 12 月份的利润表（见表 12－5）。

表 12－4　　万友公司损益类账户发生额汇总表

（未结转利润以前）　　单位：元

账户名称	借方发生额	贷方发生额
主营业务收入	236 200	5 847 860
其他业务收入	0	928 600
投资收益	197 480	843 260
公允价值变动损益	200 000	900 000

续表

账户名称	借方发生额	贷方发生额
营业外收入	0	413 280
主营业务成本	3 124 680	173 620
税金及附加	674 350	0
其他业务成本	413 440	0
销售费用	623 660	0
管理费用　其中：研发费用 125 000 元（借方）	473 200	31 240
财务费用	223 680（利息费用）	64 800（利息收入）
资产减值损失	100 000	0
营业外支出	644 960	0
所得税费用	801 850	0
其他综合收益	0	504 858
合　计	7 713 500	9 707 518

表 12－5　　利　润　表（简表）　　会企 02 表

编制单位：万友公司　　20××年 12 月　　单位：元

项　目	本期金额	上期金额
一、营业收入	6 540 260	6 268 900
减：营业成本	3 364 500	3 546 560
税金及附加	674 350	734 788
销售费用	623 660	712 300
管理费用	316 960	321 780
研发费用	125 000	
财务费用	158 880	186 480
其中：利息费用	223 680	
利息收入	64 800	
加：其他收益		
投资收益（损失以“－”号填列）	645 780	786 860
其中：对联营企业和合营企业的投资收益		
公允价值变动收益（损失以“－”号填列）	700 000	196 800
资产减值损失（损失以“－”号填列）	－100 000	10 000
资产处置收益（损失以“－”号填列）		
二、营业利润（亏损以“－”号填列）	2 522 690	1 760 652

续表

项　目	本期金额	上期金额
加：营业外收入	413 280	456 500
减：营业外支出	644 960	796 350
三、利润总额（亏损总额以“-”号填列）	2 291 010	1 420 802
减：所得税费用	801 850	826 862
四、净利润（净亏损以“-”号填列）	1 489 160	593 940
（一）持续经营净利润（净亏损以“-”号填列）		
（二）终止经营净利润（净亏损以“-”号填列）		
五、其他综合收益的税后净额	504 858	0
六、综合收益总额	1 994 018	593 940
七、每股收益		
（一）基本每股收益		
（二）稀释每股收益		

模块四　现金流量表的编制

一、现金流量表的概念和作用

现金流量表，是反映企业一定会计期间内现金和现金等价物流入和流出信息的财务报表。它是一张动态报表。现金流量表是在资产负债表和利润表已经反映了企业财务状况和经营成果信息的基础上，进一步提供企业现金流量信息。资产负债表是反映企业在某一特定日期财务状况的报表，它反映企业一定日期所拥有的资产及构成、需偿还的债务金额及时间、投资者所拥有的净资产的情况，但它没有说明企业的资产、负债和所有者权益为什么会从期初的总量和结构变化到期末的总量和结构；利润表是反映企业一定时期经营成果的会计报表，即利润或亏损的情况，表明企业运用所拥有的资产的获利能力，但利润表是按权责发生制原则确认收入和费用的，它无法提供现金实际流入和流出的信息。为了全面反映企业财务状况变动的原因及企业现金流入、流出企业等现金流量变化的真实状况，企业需要编制现金流量表。

编制现金流量表主要是为了向报表使用者提供企业一定会计期间内现金及现金等价物流入和流出的信息，便于报表使用者了解和评价企业获取现金及现金等价物的能力并据此预测企业未来的现金流量。现金流量表的作用主要表现在以下几个方面：

1. 有助于分析企业财务状况及其变动的原因；
2. 有助于预测企业未来现金流量；
3. 有助于评价企业支付能力、偿债能力和周转能力；
4. 有助于分析企业净利润与经营活动产生净现金流量之间差异的原因。

二、现金流量表的编制基础和结构

1. 现金流量表的编制基础。现金流量表是以现金为基础编制的（即以现金收付实现制为编制基础），这里的现金是指企业可以随时支付的货币资金及现金等价物。具体内容包括：

（1）库存现金。库存现金是指企业持有的可以随时支付的现金。它与会计核算中“库存现金”账户的核算内容一致。

（2）银行存款。银行存款是指存放在金融机构可以随时支付的存款。会计核算中“银行存款”账户所核算的内容中，不能随时支付的存款，不能作为现金流量表中的现金（如定期存款）；但提前通知银行后可支付的定期存款则应属现金流量表中的现金。

（3）其他货币资金。其他货币资金是指企业存放在金融机构有特定用途的资金，如外埠存款、银行本票存款、银行汇票存款、信用证保证金存款、信用卡存款等。

（4）现金等价物。现金等价物是指企业持有的期限短、流动性强、易于转换为已知金额的现金、价值变动风险很小的交易性金融资产。它通常是指购买的 3 个月或更短时间内即到期或可转换为现金的投资。

2. 现金流量的分类。**现金流量，是指一定会计期间企业现金及现金等价物流入和流出的数量**。反映现金流量的指标有现金流入量、现金流出量及现金净流量。现金净流量是指一定会计期间现金流入量减去现金流出量的差额。现金流量表会计准则将现金流量分为三类：经营活动产生的现金流量；投资活动产生的现金流量；筹资活动产生的现金流量。

（1）经营活动产生的现金流量。经营活动是指企业投资活动和筹资活动以外的所有交易和事项。它是企业运用所拥有或控制的经济资源从事生产经营活动所形成的，主要是与企业营业利润有关的交易和事项所产生的现金流量。通过它可以判断企业在不运用外来筹资的前提下，经营活动产生的现金流量能否足以维持生产经营、偿还债务以及支付股利和对外投资等。

（2）投资活动产生的现金流量。投资活动是指企业长期资产的购建和不包括在现金等价物范围内的投资及其处置活动。这里的“投资”并不仅仅是指企业的对外投资，它还包括企业的长期资产购建和处置，但不含包括在现金等价物中的短期投资。通过它可以判断企业投资活动对现金流量净额的影响程度。

（3）筹资活动产生的现金流量。筹资活动是指导致企业资本及债务规模和构成发生变化的活动。所谓资本是指企业的权益性资本；所谓债务是指企业对外举债所借入的款项（不含与经营活动相关的应付账款、应付票据、应交税费等流动负债）。通过它可以判断企业筹资活动对现金流量的影响程度、吸收投资所收到的现金。

3. 现金流量表的结构。现金流量表包括表首、表体和补充资料三部分。

（1）表首：是表头部分，包括报表名称、编制单位、编制日期、报表编号、金额单位等。

（2）表体：是按直接法（指按现金收入和现金支出的主要类别直接反映企业经营活动产生的现金流量）编制的，即以利润表中的营业收入为起算点编制的。

（3）补充资料：是按间接法（以净利润为起算点，对不涉及现金收付的业务进行剔除）编制的。正表具体结构和内容见表 12－6。

表 12－6 **现金流量表（简表）** 会企 03 表

编制单位：万友公司 20××年度 单位：元

项　目	本期金额	上期金额
一、经营活动产生的现金流量：		
销售商品、提供劳务收到的现金	5 599 842.50	
收到的税费返还	0	
收到其他与经营活动有关的现金	578 100	
经营活动现金流入小计	6 177 942.50	
购买商品、接受劳务支付的现金	2 939 226.60	
支付给职工以及为职工支付的现金	2 751 600	
支付的各项税费	120 439.90	
支付其他与经营活动有关的现金	17 000	
经营活动现金流出小计	5 828 266.50	
经营活动产生的现金流量净额	349 676	
二、投资活动产生的现金流量：		
收回投资收到的现金	71 650	
取得投资收益收到的现金	3 000	
处置固定资产、无形资产和其他长期资产收回的现金净额	30 030	
处置子公司及其他营业单位收到的现金净额	0	
收到其他与投资活动有关的现金	0	
投资活动现金流入小计	104 680	
购建固定资产、无形资产和其他长期资产支付的现金	45 100	
投资支付的现金	0	
取得子公司及其他营业单位支付的现金净额	0	
支付其他与投资活动有关的现金	0	
投资活动现金流出小计	45 100	
投资活动产生的现金流量净额	59 580	
三、筹资活动产生的现金流量：		
吸收投资收到的现金	0	

续表

项 目	本期金额	上期金额
取得借款收到的现金	660 000	
收到其他与筹资活动有关的现金	70 000	
筹资活动现金流入小计	730 000	
偿还债务支付的现金	125 000	
分配股利、利润和偿付利息支付的现金	91 250	
支付其他与筹资活动有关的现金	0	
筹资活动现金流出小计	216 250	
筹资活动产生的现金流量净额	513 750	
四、汇率变动对现金及现金等价物的影响	0	
五、现金及现金等价物净增加额	923 006	
加：期初现金及现金等价物余额	1 737 938	
六、期末现金及现金等价物余额	2 660 944	

三、现金流量表的编制方法

1. 现金流量表编制的基本方法。企业会计核算所遵循的是权责发生制原则，但编制现金流量表时须遵循现金收付实现制原则。其编制基本方法有两类：

（1）根据企业会计记录直接填列。这种方法需要设置多栏式现金流量账簿，通过分析有关非现金账户引起现金账户的增减变化来填列现金流量表。

（2）根据资产负债表、利润表和有关资料，通过一定的手段，把权责发生制下的数据转换成收付实现制下的现金流量。具体又可以分为：工作底稿法、T形账户法和综合分析法三种方法。

2. 现金流量表编制的具体方法。现金流量表“本期金额”各主要项目的填列具体资料来源和方法见表12-7。

表12-7　　现金流量表主要项目填列的资料来源和方法

项目名称	填 列 方 法
销售商品、提供劳务收到的现金	主营业务收入+增值税销项税额+应收账款（期初余额-期末余额）+应收票据（期初余额-期末余额）+预收款项（期末余额-期初余额）±特殊调整业务
收到其他与经营活动有关的现金	根据“库存现金”和“银行存款”等账户的本期发生额分析填列
购买商品、接受劳务支付的现金	主营业务成本+增值税进项税额+存货（期末余额-期初余额）+应付账款（期初余额-期末余额）+应付票据（期初余额-期末余额）+预付款项（期末余额-期初余额）±特殊调整业务
支付给职工以及为职工支付的现金	根据“库存现金”“银行存款”“应付职工薪酬”等账户的本期发生额分析填列
支付的各项税费	根据“库存现金”“银行存款”“应交税费”等账户的本期发生额分析填列

续表

项目名称	填 列 方 法
支付其他与经营活动有关的现金	根据“库存现金”“银行存款”等账户的本期发生额分析填列
收回投资收到的现金	根据“库存现金”“银行存款”“交易性金融资产”“长期股权投资”“债权投资”“其他债权投资”等账户的本期发生额分析填列
取得投资收益收到的现金	根据“库存现金”“银行存款”“投资收益”等账户的本期发生额分析填列
处置固定资产、无形资产和其他长期资产收回的现金净额	根据“库存现金”“银行存款”“固定资产清理”“资产处置损益”“无形资产”“生产性生物资产”等账户的本期发生额分析填列
投资支付的现金	根据“库存现金”“银行存款”“交易性金融资产”“债权投资”“其他债权投资”“长期股权投资”等账户的本期发生额分析填列
购建固定资产、无形资产和其他长期资产支付的现金	根据“库存现金”“银行存款”“固定资产”“在建工程”“工程物资”“无形资产”“研发支出”“生产性生物资产”“应付职工薪酬”等账户的本期发生额分析填列
取得借款收到的现金	根据“库存现金”“银行存款”“短期借款”“长期借款”“应付债券”等账户的本期发生额分析填列
吸收投资收到的现金	根据“库存现金”“银行存款”“实收资本”“资本公积”等账户的本期发生额分析填列
偿还债务支付的现金	根据“库存现金”“银行存款”“短期借款”“长期借款”“应付债券”等账户的本期发生额分析填列
分配股利、利润和偿还利息支付的现金	根据“库存现金”“银行存款”“应付股利”“应付利息”等账户的本期发生额分析填列

提示：

执行《小企业会计准则》的企业在本章内容上的主要不同点有：

（1）小企业财务报表不要求分企业类型确定报表格式，是采用通用格式的；财务报表附注内容也有所不同；小企业没有所有者权益变动表。

（2）资产负债表格式上基本一致，具体上略有差异：“存货”项目有分类别的其中数，“固定资产”部分，是反映“累计折旧”和“账面净值”的。

（3）小企业也有现金流量表：①现金流量表是月度财务报表；②“现金”范围上不包括现金等价物；③只有正表部分，没有“补充资料”部分。

模块五　所有者权益变动表的编制

一、所有者权益变动表的概念和作用

所有者权益变动表是指反映企业构成所有者权益各组成部分当期增减变动情况的报表。

所有者权益变动表全面反映了企业在一定时期所有者权益的变动情况，不仅包括所有者权益总量的增减变动，还反映所有者权益增减变动的重要结构性信息，使报表使用者能准确理解所有者权益变动的原因。

所有者权益变动表属于按年编报的动态财务报表，通过该表便于信息使用者深入分析企业所有者权益的变化情况，进而对企业的资本保值增值情况作出正确判断，从而提供对决策有用的信息。

二、所有者权益变动表的结构

所有者权益变动表至少应当单独列示反映下列信息的项目：（1）综合收益总额；（2）会计政策变更和会计差错更正的累计影响金额；（3）所有者投入资本和向所有者分配利润等；（4）提取的盈余公积；（5）实收资本、其他权益工具、资本公积、库存股、其他综合收益、盈余公积、未分配利润的期初和期末余额及其调节情况。

所有者权益变动表以矩阵的形式列示：一方面，列示导致所有者权益变动的交易或事项，即所有者权益变动的来源，对一定时期所有者权益的变动情况进行全面反映；另一方面，按照所有者权益的各组成部分（即实收资本、其他权益工具、资本公积、库存股、其他综合收益、盈余公积、未分配利润）列示交易事项对所有者权益各部分的影响。此外，为比较所有者权益的变动，该表还就各项目再分为“本年金额”和“上年金额”两栏进行列示。

所有者权益变动表的具体内容和结构如表 12 – 8 所示。

三、所有者权益变动表的编制方法

（一）所有者权益变动表的主要项目说明

1. “上年年末余额”项目，反映企业上年度资产负债表中“实收资本（或股本）”“其他权益工具”“资本公积”“库存股”“其他综合收益”“盈余公积”“未分配利润”等年末余额。

2. “会计政策变更”“前期差错更正”项目，分别反映企业采用追溯调整法处理的会计政策变更的累积影响金额和采用追溯重述法处理的会计差错更正的累积影响金额。

3. “本年增减变动金额”项目，包括：

（1）“综合收益总额”项目，反映“净利润”和“其他综合收益”扣除所得税影响后净额的合计金额。

（2）“所有者投入和减少资本”项目，反映当年所有者投入的资本和减少的资本。其中：

①“所有者投入的普通股”项目，反映企业接受投资者投入形成的“实收资本（或股本）”和“资本溢价”（或股本溢价）。

②“其他权益工具持有者投入资本”项目，反映企业发行的除普通股以外分类为权益工具的金融工具的持有者投入资本的金额。

③“股份支付计入所有者权益的金额”项目，反映企业处于等待期中的权益结算的股份支付当年计入资本公积的金额。

（3）“利润分配”项目，反映企业当年利润分配的金额。

（4）“所有者权益内部结转”项目，反映企业构成所有者权益的组成部分之间当年的增减变动情况。其中：

表 12－8

所有者权益变动表

会企 04 表

编制单位：万友公司　　　　20××年度　　　　单位：元

项目	本年金额											上年金额										
	实收资本（或股本）	其他权益工具：优先股	其他权益工具：永续债	其他权益工具：其他	资本公积	减：库存股	其他综合收益	专项储备	盈余公积	未分配利润	所有者权益合计	实收资本（或股本）	其他权益工具：优先股	其他权益工具：永续债	其他权益工具：其他	资本公积	减：库存股	其他综合收益	专项储备	盈余公积	未分配利润	所有者权益合计
一、上年年末余额	7 200 000				654 187				2 186 154	113 436	10 153 777											
加：会计政策变更																						
前期差错更正																						
其他																						
二、本年年初余额	7 200 000				654 187				2 186 154	113 436	10 153 777											
三、本年增减变动金额（减少以“－”号填列）					869 729		504 858		446 748	267 552	2 088 887											
（一）综合收益总额							504 858			1 489 160	1 994 018											
（二）所有者投入和减少资本																						
1. 所有者投入的普通股																						
2. 其他权益工具持有者投入资本																						
3. 股份支付计入所有者权益的金额																						
4. 其他					869 729						869 729											
（三）利润分配																						
1. 提取盈余公积									446 748	－446 748	0											
2. 对所有者（或股东）的分配										－774 860	－774 860											
3. 其他																						
（四）所有者权益内部结转																						
1. 资本公积转增资本（或股本）																						
2. 盈余公积转增资本（或股本）																						
3. 盈余公积弥补亏损																						
4. 设定受益计划变动额结转留存收益																						
5. 其他综合收益结转留存收益																						
6. 其他																						
四、本年年末余额	7 200 000				1 523 916		504 858		2 632 902	380 988	12 242 664	7 200 000				654 187				2 186 154	113 436	10 153 777

①“资本公积转增资本（或股本）”项目，反映企业当年以资本公积转增资本或股本的金额。

②“盈余公积转增资本（或股本）”项目，反映企业当年以盈余公积转增资本或股本的金额。

③“盈余公积弥补亏损”项目，反映当年以盈余公积弥补亏损的金额。

④“设定受益计划变动额结转留存收益”项目，反映企业因重新计量设定受益计划净负债或净资产所产生的变动计入其他综合收益，结转至留存收益的金额。

⑤“其他综合收益结转留存收益”项目，主要反映：企业指定为以公允价值计量且其变动计入其他综合收益的非交易性权益工具投资终止确认时，之前计入其他综合收益的累计利得（或损失）从其他综合收益中转入留存收益的金额；企业指定为以公允价值计量且其变动计入当期损益的金融负债终止确认时，之前企业由自身信用风险变动引起而计入其他综合收益的累计利得（或损失）从其他综合收益中转入留存收益的金额等。

（二）所有者权益变动表的编制

1. “上年金额”栏的填列方法。所有者权益变动表“上年金额”栏内的各项数额，应根据上年度所有者权益变动表“本年金额”栏内的各项数额填列。如果上年度该表各项目的名称和内容与本年度不一致的，应先按照本年度的规定对上年度所有者权益变动表各项目的名称和数额进行调整，然后填入该表的“上年金额”栏内。

2. “本年金额”栏的填列方法。所有者权益变动表“本年金额”栏内的各项数额，一般应根据“实收资本（或股本）”“其他权益工具”“资本公积”“库存股”“其他综合收益”“专项储备”“盈余公积”“利润分配”“以前年度损益调整”等账户的发生额分析填列。

企业净利润及其分配情况已作为所有者权益变动表的组成部分，所以，企业不需要单独编制利润分配表（或将其列为财务报表附注）。

模块六　财务报表附注的编制

一、财务报表附注概述

（一）财务报表附注的作用

财务报表附注是对资产负债表、利润表、现金流量表和所有者权益变动表中所列示项目的文字描述或明细资料，以及对未能在这些报表中列示项目的说明。财务报表附注的主要作用是：

1. 附注的披露是对财务报表列示项目的补充或详细说明，可以帮助财务报表使用者更加准确地理解财务报表。

2. 附注提供了财务报表一些未能列示项目的说明，可以使财务报表使用者全面了解企业的财务状况、经营成果和现金流量等情况。

所以，财务报表附注可以使财务报表信息更为全面、翔实，提高了财务报表的可理解性。对企业财务会计信息的掌握、分析和运用是一定需要结合财务报表附注的。

提示：

《企业会计准则第30号——财务报表列报》中附注的披露要求是对企业财务报表附注披露的最低要求，应当适用于所有类型的企业，企业还应当按照各项具体会计准则的规定在附注中披露相关信息。

（二）财务报表附注披露的总体要求

1. 附注披露的相关信息应当与财务报表列示的项目相互参照，以有助于使用者联系相关联的信息，并由此从整体上更好地理解财务报表。

2. 企业在披露附注信息时，应当以定性、定量信息相结合，按照一定的结构对附注信息进行系统合理的排列和分类，以便使用者理解和掌握。

二、财务报表附注的主要内容

财务报表附注至少应当披露下列内容：

（一）企业的基本情况

1. 企业注册地、组织形式和总部地址。
2. 企业的业务性质和主要经营活动。
3. 母公司以及集团最终母公司的名称。
4. 财务会计报告的批准报出者和财务会计报告的批准报出日。
5. 营业期限有限的企业，还应当披露有关营业期限的信息。

（二）财务报表的编制基础

财务报表的编制基础是指企业财务报表是在持续经营基础上还是非持续经营基础上编制的。企业一般是在持续经营基础上编制财务报表的，清算、破产属于非持续经营基础。

（三）遵循企业会计准则的声明

企业应当声明编制的财务报表符合企业会计准则的要求，真实、完整地反映了企业的财务状况、经营成果和现金流量等有关信息，以此明确企业编制财务报表的制度基础。

（四）重要会计政策和会计估计

企业应当披露重要的会计政策和会计估计，不重要的会计政策和会计估计可以不披露。在披露重要会计政策和会计估计时，应当披露重要会计政策的确定依据和财务报表项目的计量基础，以及会计估计中所采用的关键假设和不确定因素。

企业应当披露的重要会计政策，如发出存货成本的计量、长期股权投资的后续计量、固定资产的初始计量、无形资产的确认、职工薪酬的确认、收入的确认、合同收入与成本的确认、借款费用的处理、金融工具确认和计量、合并政策等。

企业应当披露的重要会计估计，如存货可变现净值的确定、固定资产的预计使用寿命与净残值、固定资产的折旧方法、无形资产的预计使用寿命与净残值、合同履约进度的确定、金融资产公允价值的确定等。

（五）会计政策和会计估计变更以及差错更正的说明

企业应当按照会计政策、会计估计变更和差错更正会计准则的规定，披露会计政策、会计估计变更和差错更正的有关情况。

（六）报表重要项目的说明

企业应当按照资产负债表、利润表、现金流量表、所有者权益变动表及其项目列示的顺序，采用文字和数字描述相结合进行披露。报表重要项目的明细金额合计，应当与报表项目金额相衔接，主要包括以下重要项目：

应收账款、存货、长期股权投资、投资性房地产、固定资产、无形资产、应付职工薪酬、应交税费、短期借款和长期借款、应付债券、长期应付款、营业收入、公允价值变动收益、投资收益、资产减值损失、营业外收入、营业外支出、所得税费用、其他综合收益、政府补助等。

财务报表重要项目的说明，应当尽可能以列表形式披露报表重要项目的构成或当期增减变动情况。例如：

1. 应收账款按账龄结构披露格式如表 12 - 9 所示。

表 12 - 9

账龄	期末账面余额		年初账面余额	
1 年以内（含 1 年）				
1 - 2 年（含 2 年）				
2 - 3 年（含 3 年）				
3 年以上				
合 计				

2. 存货具体构成的披露格式如表 12 - 10 所示。

表 12 - 10

存货种类	年初账面余额	本期增加额	本期减少额	期末账面余额
1. 原材料				
2. 在产品				
3. 库存商品				
4. 周转材料（包装物、低值易耗品）				
5. 消耗性生物资产				
……				
合计				

3. 长期股权投资的披露格式如表 12－11 所示。

表 12－11

被投资单位	期末账面余额	年初账面余额
1.		
……		
合　　计		

4. 固定资产的披露格式如表 12－12 所示。

表 12－12

项目	年初账面余额	本期增加额	本期减少额	期末账面余额
一、原值合计				
其中：房屋建筑物				
机器设备				
……				
二、累计折旧合计				
其中：房屋建筑物				
机器设备				
……				
三、账面价值合计				
其中：房屋建筑物				
机器设备				
……				

（七）其他需要说明的事项

如或有和承诺事项、资产负债表日后非调整事项、关联方关系及其交易等需要说明的事项，以及有助于财务报表使用者评价企业管理资本的目标、政策及程序的信息等。

项目小结

本项目包括主要包括资产负债表、利润表和现金流量表等内容，其相关知识点见表 12－13。

表 12－13

	内　容	结　构	编制方法
资产负债表	某一特定日期、财务状况、静态报表 、月报	左边 ＝ 右边 资产：按流动性由强到弱排列 负债：按偿还的顺序排列 所有者权益：按永续性递减排列	基本依据：根据各账户的期末余额计算、分析填列
利润表	一定时期、经营成果、动态报表、月报	有表首、正表两部分，采用多步式格式	各项目分为“本期金额”和“上期金额”两栏；按损益类账户的本期发生额计算填列
现金流量表	一定会计期间、现金流量、动态报表、年报（上市公司半年报、小企业月报）	报表可分为正表和补充资料两部分；正表按直接法编制，补充资料按间接法编制	筹资活动产生的现金流量 投资活动产生的现金流量 经营活动产生的现金流量
所有者权益变动表	一定会计期间所有者权益动态报表、年报	有表首、正表两部分，采用账户式，包括利润分配	含实收资本、资本公积、盈余公积、未分配利润、其他综合收益等，构成内容按有关账户发生额填列

合并财务报表

所有者权益变动表填列方法